一世一世堅守文物

薪火相传以此为志

丁酉正月

谢辰生题

时年九十二

清代王爷园寝研究

周莎 著

天津出版传媒集团

天津人民出版社

图书在版编目(CIP)数据

清代王爷园寝研究 / 周莎著. -- 天津 : 天津人民
出版社, 2022.1
ISBN 978-7-201-16982-8

Ⅰ.①清… Ⅱ.①周… Ⅲ.①陵墓—研究—中国—清
代 Ⅳ.①K928.76

中国版本图书馆 CIP 数据核字(2020)第 272214 号

清代王爷园寝研究
QING DAI WANGYE YUANQIN YANJIU

出　　版	天津人民出版社
出 版 人	刘　庆
地　　址	天津市和平区西康路35号康岳大厦
邮政编码	300051
邮购电话	(022)23332469
电子信箱	reader@tjrmcbs.com

责任编辑	杨　轶
装帧设计	卢炀炀
扉页题字	爱新觉罗·寿鲲

印　　刷	天津新华印务有限公司
经　　销	新华书店
开　　本	710毫米×1000毫米 1/16
印　　张	26.75
字　　数	420千字
版次印次	2022年1月第1版　　2022年1月第1次印刷
定　　价	89.00元

序　一

　　清王朝是中国封建历史的最后一个朝代,定鼎燕京后,所封的王爷们便生活在北京。依照规制,薨逝后他们埋葬在北京及其周边地区的园寝中。在诸多清代史料中,关于王爷园寝的资料并不多。顺治十年(1653)题准:亲王给造坟工价银五千两,世子四千两,郡王三千两,贝勒二千两,贝子一千两,镇国公五百两,辅国公同。又题准:亲王至辅国公碑身均高九尺,用蛟龙首龟趺。亲王碑广三尺八寸七分,首高四尺五寸,趺称之。世子、郡王碑广三尺八寸,首高三尺九寸,趺高四尺三寸。贝勒碑广三尺七寸三分,首高三尺六寸,趺高四尺一寸。贝子碑广三尺六寸六分,首高三尺四寸,趺高四尺。镇国公碑广三尺六寸三分,首高三尺三寸,趺高三尺九寸。辅国公同。又题准:亲王给碑价银三千两,世子二千五百两,郡王二千两,贝勒千两,贝子七百两,镇国公四百五十两,辅国公同。道光二十四年(1844)定亲王茔制,享堂五间,亲王世子至辅国公皆三间。亲王、亲王世子、郡王门三,贝勒以下门一。亲王绘五彩,饰以金,覆以绿琉璃瓦;亲王世子、郡王,只绘五彩,皆覆以绿琉璃瓦;贝勒以下施朱不绘,用筒瓦。亲王坟园周百丈,亲王世子、郡王八十丈,贝勒、贝子七十丈,镇国公、辅国公六十丈,镇国、辅国将军三十五丈,奉国、奉恩将军均三十丈。

　　清帝退位后,清代王爷园寝很多已破败不堪,又历经战乱,至1949年后园寝规模早已面目全非。《清代王爷园寝研究》一书中,实地踏察所拍摄照片380多幅,这在学术类出版的图书中,用图之数量,可谓空前。那么此书的出版有哪些意义呢?我认为有如下三个方面:

　　第一,从此次踏察中得出了10年以来文物本体的保存现状。虽然现存清代王爷园寝的主体建筑并不多,但每一件现存的文物都是历史的见证,具有极其珍

1

贵的意义。

第二，通过此次调查资料，可以为文物保护及普查提供资料支撑与依据，对今后文物工作的开展有所帮助。

第三，通过她10年的踏察与研究，可以了解现存的文物信息，诸如碑文等，从而进一步了解清代王爷园寝制度。

作者周莎，今年36岁。我知道她是缘于一次文物保护年度奖项的评选，当时我身为该奖项评选的评委，看到了一份候选人叫周莎的在校研究生的事迹资料，得知关于她的一些新闻报道，了解到这是一位与众不同的北京女孩。正如文物保护基金会的博客页面上所写："马自树理事长在《文博余话》的一篇文章中指出，文化需要积累，一代一代的积累，或大或小的积累，使得我们的文化源远流长。我们的文化遗产保护精神与传承事业亦是如此，需要一代一代人的积累与不断传承，才能更好地往前推进，我们丰富多彩、历史悠久的文化遗产才能得以更好地保存，才能为后世所更好地敬仰。现今，我们欣喜地看到越来越多的年轻人加入到了我们的队伍中，她们用自己的青春和激情、热爱和执着，保护和传承着祖国的悠久历史和灿烂文明。"

正如上面所述，从2006年3月9日起，周莎就开始了对清代王爷园寝进行实地考察与走访。10年间，她拍摄了关于清代王爷园寝的照片万余张，全国文物踏察的实地照片几十万张。2012年6月，在无锡的颁奖表彰大会上，我见到了这位年轻的小同志。那一天，正巧她所获荣誉的奖状由我来颁发给她。她对于文物有一种特殊的热爱，特别是对陵墓考古情有独钟。她不仅考察清代王爷园寝，而且对明代藩王墓葬及中国古代帝王陵寝都进行过实地考察。

我看了她此次调查的考察记录，自2016年8月27日起，至12月24日终，每逢周末，她利用自己的闲暇时间，对清代王爷园寝进行实地考察，无一周间断，致力之勤，令人感动。听着她如数家珍般地讲述一座座王爷园寝的故事与现状，滔滔不绝。现在，她将实地考察的有关清代王爷园寝现状及研究成果编辑出版，有很多问题的研究都是较有意义的。比如，书中关于清代王爷园寝地宫形制的探讨，需要对现存玄宫实地踏察后才能进行比对研究，周莎总结了玄宫券门结构组合各异的特点，这一成果为清史研究提供了极其重要的资料。

在追求物质生活与享受的今天，一个年轻的女孩，能够脚踏实地地做事，认认真真地坚持了10余年,这种执着的确是难能可贵的。我们的文物保护事业需要这种锲而不舍的精神,正是有了这样的年轻人,中国的文化遗产保护事业才能后继有人、薪火相传!

我祝贺她今日的成功,并希望她有更多更好的作品问世,为中国文物研究与保护事业作出更大的贡献。

是为序。

谢辰生

农历丁酉年正月

(谢辰生,著名文博学者、国家文物局原顾问)

序 二

　　清朝皇子制度有两个突出的特点：其一是诸皇子的封爵不等，未封前统称"皇子"，分封后则有和硕亲王、多罗郡王、多罗贝勒、固山贝子四等，个别人甚至还降到了公爵。嫡庶、长幼等先天因素不再具有决定性的作用，皇子封爵的高低受其个人才智、功业、生母地位及其本人与父兄关系亲疏等多重因素的影响。其二是诸皇子及其后裔皆留居京师，其中有不少人作为"闲散王公"，坐食俸禄，也有些人受命参与机务、辅弼朝政；皇子爵位的继承者通常循例降等袭封。对于军国大政乃至宫廷事务的参与程度，决定了清朝皇子及其后裔在朝廷的地位和影响力，有些家族因此得到按原等级袭爵乃至晋爵的优待，甚至还有几家因军功或者辅弼之功而获准王爵世袭罔替，成为世代显赫的"铁帽子王"。

　　在这种制度背景下，清朝皇子及其承袭者的墓葬也形成了突出的时代特色。首先，清朝皇子诸王的园寝皆在京畿，散处于京城远近郊乃至顺天府北部的几个州县界内，稍远者则到了遵化、易州两个直隶州等地。其次，由于各墓主生前爵禄不等，受朝廷重视和礼遇程度不同，再加上时代因素导致的礼制和风俗的变迁等影响，使得各园寝的规格和规模也不完全一致，甚至同府同爵前后也存在一些明显的差异。因此弄清楚清朝皇子诸王园寝的基本信息，是进行同期墓葬制度研究的先决条件。

　　一些清代王爷园寝的基本布局尚能大体完好地保存至今，如北京西郊妙高峰醇贤亲王奕譞墓、海淀北安河孚敬郡王奕譓墓等，但这些实在不足清代王爷园寝总数的百之一二。至于各王墓的地下部分，则基本上是十"室"十空。实际上，对清代个别王公园寝的局部盗掘和破坏，晚清时已有案例。清朝皇帝退位以后，大多宗室王公因谋生无术而很快走向破落，各府先人墓葬的管理愈加松弛，甚至还有不肖子孙自行拆卖破坏（往往是先从堂而皇之地伐树卖木开始，而以半遮羞面的"启坟重葬"收场），因而诸园寝也急速衰败。此后历经内外战乱以及大规模平整土地等活动，使得那些本来就已面目全非的清代园寝被彻底破坏，甚至有些从此回归大地原貌。还有一些王坟被不同单位征用，经改造而变得面目全非，如天津蓟州清圣祖第五子恒温亲王允祺的园寝，早年经其裔孙变卖，墓室被现占用单位改为蓄水池，不仔细观察已难辨识其本相。也就是说，虽然距今时代晚近，但清代皇子园寝的整体保存情况并不好于前代。因此准确记录下这些陵墓的现状及其被破坏前的相关口述史资料，不仅为后人留下了一份珍贵的文字材料，同时也是历史文化遗产保护和相应研究工作开展的基础。

我曾对明代的藩王陵墓做过调查并进行过一些研究，因清承明制，也曾有过继而研究清代皇子诸王墓葬制度的愿望，为此对其中一些园寝遗址做过简单的调查，冯其利先生的《清代王爷坟》（紫禁城出版社，1996年）提供了重要的线索。这是一部很有价值的基础性著述，该书并不以研究为目的，只是记述作者走访所闻所见，自有其客观意义。初识周莎，是因为见到她和冯其利合作的《重访清代王爷坟》（北京燕山出版社，2007年），这样一个既无考古文博家学影响，又非清室遗胤的小女生，居然对清代王墓感兴趣，不得不让人刮目相看，而其克服调查过程中所遇到的种种困难和不便，以及找到目标后的欣喜，也远非亲身经历者所能完全理解。周莎的新作《清代王爷园寝研究》，记录了早先已知清代各王爷园寝现状的变化和她最近十余年来新找到的个别王爷园寝的线索，移录了有关碑志文字，各陵墓资料仍按今日之行政区划编排，在这种史志式著录的基础上，又对清朝皇子园寝、皇子制度等相关问题进行了分析，弥补了前二书述而不作的缺憾。本书中的具体观点，当然可以见仁见智，但对于清代园寝现状的踏察及其过往的寻访，则是真实地记录了一份历史，丰富了古代陵墓制度研究的资料。

田野考古发掘，哪怕只是局部的钻探工作，都可以得到更真实准确的资料，但考古发掘工作的展开，不仅要受到多种条件的制约，而且所得一般仅为局部资料。相比较而言，考古调查工作虽然粗糙一些，甚至可能还会产生误读误判，但它可以在对遗迹无破坏的前提下取得信息，也更便于获取全面性的认识。正确处理好"点"和"面"的关系，不仅是资料获取方式问题，也反映了对研究方法和手段的认识。改革开放以来，我国文化遗产保护事业取得了有目共睹的成绩，也有一些经验教训。"文物保护,人人有责",除涉及文物保护与研究的相关单位以外,希望有更多的和周莎一样的有志者自觉关注濒临消失的文物古迹,各尽所能,以多种形式著录下更多历史信息。也希望那些散落在山野田间、保护级别比较低的文化遗产能够引起政府、民间等不同层面的重视,让它们尽量放缓走向最终消亡的脚步,以使后人所面对的只是物在人非,而不是往事尽如烟云散。

祝贺周莎大作再成。《清代王爷园寝研究》是一部既有调查资料著录,也有研究心得的著作,我希望它的作用更多地发挥在历史文化遗产的宣传阐扬方面,推动文物保护工作落到实处,让文物保护观念深入人心。

2017 年 3 月 29 日

(刘毅,南开大学历史学院教授、中国古代陵墓制度研究知名学者)

前　言

　　清代自太祖建国,至宣统帝退位,所封诸王近百位。入关以后,王爷们大多生活在北京,薨逝后,按照规制在北京及其周边的天津地区及河北地区安葬。清朝享国的200多年里,在紫禁城的周边,形成了以北京为中心的清代王爷园寝建筑群。

　　据《大清会典》定制:"景祖以上子孙,谓之觉罗。显祖以下子孙,谓之宗室。"凡皇帝所生子均称为皇子,待赐名后,才开始按位次称名,如皇长子、皇次子、皇三子、皇四子……诸位皇子长至15岁时,就开始由宗人府题请封爵,所封爵位的高低由皇帝钦定。清代的宗室爵位,在崇德元年(1636)定为9个等级,顺治六年(1649)定为12个等级。据《大清会典》记载,最高一级称为和硕亲王,和硕亲王以下依次为多罗郡王、多罗贝勒、固山贝子、奉恩镇国公、奉恩辅国公、不入八分镇国公、不入八分辅国公、镇国将军、辅国将军、奉国将军、奉恩将军。奉恩将军以下均为闲散宗室。

　　《大清会典》规定,一般爵位均为降级而袭。乾隆四十三年(1778),清高宗乾隆皇帝为了褒扬八家入关有功的亲王,将他们的爵位定为世袭罔替。这八家亲王爵位俗称"八大铁帽子王",分别为礼亲王、睿亲王、郑亲王、豫亲王、肃亲王、庄亲王、克勤郡王、顺承郡王,并颁定其子孙中可以一人"世袭罔替"。"八大铁帽子王"的始祖分别是礼亲王代善、睿亲王多尔衮、郑亲王济尔哈朗、豫亲王多铎、肃亲王豪格、庄亲王硕塞、克勤郡王岳讬、顺承郡王勒克德浑。到了清代中后期,又恩封了四位"铁帽子王",依次是乾隆皇帝封怡亲王,同治皇帝封恭亲王,光绪皇帝封醇亲王和庆亲王。此四家亲王王爵亦为"世袭罔替"。至此便形成了清朝十二家"铁帽子王"。

清朝从入关前的景祖算起,至末代宣统皇帝溥仪为止,共有10代帝王之子封了王位。清太祖努尔哈赤有子16位,清太宗皇太极有子11位,清世祖顺治帝有子8位,清圣祖康熙帝有子35位,清世宗雍正帝有子10位,清高宗乾隆帝有子17位,清仁宗嘉庆帝有子5位,清宣宗道光帝有子9位,清文宗咸丰帝有子2位,清穆宗同治帝、清德宗光绪帝以及末代宣统帝均没有儿子。加起来清代一共有皇子113位,这仅仅是直系皇室皇子的数量,若加上旁系宗室亲王的数量,人数就更多了。据统计,清朝正式封爵的王爷有240多位。

　　清代王爷园寝是清代宫廷史的重要组成部分,具有敬天法祖、明辨礼制等特点。其园寝建筑讲究布局,对于方位的选定和园寝的兆域都有一定的讲究。从现存的清代王爷园寝遗迹中,我们可以看到王爷们生前拥有的荣华与富贵,身后享有的声名与沉浮,仿佛就是清代宫廷史的缩影。

　　对于清代王爷园寝,典章文献记载十分有限。20年前,仅有收集第一手资料的冯其利先生去实地考察收集口碑,写成了《清代王爷坟》一书。该书的可取之处是记录了口耳相传的守陵人的口碑资料,不足之处是实地踏察资料距今较为久远,没有直观的图片,且写作手法以第一人称进行记述。10年前,笔者对存于京津冀三地的清代王爷园寝进行全面考察,掌握了最新的一手资料,并与前辈冯其利先生合作出版了《重访清代王爷坟》。该书是当时研究清代王爷园寝最新的第一手资料。然而10年已经过去了,散落在北京地区乡间田野的清代王爷园寝状况如何? 其遗迹是否还如之前一般呢? 我们不得而知。鉴于此,我们有必要再对清代王爷园寝进行探讨;同时对北京地区清代王爷园寝进行再访,进行一次全面且细致的踏察及记录,将踏察成果以图文并茂的形式,公允地展现给世人,以此丰富清代王爷园寝研究的内涵与文化,为文物保护工作、清代王爷园寝研究和清史研究工作提供全面准确的资料。

　　本书是在《重访清代王爷坟》一书的基础上进行再访后的成果实录(原定书名《再访清代王爷园寝》,后改为今之书名),对之前《重访清代王爷坟》一书中未收录的北京市门头沟区冯村邓家坡的克勤郡王亨元园寝之墓冢、昌平区仙人洞村的追封郑亲王经纳亨园寝的平桥、密云区不老屯的乾隆皇子园寝的现状进行了图片补充;删除了郡王园寝以下级别的墓葬,仅以遗迹表格的形式展示出来,增加了辽宁省辽阳市东京陵乡东京陵村内的庄亲王园寝;加入了北京故宫博物院所藏的清代王爷园寝地图,诸如瑞怀亲王园寝平格地盘画样图等,还加入了一些老照片,如天津市黄花山园寝的老照片(3张)、北京市密云区定恭亲王园寝的老照片(2张)等。全书共计40余万字,总计用图381张。其中,清代王爷园寝的分布章节插入图片272张,其中有257张为实地踏察所拍摄之图片,对螭首龟趺碑进行了数据测量及碑文内容的校录。同时笔者在实地踏察的基础上,对清代王爷园寝的地面建筑、地宫形制以及丧葬形式进行了研究探讨。

综上所述,本次调查的成果将丰富清史研究中有关清代王爷园寝的内容,弥补相关资料的不足。这次《清代王爷园寝研究》的问世,将是全面客观地研究清代王爷园寝及其文物构成的可靠资料,其研究成果具有鲜明的创新意义。笔者驽钝,学识有限,因此本书肯定会有疏漏和不妥之处,敬祈读者不吝赐教。

农历丙申年午月于无逸斋

目　录

1

第一章　清代皇室子孙

第一节　清代帝系下的皇子封爵

清代等级制度森严,宗室的爵位为每世递降一级。康熙朝《大清会典》卷之一载:"崇德元年定,显祖子孙考论功德,列爵九等。一等为和硕亲王,二等为多罗郡王,三等为多罗贝勒,四等为固山贝子,五等为镇国公,六等为辅国公,七等为镇国将军,八等为辅国将军,九等为奉国将军,其余俱为宗室。"

康熙朝《大清会典》卷之一《宗人府》载:"顺治十年题准,宗室分爵十等。亲王一子封亲王,余子封郡王。郡王一子封郡王,余子封贝勒。贝勒子封贝子。贝子子封镇国公。镇国公子封辅国公。辅国公子授三等镇国将军。镇国将军子授三等辅国将军。辅国将军子授三等奉国将军。以上镇国、辅国、奉国将军,初封俱三等,后遇加封二等至一等。奉国将军子授奉恩将军。奉恩将军子孙,世授奉恩将军。又题准,亲王一子封世子,候袭亲王爵;郡王一子封长子,候袭郡王爵;辅国公一子授辅国公,其余授爵,俱如前例。"

有人说,生在皇家,是此生之幸;也有人说,生在皇家,是不幸的。然而在清代,生在皇家,注定了自小就要比别人更加努力。清朝共历了12帝,有直系皇子113人(此处不计承嗣子与兼祧子)。这些皇子从小就接受了良好的教育。据史料记载,清太祖有子16人,清太宗有子11人,清世祖有子8人,清圣祖有子35人,清世宗有子10人,清高宗有子17人,清仁宗有子5人,清宣宗有子9人,清文宗有

1

子2人,清穆宗无子,有承嗣子1人,清德宗无子,有兼祧子1人。这些皇室子孙中除有一位可以承继大统,是为皇帝,余者皆被封爵,如亲王、郡王、贝勒、贝子、镇国公、辅国公等。

太祖皇帝努尔哈赤的诸子中,皇长子褚英被封为广略贝勒;皇次子代善被封为和硕礼亲王;皇三子阿拜被追封为奉恩镇国公;皇四子汤古代被封为镇国将军;皇五子莽古尔泰因罪被削爵;皇六子塔拜被封为奉恩辅国公;皇七子阿巴泰被追封为和硕饶余亲王;皇九子巴布泰被封为奉恩镇国公;皇十子德格类因罪被削爵;皇十一子巴布海被封为镇国将军;皇十二子阿济格初封英郡王,后削爵;皇十三子赖慕布被追封为奉恩辅国公;皇十四子多尔衮被封为和硕睿亲王;皇十五子多铎被封为和硕豫亲王;皇十六子费扬果因罪被削爵。

太宗皇帝皇太极的诸子中,皇长子豪格被封为和硕肃亲王,皇次子洛格未有封,皇三子洛博会未有封,皇四子叶布舒被封为奉恩辅国公,皇五子硕塞被封为和硕承泽亲王,皇六子高塞被封为奉恩镇国公,皇七子常舒被封为奉恩辅国公,皇八子早夭,皇十子韬塞被封为奉恩辅国公,皇十一子博穆博果尔被封为和硕襄亲王。

世祖皇帝福临的诸子中,皇长子牛钮未有封;皇次子福全被封为和硕裕亲王;皇四子虽未来得及起名,但被追封为和硕荣亲王;皇五子常颖被封为和硕恭亲王;皇六子奇授未有封;皇七子隆禧被封为和硕纯亲王;皇八子永幹未有封。

圣祖皇帝玄烨的诸子中,皇长子允禔被封为固山贝子;皇次子允礽被封为和硕理亲王;皇三子允祉被封为和硕诚亲王;皇五子允祺被封为和硕恒亲王;皇六子允祚未有封;皇七子允祐被封为和硕淳亲王;皇八子允禩未有封;皇九子允禟未有封;皇十子允䄉被封为固山贝子;皇十一子允禌未有封;皇十二子允祹被封为和硕履亲王;皇十三子允祥被封为和硕怡亲王;皇十四子允禵被封为多罗恂郡王;皇十五子允禑被封为多罗愉郡王;皇十六子允禄出继,被封为和硕庄亲王;皇十七子允礼被封为和硕果亲王;皇十八子允祄未有封;皇十九子允禝未有封;皇二十子允祎被封为多罗贝勒;皇二十一子允禧被封为多罗慎郡王;皇二十二子允祜被封为多罗贝勒;皇二十三子允祁被封为郡王品级多罗贝勒;皇二十四子允祕被封为和硕诚亲王。

世宗皇帝胤禛的诸子中,皇长子弘晖被追封为和硕端亲王;皇次子弘昀未有封;皇三子弘时未有封;皇五子弘昼被封为和硕和亲王;皇六子弘瞻出继,被封为多罗果郡王；早夭的皇子弘盼、皇子福宜、皇子福沛未有封；皇七子福惠被追封为和硕怀亲王。

高宗皇帝弘历的诸子中，皇长子永璜被追封为和硕安亲王；皇次子永琏被追封为端慧皇太子；皇三子永璋被追封为多罗循郡王；皇四子永珹出继，被封为和硕履亲王；皇五子永琪被封为和硕荣亲王；皇六子永瑢被封为和硕质亲王；皇七子永琮被追封为和硕哲亲王；皇八子永璇被封为和硕仪亲王；皇九子未有名及未有封；皇十子未有名及未有封；皇十一子永瑆被封为和硕成亲王；皇十二子永璂被追封为多罗贝勒；皇十三子永璟未有封；皇十四子永璐未有封；皇十六子未有名及未有封；皇十七子永璘被封为和硕庆亲王。

仁宗皇帝颙琰的诸子中，皇长子未有名，被追封为多罗穆郡王；皇三子绵恺被封为和硕惇亲王；皇四子绵忻被封为和硕瑞亲王；皇五子绵愉被封为和硕惠亲王。

宣宗皇帝旻宁的诸子中，皇长子奕纬被追封为多罗隐志郡王，皇次子奕纲被追封为多罗顺郡王，皇三子奕继被追封为多罗慧郡王，皇五子奕誴被封为和硕惇亲王，皇六子奕䜣被封为和硕恭亲王，皇七子奕譞被封为和硕醇亲王，皇八子奕詥被封为多罗钟郡王，皇九子奕譓被封为亲王衔多罗孚郡王。

文宗皇帝奕詝的诸子中，皇次子未来得及起名，被封为多罗悯郡王。

综上所述，我们可以知道各帝系位下所封亲王和郡王的人数，直系受封亲王王爵者有39人，直系受封郡王王爵者有11人。分别是太祖位下有4位亲王，太宗位下有3位亲王，世祖位下有4位亲王，圣祖位下有9位亲王、3位郡王，世宗位下有3位亲王、1位郡王，高宗位下有8位亲王、1位郡王，仁宗位下有3位亲王、1位郡王，宣宗位下有3位亲王、5位郡王，文宗位下有1位郡王。穆宗、德宗和宣统帝未有子，故无直系皇子受封。

表1-1　　　　　　　　　清代皇子亲王、郡王封爵一览表

谱系	名字	齿序	爵位	享年
显祖位下	舒尔哈齐	皇三子	和硕庄亲王	48岁
太祖位下	代善	皇次子	和硕礼亲王	66岁
	阿巴泰	皇七子	和硕饶余亲王	58岁
	多尔衮	皇十四子	和硕睿亲王	39岁
	多铎	皇十五子	和硕豫亲王	36岁

谱系	名字	齿序	爵位	享年
太宗位下	豪格	皇长子	和硕肃亲王	40岁
	硕塞	皇五子	和硕承泽亲王	27岁
	博穆博果尔	皇十一子	和硕襄亲王	16岁
世祖位下	福全	皇次子	和硕裕亲王	51岁
	未起名	皇四子	和硕荣亲王	106天
	常颖	皇五子	和硕恭亲王	47岁
	隆禧	皇七子	和硕纯亲王	20岁
圣祖位下	允礽	皇次子	和硕理亲王	51岁
	允祉	皇三子	和硕诚亲王	56岁
	允祺	皇五子	和硕恒亲王	54岁
	允祐	皇七子	和硕淳亲王	51岁
	允祹	皇十二子	和硕履亲王	79岁
	允祥	皇十三子	和硕怡亲王	45岁
	允禵	皇十四子	多罗恂郡王	68岁
	允禑	皇十五子	多罗愉郡王	39岁
	允禄	皇十六子	和硕庄亲王	73岁
	允礼	皇十七子	和硕果亲王	42岁
	允禧	皇二十一子	多罗慎郡王	48岁
	允祕	皇二十四子	和硕诚亲王	58岁
世宗位下	弘晖	皇长子	和硕端亲王	8岁
	弘昼	皇五子	和硕和亲王	60岁
	弘瞻	皇六子	多罗果郡王	33岁
	福惠	皇七子	和硕怀亲王	8岁

谱系	名字	齿序	爵位	享年
高宗位下	永璜	皇长子	和硕安亲王	23岁
	永琏	皇次子	端慧皇太子	9岁
	永璋	皇三子	多罗循郡王	26岁
	永城	皇四子	和硕履亲王	39岁
	永琪	皇五子	和硕荣亲王	26岁
	永瑢	皇六子	和硕质亲王	48岁
	永琮	皇七子	和硕哲亲王	2岁
	永璇	皇八子	和硕仪亲王	87岁
	永瑆	皇十一子	和硕成亲王	72岁
	永璘	皇十七子	和硕庆亲王	55岁
仁宗位下	未有名	皇长子	多罗穆郡王	2岁
	绵恺	皇三子	和硕惇亲王	44岁
	绵忻	皇四子	和硕瑞亲王	24岁
	绵愉	皇五子	和硕惠亲王	51岁
宣宗位下	奕纬	皇长子	多罗隐志郡王	24岁
	奕纲	皇次子	多罗顺和郡王	2岁
	奕继	皇三子	多罗慧质郡王	1岁
	奕誴	皇五子	和硕惇亲王	59岁
	奕䜣	皇六子	和硕恭亲王	67岁
	奕谡	皇七子	和硕醇亲王	51岁
	奕詥	皇八子	多罗钟郡王	25岁
	奕譓	皇九子	多罗孚郡王	33岁
文宗位下	未起名	皇次子	多罗悯郡王	出生当日夭折

可以说,清代前期的皇子们大都久经沙场,因此获得亲王爵位的机会更多;清代后期的皇子们也只有通过恩封封爵,因此爵位的含金量显然没有清代前期的高。

第二节 王权富贵下的王爷寿命

清代皇室的封爵,因皇子们的功绩大小而异。声名赫赫的八大"铁帽子王"分别来自清太祖位下或其子孙。在大清入主中原、平定全国的开国时期,这些皇子、王爷立下了汗马功劳。俗话说:"打仗亲兄弟,上阵父子兵。"如礼亲王代善一系的子孙中,就出了三位"铁帽子王",为礼亲王代善、其子克勤郡王岳讬、其孙顺承郡王勒克德浑。

> 顺治十年(1653)规定,封授郡王,已经子孙承袭者,如无亲生子孙,准亲兄弟及亲兄弟之子袭封;至亲王之子岁满,照例封郡王者,有亲生子孙,准予承袭,如绝嗣,不准承袭。《大清会典》卷之一《宗人府》载:"十八年题准,岁满所封郡王,原系世袭王爵,如有绝嗣者,应否袭封,奏请上裁。又题准,王公、贝勒、贝子、将军等,有嫡室所生子,照例袭封,如嫡室无子,准以庶出之子袭封。[1]
>
> 崇德九年[2]定,和硕亲王之子以下,奉国将军之子以上,男至二十岁,女至十五岁,列名具题,请授封。又定,亲王以下,奉国将军以上,有薨故者,其子弟即准承袭,不必俟其岁满。顺治九年(1652)题准,贝勒以下薨故者,应袭一子,不俟岁满,余子仍俟岁满授封。若父在得封之子未分居之先薨故者,其子岁未满,不准即封。顺治十八年(1661)题准,亲王之子以下,奉恩将军之子以上,年至十五岁,准照应得爵秩,具题授封,至十八岁具题。令其上朝。[3]

---

[1][3]《钦定八旗通志·典礼志一·王公仪制》,李洵等主校点,吉林文史出版社,2002,第1337—1338页。
[2] 疑似原书有误,应为崇德八年。

我们可以进一步对清代皇子（亲王、郡王封爵）平均寿命等问题进行探讨。清太祖位下的皇子平均年龄为49.75岁，太宗位下的皇子平均年龄为27.67岁，世祖位下的皇子平均年龄为29.57岁，圣祖位下的皇子平均年龄为55.33岁，世宗位下的皇子平均年龄为18.40岁，高宗位下的皇子平均年龄为38.70岁，仁宗位下的皇子平均年龄为30.25岁，宣宗位下的皇子平均年龄为32.75岁。显祖位下和文宗位下均只有一位皇子晋封为亲王和郡王，故此处忽略不计平均年龄。（见图1-1）

平均年龄（岁）

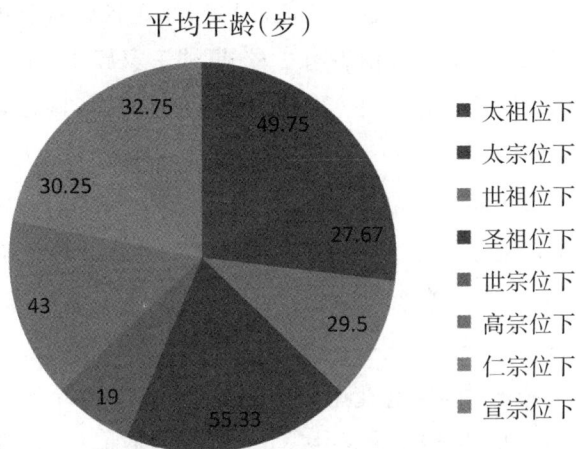

图1-1　清代皇子（亲王、郡王封爵）平均年龄饼状图

由图所见，圣祖位下的皇子们平均年龄为55.33岁，是清代帝王所生皇子中平均寿命最长的。此外，太祖和宣宗所生皇子的平均寿命比较高，平均年龄分别达到49.75岁和32.75岁。

在目前可考的被封爵的亲王和郡王们中，最长寿者是仪慎亲王永璇。在古代，每个年龄阶段都有不同的称谓：20岁称为弱冠，30岁称为而立之年，40岁称为不惑之年、强壮之年，50岁称为知非之年、知命之年，60岁称为花甲之年、耳顺之年、杖乡之年，70岁称为古稀之年、杖国之年，80岁称为杖朝之年，80岁至90岁称为耄耋之年，90岁称为鲐背之年，100岁称为期颐。

在古代的医疗条件和生活条件的局限下，能步入花甲之年者可算是寿命不短，若能年近古稀、耄耋，诚可谓之长寿。笔者将可知年龄的亲王、郡王封爵下的子孙们的享年进行了统计，发现清代的亲王和郡王的平均年龄在50岁左右。

其中,简亲王家族的世系中,年逾花甲者有5人;礼亲王家族的世系中,年逾花甲者有4人,年逾古稀者有1人,年逾杖朝者有1人;克勤郡王家族中,年逾花甲者有2人,年逾古稀者有1人;顺承郡王家族中,年逾花甲者有1人,年逾古稀者有1人;谦郡王家族中,年逾花甲者有2人,年逾古稀者有1人;巽亲王家族中,年逾花甲者有2人,年逾古稀者有1人;饶余亲王家族中,年逾花甲者有3人,年逾古稀者有1人;豫亲王家族中,年逾花甲者有4人;英亲王家族中,年逾花甲者有1人;敬谨亲王家族中,年逾花甲者有3人,年逾古稀者有2人;肃亲王家族中,年逾花甲者有2人,年逾古稀者有1人,年逾杖朝者有3人;庄亲王家族中,年逾花甲者有2人,年逾古稀者有2人;惠郡王家族中,年逾花甲者有2人,年逾古稀者有3人;裕亲王家族中,年逾花甲者有1人,年逾杖朝者有1人;恭亲王(常颖子孙)家族中,年逾花甲者有2人,年逾古稀者有1人;直郡王家族中,年逾花甲者有3人,年逾古稀者有1人;理亲王家族中,年逾花甲者有3人,年逾古稀者有1人;诚亲王家族中,年逾古稀者有2人,年逾杖朝者有1人;恒亲王家族中,年逾古稀者有2人;淳亲王家族中,年逾花甲者有3人;履亲王家族中,年逾古稀者有1人;怡亲王家族中,年逾花甲者有2人;宁郡王家族中,年逾花甲者有2人;恂郡王家族中,年逾花甲者有2人,年逾古稀者有1人;愉郡王家族中,年逾古稀者有1人;果亲王家族中,年逾杖朝者有1人;慎郡王家族中,年逾花甲者有1人;诚亲王家族中,年逾古稀者有2人;和亲王家族中,年逾花甲者有2人;定亲王家族中,年逾花甲者有2人,年逾古稀者有2人;循郡王家族中,年逾花甲者有1人;仪亲王家族中,年逾花甲者有1人,年逾古稀者有1人,年逾杖朝者有1人;成亲王家族中,年逾花甲者有1人,年逾古稀者有1人;庆亲王家族中,年逾杖朝者有1人;惇亲王家族中,年逾花甲者有1人,年逾古稀者有1人;瑞亲王家族中,年逾花甲者有1人;恭亲王(奕䜣子孙)家族中,年逾花甲者有1人;醇亲王家族中,年逾花甲者有1人;钟郡王家族中,年逾杖朝者有1人;孚郡王家族中,年逾古稀者有1人。

综上所述,最长寿的清代王爷当属仪慎亲王永璇,享年87岁;最长寿的家族当属肃亲王家族,有3位亲王年逾杖朝之年。有清一代,所封亲王、郡王中,年逾花甲者有32位,年逾古稀者有32位。享年为杖朝之年的王爷有7位(此处不计多罗贝勒爵位和固山贝子爵位),他们分别是:显谨亲王爱新觉罗·衍璜享年81

岁，肃勤亲王爱新觉罗·蕴著享年80岁，康简亲王爱新觉罗·巴尔图享年80岁，肃慎亲王爱新觉罗·敬敏享年80岁，裕庄亲王爱新觉罗·广禄享年80岁，仪慎亲王爱新觉罗·永璇享年87岁，庆亲王爱新觉罗·奕劻享年80岁。另外奉恩镇国公爱新觉罗·奕湘享年86岁，多罗贝勒爱新觉罗·载涛享年84岁，不入八分辅国公爱新觉罗·奕果享年80岁。

根据上述，笔者将享年60岁以上亲王、郡王概括为下表：

表1-2　享年60岁以上清代王爷统计表

名字	支系	享年
永璇	清高宗乾隆皇帝第八子	87岁
奕湘	四等侍卫绵律长子、多罗贝勒绵从嗣子	86岁
载涛	醇贤亲王奕譞第七子、钟端郡王奕詥嗣子	84岁
衍璜	显密亲王丹臻第六子	81岁
巴尔图	康良亲王杰书第四子	80岁
蕴著	追封显亲王拜察礼第三子	80岁
敬敏	肃恭亲王永锡长子	80岁
广禄	裕悼亲王保寿第三子	80岁
奕果	奉恩辅国公绵策嗣子	80岁
奕劻	副都统衔绵性长子、追封固山贝子绵悌嗣子	80岁
永恩	康修亲王冲安次子	79岁
允祹	清圣祖康熙皇帝第十二子	79岁
永珠	诚密郡王弘畅长子	79岁
绵勋	允祕次子弘旿之孙、追封固山贝子永崧次子	78岁
奕细	仪顺郡王绵志第四子	78岁
溥煦	辅国将军载铭第五子、载铨嗣子	77岁
弘晊	恒温亲王允祺次子	76岁
绵恩	定安亲王永璜次子	76岁

名字	支系	享年
弘璟	诚隐亲王允祉第七子	75岁
讷清额	已革平郡王讷尔图长子	74岁
博果铎	承泽裕亲王硕塞长子	74岁
溥伒	贝勒载瀛长子、孚敬郡王奕譓嗣孙	74岁
允禄	清圣祖康熙皇帝第十六子	73岁
载岱	侍郎奕灏族侄、奕芝次子	73岁
永硕	恭勤贝勒弘明次子	73岁
噶尔赛	谦襄郡王瓦克达第三子	72岁
球琳	追封多罗贝勒福苍长子	72岁
载龄	不入八分辅国公奕果长子	72岁
永瑆	清高宗乾隆皇帝第十一子	72岁
载瀛	惇勤郡王奕誴第四子	72岁
布兰泰	追封奉恩辅国公岱英次子	71岁
赖士	已革镇国公兰布第四子	71岁
富春	奉恩辅国简恪公伊尔敦第七子	71岁
成信	显密亲王丹臻第五子	71岁
亨麟	奉恩将军万祥次子	71岁
布穆巴	勒尔锦第五子	70岁
福色铿额	常平次子、已革三等侍卫武尔卿阿嗣子	70岁
万祥	奉国将军徒义族弟	70岁
晋昌	固山贝子明韶长子	70岁
永多	奉恩将军弘晌长子	70岁
永泽	恒温亲王允祺长子、恭恪贝勒品级弘升第三子	70岁

名字	支系	享年
绵岫	多罗贝勒永莃长子	70岁
乌尔恭阿	郑恭亲王积哈纳长子	69岁
亮焕	裕庄亲王广禄第十二子	69岁
弘昉	固山贝子品级允禔次子	69岁
奕梁	固山贝子绵清第四子	69岁
载沣	醇贤亲王奕譞第五子	69岁
诺罗布	顺承恭惠郡王勒克德浑第三子	68岁
永锡	追封肃亲王成信第五子	68岁
徒义	辅国将军德三长子	68岁
海善	恭亲王常颖第三子	68岁
溥丰	奉恩辅国公载岱长子	68岁
允禵	清圣祖康熙皇帝第十四子	68岁
奕绪	追封多罗贝勒绵懿长子	68岁
绵志	仪慎亲王永璇长子	68岁
弘晸	淳度亲王允祐第六子	67岁
载漪	惇勤亲王奕誴次子、瑞敏郡王奕誌嗣子	67岁
奕䜣	清宣宗道光皇帝第六子	67岁
代善	清太祖努尔哈赤次子	66岁
麟趾	追封礼亲王永奎长子	66岁
伊尔敦	奉恩辅国公赖士次子	66岁
华丰	肃慎亲王敬敏第三子	66岁
绵循	和勤亲王永璧次子	66岁
德沛	固山贝子福存第八子	65岁

名字	支系	享年
星尼	多罗怀愍贝勒常阿岱第六子	65岁
禄绅	辅国将军明宪堂侄、明益子	65岁
岳乐	饶余敏亲王阿巴泰第四子	65岁
裕丰	豫良亲王修龄长子	65岁
果尔丰阿	奉恩镇国公斌英长子	65岁
神保柱	简修亲王雅布第十四子	64岁
尚格	追封克勤郡王亨元长子	64岁
裕全	豫良亲王修龄第五子	64岁
绵课	庄慎亲王永瑺嗣子	64岁
弘晌	固山贝子品级允禵第十三子	64岁
绵誉	追封和硕怡亲王永福第四子	64岁
载敦	追封和硕怡亲王、固山贝子奕格次子	64岁
载濂	惇勤郡王奕誴长子	64岁
奇通阿	多罗敏简郡王勒度第十子	63岁
留雍	谦襄郡王瓦克达次子	63岁
岳康	承泽次子、镇国将军成瑞嗣子	63岁
德昭	信郡王鄂扎第五子	63岁
允禔	清圣祖康熙皇帝长子	63岁
弘昐	理密亲王允礽第十子	63岁
弘明	恂勤郡王允禵次子	63岁
永奎	康修亲王崇安第三子	62岁
亨明	布兰泰第四子	62岁
意普	奉恩辅国公裕恪次子	62岁

名字	支系	享年
博翁果诺	承泽裕亲王硕塞次子	62岁
承熙	不入八分镇国公祥林长子	62岁
雅朗阿	追封克勤郡王讷清额第十子	61岁
绰克都	奉恩镇国公傅勒赫第三子	61岁
绵清	多罗贝勒永鋆次子	61岁
奕绍	定恭亲王绵恩次子	61岁
载铨	定端亲王奕绍长子	61岁
毓梂	溥蒃之子、多罗贝勒溥庄嗣子	61岁
庆至	郑恭亲王积哈纳次子爱仁第四子	60岁
洞鄂	豫通亲王多铎第七子	60岁
富增	已革镇国公兰布第五子奉恩辅国公务友第六子	60岁
绵谦	辅国将军永蕃次子	60岁
奕灏	固山贝子绵溥长子	60岁
载华	清高宗乾隆皇帝第四子永城后人、奕纶第十一子	60岁
弘昼	清世宗雍正皇帝第五子	60岁

第二章　清代王爷园寝分布

第一节　北京市东城区

睿忠亲王多尔衮园寝

爱新觉罗·多尔衮,生于明万历四十年(1612)十月二十五日,为清太祖努尔哈赤第十四子,母亲是大妃乌拉纳喇·阿巴亥。多尔衮自幼深得父亲厚爱,机智勇敢,在蒙古察哈尔战役、朝鲜、松锦大战等一系列后金的早期战役中崭露头角,功勋卓著。太宗皇帝驾崩后,由多尔衮和济尔哈朗辅政。顺治元年(1644)五月,多尔衮率八旗劲旅入关,定鼎燕京,开国定基,实现了太祖、太宗入主中原的夙愿,是清朝入关后的实际创业者。而后多尔衮辅助幼帝福临迁京,军事才能非凡。

多尔衮晚年从"叔父摄政王"晋为"皇父摄政王",独擅威权。顺治七年十二月初九日(1650年12月31日),多尔衮因病薨逝于喀喇城(今属河北省滦平县),终年39岁,谥曰"忠"。十二月十七日(1651年1月8日)灵柩运到东直门外,顺治帝迎于五里外,跪奠三爵。顺治皇帝还追尊多尔衮为义皇帝,庙号"成宗",其丧仪依照帝王之礼安葬。由此可见,顺治皇帝对多尔衮定鼎燕京的功绩之肯定。清初,惟多尔衮独具殊荣。

睿忠亲王园寝遗址位于今东直门外新中街附近(俗称"九王坟")。据《清代

14

王爷坟》载,园寝①坐北朝南,依次建有神桥、碑楼(碑楼两座,碑楼内立螭首龟趺碑两通)、宫门(面阔三间)、享殿(面阔五间)、东西朝房、墓冢(墓冢建在月台之上),墓冢后面有小墓冢四座。整个后寝区域以罗圈墙环绕,呈半圆弧形,罗圈墙内外遍植松柏。另外在罗圈墙的北部有靠山(大山子)一座。靠山北部隔沟相望有一处满族人的茔地,北边为苇塘,由刘氏、富氏、李氏三家坟户所照应。睿忠亲王园寝东部为其乳母园寝;西部隔沟相望处,有一处小园寝,园寝内建有砖砌墓冢一座、螭首龟趺碑一通,小园寝的西边是苇塘。

2006年笔者重访时,睿王园寝已无遗迹可寻。2016年,笔者再访此地,睿王园寝仍无任何遗迹可寻。

睿忠亲王园寝资料:
墓主:爱新觉罗·多尔衮
支系:清太祖努尔哈赤第十四子
现存遗址:无
地址:东城区东直门街外新中街附近

第二节　北京市西城区

衍禧介郡王罗洛浑园寝

爱新觉罗·罗洛浑②,生于天命八年(1623)三月初二日,为克勤郡王岳讬长子,母亲是继福晋纳喇氏。崇德四年(1639)九月袭封贝勒,崇德七年(1642)被罢职,崇德八年(1643)复其封爵。顺治元年(1644),以军功晋封为衍禧郡王,顺治三年(1646)八月初三日薨逝,终年24岁,谥曰"介"。

---

① 园寝建有栅栏门、围墙、子墙共两道。
② 《爱新觉罗宗谱乙册二》第3154页,名字写为洛洛欢,实为一人。

罗洛浑之弟多罗贝勒喀尔楚浑①于顺治五年（1648）被授为都统，顺治六年（1649）参加了讨伐姜瓖的战役，晋封为多罗贝勒。顺治八年（1651）因疾薨逝，终年24岁，谥曰"显荣"。

衍禧介郡王园寝遗址位于今木樨地，据《清代王爷坟》载，罗洛浑和喀尔楚浑的园寝分别建有碑楼、宫门、朝房、享殿（二人共用）、墓冢。园寝东部为青龙桥，北部是木樨地，南部隔河为双贝子坟。

2006年笔者重访时，此地变化很大，园寝已无迹可寻。

衍禧介郡王园寝资料：
墓主：爱新觉罗·罗洛浑
支系：克勤郡王岳讬长子
现存遗址：无
地址：西城区月坛街道木樨地

平比郡王罗科铎园寝

爱新觉罗·罗科铎，生于崇德五年（1640）六月二十三日，为衍禧介郡王罗洛浑长子，母亲是嫡福晋佟佳氏。顺治五年（1648）闰四月，承袭多罗衍禧郡王爵位，顺治八年（1651）改号曰"平"。康熙二十一年（1682）七月十二日薨逝，终年43岁，谥曰"比"。

平比郡王园寝遗址位于今木樨地。据《清代王爷坟》载，园寝内建有螭首龟趺碑，整体规制不详。

2006年笔者重访时，此地变化很大，园寝已无任何遗迹可寻。

平比郡王园寝资料：
墓主：爱新觉罗·罗科铎

---

① 爱新觉罗·喀尔楚浑，生于天聪二年（1628）六月初二日，为克勤郡王岳讬第三子，母亲是继福晋纳喇氏。顺治二年（1645）二月，被封为镇国公；顺治六年（1649）十月，晋封为多罗贝勒。顺治八年（1651）十一月初七日薨逝，终年24岁，谥曰"显荣"。

支系：克勤郡王岳讬长孙

现存遗址：无

地址：西城区月坛街道木樨地

平郡王讷尔图园寝（革爵）

爱新觉罗·讷尔图，生于康熙四年（1665）五月初五日，为平比郡王罗科铎第四子，母亲是嫡福晋博尔济吉特氏。康熙二十二年（1683）正月，承袭多罗平郡王爵位，康熙二十六年（1687）被革爵。康熙三十五年（1696）五月初十日薨逝，终年32岁。

已革平郡王讷尔图园寝遗址位于今木樨地。据《清代王爷坟》载，园寝内建有螭首龟趺碑，整体规制不详。

2006年笔者重访时，此地变化很大，园寝已无任何遗迹可寻。

平郡王园寝（革爵）资料：

墓主：爱新觉罗·讷尔图

支系：克勤郡王岳讬曾孙

现存遗址：无

地址：西城区月坛街道木樨地

克勤郡王讷清额园寝（追封）

爱新觉罗·讷清额，生于康熙三十一年（1692）九月十三日，为已革平郡王讷尔图长子，母亲是庶母钱氏。乾隆三十年（1765）六月二十五日薨逝，终年74岁。乾隆四十四年（1779）六月，追封为多罗克勤郡王。

克勤郡王园寝遗址位于今木樨地。据《清代王爷坟》载，园寝内建有螭首龟趺碑，整体规制不详。

2006年笔者重访时，此地变化很大，园寝已无任何遗迹可寻。

克勤郡王园寝(追封)资料：

墓主：爱新觉罗·讷清额

支系：克勤郡王岳讬玄孙

现存遗址：无

地址：西城区月坛街道木樨地

第三节　北京市朝阳区

英亲王阿济格园寝(革爵)

爱新觉罗·阿济格，生于明万历三十三年七月十五日(1605年8月28日)，为清太祖努尔哈赤第十二子，母亲是大妃乌拉纳喇·阿巴亥。少年时期的阿济格参加了征察哈尔、伐喀尔喀、攻朝鲜等大小战役。他久经沙场，屡立战功，崇德元年(1636)晋封为武英郡王，顺治元年(1644)十月，晋封为和硕英亲王。

顺治七年(1650)，多尔衮摄政薨逝，阿济格因图谋摄政亲王之职被告发。顺治八年(1651)正月初六日返回北京后，被顺治皇帝幽禁。同月，因计图摄政王爵，被圈禁。顺治八年(1651)闰二月十五日，顺治皇帝下旨追罪，抄定罚没并将其诸子废为庶人。顺治八年十月十六日(1651年11月28日)被赐自尽，终年47岁。乾隆四十三年(1778)正月，将其后人各支子孙列入宗谱。

已革英亲王园寝遗址位于今八王坟村，此地以园寝俗称命名。据《清代王爷坟》载，乾隆十一年(1746)重修英亲王园寝时，建有宫门、角门、享殿、墓冢和墙圈。其墓冢东南有小墓冢一座，或为其家眷之墓冢。园寝的东西一侧各有两座墓地，东面的俗称"东衙门"，西面的俗称"西衙门"。"西衙门"内有墓冢两座，其南侧另有追封镇国公傅勒赫①墓冢一座。"东衙门"内建有螭首龟趺碑两通，墓

---

① 爱新觉罗·傅勒赫，生于天聪二年(1628)十二月十六日，为已革英亲王阿济格次子，母亲是科尔沁博尔济吉特氏。顺治二年(1645)，封镇国公。顺治八年(1651)，以父罪罢黜宗室。顺治十七年(1660)四月初三日薨逝，终年33岁。顺治十八年(1661)复入宗室，康熙元年(1662)，追封奉恩镇国公。

主分别是爱新觉罗·构挐①和爱新觉罗·讷延②,有砖砌墓冢三座。英亲王园寝西北角有墓冢三座,为土冢。

英亲王园寝(革爵)资料:
墓主:爱新觉罗·阿济格
支系:清太祖努尔哈赤第十二子
现存遗址:无
地址:朝阳区建国门外街道八王坟

豫通亲王多铎园寝

爱新觉罗·多铎,生于明万历四十二年(1614)二月二十四日,为清太祖努尔哈赤第十五子,母亲是大妃乌拉纳喇·阿巴亥。

多铎初封贝勒,因征讨蒙古察哈尔多罗特部时立了大功,被赐号"额尔克楚呼尔"。在大凌河、锦州、宁远等诸多战役中屡立战功,而后挥师南下,大破扬州,攻占南京,俘获南明福王,被晋封为德豫亲王。为大清打下半壁江山的多铎也成为清初八家"铁帽子王"之一。

顺治六年(1649)三月十八日,豫亲王多铎见喜(患天花),不幸薨逝,终年36岁。摄政王多尔衮得知小弟多铎薨逝的消息后,由前线率军赶回来,为多铎立碑纪功,举行隆重的葬礼。多铎薨逝后,其子爱新觉罗·多尼承袭王位。

顺治七年(1650)十二月,皇父摄政王多尔衮薨逝。顺治八年(1651),多尔衮因罪被削爵位,多铎因是多尔衮的同母弟,也被追降为郡王。康熙十年(1671)六月,康熙皇帝下诏,追谥豫郡王多铎曰"通"。乾隆四十三年(1778)正月,多尔衮的旧案得以昭雪,乾隆皇帝恢复多铎的亲王爵位及封号,配享太庙。同年八月,多铎的画像及牌位入祀盛京贤王祠。

---

① 爱新觉罗·构挐,生于顺治五年(1648)十月二十六日,为奉恩镇国公傅勒赫次子,母亲是继母博尔济吉特氏。顺治十八年(1661)四月,被封为辅国公。康熙五年(1666)二月十八日薨逝,终年19岁。

② 爱新觉罗·讷延,生于康熙四年(1665)十一月初十日,为辅国公构挐长子,母亲是嫡母博尔济吉特氏。康熙五年(1666)五月,承袭三等镇国将军爵位。康熙六年(1667)十一月十三日薨逝,终年3岁。

豫通亲王园寝遗址位于今建国门外大北窑。据《清代王爷坟》载,园寝范围东到张洛房,南到三块板,北到关东店。园寝建有两道园寝墙,过了第一道墙后,最南端建有碑楼一座,有康熙十一年(1672)八月初一日所立螭首龟趺碑一通。碑楼两侧建有东西厢房,面阔三间。碑楼北端依次为宫门(面阔三间)、享殿五间(内设暖阁),旁边是东、西配殿各三间。园寝西北角有阿哥园寝七座。在宫门东部还有一些残留的建筑遗迹。1985年春,豫通亲王园寝被拆除,在原址建国贸写字楼。

豫通亲王园寝资料:
墓主:爱新觉罗·多铎
支系:清太祖努尔哈赤第十五子
现存遗址:无
地址:朝阳区建国门外街道光华东里

信宣和郡王多尼园寝

爱新觉罗·多尼,生于崇德元年(1636)十月十八日,为豫通亲王多铎次子,母亲是继福晋博尔济吉特氏。崇德七年(1642)晋封为多罗郡王,顺治六年(1649)十月承袭豫亲王王爵,改号曰"信"。顺治九年(1652),因睿亲王多尔衮被追罪,多尼受到伯父的牵连,被降封为郡王。顺治十八年(1661)正月初四日薨逝,终年26岁,谥曰"宣和"。乾隆四十三年(1778),被追封为和硕豫亲王。

据《清代王爷坟》载,信宣和郡王园寝位于豫通亲王园寝西部,其园寝范围东边到老坟地西墙外,南到大北窑的一条大道北侧,西边隔块庄稼地到土城沟(现在是通东大桥的马路)东500米,北边到张家花园子以南。大体为东西长250米,南北长400米。

据《清代王爷坟》载,信宣和郡王园寝建有园寝墙两道,由南至北依次建有碑楼(内立螭首龟趺碑一通)、宫门(面阔三间)、墓冢(建在月台之上)。园寝的西边有土冢一座。园寝内树木以红、黄柏为主。1985年春,园寝拆除,在原址建国贸写字楼。

信宣和郡王园寝资料：

墓主：爱新觉罗·多尼

支系：豫通亲王多铎次子

现存遗址：无

地址：朝阳区建国门外街道光华东里

睿亲王苏尔发园寝（追封）

爱新觉罗·苏尔发，生于康熙三年（1664）五月十九日，为多罗贝勒多尔博①次子，母亲是庶夫人刘氏。康熙十二年（1673）四月，封固山贝子。康熙十九年（1680）五月，被革爵，降为镇国公。康熙四十年（1701）四月初五日薨逝，终年38岁。乾隆二十七年（1762）八月，追封为多罗信郡王。乾隆四十三年（1778）七月，追封为和硕睿亲王。

追封睿亲王苏尔发园寝遗址位于今熏皮厂村。据《清代王爷坟》载，园寝内建有墓冢（三合土式）一座。乾隆皇帝恢复睿亲王多尔衮爵位后，在苏尔发园寝内增建了神桥、碑楼（内立螭首龟趺碑）、宫门、享殿、墓冢。至此，睿亲王园寝初具规模。20世纪20年代，睿王府后人将园寝内的树木变卖，同时进行了"起灵"。20世纪80年代，尚存有墓冢遗址。

2007年5月13日，笔者到熏皮厂村考察时，已寻不到王爷园寝的遗迹。这里正在修公路，熏皮厂村只有十余户人家，当找到那里的老人，询问关于王爷园寝的事情时，已经很少有人能说清楚了。

睿亲王园寝（追封）资料：

墓主：爱新觉罗·苏尔发

支系：睿忠亲王多尔衮之孙

---

① 爱新觉罗·多尔博，生于崇德八年（1643）正月初二日，为睿忠亲王多尔衮嗣子（豫通亲王多铎之子），母亲是多铎继福晋博尔济吉特氏。顺治十四年（1657）正月，封多罗贝勒。康熙十一年（1672）十二月二十一日薨逝，终年30岁。乾隆四十三年（1778）正月，奉旨为和硕睿忠亲王多尔衮嗣。

现存遗址:无

地址:朝阳区八里庄街道熏皮厂村

睿亲王塞勤园寝(追封)

爱新觉罗·塞勤,生于康熙十九年(1680)九月二十六日,为追封睿亲王苏尔发长子,母亲是嫡福晋赫舍里氏。康熙三十八年(1699)八月,封三等镇国将军;康熙四十年(1701)七月,袭辅国公。雍正七年(1729)五月十四日薨逝,终年50岁。乾隆二十七年(1762)八月,追封为多罗信郡王。乾隆四十三年(1778)七月,追封为和硕睿亲王。

追封睿亲王塞勤园寝遗址位于今单店村。据《清代王爷坟》载,园寝内建有宫门(面阔三间)、墓冢(建在月台之上)。照应园寝户为李姓。20世纪30年代,园寝被盗。20世纪60年代,墓冢被平毁。20世纪80年代,园寝中还可见几株白果树。

2007年5月13日笔者考察时,塞勤园寝已无任何遗迹可寻。

睿亲王园寝(追封)资料:

墓主:爱新觉罗·塞勤

支系:睿忠亲王多尔衮曾孙

现存遗址:无

地址:朝阳区东坝乡单店村

睿亲王功宜布园寝(追封)

爱新觉罗·功宜布,生于康熙五十三年(1714)二月二十一日,为追封睿亲王塞勤第五子,母亲是侧福晋高佳氏。乾隆二年(1737)十二月,授七品笔帖式。乾隆五年(1740),授主事。乾隆七年(1742)十一月,授副理事,十二月授理事。乾隆九年(1744)十月,袭奉恩辅国公。乾隆十一年(1746)二月十九日薨逝,终年33岁,谥曰"恪勤"。乾隆二十七年(1762)八月,追封为多罗信郡王。乾隆四十二年(1777)七月,追封为和硕睿亲王。

追封睿亲王功宜布园寝遗址位于今单店村(塞勤园寝的北部)。据《清代王爷坟》载,园寝坐东朝西,园寝内建有墓冢。

2007年5月13日笔者考察时,追封睿亲王功宜布园寝已无任何遗迹可寻。

睿亲王园寝(追封)资料:

墓主:爱新觉罗·功宜布

支系:睿忠亲王多尔衮玄孙

现存遗址:无

地址:朝阳区东坝乡单店村

睿恪亲王如松园寝(追封)

爱新觉罗·如松,生于乾隆二年(1737)二月十六日,为辅国公、追封睿亲王功宜布第三子,母亲是嫡福晋周佳氏。乾隆十一年(1746)六月,承袭辅国公爵位。乾隆二十七年(1762),信郡王德昭[①]薨逝,承袭信郡王爵位。乾隆三十五年(1770)十一月初十日薨逝,终年34岁,谥曰"恪"。乾隆四十三年(1778),追封为和硕睿亲王。

据《清代王爷坟》载,睿恪亲王园寝位于今双井街道马圈,紧邻第三辈豫亲王园寝,其建筑坐北朝南,依次建有碑楼、宫门、享殿、墓冢,周围砌有红墙,园寝内遍植松柏。清末照看园寝户有康、张两姓。20世纪20年代,园寝内的地面建筑被拆除,树木被伐尽出售,仅存残墙和墓冢。20世纪30年代,墓冢被盗,据亲历者回忆,园寝玄宫内为石券砌筑。20世纪50年代,睿恪亲王园寝所在位置被某机器厂占用。

2006年8月20日笔者考察此地时,睿恪亲王园寝无任何遗迹可寻。

---

① 爱新觉罗·德昭,生于康熙三十九年(1700)十月十七日,为信郡王鄂扎第五子,母亲是侧福晋喜氏。康熙四十五年(1706)十月,承袭多罗信郡王爵位。乾隆二十七年(1762)二月二十五日薨逝,终年63岁,谥曰"悫"。

睿恪亲王园寝(追封)资料:

墓主:爱新觉罗·如松

支系:睿忠亲王多尔衮四世孙

现存遗址:无

地址:朝阳区双井街道马圈

睿慎亲王宝恩园寝

爱新觉罗·宝恩,生于乾隆四十三年(1778)九月二十四日,为睿恭亲王淳颖长子,母亲是嫡福晋富察氏。嘉庆六年(1801)承袭睿亲王爵位。嘉庆七年(1802)五月初九日薨逝,终年25岁,谥曰"慎"。

据《清代王爷坟》载,睿慎亲王园寝遗址位于今朝阳门外某村花园,在20世纪80年代初期就已经无法寻找到任何遗迹。

睿慎亲王园寝资料:

墓主:爱新觉罗·宝恩

支系:睿忠亲王多尔衮六世孙

现存遗址:无

地址:朝阳区朝阳门外某村花园

睿勤亲王端恩园寝

爱新觉罗·端恩,生于乾隆五十三年(1788)十月十二日,为睿恭亲王淳颖第四子,母亲是嫡福晋富察氏。嘉庆七年(1802)承袭睿亲王爵位。道光六年(1826)五月十四日薨逝,终年39岁,谥曰"勤"。

睿勤亲王园寝遗址位于今定福庄梆子井村。据《清代王爷坟》载,园寝坐南朝北,依次建有碑楼、宫门、享殿、墓冢、红墙,墓冢呈白色。

2007年5月13日笔者考察时,睿勤亲王园寝已无任何遗迹可寻。

睿勤亲王园寝资料：

墓主：爱新觉罗·端恩

支系：睿忠亲王多尔衮六世孙

现存遗址：无

地址：朝阳区三间房乡定福庄梆子井村

睿悫亲王德长园寝

爱新觉罗·德长，生于道光十八年（1838）八月十三日，为睿僖亲王仁寿①第三子，母亲是侧福晋颜佳氏。同治四年（1865）正月，承袭睿亲王爵位。光绪二年（1876）四月十九日薨逝，终年39岁，谥曰"悫"。

睿悫亲王园寝遗址位于今定福庄梆子井村，位于八辈睿王园寝西侧。据《清代王爷坟》载，园寝坐南朝北，隔着大道，村里称为"上坡"。依次建有碑楼、宫门、享殿、墓冢等。

2007年5月13日笔者重访此地，园寝已无任何遗迹可寻。

睿悫亲王园寝资料：

墓主：爱新觉罗·德长

支系：睿忠亲王多尔衮八世孙

现存遗址：无

地址：朝阳区三间房乡定福庄梆子井村

睿亲王魁斌园寝

爱新觉罗·魁斌，生于同治三年（1864）九月十二日，为睿悫亲王德长第四子，母亲是庶福晋兆佳氏。光绪二年（1876），承袭睿亲王爵位。1915年2月逝世，终年52岁。

---

① 爱新觉罗·仁寿，生于嘉庆十五年（1810）三月初六日，为睿勤亲王端恩长子，母亲是侧福晋赵佳氏。道光六年（1826）八月，承袭睿亲王爵位。同治三年（1864）十月初十日薨逝，终年55岁。

魁斌园寝遗址位于今定福庄梆子井村。据《清代王爷坟》载,魁斌园寝在睿悫亲王园寝东边偏南,园寝建有宫门、墓冢(建在月台之上)。

2007年5月13日笔者考察此地时,睿亲王园寝已无任何遗迹可寻。

睿亲王园寝资料:
墓主:爱新觉罗·魁斌
支系:睿忠亲王多尔衮九世孙
现存遗址:无
地址:朝阳区三间房乡定福庄梆子井村

武肃亲王豪格园寝

爱新觉罗·豪格,生于明万历三十七年(1609)三月十三日,为清太宗皇太极长子,母亲是继妃乌拉纳喇氏(海西女真贝勒博克泽之女,是努尔哈赤大妃乌拉纳喇·阿巴亥之从姑)。豪格少年时随皇太极、多尔衮攻打董夔、察哈尔、鄂尔多斯时立有战功,被封为贝勒,在锦州之战、宁锦战役、察哈尔战役中屡立战功,又平定四川,是大清朝的开国功臣之一。天聪六年(1632)六月,被封为多罗贝勒。崇德元年(1636)四月,被封为和硕肃亲王。崇德元年(1636)八月,被降为多罗贝勒,九月复封为肃亲王。顺治元年(1644)四月削爵,同年十月恢复肃亲王爵位。顺治五年(1648)四月革爵幽禁,赐自尽,终年40岁。顺治七年(1650),被追封为和硕肃亲王,谥曰"武"。乾隆四十三年(1778)正月,以军功配享太庙,为清初八大"铁帽子王"之一。

武肃亲王园寝遗址位于今潘家园街道架松村(旧称广渠门外架松村,今朝阳区架松村小学校园范围内),始建于顺治八年(1651)。有清一代,逐渐在今架松地区形成了肃亲王家族园寝群。据《清代王爷坟》载,在家族园寝群范围内,先后建有武肃亲王豪格、显懿亲王富寿、温良郡王猛峩①、显谨亲王衍璜、肃忠亲王善

---

① 爱新觉罗·猛峩,生于崇德八年(1643)十一月十一日,为武肃亲王豪格第五子,母亲是侧福晋硕隆武氏。顺治十四年(1657)正月,被封为多罗温郡王。康熙十三年(1674)七月十一日薨逝,终年32岁,谥曰"良"。

眷园寝,俗称老坟、大王坟、二王坟、新坟和花园。

据《清代王爷坟》载,武肃亲王园寝最外边是蓝色围墙[①],东西有门各一。南侧有大门,大门两侧辟角门各一。大门北部建有碑楼,碑楼内立螭首龟趺碑两通,一为"顺治八年岁次辛卯八月仲秋吉旦立",一为"顺治十五年九月十六日立"。碑楼两侧建有东西朝房。东西朝房北部为园寝墙,墙上东西辟角门各一。再向北为园寝墙,墙的四角饰有似"官帽"的饰物。墙的南侧开两道门,进门有东西班房,面阔三间。再北为月台,月台上建有享殿,面阔五间。据《清代王爷坟》载,武肃亲王豪格薨逝后火化,未建墓冢,豪格的嫡福晋薨逝后是以墓葬方式埋葬。另外武肃亲王园寝周围曾遍植树木,约于1948年时被国民党军队砍伐殆尽。1958年,武肃亲王园寝处出土金烟袋锅1件。《清代王爷坟》又记载,据关宗典(1915年生)口述,武肃亲王园寝东边曾埋有马夫,西边埋有战马。至于此种说法是否确凿,还待此地经过考古发掘后,加以证实。

武肃亲王园寝资料:
墓主:爱新觉罗·豪格
支系:清太宗皇太极长子
现存遗址:无
地址:朝阳区潘家园街道架松村

显懿亲王富寿园寝

爱新觉罗·富寿,生于崇德八年(1643)五月十七日,为武肃亲王豪格第四子,母亲是嫡福晋博尔济吉特氏。顺治八年(1651)二月,承袭亲王爵位,改号显亲王。康熙八年(1669)十二月二十日薨逝,终年27岁,谥曰"懿"。

显懿亲王园寝遗址位于今潘家园街道架松村(朝阳区劲松住宅区西口路南,即武肃亲王园寝的西北),园寝坐北向南,依次建有碑楼、宫门、享殿、墓冢。墓冢建在月台之上,居中的墓冢主人为富寿,两侧墓冢分别葬嫡福晋博尔济吉特氏和

---

① 此处"蓝色围墙"存疑,综观现存清代王爷园寝,未见有蓝色围墙者。笔者认为是"栏墙"之误。

侧福晋富察氏。显懿亲王园寝内外遍植松柏,园寝墙由城砖砌筑。

据《清代王爷坟》载,1959年此处设立电机厂。1970年,电机厂被拆改,拆除了享殿等地面建筑,同时清理了显懿亲王园寝玄宫,清理出石享堂等文物,玄宫中未见棺椁。据冯其利先生1983年3月25日的调查记载,当时显懿亲王园寝还存有螭首龟趺碑及宫门,其中残存的宫门面阔三间。1983年5月5日,朝阳区文物保管所将显懿亲王园寝墓碑移至日坛公园内。

▲显懿亲王园寝石享堂(2016年摄)

◀显懿亲王敕建碑(2016年摄)

2007年5月,笔者到北京石刻艺术博物馆参观,看到了位于博物馆西墙边的富寿石享堂。石享堂雕刻精美,栩栩如生。另外位于日坛公园内的显懿亲王园寝螭首龟趺碑保存得比较好,立于康熙十四年(1675)四月二十一日。2016年10月6日,笔者再次到日坛公园考察,此处被定为北京市朝阳区普查登记文物,编号为110105944180000076,文保标志立于2012年2月。存于石刻艺术博物馆的石享堂亦完好。

显懿亲王园寝资料：

墓主：爱新觉罗·富寿

支系：武肃亲王豪格第四子

现存遗址：石享堂、螭首龟趺碑

地址：朝阳区潘家园街道架松村

显谨亲王衍璜园寝

爱新觉罗·衍璜，生于康熙三十年（1691）五月初八日，为显密亲王丹臻第六子，母亲是侧福晋富察氏。康熙四十一年（1702）八月，承袭显亲王爵位。乾隆三十六年（1771）十二月十九日薨逝，终年81岁，谥曰"谨"。衍璜薨逝时，其子均先于他薨逝，故并无子嗣袭爵。

显谨亲王园寝遗址位于今潘家园街道架松村。据《清代王爷坟》载，显谨亲王园寝曾建有擎天柱一对、碑楼（内立两块螭首龟趺碑）、宫门（面阔三间）、东西朝房、班房（面阔三间）、享殿（面阔五间）、墓冢。享殿前有丹陛，墓冢建在月台之上，墓冢后有靠山一座。1929年，显谨亲王园寝被国民党军所盗。1965年，此地为架松小学校址。1966年，学校搬迁至武肃亲王园寝处，显谨亲王园寝的建筑被拆除。据《清代王爷坟》载，1983年4月，园寝存有东西朝房、享殿、墓冢。享殿前有半截丹陛石，墓冢下的玄宫内有大量积水。

2005年11月笔者考察时，见到半段残墙、享殿、东西朝房，半截丹陛石被砌在住宅中。2016年9月10日，笔者再次来到显谨亲王园寝，看

显谨亲王园寝享殿（2006年摄）

到这里正在进行拆迁工作。朝阳区文物部门准备恢复显亲王园寝原址。

靠近后寝区域的原住居民,已有很多家进行了搬迁。笔者走到后寝范围处观察,2006年考察时看到的须弥座仍然存在,此范围附近区域即为园寝墓冢的附近范围。须弥座的覆莲瓣纹雕刻精细,但一直被压在原住居民的房基下。经过部分搬迁后,可以大致看到属于墓冢位置范围的大片土地。同时笔者在实地踏查时,还发现一些三合土残块,应为墓冢的建筑材料。

显谨亲王园寝资料:

墓主:爱新觉罗·衍璜

支系:武肃亲王豪格曾孙

现存遗址:享殿、东西朝房

地址:朝阳区潘家园街道架松村

肃亲王成信园寝(追封)

爱新觉罗·成信,生于康熙二十七年(1688)八月十七日,为显密亲王丹臻第五子,母亲是庶福晋夏佳氏。康熙四十七年(1708)四月,封三等奉国将军。康熙五十八年(1719),授头等侍卫。雍正元年(1723)正月,因病解职。雍正六年(1728)八月,授宗学副管。乾隆十七年(1752)七月,因病再次被解职。乾隆二十三年(1758)八月初五日薨逝,终年71岁。乾隆四十三年(1778)七月,追封为肃亲王。

追封肃亲王成信园寝遗址位于今朝阳区十八里店铸造厂的位置。据《清代王爷坟》载,园寝坐东朝西,建有神桥、宫门、享殿、墓冢。园寝墙所砌的砖均是残砖,即把砖一分为二,内外遍植松柏。

肃亲王园寝(追封)资料:

墓主:爱新觉罗·成信

支系:武肃亲王豪格曾孙

现存遗址:无

地址:朝阳区十八里店乡十八里店铸造厂

肃恭亲王永锡园寝

爱新觉罗·永锡,生于乾隆十八年(1753)五月二十一日,为追封肃亲王成信第五子,母亲是侧福晋庞氏。乾隆三十三年(1768)授三等侍卫。乾隆四十三年(1778)承袭肃亲王爵位。道光元年(1821)八月初一日薨逝,终年69岁,谥曰"恭"。

肃恭亲王园寝遗址位于今十八里店,俗称"前园"。据《清代王爷坟》载,园寝坐东朝西,依次建有碑楼(碑楼内立螭首龟趺碑一通)、宫门(面阔三间)、享殿(面阔三间)、墓冢。享殿东侧建有月台,月台上建有墓冢两座,其一为侧福晋之墓。园寝前的南北方向建有小坟地各一块。肃恭亲王园寝照应坟地户有乔、郝、赵、张、郭等姓。1929年前后,肃恭亲王园寝被盗。1958年园寝墙被拆除,至1962年完全拆平。1975年,墓碑被拉倒。据冯其利先生1983年3月的调查记载,可知当时园寝前面部分(最西端)已无遗迹。

2007年5月笔者考察时,肃恭亲王园寝原址上已建成东华联菜市场,当地的老人才能说出这里曾经是王爷坟。

2016年10月22日,笔者再次考察时,此地进行了搬迁,无法寻找到任何遗迹。

肃恭亲王园寝资料:
墓主:爱新觉罗·永锡
支系:武肃亲王豪格玄孙
现存遗址:无
地址:朝阳区十八里店乡十八里店铸造厂

肃慎亲王敬敏园寝

爱新觉罗·敬敏,生于乾隆三十八年(1773)十二月二十三日,为肃恭亲王永锡长子,母亲是那木都鲁氏。乾隆六十年(1795),封不入八分公,授散秩大臣。道光元年(1821)十一月,承袭肃亲王爵位。后历任正蓝旗、镶蓝旗蒙古和正蓝旗满洲都统。咸丰二年(1852)九月二十七日薨逝,终年80岁,谥曰"慎"。

肃慎亲王园寝遗址位于今王四营乡道口村。据《清代王爷坟》载,园寝坐北朝南,依次建有神桥、月河、碑楼(内立螭首龟趺碑一通)、东西朝房、宫门(面阔三间)、享殿(面阔三间,享殿后的园寝墙设有东、西角门)、墓冢。园寝东建有敬敏长子辅国将军华连①、次子华瑞②和第五子华龄③的坟茔。此处照应坟地户共九家,四家姓刘,三家姓李,一家姓高,一家姓钱。1940年前后,肃慎亲王园寝被盗。新中国成立后,月台和墓冢被拆除。

2006年5月笔者考察肃慎亲王园寝时,地面建筑依次保存有碑亭、螭首龟趺碑、东西朝房、宫门、享殿、园寝墙。此处被道口针织厂占用,据工人称,这里将进行文物保护修复。

2016年10月22日,笔者再访肃慎亲王园寝,见到此处遗迹被修茸一新。不仅工厂消失了,连道口村也进行了拆迁改造,此地只留下了肃慎亲王园寝。该园寝就地保护,拦砌围墙。自北向南依次为碑楼、宫门、享殿、东西朝房,后寝部分墓冢早已不存,遍植绿草。

肃慎亲王园寝碑亭(2006年摄)

肃慎亲王园寝碑亭(2016年摄)

---

① 爱新觉罗·华连,生于乾隆五十七年(1792)四月十七日,为肃慎亲王敬敏长子,母亲是嫡福晋拜都氏。嘉庆十七年(1812)十一月,被封为三等辅国将军。道光九年(1829)四月十三日薨逝,终年38岁。
② 爱新觉罗·华瑞,生于嘉庆七年(1802)十一月二十六日,为肃慎亲王敬敏次子,母亲是侧福晋郎佳氏。道光元年(1821)二月二十一日薨逝,终年20岁。
③ 爱新觉罗·华龄,生于嘉庆十六年(1811)十二月初四日,为肃慎亲王敬敏第五子,母亲是侧福晋岳氏。嘉庆十八年(1813)四月初十日薨逝,终年3岁。

肃慎亲王园寝西朝房（2006年摄）

肃慎亲王园寝西朝房（2016年摄）

肃慎亲王园寝宫门（2006年摄）

肃慎亲王园寝宫门（2016年摄）

肃慎亲王园寝享殿（2016年摄）

肃慎亲王园寝资料：

墓主：爱新觉罗·敬敏

支系：武肃亲王豪格四世孙

现存遗址：碑亭、螭首龟趺碑、东西朝房3间、宫门、享殿

地址：朝阳区王四营乡道口村

肃恪亲王华丰园寝

爱新觉罗·华丰，生于嘉庆九年（1804）十一月初十日，为肃慎亲王敬敏第三子，母亲是侧福晋郎佳氏。道光四年（1824）十二月，授封二等镇国将军。道光九年（1829）十一月，晋封不入八分辅国公。咸丰三年（1853），承袭肃亲王爵位。同治八年（1869）十二月二十二日薨逝，终年66岁，谥曰"恪"。

肃恪亲王园寝遗址位于今黑庄户乡万子营村①（万子营村西队仓库北边）。据《清代王爷坟》载，园寝坐南朝北，依次建有碑楼、宫门、享殿（面阔三间，享殿后的园寝墙设有东、西角门）、墓冢。墓冢建在月台之上，居中者为华丰墓，两侧的墓冢为嫡福晋墓、侧福晋墓。东南角有土冢一座。1939年7月，肃恪亲王园寝被盗。1952年，肃恪亲王园寝地面建筑被全部拆除。1968年，在玄宫中起出棺椁一口。1975年5月，墓碑被拉倒，碑座部分的赑屃和碑身、碑首的螭首均被移至柏油马路边。据冯其利先生80年代的调查记载，可知1983年2月螭首龟趺碑还存有半截。

肃恪亲王园寝半截螭首龟趺碑与赑屃（2006年摄）

2007年5月13日笔者考察时，在西队仓库马路边的树林中，发现了肃恪亲王园寝的螭首龟趺碑，螭首已残为半截。

2016年，笔者准备再访此地时，得知文物已不在原地。

肃恪亲王园寝资料：

墓主：爱新觉罗·华丰

支系：武肃亲王豪格五世孙

---

① 此地得名于"万"字营，属于因兵勇营盘而得名的地名。

现存遗址:无

地址:朝阳区黑庄户乡万子营村

肃良亲王隆懃园寝

爱新觉罗·隆懃,生于道光二十年(1840)九月初三日,为肃恪亲王华丰第三子,母亲是侧福晋吴佳氏。同治九年(1870)四月,承袭肃亲王爵位。光绪二十四年(1898)三月初一日薨逝,终年59岁,谥曰"良"。

肃良亲王园寝遗址位于今十八里店乡陈家村。据《清代王爷坟》载,陈家村的粉房处有肃亲王府某位福晋墓冢一座,粉房东侧便是肃良亲王园寝。园寝坐南朝北,建有宫门(面阔三间)、享殿(面阔三间)、墓冢。墙圈东侧有小坟地一块,里面有坟头7座。墙圈内除柏树外,还有10余株白果树,圈墙外有松树。这里的照应坟地户是乔、马等16户,王爷坟副管事乔启厚于1924年去世。1940年,肃良亲王园寝被盗。1947年,国民党军某部拆走园寝内的建筑构件。1970年施工时,从玄宫清理出绫袍与靴帽等日常生活物品。1971年,螭首龟趺碑被砸断,断碑的石料被用于回填沟渠。1983年3月,冯其利先生到肃良亲王园寝调查,寻找到断碑与老房3间。

2007年5月,笔者考察陈家村时,只存老房一间,为园寝原建筑。从当地居民郑先生(1951年生人)处了解到,因这块地的风水极佳,民间流传着"登基坐店"的传说,因此当时此地被这个王爷看中。"登基坐店"就是说"前瞻小武基,背倚十八里店"。

2016年10月22日,笔者再次考察时,此地进行了大规模的搬迁改造,已无法寻找到任何遗迹。

肃良亲王园寝资料:

墓主:爱新觉罗·隆懃

支系:武肃亲王豪格六世孙

现存遗址:无

地址:朝阳区十八里店乡陈家村

肃亲王善耆园寝

爱新觉罗·善耆,生于同治五年(1866)八月二十七日,为肃良亲王隆懃长子,母亲是侧福晋李佳氏。光绪二十四年(1898)承袭肃亲王爵位。1922年农历三月初二日逝世,终年57岁。

肃亲王园寝遗址位于今潘家园街道架松村(显谨亲王衍璜园寝东侧)。据《清代王爷坟》载,肃亲王园寝是用显谨亲王阳宅的建筑材料改建而成。园寝建有宫门(面阔三间)、享殿(面阔三间)、墓冢。墓冢建在月台上,为善耆和嫡福晋赫舍里氏合葬之墓,其后还有墓冢四座,分别为侧福晋程佳氏、佟佳氏、姜佳氏、张佳氏之墓。爱新觉罗·善耆下葬后不久,墓冢便被盗掘。肃亲王善耆的后人来此地善后,捡拾扳指一件。1966年,改建地面建筑,新添建数间平房。1989年,园寝出土了棺椁。

肃亲王园寝资料:
墓主:爱新觉罗·善耆
支系:武肃亲王豪格七世孙
现存遗址:无
地址:朝阳区潘家园街道架松村(显谨亲王衍璜园寝东侧)

恭亲王常颖园寝

爱新觉罗·常颖,生于顺治十四年(1657)十一月初四日,为清世祖顺治皇帝第五子,母亲是庶妃陈氏。康熙十年(1671),封为恭亲王。少年时的常颖多次随军出征,屡立战功,曾参加了平准噶尔部噶尔丹的战役。康熙三十五年(1696),常颖又随康熙帝御驾亲征噶尔丹。康熙四十二年(1703)六月初七日薨逝,终年47岁。

恭亲王常颖园寝遗址位于今东大桥北侧。据《清代王爷坟》载,园寝坐北朝南,依次建有碑楼、宫门(面阔三间)、东西朝房各三间、享殿(面阔五间)、琉璃门

（建在园寝墙正中）、墓冢。墓冢西侧为追封庶福晋舒舒觉罗氏墓。另外此园寝砌有两道大墙，园寝外墙南端建有三座门，两侧各辟角门，东部的角门内建有阳宅，为两进院落。

1900年八国联军侵入北京后，日本人占用恭亲王常颖园寝南部的明堂，并建立延历公墓。1948年，国民党军把园寝外墙拆毁。1949年，园寝被划进人民公墓界内。[①]1954年，恭亲王园寝玄宫被清理，墓室内渗水严重，内置石供桌，并发现棺椁两口。冯其利先生于20世纪80年代调查时，园寝已无遗迹可寻。

恭亲王园寝资料：
墓主：爱新觉罗·常颖
支系：清世祖顺治皇帝第五子
现存遗址：无
地址：朝阳区东大桥北（朝阳医院东侧）

裕亲王保泰园寝（革爵）

爱新觉罗·保泰，生于康熙二十一年（1682）四月初七日，为顺治皇帝次子裕宪亲王福全第三子，母亲是侧福晋瓜尔佳氏。康熙四十二年（1703）十月，承袭裕亲王爵位。雍正二年（1724）十一月，革爵。雍正八年（1730）八月十九日薨逝，终年49岁。

已革裕亲王保泰园寝遗址位于今王四营乡官庄村北。据《清代王爷坟》载，园寝坐西朝东，建有宫门、墓冢。园寝宫门之北部、东部、南部陆续建有其子孙墓地。1939年，宫门被盗，得知玄宫为青石起券结构，棺床上放有棺椁一口。当时百姓将此地称为"柿子王坟"，冯其利先生认为"柿子"倒像是"世子"之误写。20世纪50年代以后园寝彻底拆除，宫门改建为马棚，木料改制成窗户框。

---

① 1949年，北京市人民政府民政科决定在朝阳门外建立人民公墓，选址于东大桥东北，囊括原日侨的延历公墓。

裕亲王园寝(革爵)资料:

墓主:爱新觉罗·保泰

支系:裕宪亲王福全第三子

现存遗址:无

地址:朝阳区王四营乡官庄村

裕僖郡王亮焕园寝

爱新觉罗·亮焕,生于乾隆五年(1740)八月二十日,为裕庄亲王广禄第十二子,母亲是庶福晋徐氏。乾隆二十六年(1761)十二月,授三等侍卫。乾隆二十七年(1762)正月,封三等辅国将军。乾隆四十六年(1781)四月,授二等侍卫班长。乾隆五十一年(1786)正月,承袭裕郡王爵位。嘉庆十三年(1808)四月十三日薨逝。

裕僖郡王园寝遗址位于今双井街道九龙山(原玻璃厂厂址)。据《清代王爷坟》载,园寝建有宫门、享殿、墓冢,其东部有亮焕五世孙镇国公爱新觉罗·魁璋[①]园寝(俗称魁公园寝)。魁公园寝范围内曾建有化工厂、玻璃厂、汽车五场、啤酒厂、内燃机厂和造纸厂等。

这座园寝中还有亮焕次子亨存[②]、亨存之子文和[③]及文和长子祥端[④]等三座坟墓。据《清代王爷坟》记载,1933年园寝被盗。1955年,此地改建时,发现园寝玄宫为石券结构,有棺椁三口。九龙山东侧的两处湖泊作为造纸厂的排水池。

---

① 爱新觉罗·魁璋,生于光绪二十年(1894)三月十九日,为奉恩镇国公荣毓长子,母亲是庶母傅氏。光绪二十四年(1898)八月,承袭奉恩镇国公爵位。

② 爱新觉罗·亨存,生于乾隆二十七年(1762)七月初十日,母亲是嫡福晋瓜尔佳氏。乾隆四十九年(1784)十一月,封为三等奉国将军。乾隆五十三年(1788)四月授三等侍卫。乾隆五十八年(1793)三月,授侍卫什长。嘉庆元年(1796)十月十三日薨逝,终年35岁。嘉庆十三年(1808)七月,追封为多罗贝勒。

③ 爱新觉罗·文和,生于乾隆四十六年(1781)四月初二日,为追封多罗贝勒亨存长子,母亲是嫡夫人喀尔沁氏。嘉庆二年(1797)二月,承袭奉恩将军爵位。嘉庆十三年(1808)六月,承袭多罗贝勒爵位。嘉庆二十年(1815)二月初四日薨逝,终年35岁。

④ 爱新觉罗·祥端,生于嘉庆四年(1799)十一月十九日,为多罗贝勒文和长子,母亲是侧室吴氏。嘉庆十四年(1809)十月,赏戴花翎。嘉庆二十一年(1816)正月,承袭固山贝子爵位。道光十六年(1836)六月二十六日薨逝,终年38岁。

2006年8月20日笔者考察时，此地已无任何遗迹可寻。

裕僖郡王园寝资料：

　　墓主：爱新觉罗·亮焕

　　支系：裕宪亲王福全曾孙

　　现存遗址：无

　　地址：朝阳区双井街道九龙山

履懿亲王允祹园寝

　　爱新觉罗·允祹，生于康熙二十四年（1685）十二月二十四日，为清圣祖康熙皇帝第十二子，母亲是定妃万琉哈氏。康熙三十九年（1700）三月，被封为多罗贝勒。康熙四十八年（1709）三月，晋封为多罗淳郡王。雍正元年（1723）十二月，降为固山贝子。雍正二年（1724）六月，降为镇国公。雍正八年（1730）十一月，复封为履郡王。雍正十三年（1735）十一月，晋封履亲王。乾隆二十八年（1763）七月二十四日薨逝，终年79岁，谥曰"懿"。

　　履懿亲王园寝[①]遗址位于今太阳宫乡[②]（俗称十二陵）。据《清代王爷坟》载，园寝坐北朝南，依次建有月牙河、神桥、碑楼、东西朝房、宫门（面阔三间）、享殿（面阔五间，享殿后园寝墙各辟东、西角门）、墓冢（建在月台之上）。园寝东部为弘昆[③]园寝。1929年，履亲王府后人将地面建筑拆除，名为"起灵"。"起灵"时发现玄宫为砖券砌筑，西侧的玄宫结构为顶覆条石，四周砌砖，内有汉白玉石制成的石门和石床，石床上放置棺椁三口。

　　① 据冯其利先生1984年8月15日的调查记载，履懿亲王园寝位于三元庵东南部。
　　② 中国第一历史档案馆收藏的清乾隆二十八年十月二十六日《内务府奏案》第40号记载："今履懿亲王园寝在茄各庄，现有茔地一块，例如工部领修理园寝银五千两，建碑银三千两……"故今太阳宫乡为清代茄各庄旧地。
　　③ 爱新觉罗·弘昆，生于乾隆四年（1739）九月二十五日，为履懿亲王允祹第五子，母亲是侧福晋方佳氏。乾隆十五年（1750）三月二十日薨逝，终年12岁，依世子品级修建园寝。

履懿亲王园寝资料:

墓主:爱新觉罗·允祹

支系:清圣祖康熙皇帝第十二子

现存遗址:无

地址:朝阳区太阳宫乡

理恪郡王弘晙园寝

爱新觉罗·弘晙,生于康熙五十七年(1718)十二月初八日,为理密亲王允礽第十子,母亲是侧福晋程佳氏。乾隆四年(1739)十月,承袭理郡王爵位。乾隆四十五年(1780)八月二十七日薨逝,终年63岁,谥曰"恪"。

理恪郡王园寝遗址位于今金盏乡长店村。据《清代王爷坟》载,当地俗称园寝为"大宫门",园寝坐西朝东,前有月河,依次建有神桥、碑楼、南北朝房(面阔三间)、宫门(面阔三间)、享殿(面阔三间)、琉璃门、墓冢。墓冢建在月台之上,居中者为弘晙之墓,在其南北各有墓冢一座,园寝内外遍植松柏。其子爱新觉罗·永瑗①、其孙爱新觉罗·绵溥②、曾孙镇国公爱新觉罗·奕灏③,均葬于园寝东南侧。

据《清代王爷坟》载,理恪郡王园寝于1938年被盗,玄宫为棚板石结构,有棺椁三口。

2007年7月15日,笔者考察长店村,已寻不到任何遗迹,仅发现散落的汉白玉桥栏。在当地,笔者遇上了当年的守陵人李文儒老先生(1926年生)。据李老先生回忆,原墓地分为老爷府和小宫门。只有老辈人还知道这里曾经是清代王爷的一处坟地,年轻人早已不知晓了。随后李老先生用木棍在地上画了一张园寝的平面草图,向笔者讲述他所知道的园寝范围。

---

① 爱新觉罗·永瑗,生于乾隆七年(1742)四月二十七日,为理恪郡王弘晙长子,母亲是侧福晋陈佳氏。乾隆四十五年(1780)十二月,承袭多罗贝勒爵位。乾隆五十三年(1788)十二月初八日薨逝,终年47岁。

② 爱新觉罗·绵溥,生于乾隆三十一年(1766)十二月二十八日,为多罗贝勒永瑗次子,母亲是嫡夫人赵佳氏。乾隆五十四年(1789)三月,承袭固山贝子爵位。嘉庆六年(1801)九月初六日薨逝,终年36岁。

③ 爱新觉罗·奕灏,生于乾隆四十九年(1784)三月十七日,为固山贝子绵溥长子,母亲是嫡夫人章佳氏。嘉庆六年(1801)十二月,承袭镇国公爵位。嘉庆十年(1805)十二月,解去散秩大臣。嘉庆十八年(1813)八月,在乾清门行走。道光二十三年(1843)十二月二十九日薨逝,终年60岁。

理郡王园寝桥栏栏板(2007年摄)

　　2016年12月10日,笔者再访此地,此处已经全面拆迁,只遗长店村地名,原长店村的田地处新建了大楼,长店村村民大都搬至楼上居住。汉白玉桥栏已不知去向,寻不到任何有关王爷园寝的遗迹。10年前笔者见到的那位守陵老先生的住处也被拆除。

理恪郡王园寝资料:

墓主:爱新觉罗·弘晊

支系:清圣祖康熙皇帝次子理密亲王允祁第十子

现存遗址:无

地址:朝阳区金盏乡长店村

和谨郡王绵伦园寝

　　爱新觉罗·绵伦,生于乾隆十七年(1752)十一月初一日,为和勤亲王永璧长子,母亲是嫡福晋博尔济吉特氏。乾隆三十七年(1772)九月,承袭和郡王爵位。乾隆三十九年(1774)十一月二十九日薨逝,终年23岁,谥曰"谨"。

和谨郡王园寝遗址位于今西八间房。①据《清代王爷坟》载，园寝建有碑楼、宫门（面阔三间）、东西朝房（面阔三间）、享殿（面阔三间，享殿后为园寝墙，东、西各辟有角门）、墓冢（建在月台之上）。园寝墙为砖砌，在园寝墙外的东北角还有墓冢5座。

据《清代王爷坟》载，1926年园寝地面建筑被拆卖。1937年，园寝被国民党军盗掘，被盗后的园寝一片狼藉。新中国成立后，园寝旧址为某厂副业组使用。20世纪80年代初，园寝旧址为某厂宿舍，墓碑就地掩埋，仅余碑座部分的赑屃。照看园寝户有佟、杨两姓。

和谨郡王园寝资料：
墓主：爱新觉罗·绵伦
支系：清世宗雍正皇帝第五子和恭亲王弘昼之孙
现存遗址：无
地址：朝阳区望京街道西八间房

第四节　北京市海淀区

礼烈亲王代善园寝

爱新觉罗·代善，生于明万历十一年（1583）七月初三日，为清太祖努尔哈赤次子，母亲是元妃佟佳氏。崇德元年（1636）四月，晋封为和硕礼亲王。顺治五年（1648）十一月十一日薨逝，终年66岁，谥曰"烈"。乾隆四十三年（1778）正月，以功配享太庙，为清初八大"铁帽子王"之一。

代善长期随太祖征战，是父子兵中一员骁勇善战的大将。史书中赞颂他"生

---

① 乾隆三十五年（1770）七月至三十九年（1774）十一月，和亲王府两位亲王、一位郡王相继薨逝。乾隆三十九年（1774）十一月绵伦薨逝时，位于今顺义区庄子营的永璧墓地尚未竣工，绵伦四弟绵循承袭和郡王爵位之后，葬绵伦于东直门外西八间房。

而英毅,智勇过人",曾被赐号"古英巴图鲁"。代善作为家族中最年长者(褚英被赐死后,代善一直被称为大贝勒),在灭乌拉、萨尔浒之战、平叶赫、宁远之战、察哈尔战役、大凌河战役中屡立战功,是大清朝的开国功臣,被封为"礼烈亲王",世袭罔替,为清初八大"铁帽子王"之一。

礼烈亲王园寝遗址位于今门头村。园寝坐西朝东,依次建有宫门、碑楼、享殿、墓冢(建在月台之上)。代善的墓碑碑阳撰"和硕礼亲王谥烈代善碑文",碑阴为乾隆皇帝的"奠代善墓诗刻"。

据《清代王爷坟》载,遗址存礼烈亲王墓碑(残)、康良亲王墓碑、惠顺亲王墓碑。园寝照应户有赵、王、舒、罗、关、刘等姓。礼烈亲王园寝的玄宫为石券结构,出土骨灰罐一件,罐内盛有衣冠。

2007年6月11日笔者重访时,遗址存康良亲王杰书螭首龟趺碑一通、享殿遗址及常阿岱墓碑之龟趺。礼烈亲王螭首龟趺碑已经被移至北京植物园内曹雪芹故居后的碑林保存,碑已残,仅存碑身下部三分之二。

代善画像(此图片为礼烈亲王代善第十二世孙爱新觉罗·寿鲲先生提供,谨致谢忱)

代善墓碑(2016年摄)

43

2016年10月14日,笔者再访时,门头村正在拆迁,园寝仅存康良亲王杰书螭首龟趺碑一通,常阿岱墓碑已经搬迁至马路西边的西山骨灰林保存。另外中国国家图书馆现存有代善墓碑拓片。

礼烈亲王园寝资料：
墓主：爱新觉罗·代善
支系：清太祖努尔哈赤次子
现存遗址：螭首龟趺碑(现保存于北京植物园内曹雪芹故居后的碑林)
地址：海淀区香山街道门头村

巽简亲王满达海园寝(革爵)

爱新觉罗·满达海,生于天命七年(1622)三月二十日,为礼烈亲王代善第七子,母亲是继福晋叶赫那拉氏。崇德六年(1641)封为辅国公。顺治二年(1645)十月,晋封为固山贝子。顺治六年(1649),承袭亲王爵位。顺治八年(1651)十月,赐号曰"巽"。顺治九年(1652)二月初六日薨逝,终年31岁,谥曰"简"。顺治十六年(1659)十月,追夺谥号。

已革巽简亲王园寝遗址位于今门头村,即礼烈亲王园寝北部,又称"北二所"。据《清代王爷坟》载,20世纪30年代初,园寝被盗掘,玄宫内出土有骨灰盒,骨灰盒装饰华丽,周围镶有金玉珠宝。满达海的长子多罗怀愍贝勒常阿岱①园寝位于巽简亲王园寝的北部。

2016年10月,笔者考察时,巽简亲王园寝已无任何遗迹可寻。

巽简亲王园寝(革爵)资料：
墓主：爱新觉罗·满达海
支系：礼烈亲王代善第七子

---

① 爱新觉罗·常阿岱生于崇德八年(1643)十月十一日,为巽简亲王满达海长子,母亲是嫡福晋博尔济吉特氏。顺治九年(1652)七月,承袭巽简亲王爵位。顺治十六年(1659)十月,被降为多罗贝勒。康熙四年(1665)四月十五日薨逝,终年23岁,谥曰"怀愍"。

现存遗址：无

地址：海淀区香山街道门头村

惠顺亲王祜塞园寝

爱新觉罗·祜塞，生于天聪二年(1628)正月二十八日，为礼烈亲王代善第八子，母亲是继福晋叶赫那拉氏。顺治三年(1646)二月初六日薨逝，终年19岁。顺治十年(1653)，追封为惠顺郡王。康熙元年(1662)，追封为惠顺亲王。

惠顺亲王园寝遗址位于今门头村，即礼烈亲王园寝南部。据《清代王爷坟》载，惠顺亲王园寝的玄宫为棚板石构筑。

2006年6月，笔者考察时，惠顺亲王墓碑被移至北京植物园内曹雪芹故居后的碑林保存。

2016年10月14日，笔者再访时，惠顺亲王园寝已无任何遗迹可寻。

惠顺亲王园寝资料：

墓主：爱新觉罗·祜塞

支系：礼烈亲王代善第八子

现存遗址：惠顺亲王墓碑(现保存于北京植物园内曹雪芹故居后的碑林)

地址：海淀区香山街道门头村

康良亲王杰书园寝

爱新觉罗·杰书，生于顺治二年(1645)十二月初四日，为惠顺亲王祜塞第三子，母亲是嫡福晋博尔济吉特氏。顺治十六年(1659)，承袭亲王爵位，改号康亲王。康熙三十六年(1697)闰三月初十日薨逝，终年53岁，谥曰"良"。

康良亲王园寝遗址位于今门头村，即惠顺亲王园寝之南，又称"南四所"。据《清代王爷坟》载，康良亲王园寝的玄宫由柏木构筑。1937年9月，"南四所"王爷园寝被盗，玄宫内一片狼藉。

2007年6月11日，笔者重访时，园寝存康良亲王杰书螭首龟趺碑一通、享殿遗址等。

　　2016年10月14日,笔者考察时,门头村正在拆迁,园寝仅存康良亲王杰书螭首龟趺碑一通,首题"和硕康亲王谥良杰书碑文"。另外中国国家图书馆现存康良亲王杰书墓碑拓片。

康良亲王园寝资料:

墓主:爱新觉罗·杰书

支系:礼烈亲王代善之孙

现存遗址:螭首龟趺碑

地址:海淀区香山街道门头村

康良亲王墓碑(2016年摄)　　　　惠顺亲王墓碑(2017年摄)

康悼亲王椿泰园寝

爱新觉罗·椿泰,生于康熙二十二年(1683)七月十五日,为康良亲王杰书第五子,母亲是继福晋董鄂氏。康熙三十六年(1697)承袭康亲王爵位。康熙四十八年(1709)五月十三日薨逝,终年27岁,谥曰"悼"。

康悼亲王园寝遗址位于今门头村。据《清代王爷坟》载,康悼亲王园寝的玄宫为棚板石构筑。

2016年10月14日,笔者考察时,康悼亲王园寝已无任何遗迹可寻。

康悼亲王园寝资料:
墓主:爱新觉罗·椿泰
支系:礼烈亲王代善曾孙
现存遗址:无
地址:海淀区香山街道门头村

郑献亲王济尔哈朗园寝

爱新觉罗·济尔哈朗,生于明万历二十七年(1599)十月初二日,为和硕庄亲王舒尔哈齐的第六子,母亲是继福晋乌喇纳拉氏。其父舒尔哈齐是塔克世第三子、努尔哈赤的同母弟。

济尔哈朗在援助科尔沁、攻打朝鲜、围攻锦州、围困永平、宁远之战等一系列战役中,深受重用,屡立战功。而后济尔哈朗又率军平定了湖南、广西,功勋卓著,被封为和硕郑亲王,是舒尔哈齐子孙中最强盛的一支,也是清初八家"铁帽子王"之一。

天聪十年(1636)四月十一日,天聪汗皇太极在盛京称帝,改年号崇德,改国号大清,晋封济尔哈朗为和硕郑亲王。顺治元年(1644)十月,晋封为信义辅政叔王。顺治九年(1652)二月,济尔哈朗又被晋封为叔和硕郑亲王。顺治十二年(1655)五月初八日薨逝,终年57岁,谥曰"献"。

郑献亲王园寝遗址位于今白石桥(俗称"老屋")。据《清代王爷坟》载,园寝内建有神桥、宫门（宫门前有门狮一对）、享殿、墓冢（建在月台之上）。济尔哈朗的墓冢居中,两侧为其侧福晋和庶福晋之墓。1926年,郑亲王府后人将园寝内的树木砍伐后卖掉。次年,又将螭首龟趺碑等建筑构件变卖。1945年园寝被盗。1950年,郑亲王后人"起灵",出土有骨灰罐一件,材质为青花瓷。

郑献亲王园寝平面图

（节选自常印绘《五园三山及外三营地图》,载《北京古地图集》1904年彩绘本）

郑献亲王园寝资料:

墓主:爱新觉罗·济尔哈朗

支系:清显祖塔克世第三子庄亲王舒尔哈齐第六子

现存遗址:无

地址:海淀区北下关街道白石桥

郑王世子富尔敦园寝

爱新觉罗·富尔敦,生于天聪七年(1633)五月十三日,为郑献亲王济尔哈朗长子,母亲是侧福晋扎鲁特博尔济吉特氏。顺治八年(1651)四月二十日薨逝,终年19岁。

郑王世子园寝遗址位于今白石桥,位于郑献亲王园寝西部,俗称"二屋"。据《清代王爷坟》载,园寝建有宫门、享殿(面阔三间)、墓冢(建在月台之上)。墓冢西侧有砖砌墓冢一座,东北部有墓冢一座。

郑王世子园寝资料:

墓主:爱新觉罗·富尔敦

支系:郑献亲王济尔哈朗长子

现存遗址:无

地址:海淀区北下关街道白石桥

简纯亲王济度园寝

爱新觉罗·济度,生于天聪七年(1633)六月二十四日,为郑献亲王济尔哈朗次子,母亲是继福晋钻尔哈苏氏。顺治八年(1651)闰二月,被封为多罗简郡王。顺治十四年(1657)五月,承袭简亲王爵位。顺治十七年(1660)七月初一日薨逝,终年28岁,谥曰"纯"。

简纯亲王园寝遗址位于今白石桥。据《清代王爷坟》载,园寝在济尔哈朗第三子敏简郡王勒度园寝东部,建有碑楼、宫门、享殿,但未建墓冢。

简纯亲王园寝资料:

墓主:爱新觉罗·济度

支系:郑献亲王济尔哈朗次子

现存遗址:无

地址:海淀区北下关街道白石桥

敏简郡王勒度园寝

爱新觉罗·勒度,生于崇德元年(1636)九月二十九日,为郑献亲王济尔哈朗第三子,母亲是侧福晋扎鲁特博尔济吉特氏。顺治八年(1651)闰二月,封多罗敏郡王。顺治十二年(1655)十二月十九日薨逝,终年20岁,谥曰"简"。

敏简郡王园寝遗址位于今白石桥(俗称"新屋")。据《清代王爷坟》载,园寝位于郑献亲王园寝东部,墓冢后有其妻墓冢。

敏简郡王园寝资料:
墓主:爱新觉罗·勒度
支系:郑献亲王济尔哈朗第三子
现存遗址:无
地址:海淀区北下关街道白石桥

简惠亲王德塞园寝

爱新觉罗·德塞,生于顺治十一年(1654)十月初一日,为简纯亲王济度第三子,母亲是嫡福晋博尔济吉特氏。顺治十八年(1661)二月,承袭简亲王爵位。康熙九年(1670)三月二十二日薨逝,终年17岁,谥曰"惠"。

简惠亲王园寝遗址位于今白石桥,位于简纯亲王园寝的东部。据《清代王爷坟》载,园寝建有碑楼、宫门、享殿。比较特殊的是,简惠亲王园寝内未建墓冢。

简惠亲王园寝资料:
墓主:爱新觉罗·德塞
支系:郑献亲王济尔哈朗之孙
现存遗址:无
地址:海淀区北下关街道白石桥

简亲王巴尔堪园寝（追封）

爱新觉罗·巴尔堪，生于崇德二年(1637)闰四月二十五日，为郑献亲王济尔哈朗第四子，母亲是庶福晋瓜尔佳氏。顺治十一年(1654)十二月，被封为三等辅国将军。康熙七年(1668)六月，被降为二等奉国将军。康熙八年(1669)七月，复授三等辅国将军。康熙十六年(1677)三月，革为辅国将军。康熙十九年(1680)十月十一日薨逝，终年44岁。康熙四十九年(1710)四月，追封为三等辅国将军。雍正元年(1723)正月，追封为不入八分辅国公，谥曰"武襄"。乾隆十七年(1752)八月，追封为和硕简亲王。

追封简亲王巴尔堪园寝遗址位于今五路居(俗称"东衙门")。据《清代王爷坟》载，园寝建有碑楼、宫门、享殿、墓冢。巴尔堪园寝的园寝墙为虎皮石墙，与"东衙门"隔着一座靠山。巴尔堪墓冢前有小墓冢两座，墓主为巴赛、奇通阿，三人的园寝自东南向西北一字排开。

据《清代王爷坟》载，照应园寝户有马姓、安姓、高姓、孟姓、宫姓等。20世纪20年代，简亲王府后人将园寝的建筑构件和树木变卖。20世纪50年代，园寝被拆除。

2006年，笔者考察时，园寝已无任何遗迹可寻。

简亲王园寝(追封)资料：
墓主：爱新觉罗·巴尔堪
支系：郑献亲王济尔哈朗第四子
现存遗址：无
地址：海淀区八里庄街道五路居

简亲王巴赛园寝（追封）

爱新觉罗·巴赛，生于康熙二年(1663)十二月初六日，为追封简亲王巴尔堪长子，母亲是继福晋瓜尔佳氏。康熙十一年(1672)十二月，被封为三等辅国将军。康熙三十八年(1699)八月，革退副都统；同年十一月，革退侍卫。雍正元年

（1723）正月，承袭不入八分辅国公爵位。雍正九年（1731）六月二十八日薨逝，终年69岁，谥曰"襄敏"。乾隆十七年（1752）十二月，追封为和硕简亲王。

追封简亲王巴赛园寝遗址位于今五路居（俗称"东衙门"）。据《清代王爷坟》载，园寝建有碑楼、宫门、享殿、墓冢。

2006年，笔者考察时，追封简亲王巴赛园寝已无任何遗迹可寻。

简亲王园寝（追封）资料：

墓主：爱新觉罗·巴赛

支系：郑献亲王济尔哈朗之孙

现存遗址：无

地址：海淀区八里庄街道五路居

简勤亲王奇通阿园寝

爱新觉罗·奇通阿，生于康熙四十年（1701）十月二十六日，为多罗敏简郡王勒度第十子，母亲是嫡福晋乌苏氏。乾隆十七年（1752），承袭和硕简亲王爵位。乾隆二十八年（1763）六月二十三日薨逝，终年63岁，谥曰"勤"。

简勤亲王园寝遗址位于今五路居（俗称"东衙门"）。据《清代王爷坟》载，园寝建有碑楼、宫门、享殿、墓冢。

2006年，笔者考察时，简勤亲王园寝已无任何遗迹可寻。

简勤亲王园寝资料：

墓主：爱新觉罗·奇通阿

支系：郑献亲王济尔哈朗之孙

现存遗址：无

地址：海淀区八里庄街道五路居

简恪亲王丰讷亨园寝

爱新觉罗·丰讷亨,生于雍正元年(1723)正月初九日,为简勤亲王奇通阿长子,母亲是嫡福晋舒穆禄氏。乾隆七年(1742)十二月,授三等侍卫。乾隆二十八年(1763)十月,袭和硕简亲王。乾隆四十年(1775)十二月十一日薨逝,终年53岁,谥曰"恪"。

简恪亲王园寝遗址位于今五路居("东衙门"西北部,俗称"西衙门",简恪亲王园寝在"西衙门"的最东端)。据《清代王爷坟》载,园寝建有碑楼、宫门、享殿、墓冢(建在月台之上)。

2006年,笔者考察时,简恪亲王园寝已无任何遗迹可寻。

简恪亲王园寝资料:
墓主:爱新觉罗·丰讷亨
支系:郑献亲王济尔哈朗曾孙
现存遗址:无
地址:海淀区八里庄街道五路居

郑恭亲王积哈纳园寝

爱新觉罗·积哈纳,生于乾隆二十三年(1758)二月十三日,为简恪亲王丰讷亨次子,母亲是侧福晋完颜氏。乾隆四十一年(1776)五月,承袭简亲王爵位。乾隆四十三年(1778)七月,复号为郑亲王。乾隆四十九年(1784)五月初三日薨逝,终年27岁,谥曰"恭"。

郑恭亲王园寝遗址位于今五路居(简恪亲王园寝西部)。据《清代王爷坟》载,园寝建有碑楼、宫门、享殿、墓冢。

2006年,笔者考察时,郑恭亲王园寝已无任何遗迹可寻。

郑恭亲王园寝资料:
墓主:爱新觉罗·积哈纳

支系：郑献亲王济尔哈朗玄孙

现存遗址：无

地址：海淀区八里庄街道五路居

郑慎亲王乌尔恭阿园寝

爱新觉罗·乌尔恭阿，生于乾隆四十三年（1778）六月十七日，为郑恭亲王积哈纳长子，母亲是庶福晋郑氏。乾隆五十九年（1794）二月，承袭和硕郑亲王爵位。道光二十六年（1846）二月二十五日薨逝，终年69岁，谥曰"慎"。

郑慎亲王园寝遗址位于今五路居（郑恭亲王园寝西部）。据《清代王爷坟》载，园寝建有碑楼、宫门、享殿、墓冢。

2006年，笔者考察时，郑慎亲王园寝已无任何遗迹可寻。

郑慎亲王园寝资料：

墓主：爱新觉罗·乌尔恭阿

支系：郑献亲王济尔哈朗四世孙

现存遗址：无

地址：海淀区八里庄街道五路居

郑亲王端华园寝（革爵）

爱新觉罗·端华，生于嘉庆十二年（1807）十月初十日，为郑慎亲王乌尔恭阿第三子，母亲是侧福晋胡佳氏。嘉庆二十二年（1817）十月，赏戴花翎。道光二十六年（1846）五月，承袭和硕郑亲王爵位。咸丰十一年（1861）十月，被赐自尽，终年55岁，降世爵为不入八分辅国公。

已革郑亲王端华园寝遗址位于今五路居（郑慎亲王园寝内）。据《清代王爷坟》载，郑亲王家族园寝东到五路居，南至两家店，西界高庄，北临营会寺。郑慎亲王园寝墓冢前有两座小墓冢，其中一位墓主已革郑亲王端华，另一位墓主为郑顺亲王庆至。

2006年,笔者考察时,已革郑亲王端华园寝已无任何遗迹可寻。

郑亲王园寝(革爵)资料:
墓主:爱新觉罗·端华
支系:郑献亲王济尔哈朗五世孙
现存遗址:无
地址:海淀区八里庄街道五路居

郑顺亲王庆至园寝

爱新觉罗·庆至,生于嘉庆二十四年(1819)十二月二十九日,为辅国将军爱仁第四子,母亲是庶母刘氏。道光十七年(1837)十月,过继族叔松德为嗣。同治十年(1871)八月,承袭和硕郑亲王爵位。光绪四年(1878)二月十六日薨逝,终年60岁,谥曰"顺"。

郑顺亲王园寝遗址位于今五路居(郑慎亲王园寝内)。据《清代王爷坟》载,郑慎亲王园寝的地面建筑为双碑楼,一座碑楼内立郑慎亲王乌尔恭阿螭首龟趺碑一通,另一座碑楼内立郑顺亲王庆至螭首龟趺碑一通。郑慎亲王园寝墓冢前有小墓冢两座,其中一位墓主为已革郑亲王端华,另一位墓主为郑顺亲王庆至。

2006年,笔者考察时,郑顺亲王园寝已无任何遗迹可寻。

郑顺亲王园寝资料:
墓主:爱新觉罗·庆至
支系:郑献亲王济尔哈朗五世孙
现存遗址:无
地址:海淀区八里庄街道五路居

郑恪亲王凯泰园寝

爱新觉罗·凯泰,生于同治十年(1871)七月初八日,为郑顺亲王庆至次子,母亲是侧福晋江氏。光绪四年（1878）七月，承袭和硕郑亲王爵位。光绪二十六年（1900）八月初八日薨逝，终年30岁，谥曰"恪"。

郑恪亲王园寝遗址位于今五路居（即郑慎亲王园寝西部）。据《清代王爷坟》载，园寝平面建筑不详，其墓室结构为砖券。

2006年，笔者考察时，郑恪亲王园寝已无任何遗迹可寻。

郑恪亲王园寝资料：

墓主：爱新觉罗·凯泰

支系：郑献亲王济尔哈朗六世孙

现存遗址：无

地址：海淀区八里庄街道五路居

谦襄郡王瓦克达园寝

爱新觉罗·瓦克达，生于明万历三十四年（1606）五月十三日，为礼烈亲王代善第四子，母亲是继福晋叶赫那拉氏。顺治八年（1651），因军功被封为多罗谦郡王。顺治九年（1652）八月初七日薨逝，终年47岁，谥曰"襄"。《钦定大清会典》载："始封谦郡王瓦克达，后削。乾隆四十三年，复封今爵。"[1]

谦襄郡王园寝遗址位于今东升乡北下关村（广通寺北侧）。据《清代王爷坟》载，园寝内依次建有平桥、宫门、东西朝房（面阔三间）、碑楼、享殿（内置石享堂）[2]、墓冢。中华人民共和国成立后，北京电力专科学校因占地将谦襄郡王园寝拆除。

2006年，笔者考察时，此处变化很大，已无法找到园寝的大致位置。

谦襄郡王园寝资料：

墓主：爱新觉罗·瓦克达

支系：礼烈亲王代善第四子

现存遗址：无

---

[1]《钦定大清会典》卷一《宗人府六》。

[2] 冯其利著《清代王爷坟》载："享殿内汉白玉制亭子间一座。"笔者推测此物应为石享堂。

地址:海淀区东升乡北下关村

顺承郡王布穆巴园寝(革爵)

爱新觉罗·布穆巴,生于康熙二十一年(1682)二月十五日,为已革顺承郡王勒尔锦第五子,母亲是庶母孙氏。康熙三十八年(1699)正月,承袭多罗顺承郡王爵位。康熙五十四年(1715)五月,革爵。乾隆十六年(1751)十月初七日薨逝,终年70岁。

已革顺承郡王布穆巴园寝遗址位于今二里沟村,具体位置及布局不详。

2006年5月4日笔者考察时,西直门外变化很大,已无法知晓园寝的具体位置。

顺承郡王园寝(革爵)资料:
墓主:爱新觉罗·布穆巴
支系:礼烈亲王代善之玄孙
现存遗址:无
地址:海淀区西直门外二里沟村

敦郡王允䄉园寝(革爵)

爱新觉罗·允䄉,生于康熙二十二年(1683)十月十一日,为清圣祖康熙皇帝第十子,母亲是皇贵妃钮祜禄氏。康熙四十八年(1709)三月,封敦郡王。雍正二年(1724)四月,革去郡王爵位。乾隆六年(1741)九月初九日薨逝,终年59岁。

敦郡王园寝遗址①位于今田村,俗称"大宫门",亦称"十王坟"。据《清代王爷坟》载,园寝坐北朝南,依次建有神桥、宫门、享殿(面阔三间)、墓冢(三合土式)。园寝东北部有园寝一处,葬有允䄉第五子爱新觉罗·弘暄②、第六子爱新

---

① 敦郡王是按照固山贝子品级安葬的。

② 爱新觉罗·弘暄,生于康熙四十七年(1708)五月初一日,为已革敦郡王允䄉第五子,母亲是嫡夫人阿霸垓博尔济吉特氏。雍正十三年(1735)正月十九日薨逝,终年28岁。

觉罗·弘晙①。1924年,允䄉后人先后将园寝耕地售出。1945年,平整土地的时候,桥下的河被填平。1968年,玄宫被打开,为棚板石结构,墓室内有棺椁三口。据亲历者口述,曾出土凤冠两顶、金手镯两副,出土文物上交中国人民银行和海淀区人民政府。1984年10月,冯其利先生到敦郡王园寝考察,看到了残存的玄宫遗址。

2006年7月30日,笔者考察时,园寝遗迹已无,玄宫遗迹已不存,取而代之的是一片苗圃。无意之中,笔者在苗圃附近发现一件"十"字款瓷器残片。

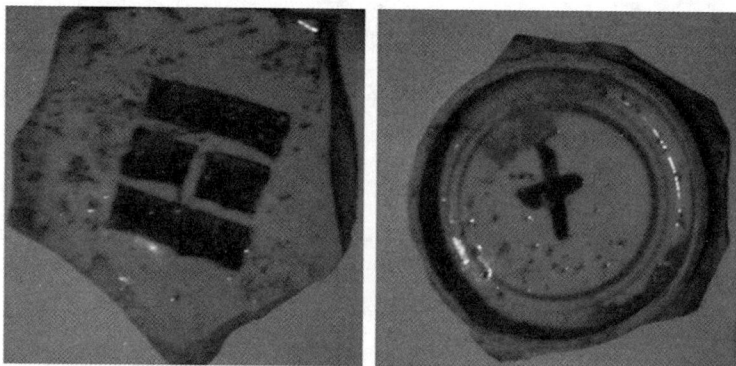

"十"字款瓷器残片(2006年摄)

敦郡王园寝(革爵)资料:
墓主:爱新觉罗·允䄉
支系:清圣祖康熙皇帝第十子
现存遗址:无
地址:海淀区四季青镇田村

平悼郡王讷尔福园寝

爱新觉罗·讷尔福,生于康熙十年(1671)七月二十四日,为平比郡王罗科铎第六子,母亲是嫡福晋博尔济吉特氏。康熙二十四年(1685)正月,被封为固山贝

---

① 爱新觉罗·弘晙,生于康熙四十九年(1710)十一月二十三日,为已革敦郡王允䄉第六子,母亲是庶母郭络罗氏。乾隆三十六年(1771)八月二十一日薨逝,终年62岁。

子。康熙二十六年(1687)五月,承袭多罗平郡王。康熙四十年(1701)七月十二日薨逝,终年31岁,谥曰"悼"。

平悼郡王园寝遗址位于今南平庄村。据《清代王爷坟》载,园寝依次建有宫门、碑楼、墓冢。

2006年7月30日笔者考察时,园寝已无任何遗迹可寻。

平悼郡王园寝资料:
墓主:爱新觉罗·讷尔福
支系:克勤郡王岳讬曾孙
现存遗址:无
地址:海淀区四季青镇南平庄村

平郡王讷尔苏园寝(革爵)

爱新觉罗·讷尔苏,生于康熙二十九年(1690)九月十一日,为平悼郡王讷尔福长子,母亲是嫡福晋完颜氏。康熙四十年(1701)十月,承袭多罗平郡王爵位。雍正元年(1723)七月,被革爵。乾隆五年(1740)九月初五日薨逝,终年51岁,依照郡王品级建造园寝。

已革平郡王讷尔苏园寝遗址位于今南平庄村(从西边数第四处园寝)。据《清代王爷坟》载,园寝依次建有宫门、碑楼、墓冢。

2006年7月30日笔者考察时,园寝已无任何遗迹可寻。

平郡王园寝(革爵)资料:
墓主:爱新觉罗·讷尔苏
支系:克勤郡王岳讬玄孙
现存遗址:无
地址:海淀区四季青镇南平庄村

平敏郡王福彭园寝

爱新觉罗·福彭,生于康熙四十七年(1708)六月二十六日,为已革平郡王讷尔苏长子,母亲是嫡福晋曹佳氏。雍正四年(1726)七月,承袭平郡王爵位。乾隆十三年(1748)十一月十三日薨逝,终年41岁,谥曰"敏"。

平敏郡王园寝遗址位于今南平庄村东南(从西边数第二处园寝)。据《清代王爷坟》载,园寝依次建有宫门、碑楼、墓冢。园寝未建享殿,园寝墙为砖砌。照应园寝户原有范家和王家。1924年,平敏郡王后人进行了"起灵"。1927年,螭首龟趺碑被卖。[1]冯其利先生于20世纪80年代调查时,园寝内还存有一件石五供。

2006年7月30日笔者考察时,埋在土中的石五供已经找不到了。

平敏郡王园寝资料:
墓主:爱新觉罗·福彭
支系:克勤郡王岳讬四世孙
现存遗址:无
地址:海淀区四季青镇南平庄村

平僖郡王庆明园寝

爱新觉罗·庆明,生于雍正十年(1732)十二月十二日,为平敏郡王福彭长子,母亲是侧福晋瓜尔佳氏。乾隆十四年(1749)三月,承袭多罗平郡王爵位。乾隆十五年(1750)九月初一日薨逝,终年19岁,谥曰"僖"。

平僖郡王园寝遗址位于今南平庄村。据《清代王爷坟》载,园寝依次建有宫门、碑楼、墓冢。

2006年7月30日笔者考察时,园寝已无任何遗迹可寻。

平僖郡王园寝资料:
墓主:爱新觉罗·庆明

---

[1] 据《清代王爷坟》载,其中有一通为福彭墓碑。

支系:克勤郡王岳讬五世孙

现存遗址:无

地址:海淀区四季青镇南平庄村

克勤良郡王庆恒园寝

爱新觉罗·庆恒,生于雍正十一年(1733)九月二十七日,为平敏郡王福彭嗣子,母亲是固山贝子品级福秀①的嫡夫人纳喇氏。乾隆六年(1741)三月,过继为嗣。乾隆十五年(1750)十二月,承袭多罗平郡王爵位。乾隆二十七年(1762)闰五月,被降为固山贝子。乾隆四十年(1775)闰十月,复封郡王。乾隆四十三年(1778)正月,复封号为克勤郡王。乾隆四十四年(1779)二月初四日薨逝,终年47岁,谥曰"良"。

克勤良郡王园寝遗址位于今南平庄村。据《清代王爷坟》载,园寝内依次建有宫门、碑楼、墓冢。

2006年7月30日笔者考察时,园寝已无任何遗迹可寻。

克勤良郡王园寝资料:

墓主:爱新觉罗·庆恒

支系:克勤郡王岳讬五世孙

现存遗址:无

地址:海淀区四季青镇南平庄村

仪顺郡王绵志园寝

爱新觉罗·绵志,生于乾隆三十二年(1767)三月十七日,为仪慎亲王永璇长子,母亲是侧福晋王氏。道光十二年(1832)十月,承袭仪郡王爵位。道光十四年

---

① 爱新觉罗·福秀,生于康熙四十九年(1710)闰七月二十六日,母亲是嫡福晋曹佳氏。雍正八年(1730)二月,授三等侍卫。乾隆六年(1741)七月,因病告退。乾隆二十年(1755)七月二十二日薨逝,终年46岁。依照固山贝子品级修建园寝。

（1834）四月十一日薨逝,终年68岁,谥曰"顺"。

仪顺郡王园寝遗址位于今沙窝村。据《清代王爷坟》载,园寝坐西朝东,依次建有平桥、碑楼（内立螭首龟趺碑一通）、南北朝房、宫门、享殿、南北角门、墓冢（建在月台之上）。居中的墓冢为仪顺郡王之墓,两侧的墓冢及旁边的土冢分别葬有追封固山贝子爱新觉罗·载桓[1]、追封多罗贝勒、固山贝子爱新觉罗·毓崐[2]、镇国公爱新觉罗·毓岐[3]。20世纪20年代,仪顺郡王后人卖掉了园寝内的树木和建筑构件。1937年秋,园寝被盗掘。墓室的墓门为石制,门楣为铸铁结构,室内设置有棺床,棺床上放有棺椁两口,棺椁下的棺床有金井。1939年迁葬。1983年12月冯其利先生考察时,仪顺郡王园寝已无任何遗迹可寻。

仪顺郡王园寝资料:

墓主:爱新觉罗·绵志

支系:清高宗乾隆皇帝第八子仪慎亲王永璇长子

现存遗址:无

地址:海淀区万寿路街道沙窝村

瑞敏郡王奕誌园寝

爱新觉罗·奕誌[4],生于道光七年（1827）九月十一日,为瑞亲王绵忻长子,母亲是侧福晋徐佳氏。道光八年（1828）十月,承袭瑞郡王爵位。道光三十年（1850）五月二十八日薨逝,终年24岁,谥曰"敏"。

瑞敏郡王园寝遗址位于今四季青镇瑞王坟村（农科院果树队内,俗称"苗

---

[1] 爱新觉罗·载桓,生于道光十八年（1838）四月十一日,为多罗贝勒奕纲长子,母亲是嫡夫人博尔济吉特氏。咸丰九年（1859）十二月十一日薨逝,终年22岁。

[2] 爱新觉罗·毓崐,生于光绪元年（1875）七月初三日,为溥顺长子,母亲是嫡母佟佳氏。光绪二十七年（1901）十月初三日薨逝,终年27岁。

[3] 爱新觉罗·毓岐,生于光绪九年（1883）九月初一日,为溥颐第五子,母亲是庶母陈氏。1917年农历二月初七日逝世,终年35岁。

[4] 原名爱新觉罗·奕约,后更名。

圃")。据《清代王爷坟》载,园寝坐西朝东,依次建有神桥、碑楼[①](内立螭首龟趺碑一通)、宫门(面阔三间)、享殿(面阔三间)、园寝门一座、墓冢(建在月台之上)。园寝的西南角有侧福晋坟和孤女坟。照应园寝户有单、张、周、高、李等姓。1937年,瑞敏郡王园寝被盗。

2006年3月16日,笔者考察时,螭首龟趺碑保存完好,上有"咸丰元年立"字样。享殿、玄宫尚存。在园寝内还可看到半截须弥座构件横卧在宝城上,雕刻精美,上面饰有阴阳鱼太极图等图案。玄宫内有一向东的通道,墓室券脸上的缠枝花卉雕饰依稀可辨。墓室石门早已在盗墓时被砸坏,笔者考察时,其被当作玄宫铺顶的顶砖之用。

2016年10月14日,笔者再访此处园寝,对尚存的墓冢、享殿、宫门范围进行了数据记录。同时笔者对墓冢附近残存的须弥座进行了数据采集:束腰部分宽24厘米,下枭和上枭为8厘米,下坊宽14厘米,它们之间的共边是4厘米,花卉图案为15厘米,俯莲瓣宽18厘米,仰莲瓣亦宽18厘米,上坊宽14厘米,中间的阴阳鱼[②]高度等于其长度,为18厘米。

瑞敏郡王园寝之螭首龟趺碑(2006年摄)

瑞敏郡王园寝之螭首龟趺碑(2016年摄)

① 据《清代王爷坟》载,瑞敏郡王园寝的碑楼在1971年被拆除。
② 阴阳鱼是指太极图的中间部分。太极图形状如阴阳两鱼互纠在一起,因而被称为"阴阳鱼太极图"。

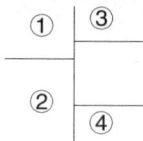

①须弥座上的阴阳鱼图案（2016年摄）
②瑞敏郡王园寝玄宫石门（2016年摄）
③笔者考察园寝玄宫券脸（2016年摄）
④瑞敏郡王园寝玄宫（2016年摄）

瑞敏郡王园寝资料：

墓主：爱新觉罗·奕誌

支系：清仁宗嘉庆皇帝第四子瑞怀亲王绵忻长子

现存遗址：螭首龟趺碑一通、宫门（面阔三间）、享殿（面阔三间）、墓冢

地址：海淀区四季青镇瑞王坟村

醇贤亲王奕𫍽园寝

爱新觉罗·奕𫍽,生于道光二十年(1840)九月二十一日,清宣宗道光皇帝第七子(清德宗光绪皇帝生父),母亲是庄顺皇贵妃乌雅氏。道光三十年(1850),封醇郡王。同治三年(1864),加亲王衔。同治十一年(1872)晋封为醇亲王。光绪十六年(1890)十一月二十一日薨逝,终年51岁,谥曰"贤"。尊为皇帝本生考。宣统帝登基后,尊为皇帝本生祖考。为清代宗室的十二大"铁帽子王"之一。

光绪元年(1875)正月二十日,奕𫍽次子爱新觉罗·载湉继承大统,是为光绪皇帝,其亲王爵位被恩封为世袭罔替,奕𫍽也成为大清国"世袭罔替"的"铁帽子王"之一。奕𫍽一生小心谨慎,恪恭尽职,薨逝后被尊为皇帝本生考。

《钦定大清会典事例》卷九百四十七载:"醇贤亲王园寝,琉璃花门一座,广一丈四尺,纵五尺二寸,檐高九尺八寸;东西卡子墙各长五丈三尺,高八尺;正中飨殿一座,五间,广五丈三尺,纵二丈七尺,檐高一丈一尺五寸;飨殿前抱厦三间,广三丈三尺,纵一丈五尺,檐高一丈一尺;北面燎炉一座,广九尺三寸,纵六尺五寸,檐高八尺六寸;大门一座,三间,广三丈四尺,纵一丈六尺,檐高一丈;门外设守护班房南北厢各三间,广二丈八尺,纵一丈六尺,檐高八尺五寸;围墙周长七十一丈九尺四寸,高八尺;黄色琉璃碑亭一座,四面各显三间,广二丈,纵高一丈三尺八寸;碑高九尺,广四尺,龙首高四尺五寸,龟趺高称之,碑文内恭书皇帝御名。"

醇贤亲王园寝遗址位于今北安河附近的妙高峰。据《清代王爷坟》载,醇贤亲王园寝坐西朝东,依山而建。最东端是七十八级石台阶,拾级而上,依次建有碑楼(覆以黄色琉璃瓦,内立螭首龟趺碑一通)、神桥(桥下为月河)、南北朝房[①](面阔三间)、宫门(面阔三间)、东西卡子墙(南北各辟角门)、享殿[②]、琉璃花门一座、墓冢。

醇贤亲王园寝居中的墓冢为醇贤亲王及嫡福晋合葬之墓,两侧共有三座墓冢,北部的墓冢为侧福晋颜札氏之墓,南部的墓冢为刘佳氏、李佳氏之墓。东南部还有早夭的子女园寝一座。2008年4月12日,笔者考察时,宫门及园寝墙遗迹仍存。

---

① 据《清代王爷坟》载,位于南侧的朝房于20世纪50年代被拆除。
② 据《清代王爷坟》载,醇贤亲王园寝的享殿于1933年被拆毁。

在醇贤亲王园寝碑楼的北部还有阳宅一处，名"退潜别墅"，门额上书"隔尘入胜"。阳宅内依次建有八字照壁、大门、五进院落、配房、花园。花园中建有蝠池，并设有曲水流觞，曲径通幽。假山叠石按照江南园林建筑样式而做，紧凑而静谧。阳宅蝠池前有小花园一处，小花园内有叠石假山，名"拨云磴"。蝠池西部还有一处叠石，名"藏真石窟"，南边有醇亲王手书刻石"漱石眠云"。

醇贤亲王园寝墙外往西曾是金鱼池遗址。这里有很多醇贤亲王手书的刻石。2008年4月12日，笔者在金鱼池遗址见到诸多刻石，分别是云片（背面为一卷永镇）、漱石枕流[1]、神运石、插云（背面为翠罗风）、洗心、澂潭、挂月。再往西，在西部山冈上最高处有一块刻石，上书"逸尘"。此刻石首题"大清同治四年戌九月二十七日"，落款为"和硕醇亲王题"。据《清代王爷坟》载，醇贤亲王园寝的照应园寝户为李、宋、胡、贺、田、陈、张、赵、王、石、邢等姓。

醇贤亲王园寝是市级文物保护单位。2006年3月9日，笔者考察时，其主体建筑修缮一新，存碑楼（内立螭首龟趺碑一通）、神桥、南北朝房（面阔三间）、宫门、墓碑（两通）、墓冢（四座）、阳宅。

2016年12月3日，笔者再访醇贤亲王园寝，碑楼上增加了第三次文物普查的说明标志，上书醇亲王墓的简略介绍。尚存石阶、碑楼（内立螭首龟趺碑一通）、神桥、南北朝房（面阔三间）、宫门、石碑（两通）、墓冢（四座）、阳宅。阳宅于1958年改建为疗养院，时为某单位绿化基地使用。总体来看，醇亲王园寝用黄琉璃瓦，等级比一般亲王高，是研究清代王爷园寝制度的特殊实例之一。

醇贤亲王园寝资料：

墓主：爱新觉罗·奕譞

支系：清宣宗道光皇帝第七子

现存遗址：石阶、碑楼、神桥、南北朝房、宫门、石碑（两通）、墓冢（四座）、阳宅

地址：海淀区苏家坨镇北安河村妙高峰山腰

---

① 此语出自《幼学琼林》："隐逸之士，漱石枕流；沉湎之夫，藉糟枕曲。"

醇亲王园寝台阶（2016年摄）

醇亲王园寝碑楼（2016年摄）

▲醇亲王园寝神桥及月牙河（2016年摄）
▶醇亲王手书侧福晋之墓（2016年摄）

67

醇亲王与嫡福晋合葬墓（2016年摄）

颜札氏墓（2016年摄）

刘佳氏、李佳氏墓（2016年摄）

醇亲王园寝东部的阿哥园寝之宫门
（2016年摄）

醇亲王园寝之阳宅正门（2008年摄）

醇亲王园寝东部的阿哥园寝墓冢状况
（2016年摄）

醇亲王园寝之阳宅"隔尘入胜"匾（2008年摄）

阳宅内流杯亭遗址（2016年摄）

阳宅内一进院落（2016年摄）

阳宅内二进院落（2016年摄）

阳宅内假山（2016年摄）

阳宅内蝠池（2016年摄）

阳宅内绣楼（2016年摄）

醇亲王园寝墙外北部的醇王
手书刻石之一（2016年摄）

醇亲王园寝墙外北部的醇王手书刻石之二（共9张，2016年摄）

孚敬郡王奕譓园寝

爱新觉罗·奕譓,生于道光二十五年(1845)十月十六日,为清宣宗道光皇帝第九子,母亲是庄顺皇贵妃乌雅氏。道光三十年(1850)正月,被封为孚郡王。同治十一年(1872)九月,赏加亲王衔。光绪三年(1877)二月初八日薨逝,终年33岁,谥曰"敬"。

孚敬郡王园寝遗址位于今北安河村。据《清代王爷坟》载,园寝坐西朝东,依次建有神桥(桥下有月河)、碑楼(内立螭首龟跌碑一通)、南北朝房(面阔三间)、宫门(面阔三间)、享殿(面阔五间)、园寝墙(南北辟角门)、墓冢(建在月台之上,月台上有泄水石)。另外在孚敬郡王园寝西北方向葬有多罗贝勒载澍的夫人叶赫那拉氏。据《清代王爷坟》载,1937年孚敬郡王园寝被盗。

孚敬郡王园寝是市级文物保护单位。2006年3月9日,笔者考察时,碑楼后南北朝房等主体建筑已经修缮一新,宫门、享殿、墓冢尚存。玄宫在修缮时封闭,在宝城的外墙南面有一处洞穴,下面有青石板铺的石台,此处可直通园寝玄宫。

2016年12月3日,笔者再访时,孚敬郡王园寝周边的住户已全部拆迁完毕,属北京锡华公司管理,文物归北京市文物局海淀区文物管理所管理。神桥、碑楼(内立螭首龟跌碑一通)、南北朝房、宫门、享殿、墓冢等建筑保存完好。园寝范围内尚有古松50余棵,林业站的工作人员已经在每一棵古松上标记了数字。

孚敬郡王园寝资料:

墓主:爱新觉罗·奕譓

支系:清宣宗道光皇帝第九子

现存遗址:神桥、碑楼(内立螭首龟跌碑一通)、南北朝房、宫门、享殿、墓冢

地址:海淀区苏家坨镇北安河村

孚敬郡王园寝石桥（2006年摄）

孚敬郡王园寝石桥（2016年摄）

孚敬郡王园寝石桥细部（2016年摄）

孚敬郡王园寝碑楼（2006年摄）

孚敬郡王园寝碑楼（2016年摄）

孚敬郡王园寝享殿（2016年摄）

孚敬郡王园寝墓冢（2016年摄）

第五节　北京市丰台区

惠郡王博翁果洛园寝（革爵）

爱新觉罗·博翁果洛,生于顺治八年(1651)十一月初一日,为承泽裕亲王硕塞次子,母亲是嫡福晋纳喇氏。康熙四年(1665)正月,被封为多罗惠郡王。康熙二十三年(1684)五月,被革爵。康熙五十一年(1712)二月二十日薨逝,终年62岁。

已革惠郡王博翁果洛园寝遗址位于今侯家峪村。据《清代王爷坟》载,园寝坐北朝南,依次建有宫门(面阔三间)、东西朝房、班房、享殿(面阔三间)、墓冢(三座)。居中的墓冢为博翁果洛,一座为追封多罗贝勒福苍[①]之墓,另一座墓冢葬有追封多罗贝勒福苍长子、已革多罗贝勒球琳[②]。多罗贝勒球琳的园寝在宫门外,建有马圈。

据《清代王爷坟》载,民国时期,惠郡王园寝仅存北房两间和东房一间。照应园寝户有熊姓。20世纪20年代,惠王府后人将园寝的建筑构件和树木变卖。20世纪30年代,园寝被盗。

惠郡王博翁果洛的墓室为棚板石结构,墓室内放置棺椁三口。多罗贝勒球琳的墓室为砖券结构,墓室内放置有棺椁两口。追封多罗贝勒福苍的墓冢尚未被盗。

2006年8月20日,笔者考察时,园寝附近存有供桌、石五供等地面建筑文物,但从其风格来看,或许为明代遗物,并非惠郡王博翁果洛园寝的文物遗迹。

---

① 爱新觉罗·福苍,生于康熙二十三年(1684)三月十一日,为博翁果洛第五子,母亲是继母张佳氏。乾隆五年(1740)四月十二日薨逝,终年57岁,依照贝勒品级安葬。乾隆十五年(1750)七月,被追封为多罗贝勒。

② 爱新觉罗·球琳,生于康熙五十八年(1719)二月初四日,为追封多罗贝勒福苍长子,母亲是嫡夫人瓜尔佳氏。雍正元年(1723)二月,被封为多罗贝勒。雍正六年(1728)正月,被封为多罗惠郡王。乾隆十一年(1746)三月,被降为多罗贝勒。乾隆二十二年(1757)二月,被革爵。乾隆五十五年(1790)九月十四日薨逝,终年72岁。

惠郡王园寝(革爵)资料:

墓主:爱新觉罗·博翁果洛

支系:清太宗皇太极第五子承泽裕亲王硕塞次子

现存遗址:无

地址:丰台区王佐镇侯家峪村

简修亲王雅布园寝

爱新觉罗·雅布,生于顺治十五年(1658)六月初六日,为郑献亲王济尔哈朗之孙、简纯亲王济度第五子,母亲是庶福晋杭氏。康熙二十二年(1683)四月,承袭简亲王爵位。康熙四十年(1701)九月十七日薨逝,终年44岁,谥曰"修"。

简修亲王园寝遗址位于今右安门外。据《清代王爷坟》载,园寝坐北朝南,依次建有宫门、碑楼(内立螭首龟趺碑一通)、享殿、墓冢(建在月台之上)。简修亲王的墓冢居中,两侧的墓冢分别为侧福晋高氏、郭氏之墓。园寝墙后有墓冢两座,为庶福晋之墓。1974年,园寝被破坏。简修亲王园寝的玄宫为多室墓,顶覆青石。

20世纪80年代冯其利先生调查时,园寝的螭首龟趺碑被移至园寝西南的小道旁存放。

2007年8月,笔者来到丰台区长辛店乡吕村东山坡上,见到了被移至此处的简修亲王雅布螭首龟趺碑,龟趺已被砸坏,碑文清晰可辨,上有"康熙四十二年三月十九日立"字样。

2016年11月,笔者再访时,螭首龟

简修亲王螭首龟趺碑(2007年摄)

趺碑已被移至长辛店公园保存,由北京市文物局丰台区文物保管所管理。

简修亲王园寝资料:

墓主:爱新觉罗·雅布

支系:郑献亲王济尔哈朗曾孙

现存遗址:螭首龟趺碑(现保存于长辛店公园内)

地址:丰台区右安门外郑王坟村

简亲王雅尔江阿园寝(革爵)

爱新觉罗·雅尔江阿,生于康熙十六年(1677)八月初三日,为简修亲王雅布长子,母亲是嫡福晋西林觉罗氏。康熙四十一年(1702),承袭简亲王爵位。雍正四年(1726)二月,被革爵。雍正十一年(1733)十月二十九日薨逝,终年57岁。

已革简亲王雅尔江阿的园寝遗址位于今广安门外湾子村。据《清代王爷坟》载,园寝范围东到湾子大道(湾子村135号),南临马路,西靠莲花池,北距河沟。园寝建有宫门、墓冢(墓冢为三合土,建在月台之上)。照应园寝户为马姓。新中国成立后,简亲王雅尔江阿的后人进行了"起灵",园寝范围被用作修建广安铸造厂。20世纪80年代,园寝范围即当时的叉车总厂。另外在距雅尔江阿园寝不远的西局村亦有一处园寝,俗称"李家柳子",该园寝有墓冢9座。据冯其利先生推测,墓主应与雅尔江阿有关。

简亲王园寝(革爵)资料:

墓主:爱新觉罗·雅尔江阿

支系:郑献亲王济尔哈朗玄孙

现存遗址:无

地址:丰台区广安门外湾子村

简仪亲王德沛园寝

爱新觉罗·德沛,生于康熙二十七年(1688)五月二十六日,为固山贝子福喇塔之孙、固山贝子福存①第八子,母亲是嫡福晋富察氏。乾隆十三年(1748)九月,承袭简亲王爵位。乾隆十七年(1752)六月十八日薨逝,终年65岁,谥曰"仪"。

简仪亲王园寝遗址位于今右安门外郑王坟村简修亲王园寝之西。据《清代王爷坟》载,园寝内建有碑楼②、宫门、享殿、墓冢(建在月台之上)。简仪亲王园寝的玄宫为汉白玉石砌筑,顶覆青石。

冯其利先生于20世纪80年代调查时,在玄宫处看到过螭首龟趺碑。

简仪亲王园寝资料:
墓主:*爱新觉罗·德沛*
支系:*郑献亲王济尔哈朗之孙*
现存遗址:*无*
地址:*丰台区右安门外郑王坟村*

显亲王拜察礼园寝(追封)

爱新觉罗·拜察礼,生于康熙六年(1667)闰四月初三日,为显懿亲王富寿第五子,母亲是庶福晋兆佳氏。康熙二十年(1681)正月,被封为三等辅国将军。康熙四十七年(1708)六月十八日薨逝,终年42岁。乾隆三十七年(1772)五月,被追封为和硕显亲王。

追封显亲王拜察礼园寝遗址位于今南苑乡成寿寺村(即成寿寺中学处)。据《清代王爷坟》载,园寝坐南朝北,建有宫门、享殿(面阔三间)、墓冢,未建碑楼。在园

---

① 爱新觉罗·福存,生于康熙四年(1665)四月十六日,为固山惠献贝子福喇塔第五子,母亲是侧福晋兆佳氏。康熙十七年(1678)七月,被封为镇国公。康熙三十年(1691)正月,承袭固山贝子爵位。康熙三十九年(1700)九月初三日薨逝,终年36岁。乾隆十五年(1750)七月,追封为和硕简亲王。

② 据《清代王爷坟》载,碑楼内螭首龟趺碑的落款为"乾隆十七年十二月初十日"。

寝东部葬有其长子爱新觉罗·若穆浑①。《清代王爷坟》载，1929年，王爷园寝被盗掘，玄宫为棚板石结构，未见棺椁，为火葬。

2007年5月14日，笔者考察时，园寝遗址正在建设住宅小区。笔者从一位老住户处得知，显亲王拜察礼园寝被盗时，出土了骨灰罐。因此显亲王拜察礼入葬时应为火葬。

显亲王园寝(追封)资料：
墓主：*爱新觉罗·拜察礼*
支系：*武肃亲王豪格之孙*
现存遗址：*无*
地址：*丰台区南苑乡成寿寺村*

肃勤亲王蕴著园寝

爱新觉罗·蕴著，生于康熙三十八年(1699)七月初七日，为追封显亲王拜察礼第三子，母亲是继福晋纳喇氏。乾隆三十七年(1772)，承袭显亲王爵位。乾隆四十三年(1778)正月，改号肃亲王。乾隆四十三年(1778)四月初十日薨逝，终年80岁，谥曰"勤"。

肃勤亲王园寝遗址位于今南苑乡成寿寺村(即成寿寺三队队部位置)。据《清代王爷坟》载，园寝坐南朝北，建有碑楼(内立螭首龟趺碑一通)、宫门(面阔三间)、享殿(面阔三间)、墓冢(建在月台之上)。②1929年，国民党军盗掘了王爷园寝。1947年前后，国民党军把园寝内的建筑构件及树木卖掉。1949年，碑楼尚存。1968年，在园寝玄宫中发现棺椁两口，出土有衣物等。1982年，螭首龟趺碑保存完好，埋在成寿寺村三队队部院内。

2007年5月14日，笔者考察时，这里已旧貌换新颜，建成了住宅小区，连当地的老住户也认不出来当年掩埋螭首龟趺碑的位置了。

---

① 爱新觉罗·若穆浑，生于康熙二十一年(1682)二月初九日，为追封显亲王拜察礼长子，母亲是庶母韩氏。雍正九年(1731)十一月二十二日薨逝，终年50岁。
② 据《清代王爷坟》载，肃勤亲王园寝曾设有下马桩和上马石。

肃勤亲王园寝资料：

墓主：爱新觉罗·蕴著

支系：武肃亲王豪格曾孙

现存遗址：无

地址：丰台区南苑乡成寿寺村

荣恪郡王绵亿园寝

　　爱新觉罗·绵亿，生于乾隆二十九年（1764）八月十五日，为荣纯亲王永琪第五子，母亲是侧福晋索绰罗氏。乾隆四十九年（1784）十一月，初封多罗贝勒。嘉庆四年（1799），晋封荣郡王爵位。嘉庆二十年（1815）三月初五日薨逝，终年52岁，谥曰"恪"。

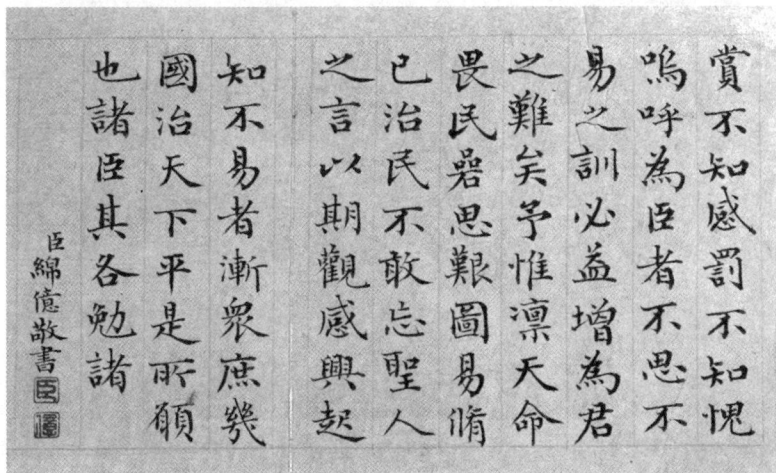

绵亿书《为臣不易论册》之局部（北京故宫博物院藏）

　　荣恪郡王园寝遗址位于今大灰厂村北（今北宫国家森林公园内），俗称"北宫"。据《清代王爷坟》载，园寝坐北朝南，依次建有神桥（两侧各有平桥一座）、碑楼（内有螭首龟趺碑一通）、宫门（面阔三间）、东西朝房、享殿（面阔三间）、琉璃门、墓冢。玄宫为砖券结构，墓室内有棺椁三口。园寝东墙外有阳宅一处，为三进院落。

园寝东部葬有荣恪郡王曾孙奉恩镇国公溥芸①。溥芸园寝内依次建有宫门（面阔三间）、享殿（面阔三间）、墓冢（建在月台之上，玄宫为砖券结构）。

　　荣恪郡王园寝在20世纪30年代被盗，据冯其利先生20世纪80年代的调查资料记载，1949年，墓冢尚存；1953年，墓冢被平毁。冯其利先生于20世纪80年代调查时，园寝尚存平桥、玄宫和园寝墙。

　　2006年8月27日笔者考察时，发现这里已改建为北宫国家森林公园（当时尚未正式开放）。公园的平面图中明确标示出了荣恪郡王园寝的地理位置。沿着平面图标示的路线，笔者到达园寝遗址，看到了仅存的玄宫遗址，周边还散落着废石料。

　　2016年11月26日，笔者再访时，北宫国家森林公园已经正式开放，荣恪郡王园寝的玄宫遗址已经加装铁栏网进行保护。

荣恪郡王园寝玄宫遗址（2016年摄）

荣恪郡王园寝资料：

墓主：爱新觉罗·绵亿

支系：清高宗乾隆皇帝第五子荣纯亲王永琪第五子

---

　　①爱新觉罗·溥芸，生于道光三十年（1850）四月初八日，为追封奉恩镇国公载钊第三子，母亲是博尔济吉特氏。光绪二十八年（1902）三月薨逝，终年53岁。

现存遗址:玄宫遗址

地址:丰台区北宫国家森林公园

隐志郡王奕纬园寝(追封)

爱新觉罗·奕纬,生于嘉庆十三年(1808)四月二十一日,为清宣宗道光皇帝长子,母亲是和妃纳喇氏。嘉庆二十四年(1819)正月,晋封为多罗贝勒。道光十一年(1831)四月十二日薨逝,终年24岁。照阿哥例办理后事,并追封为多罗隐志贝勒。道光三十年(1850)正月,追封为多罗郡王,仍谥曰"隐志"。

追封隐志郡王园寝遗址位于今王佐村。据《清代王爷坟》载,园寝内建有神桥、碑楼、宫门、享殿(顶覆绿色琉璃瓦,黄色琉璃瓦镶边)、墓冢。

郡王衔多罗贝勒载治①园寝位于隐志郡王园寝的西南部。据《清代王爷坟》载,园寝规制略小,享殿顶部覆有琉璃瓦。多罗贝勒载治之子溥伦②葬于隐志郡王园寝的阳宅南部。民国时期,隐志郡王后人将园寝的树木变卖,仅存墓冢和阳宅。日伪时期,隐志郡王园寝被盗。隐志郡王园寝玄宫的石门为铸铜门楣,多罗贝勒载治墓室的石门为铸铁门楣。固山贝子溥伦墓冢被平毁。20世纪60年代,王佐村仅存多罗贝勒载治的墓冢。20世纪70年代,多罗贝勒载治的玄宫被改为防空洞,墓室为汉白玉石材构建。据《清代王爷坟》记载,当时仅存阳宅一处。

2006年8月12日,笔者考察时,隐志郡王园寝已无任何遗迹可寻。

隐志郡王园寝(追封)资料:

墓主:爱新觉罗·奕纬

支系:清宣宗道光皇帝长子

---

① 爱新觉罗·载治(原名载中),生于道光十九年(1839)正月初一日,为隐志郡王奕纬嗣子(四品顶戴奕纪第五子),母亲为奕纪之妾沈氏。咸丰四年(1854)十二月,奉旨过继奕纬为嗣,被封为多罗贝勒。咸丰五年(1855)三月,载中改名为载治。咸丰十年(1860)正月,赏加郡王衔。光绪六年(1880)十二月二十八日薨逝,终年42岁,谥曰"恭勤"。

② 爱新觉罗·溥伦,生于同治十三年(1874)十月初二日,为多罗贝勒载治第四子,母亲是继夫人苏完瓜尔佳氏。光绪七年(1881)正月,承袭固山贝子爵位。光绪二十年(1894)正月,赏加贝勒衔。1926年农历十二月十八日逝世,终年53岁。

现存遗址：无

地址：丰台区王佐镇东王佐村

第六节　北京市石景山区

饶余敏亲王阿巴泰园寝（追封）

　　爱新觉罗·阿巴泰，生于明万历十七年（1589）六月十六日，清太祖努尔哈赤第七子，母亲是侧妃伊尔根觉罗氏。顺治三年（1646）三月二十五日薨逝，终年58岁。康熙元年（1662），被追封为和硕饶余亲王，谥曰"敏"。

　　追封饶余敏亲王园寝遗址位于今秀府村，俗称"祖太王园寝"。据《清代王爷坟》载，园寝坐北朝南，依次建有石桥（三座）、碑楼（三座，内立螭首龟趺碑，碑阳无字）。碑楼南部紧挨园寝墙处，东、西各建有两层建筑一座，俗称"金银库"①、享殿、东西角门、墓冢（建在月台之上）。饶余敏亲王园寝建有宝城，其形似帝陵，只是尺寸略小，有马道，可拾级而上。宝城上建有三道园寝墙，上建墓冢四座，为饶余敏亲王阿巴泰的侧福晋之墓。

　　饶余敏亲王园寝的东南部（俗称"大太王园寝"，亦称"红栅栏"）建有贤悫贝子尚建②长子固山贝子苏布图、次子固山介洁贝子强度③的园寝。据《清代王爷坟》载，他们的园寝外建有石牌坊、享殿、墓冢。

　　饶余敏亲王园寝的西部建有固山贝子博和托④的园寝，俗称"二太王坟"，即端重定亲王园寝的西北部。据《清代王爷坟》载，园寝内建有华表（一对）、石牌坊

---

　　① 据《清代王爷坟》载，金霭堂先生介绍"金银库"是用来烧纸的。
　　② 爱新觉罗·尚建，生于明万历三十四年（1606）九月二十六日，为饶余敏亲王阿巴泰长子，母亲是嫡福晋纳喇氏。天聪四年（1630）七月二十九日薨逝，终年25岁，谥曰"贤悫"。
　　③ 爱新觉罗·强度，生于天聪四年（1630）六月十六日，为固山贤悫贝子尚建次子，母亲是嫡夫人瓜尔佳氏。顺治八年（1651）十月十一日薨逝，终年22岁，谥曰"介洁"。
　　④ 爱新觉罗·博和托，生于明万历三十八年（1610）正月二十四日，为饶余敏亲王阿巴泰次子，母亲是嫡福晋纳喇氏。顺治五年（1648）九月二十七日薨逝，终年39岁，谥曰"温良"。

（一座）、宫门（宫前门有门狮一对）、享殿、墓冢（六座）。在固山贝子博和托园寝的西部（俗称"宫上"）还建有两座园寝，葬有固山贝子彰泰①和固山贝子品级屯珠②。饶余敏亲王园寝的东部还葬有孔古理③，俗称"五太王坟"。

据《清代王爷坟》载，20世纪20年代，饶余敏亲王后人将园寝内的树木变卖。1937年秋，园寝被盗。据传，安和郡王岳乐和崇积④墓为土葬，其余墓葬皆为火葬。火葬墓的骨灰盒内放置木炭用于防潮。照应园寝户有赵、李、齐、王、朴等姓。1982年，冯其利先生考察时，尚存阿巴泰园寝的园寝墙和博洛园寝的玄宫遗址，以及散落在各处的废旧石料。

2006年7月30日，笔者来到饶余敏亲王园寝考察，还能看到园寝的宝城及罗汉墙，随处可见废石料、绿琉璃瓦碎块。

2009年4月8日，笔者重访此地，见到了三座玄宫遗址。其一，为砖室墓，长方形墓室，内有壁龛；其二，为砖室墓，长方形墓室，结构较为简单；其三，为砖室墓，长方形墓室，内有壁龛，壁龛上涂有朱砂，墓室内墙壁绘有壁画。

2016年12月17日，笔者再访此地，尚存园寝墙若干，三处玄宫遗址尚存。三座玄宫内未发现文字资料，因此墓主人的名字不能知晓，待日后资料翔实后再加以深入研究。

饶余敏亲王园寝（追封）资料：
墓主：爱新觉罗·阿巴泰
支系：清太祖努尔哈赤第七子
现存遗址：园寝墙、玄宫、石料
地址：石景山区五里坨街道秀府村

---

① 爱新觉罗·彰泰，生于崇德元年（1636）六月二十日，为固山贝子博和托第四子，母亲是嫡夫人舒穆禄氏。康熙二十九年（1690）正月十一日薨逝，终年55岁。
② 爱新觉罗·屯珠，生于顺治十五年（1658）四月初九日，为固山贝子彰泰第三子，母亲是嫡夫人纳喇氏。康熙十七年（1678）八月十三日薨逝，终年21岁，追封固山贝子品级，谥曰"恪敏"。
③ 爱新觉罗·孔古理，生于崇德四年（1639）五月初一日，为饶余敏亲王阿巴泰第五子，母亲是侧福晋博尔济吉特氏。顺治六年（1649）正月初三日薨逝，终年11岁。
④ 爱新觉罗·崇积，生于乾隆四十五年（1780）十一月二十七日，为奉恩辅国公奇昆第三子，母亲是庶母张氏。乾隆五十九年（1794）二月，承袭奉恩辅国公爵位。嘉庆九年（1804）十二月，被革爵。道光元年（1821）二月二十五日薨逝，终年42岁。

玄宫遗址之一（2016年摄）

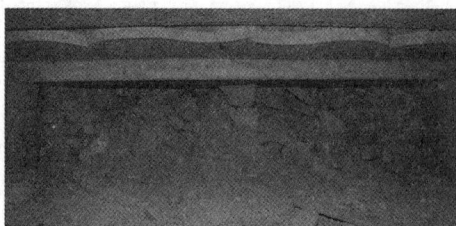

玄宫遗址之二（2016年摄）

▲玄宫遗址之三的入口（2016年摄）
▶玄宫遗址之三（2009年摄）

端重定亲王博洛园寝

爱新觉罗·博洛,生于明万历四十一年(1613)三月初四日,为饶余敏亲王阿巴泰第三子,母亲是嫡福晋纳喇氏。顺治元年(1644)十月,以军功晋封为多罗贝勒。顺治四年(1647)六月,被封为多罗郡王,赐号"端重"。顺治六年(1649)三月,晋封为和硕亲王。顺治七年(1650),降为郡王。顺治八年(1651)正月,复封为和硕亲王。顺治九年(1652)三月十六日薨逝,终年40岁,谥曰"定"。顺治十六年（1659）十月,因附和睿忠亲王,被追夺谥号。

端重定亲王园寝遗址位于今秀府村(俗称"三太王坟"),位于饶余敏亲王园寝的西南部。据《清代王爷坟》载,园寝内建有石牌坊、宫门、享殿、墓冢(共五座)。

爱新觉罗·塔尔纳,生于崇德八年(1643)四月二十九日,为端重定亲王博洛第四子,母亲是博尔济吉特氏。顺治十四年(1657),被封为多罗郡王。顺治十五年(1658)三月初六日薨逝,终年16岁,谥曰"敏"。后被削爵。

爱新觉罗·齐克新,生于顺治七年(1650)十二月初六日,为端重定亲王博洛第八子,母亲是嫡夫人佟佳氏。顺治九年(1652)八月,承袭端重定亲王爵位。顺治十六年(1659)十月,被降为多罗贝勒。顺治十八年(1661)正月初九日薨逝,终年12岁,谥曰"怀思"。端重定亲王博洛的其他儿子先后夭折,因无后嗣,故而爵除。

2006年7月30日,笔者考察时,此处存有园寝墙遗址。

端重定亲王园寝资料:
墓主:爱新觉罗·博洛
支系:饶余敏亲王阿巴泰第三子
现存遗址:园寝墙
地址:石景山区五里坨街道秀府村

安和郡王岳乐园寝

爱新觉罗·岳乐,生于天命十年(1625)九月十九日,为饶余敏亲王阿巴泰第四子,母亲是嫡福晋纳喇氏。顺治六年(1649),承袭郡王爵位,改号安郡王。顺治十四年(1657),被封为亲王。康熙十九年(1680),降为郡王。康熙二十八年(1689)二月二十四日薨逝,终年65岁,谥曰"和"。

安和郡王园寝遗址位于今秀府村,即饶余敏亲王园寝的东侧,俗称"四太王坟"。据《清代王爷坟》载,园寝内建有石桥、华表(一对)、石人(两对)、石马、石驼(一对)、石羊(一对)、宫门、二道石门、享殿、园寝门(两侧各辟东、西角门)、墓冢,未建碑楼。①安和郡王园寝东部有园寝一处，其内建有墓冢四座，此地葬有安懿郡王玛尔浑②。

《清代王爷坟》载，据金霭堂先生介绍，安懿郡王玛尔浑、安节郡王华圯③、追封奉恩辅国公锡贵④、追封奉恩辅国公岱英⑤，分别葬于安和郡王园寝内，园寝内有墓冢六座，西南部的墓冢为空穴。

《清代王爷坟》载，奉恩辅国公崇积园寝在安和郡王园寝的东南部，园寝坐东朝西，墓冢高两米有余，在崇积的园寝南部有新园寝一处。奉恩辅国公爱新觉罗·布兰泰⑥的园寝位于饶余敏亲王园寝和安和郡王园寝之间，俗称"新宫"，亦称"后公爷坟"。园寝外建有木栅栏，依次建有三座桥、享殿、园寝门（两侧各辟角门）、墓冢（七座）。1929年农历五月，奉恩辅国公爱新觉罗·意普⑦逝世时，葬于布兰泰园寝的园寝墙外。

2006年7月30日，笔者考察时，此处存有园寝墙遗址。

安和郡王园寝资料：

墓主：爱新觉罗·岳乐

支系：饶余敏亲王阿巴泰第四子

---

① 笔者认为，所见安和郡王园寝内的石像生，诸如石人（两对）、石马、石驼（一对）、石羊（一对）等，不一定为其园寝的遗迹。因其地处隆恩寺，在明代时，此处寺庙林立，所见的石像生可能为明墓遗物，并不属于王爷园寝的地面建筑。

② 爱新觉罗·玛尔浑，生于康熙二年（1663）十一月二十九日，为安和郡王岳乐第十五子，母亲是继福晋赫舍里氏。康熙二十九年（1690）二月，承袭安郡王爵位。康熙四十八年（1709）十一月薨逝，终年47岁，谥曰"懿"。

③ 爱新觉罗·华圯，生于康熙二十四年（1685）十一月二十日，为安懿郡王玛尔浑次子，母亲是继福晋佟佳氏。康熙四十九年（1710）二月，承袭安郡王爵位。康熙五十八年（1719）九月薨逝，终年35岁，谥曰"节"。

④ 爱新觉罗·锡贵，生于康熙四十六年（1707）九月二十九日，为安节郡王华圯嗣子，母亲是华彬之妾程氏。康熙五十八年（1719）九月，过继安节郡王华圯为嗣。乾隆十七年（1752）三月二十一日薨逝，终年46岁。乾隆四十三年（1778）七月，追封为奉恩辅国公。

⑤ 爱新觉罗·岱英，生于雍正八年（1730）正月二十一日，为追封奉恩辅国公锡贵长子，母亲是庶母王氏。乾隆四十五年（1780）十月十四日薨逝，终年51岁。嘉庆十年（1805）二月，追封为奉恩辅国公。

⑥ 爱新觉罗·布兰泰，生于乾隆十六年（1751）四月二十二日，为追封奉恩辅国公岱英次子，母亲是庶母程氏。嘉庆十年（1805）正月，承袭奉恩辅国公爵位。道光元年（1821）八月薨逝，终年71岁。

⑦ 爱新觉罗·意普，生于同治七年（1868）正月十七日，为奉恩辅国公裕恪次子，母亲是嫡母库雅拉氏。同治十二年（1873）七月，承袭奉恩辅国公爵位。1929年农历五月逝世，终年62岁。

现存遗址:园寝墙

地址:石景山区五里坨街道秀府村

康修亲王冲安园寝

爱新觉罗·冲安,生于康熙四十四年(1705)七月十八日,为康悼亲王椿泰长子,母亲是侧福晋伊尔根觉罗氏。康熙四十八年(1709)十月,承袭康亲王爵位。雍正十一年(1733)九月初七日薨逝,终年29岁,谥曰"修"。

康修亲王园寝遗址位于今金顶山村(金顶山东麓)。据《清代王爷坟》载,园寝建有碑楼、宫门、享殿、墓冢。

2006年3月16日,笔者考察时,园寝已无任何遗迹可寻。

康修亲王园寝资料:

墓主:爱新觉罗·冲安

支系:礼烈亲王代善玄孙

现存遗址:无

地址:石景山区金顶山村

康简亲王巴尔图园寝

爱新觉罗·巴尔图,生于康熙十三年(1674)八月十三日,为康良亲王杰书第四子,母亲是侧福晋萨克达氏。雍正十二年(1734)四月,承袭康亲王爵位。乾隆十八年(1753)三月初七日薨逝,终年80岁,谥曰"简"。

康简亲王园寝遗址位于今福寿岭村(铁路疗养院内)。据《清代王爷坟》载,园寝内建有宫门、碑楼、享殿、墓冢(建在月台之上),园寝西部建有阳宅。

2006年3月16日,笔者考察石景山区的福寿岭村,老村庄早已不存。经向当地居民询问,笔者从一条由东向西的小路找到了福寿岭疗养院,即北京铁路职工中心疗养院,看见了在原址翻建的阳宅。在阳宅垂花门两旁各有门墩一个,门墩前存石鼓墓座一件,是园寝原物。

2016年11月22日,笔者再访康简亲王园寝,阳宅保存完好,仍在使用。

康简亲王园寝资料:
墓主:爱新觉罗·巴尔图
支系:礼烈亲王代善曾孙
现存遗址:阳宅
地址:石景山区福寿岭村

康恭亲王永恩园寝

爱新觉罗·永恩,生于雍正五年(1727)八月十四日,为康修亲王冲安次子,母亲是侧福晋西林觉罗氏。乾隆十八年(1753)五月,承袭康亲王爵位。嘉庆十年(1805)二月十五日薨逝,终年79岁,谥曰"恭"。

康恭亲王园寝遗址位于今西福村(金顶山西麓),俗称"西王坟"。据《清代王爷坟》载,园寝内建有石桥、碑楼、宫门、朝房、墓冢。照应园寝户有杜姓。

2006年3月16日,笔者考察时,园寝已无任何遗迹可寻。

康恭亲王园寝资料:
墓主:爱新觉罗·永恩
支系:礼烈亲王代善四世孙
现存遗址:无
地址:石景山区金顶街街道西福村

礼亲王昭梿园寝(革爵)

爱新觉罗·昭梿,生于乾隆四十一年(1776)二月初七日,为康恭亲王永恩长子,母亲是继福晋舒穆禄氏。嘉庆十年(1805)六月,承袭礼亲王爵位。嘉庆二十年(1815)十一月,被革爵。道光九年(1829)十二月二十日薨逝,终年54岁。

礼亲王昭梿园寝遗址位于今西福村(金顶山西麓)。据《清代王爷坟》载,20

世纪30年代,礼亲王后人将园寝建筑构件变卖并"起灵"。

2006年3月16日,笔者考察时,园寝已无任何遗迹可寻。

礼亲王园寝(革爵)资料:

墓主:爱新觉罗·昭梿

支系:礼烈亲王代善五世孙

现存遗址:无

地址:石景山区金顶街街道西福村

礼亲王永奎园寝(追封)

爱新觉罗·永奎,生于雍正七年(1729)正月初八日,为康修亲王崇安第三子,母亲是侧福晋伊尔根觉罗氏。乾隆十四年(1749)十二月,封二等镇国将军。乾隆五十五年(1790)二月十三日薨逝,终年62岁。嘉庆二十一年(1816)闰六月,追封为和硕礼亲王。

据《清代王爷坟》载,礼亲王永奎园寝位于今福寿岭村。

2006年3月16日,笔者考察时,园寝已无任何遗迹可寻。

礼亲王园寝(追封)资料:

墓主:爱新觉罗·永奎

支系:礼烈亲王代善四世孙

现存遗址:无

地址:石景山区福寿岭村

礼安亲王麟趾园寝

爱新觉罗·麟趾,生于乾隆二十一年(1756)十月十三日,为镇国将军永奎长子,母亲是刘氏。嘉庆二十年(1815),承袭礼亲王爵位。道光元年(1821)七月十三日薨逝,终年66岁,谥曰"安"。

礼安亲王园寝遗址位于今福寿岭村。据《清代王爷坟》载,园寝内建有神桥、碑楼、宫门、享殿、墓冢等建筑。园寝内植有大量柏树,茂密成林。

2006年3月16日,笔者考察时,园寝已无任何遗迹可寻。

礼安亲王园寝资料:

墓主:爱新觉罗·麟趾

支系:礼烈亲王代善五世孙

现存遗址:无

地址:石景山区福寿岭村

礼慎亲王全龄园寝

爱新觉罗·全龄,生于嘉庆二十二年(1817)十一月初八日,为追封礼亲王锡春长子,母亲是侧福晋王氏。道光元年(1821),承袭礼亲王爵位。道光三十年(1850)三月二十八日薨逝,终年34岁,谥曰"慎"。

礼慎亲王园寝遗址位于今福寿岭村(礼安亲王园寝东部)。据冯其利先生1983年的调查记载,当时残存有汉白玉石柱、石料(三角石)、园寝墙。

2006年3月16日,笔者考察时,村中的大多数人已经不能说出园寝的准确位置。

礼慎亲王园寝资料:

墓主:爱新觉罗·全龄

支系:礼烈亲王代善七世孙

现存遗址:无

地址:石景山区福寿岭村

礼亲王世铎园寝

爱新觉罗·世铎,生于道光二十三年(1843)七月初一日,为礼慎亲王全龄次

90

子,母亲是侧福晋他塔拉氏。道光三十年(1850),袭爵。1913年12月13日逝世,终年71岁。

礼亲王园寝遗址位于今福寿岭村(俗称"碑上坎")。据《清代王爷坟》载,园寝内建有宫门、东西朝房、墓冢。①1953年,礼亲王府后人将园寝建筑构件拆卖后"起灵"。至20世纪80年代,礼亲王园寝已无任何遗迹可寻。

2006年3月16日,笔者考察时,村中的大多数人已经不能说出园寝的准确位置。

礼亲王园寝资料:

墓主:爱新觉罗·世铎

支系:礼烈亲王代善八世孙

现存遗址:无

地址:石景山区福寿岭村

睿恭亲王淳颖园寝

爱新觉罗·淳颖,生于乾隆二十六年(1761)九月二十一日,为睿恪亲王如松第三子,母亲是嫡福晋佟佳氏。乾隆四十三年(1778)正月,承袭睿亲王爵位。嘉庆五年(1800)十一月初七日薨逝,终年40岁,谥曰"恭"。

睿恭亲王园寝遗址位于今敬德寺村。据《清代王爷坟》载,园寝内建有碑楼(内立螭首龟趺碑一通)、宫门、东西朝房、享殿、墓冢。照应园寝户有孟、胡、罗等三姓。1929年,园寝被盗,园寝内的建筑石材被运走。冯其利先生1983年4月考察时记载道:"睿恭亲王淳颖园寝现为桃园,残存金刚墙一段,杨树林的所在地为墓冢旧址,东边的睿王园寝墓冢的位置现在有五六棵核桃树。睿亲王园寝的阳宅在五里坨前街兴福寺(今煤厂的位置上,有二百余年的门槐两株)。"

2006年7月30日,笔者来到敬德寺村,找到原来煤厂处,门前槐树已死。在

---

① 据《清代王爷坟》载,未建碑楼和享殿。

离煤厂不远处有条石等建筑构件,应为园寝原物。另外在敬德寺村的西部存有一段残存的园寝墙。

园寝墙(2016年摄)

2016年12月17日,笔者再访睿恭亲王园寝,敬德寺村早已全部拆迁,一条马路从原来的村中穿过,10年前的那棵门槐及阳宅已无处可寻,惟有一段园寝墙立在曾经拆迁的现场。这段园寝墙呈椭圆形,可以看出明显的弧度,为睿恭亲王园寝唯一的见证。

睿恭亲王园寝资料:

墓主:爱新觉罗·淳颖

支系:睿忠亲王多尔衮五世孙

现存遗址:园寝墙

地址:石景山区五里坨街道敬德寺村

睿僖亲王仁寿园寝

爱新觉罗·仁寿,生于嘉庆十五年(1810)三月初六日,为睿勤亲王端恩长子,母亲是侧福晋赵佳氏。道光六年(1826)八月,承袭睿亲王爵位。同治三年(1864)十月初十日薨逝,终年55岁,谥曰"僖"。

睿僖亲王园寝遗址位于今敬德寺村。据《清代王爷坟》载,园寝内建有碑楼(内立螭首龟趺碑一通)、墓冢。园寝内未建享殿,园寝墙亦是利用之前的园寝墙而砌筑。

2016年12月17日,笔者再访睿僖亲王园寝时,此处变化甚大,已无任何遗迹可寻。

睿僖亲王园寝资料:

墓主:爱新觉罗·仁寿

支系:睿忠亲王多尔衮七世孙

现存遗址:无

地址:石景山区五里坨街道敬德寺村

瑞怀亲王绵忻园寝

爱新觉罗·绵忻,生于嘉庆十年(1805)二月初九日,为清仁宗嘉庆皇帝第四子,母亲是孝和睿皇后钮祜禄氏。嘉庆二十四年(1819),被封为瑞亲王。道光八年(1828)八月十九日薨逝,终年24岁,谥曰"怀"。

瑞怀亲王园寝遗址位于今福田寺村。据《清代王爷坟》载,园寝内依次建有神桥、碑楼、东西朝房(面阔三间)、宫门(面阔三间)、享殿(面阔五间)、墓冢。瑞怀亲王园寝的碑楼在福田寺村的生产队队部南部,墓冢位于园寝的最北端,墓冢建在雕刻精细的须弥座石之上。玄宫内有石门,墓室为石券结构。园寝东部建有阳宅,为二进院落,正门为广亮大门。①西北部有墓冢三座,为绵忻的侧福晋和庶福晋之墓。

瑞怀亲王园寝照应园寝户有潘、岳、商、陈、李等姓。冯其利先生20世纪80年代的调查记录上写道:"残存的瑞王坟(园寝)遗址可取之处在于玄宫的完整,没有过多的人为破坏。"1931年,瑞怀亲王园寝被盗。1940年前后,瑞怀亲王后人将园寝的地面建筑构件拆卖。20世纪50年代,螭首龟趺碑被拉走。

---

① 据《清代王爷坟》载,门牌为瑞王坟村甲31号。

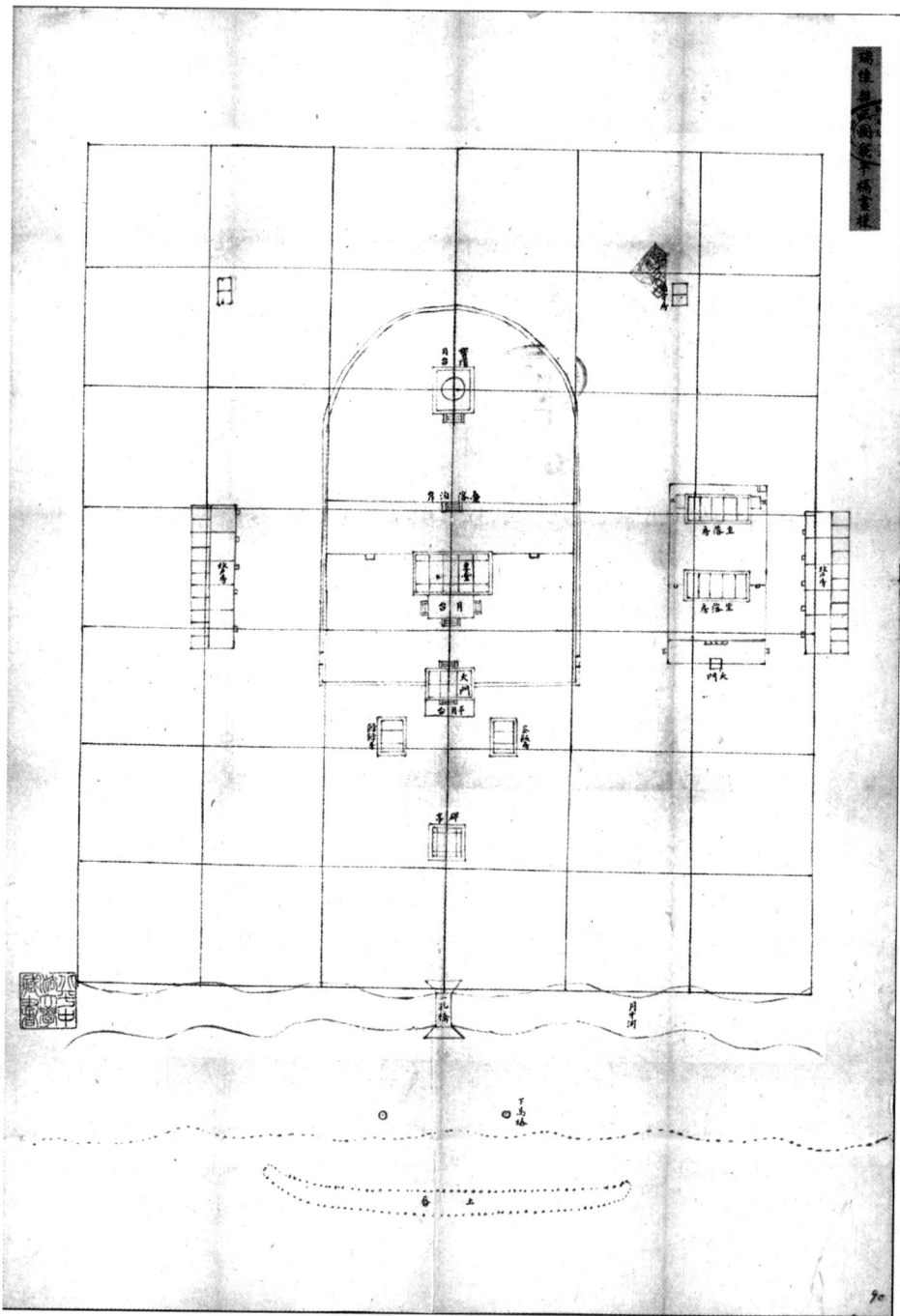

瑞怀亲王园寝平格地盘画样图（北京故宫博物院藏）

据《瑞怀亲王园寝平格地盘画样图》《瑞怀亲王园寝画样》①，该园寝实际布局依次为土唇、下马桩、一孔桥（桥下为月牙河）、碑亭、茶饭房（东侧）、饽饽房（西侧）、大门、享堂、墓冢，是清代"样式雷"所设计的官式建筑群。

2006年5月20日，笔者考察时，仅存碑楼。

2007年11月25日，笔者至石景山区承恩寺考察，见到了从瑞怀亲王园寝拆下的石棺床与石门，其中的一扇石门已经断为两截。

2016年11月22日，笔者再次来到瑞怀亲王园寝，翻开10年前所做的调查记录，上面这样写道："残存的碑楼已破败不堪，碑楼周围有许多临时搭起的房屋，玄宫原址处已经正在修建高楼，残存的三合土清晰可辨。据守陵人后代潘先生介绍，高楼是一年前开始盖的，碑楼不久也将修成楼群内小区中的一景，笔者在他家看到了散落的建筑废石。"此时这位嘉庆朝的皇四子园寝仅存碑楼遗址。碑楼隐匿在北京市石景山外语实验小学内的楼群之中。

▲瑞怀亲王园寝石门（2007年摄）
◀瑞怀亲王园寝碑楼（2016年摄）
▼瑞怀亲王园寝石棺床（2007年摄）

瑞怀亲王园寝资料：

墓主：爱新觉罗·绵忻

支系：清仁宗嘉庆皇帝第四子

---

① 清内府朱墨绘纸本《瑞怀亲王园寝平格地盘画样图》和清工部样式房制《瑞怀亲王园寝画样》，现藏于北京故宫博物院。

现存遗址：碑楼

地址：石景山区金顶街福田寺村

第七节　北京市门头沟区

显密亲王丹臻园寝

爱新觉罗·丹臻，生于康熙四年(1665)八月初十日，为显懿亲王富寿第四子，母亲是侧福晋富察氏。康熙九年(1670)六月，承袭显亲王爵位。康熙四十一年(1702)五月二十日薨逝，终年38岁，谥曰"密"。

显密亲王园寝遗址位于今陇驾庄村。据《清代王爷坟》载，园寝坐北朝南，依次建有神桥、望柱(一对)、宫门、东西班房、东西朝房(各十二间)、享殿(面阔五间)、墓冢(建在月台之上，墓冢下为须弥座)。照应园寝户有唐、白、佟、孟等姓。1930年7月，显密亲王园寝被盗。20世纪30年代，园寝内的树木被砍伐售卖。

1983年3月，冯其利先生调查时，显密亲王园寝残存部分园寝墙、享殿遗址条石、月台石栏板和二十余棵老树。在墓冢位置建有食堂，旁边有旧石料。

2006年9月3日，笔者考察，看到倒地的螭首龟趺碑。上有"和硕显亲王谥密丹臻碑"字样。当时尚存螭首龟趺碑及散落各处的汉白玉石块。园寝内遍植松柏，郁郁葱葱，汉白玉石雕刻精美，图案栩栩如生。

2016年11月26日，笔者再访时，此处的松柏长得愈加茂盛了。螭首龟趺碑已在2010年前后被填埋，但笔者在散落的石构件中，发现了一块碑楼券脸石的残石，残石上有如意纹及草纹纹样、山石纹样等。笔者推测，当年碑楼应建在此处附近。另外在碑楼遗址南部存有若干长方形构件形制物件，为园寝遗物。笔者观其形状，判断其应为园寝石牌坊构件。园寝北部墓冢的位置与10年前考察时无异,20世纪80年代修建的食堂仍在使用。食堂附近还散落着大量须弥座汉白玉构件,为显密亲王园寝遗物,周围松柏茂密,景色宜人。

显密亲王园寝资料:

墓主:爱新觉罗·丹臻

支系:武肃亲王豪格之孙

现存遗址:螭首龟趺碑、园寝墙、汉白玉石

地址:门头沟区妙峰山镇陇驾庄村

显密亲王园寝螭首龟趺碑(2006年摄)

显密亲王园寝碑楼券脸残件(2016年摄)

显密亲王园寝牌坊残件(2016年摄)

显密亲王园寝汉白玉石块之一(2016年摄)

显密亲王园寝汉白玉石块之二(2016年摄)

克勤郡王亨元园寝(追封)

爱新觉罗·亨元,生于乾隆十五年(1750)七月初九日,为克勤庄郡王雅朗阿次子,母亲是嫡福晋瓜尔佳氏。乾隆四十六年(1781)四月,授三等侍卫。乾隆五十四年(1789)二月初六日薨逝,终年40岁。嘉庆四年(1799)六月,亨元长子爱新觉罗·尚格承袭克勤郡王爵位,追封亨元为克勤郡王。

追封克勤郡王亨元园寝遗址位于今冯村邓家坡(俗称"西坡")。据《清代王爷坟》载,园寝内建有宫门、墓冢(建在月台之上)。1900年八国联军侵入北京前,照应园寝户有陈姓。20世纪20年代,克勤郡王府后人将园寝内的树木砍伐后变卖。

2008年4月19日,笔者考察邓家坡的克勤郡王园寝,此处仅存墓冢一座,为亨元之墓,墓冢为三合土构筑。

2016年11月26日,笔者再访时,克勤郡王园寝的三合土墓冢仍存。

克勤郡王园寝(追封)资料:
墓主:爱新觉罗·亨元
支系:克勤郡王岳讬五世孙
现存遗址:墓冢
地址:门头沟区永定镇冯村邓家坡

克勤郡王亨元墓冢(2008年摄)

克勤郡王亨元墓冢(2016年摄)

克勤简郡王尚格园寝

爱新觉罗·尚格,生于乾隆三十五年(1770)七月初九日,为追封克勤郡王亨元长子,母亲是嫡福晋他塔拉氏。嘉庆四年(1799)六月,承袭克勤郡王爵位。道光十三年(1833)二月二十三日薨逝,终年64岁,谥曰"简"。

克勤简郡王园寝遗址位于今冯村邓家坡追封克勤郡王亨元园寝之侧。据《清代王爷坟》载,20世纪30年代,园寝被盗,克勤郡王后人将园寝内的建筑构件及树木变卖。"文化大革命"时期,墓冢被平毁。

克勤简郡王园寝资料:

墓主:爱新觉罗·尚格

支系:克勤郡王岳讬六世孙

现存遗址:无

地址:门头沟区永定镇冯村邓家坡

克勤恪郡王承硕园寝

爱新觉罗·承硕,生于嘉庆七年(1802)三月二十三日,为克勤简郡王尚格次子,母亲是嫡福晋他塔拉氏。道光十三年(1833)六月,承袭克勤郡王爵位。道光十九年(1839)九月初七日薨逝,终年38岁,谥曰"恪"。

克勤恪郡王园寝遗址位于今冯村邓家坡克勤郡王亨元园寝之侧。据《清代王爷坟》载,20世纪30年代,园寝被盗,克勤郡王后人将园寝内的建筑构件及树木变卖。"文化大革命"时期,墓冢被平毁。

克勤恪郡王园寝资料:

墓主:爱新觉罗·承硕

支系:克勤郡王岳讬七世孙

现存遗址:无

地址:门头沟区永定镇冯村邓家坡

克勤敬郡王庆惠园寝

爱新觉罗·庆惠,生于嘉庆二十四年(1819)十月初六日,为克勤恪郡王承硕长子,母亲是嫡福晋钮祜禄氏。道光二十年(1840)二月,承袭克勤郡王爵位。咸丰十一年(1861)七月二十八日薨逝,终年43岁,谥曰"敬"。

克勤敬郡王园寝遗址位今于冯村邓家坡克勤郡王亨元园寝之侧。据《清代王爷坟》载,园寝内建有神桥、宫门、墓冢(建在月台之上)。墓冢有三,墓主分别是尚格、承硕、庆惠。20世纪30年代,园寝被盗,克勤郡王后人将园寝内的建筑构件及树木变卖。"文化大革命"时期,墓冢被平毁。

克勤敬郡王园寝资料:
墓主:爱新觉罗·庆惠
支系:克勤郡王岳讬八世孙
现存遗址:无
地址:门头沟区永定镇冯村邓家坡

第八节　北京市房山区

承泽裕亲王硕塞园寝

爱新觉罗·硕塞,生于天聪二年(1628)十二月二十四日,为清太宗皇太极第五子,母亲是侧妃叶赫那拉氏。顺治元年(1644)十月,封承泽郡王。顺治十一年(1654)十二月初五日薨逝,终年27岁,谥曰"裕"。

硕塞出生在后金与明朝征战的年代,是常年的征战成就了这位少年英雄。他贵为皇子,少年时随叔父出征,在沙场上屡立战功,也锻炼了自己。而后他随叔父多铎下江南,协助叔父攻破南京,再建奇勋,为大清开国做出了贡献。因其军功显赫,顺治元年(1644),硕塞被晋封为承泽郡王。顺治六年(1649),被顺治皇帝晋封为和硕承泽亲王。顺治七年(1650),清廷规定:和硕亲王以下、多罗郡王以上,只称亲王不领亲王俸禄者,仍改称郡王。顺治八年(1651),硕塞因军功卓著,被顺治帝晋封为和硕承泽亲王。承泽裕亲王硕塞也是清初八大"铁帽子王"之一。

承泽裕亲王园寝遗址位于今磁家务村(俗称"前陵")。①据《清代王爷坟》载,承泽裕亲王园寝内建有碑楼、宫门、享殿、墓冢(建在月台之上)。

2006年5月2日,笔者考察时,园寝已无任何遗迹可寻。

承泽裕亲王园寝资料:

墓主:爱新觉罗·硕塞

支系:清太宗皇太极第五子

现存遗址:无

地址:房山区河北镇磁家务村

庄靖亲王博果铎园寝

爱新觉罗·博果铎,生于顺治七年(1650)三月二十二日,为承泽裕亲王硕塞长子,母亲是嫡福晋纳喇氏。顺治十二年(1655)六月,承袭亲王爵位,并改号庄亲王。雍正元年(1723)三月十一日薨逝,终年74岁,谥曰"靖"。

庄靖亲王园寝遗址位于磁家务村(俗称"后陵")。据《清代王爷坟》载,园寝坐东朝西,依次建有石牌坊、宫门、享殿、墓冢。1927年,庄亲王府后人将园寝内树木变卖。20世纪20年代,王爷园寝被盗掘。1964年,园寝尚存石牌坊、石桩(放置在库南门)及墓室。1974年,此地被房山县水泥二厂盖建楼房占用,园寝内的地面建筑被拆除,只存享殿的月台和玄宫。

2006年5月2日,笔者考察时,仅存庄靖亲王博果铎石牌坊一座。石牌坊保存完好,浮雕上的海水江崖图案栩栩如生。石牌坊后面,建有很多用做仓储的库房。地面上还能依稀看到几块汉白玉石。前陵硕塞园寝的范围之内,只能看到修建的仓库。笔者转到后面发现一口井,此井没有盖。从上向下望去能看到有水,水下还有铁梯,这是怎么回事呢?笔者下去后才发现真相。下面是一座玄宫。此玄宫是庄靖亲王博果铎及其福晋的阴宅,石券上的花纹还清晰可见。玄

---

① 据《清代王爷坟》载,磁家务村的庄亲王园寝,背倚馒头山,前临红栅栏村,东到左峪沟,西至十八亩地。分为前陵、后陵、西陵、小西衙门、小新陵、松树圈、姑娘坟、大立峪等8处园寝。

宫内渗水严重,深约两米,石门、棺床等全部被淹没。

2016年12月11日,笔者再访时,园寝的石牌坊、墓室尚存。石牌坊为四柱三间式,侧面的栏板上雕饰有精美的云纹图案。进入墓室的井盖被封闭,但未破坏其内部结构。

2017年7月23日,笔者在考察园寝时,发现玄宫内水位较低,恰可以蹚水而入。此玄宫开口向上,呈正方形,实为改砌后的井口,从井口向下,有一铁梯横架于墓室内。通过观察,此梯的宽度、长度及整体大小均大于井口,故不可能为后期放置。由此观察可知铁梯为先架入墓室,而墓口(井口)为后砌。

井口由上至下为红砖叠砌,上装有"凵"形铁条,以便进入时蹬踏。进入墓室后,见该玄宫由前室和后室组成。前室为玄宫罩门券以前之部分,四壁皆为红砖砌筑,并粉刷以"大白"。通过观察,笔者认为前室非玄宫之结构,乃为后期改造和利用此玄宫时后砌筑。因此该玄宫为单室墓,其罩门券顶部被红砖叠砌,瓦檐仅可见1/2,前室四壁为直壁。罩门券下有石门一扇,进入石门后,便是后室。前文已述,所见的前室实为新中国成立后砌筑,因此进入石门后的墓室,实为原来的玄宫。

玄宫石门厚12.7厘米,有六角荷花形门簪,门簪底部有福纹,铺首衔环长35厘米、宽19厘米,门槛宽30厘米,石门铺首衔环位置的后面有云纹的羁绊。

墓室四壁为汉白玉石砌筑,顶为汉白玉石结构,后部中央已被改造为另一出口,并架入铁梯一架,与入口略同。因此这些均为后世利用此玄宫时改造,但不难看出整体布局,该玄宫为单室墓。尚未有关于墓主的明确的文字记载,通过辅首纹饰,笔者判断墓主大致生活在清代早期,即不晚于清乾隆年间。此玄宫主人是否为博果铎,还有待进一步考证。

庄靖亲王园寝资料:

墓主:爱新觉罗·博果铎

支系:承泽裕亲王硕塞长子

现存遗址:石牌坊、玄宫

地址:房山区河北镇磁家务村

后陵遗址（2006 年摄）

玄宫入口（2006 年摄）

玄宫（2006 年摄）

玄宫（2017 年摄）

墓坊浮雕（2008 年摄）

墓坊（2008 年摄）

庄恪亲王允禄园寝

爱新觉罗·允禄，生于康熙三十四年（1695）六月十八日，为清圣祖康熙皇帝第十六子，母亲是顺懿密妃王氏。雍正元年（1723）正月，允禄过继给庄靖亲王博果铎为嗣,承袭庄亲王爵位。乾隆三十二年(1767)二月二十一日薨逝,终年73岁,谥曰"恪"。

庄恪亲王园寝遗址位于今磁家务村(俗称"西陵",即庄靖亲王园寝的西南部)。据《清代王爷坟》载,园寝内建有碑楼、宫门、享殿、墓冢。

2006年5月2日,笔者考察时,园寝已无任何遗迹可寻。

庄恪亲王园寝资料:

墓主:*爱新觉罗·允禄*

支系:*清圣祖康熙皇帝第十六子*

现存遗址:*无*

地址:*房山区河北镇磁家务村*

庄亲王弘普园寝(追封)

爱新觉罗·弘普,生于康熙五十二年(1713)六月十九日,为庄恪亲王允禄次子,母亲是侧福晋李氏。乾隆元年(1736)二月,封固山贝子。乾隆八年(1743)三月二十二日薨逝,终年31岁。乾隆三十一年(1766)追封世子,谥曰"恭勤"。乾隆三十二年(1767),追封庄亲王。

据《清代王爷坟》载,追封庄亲王弘普园寝遗址位于今磁家务村(俗称"小西衙门",即庄恪亲王园寝的西部)。据《清代王爷坟》载,园寝内依次建有碑楼三座(墓主分别为弘普、永瑺、绵课)、宫门、朝房、享殿、墓冢(建在月台之上)。

2006年5月2日,笔者考察时,园寝已无任何遗迹可寻。

庄亲王园寝(追封)资料:

墓主:*爱新觉罗·弘普*

支系:*庄恪亲王允禄次子*

现存遗址:*无*

地址:*房山区河北镇磁家务村*

庄慎亲王永瑢园寝

爱新觉罗·永瑢,生于乾隆二年(1737)二月二十六日,为追封庄亲王弘普长子,母亲是侧福晋郭氏。乾隆三十二年(1767)六月,承袭庄亲王爵位。乾隆五十三年(1788)二月十一日薨逝,终年52岁,谥曰"慎"。

据《清代王爷坟》载,庄慎亲王园寝遗址位于今磁家务村。园寝内依次建有碑楼三座(墓主分别为弘普、永瑢、绵课)、宫门、朝房、享殿、墓冢(建在月台之上)。

2006年5月2日,笔者考察时,园寝已无任何遗迹可寻。

庄慎亲王园寝资料:
墓主:爱新觉罗·永瑢
支系:庄恪亲王允禄之孙
现存遗址:无
地址:房山区河北镇磁家务村

庄襄亲王绵课园寝

爱新觉罗·绵课,生于乾隆二十八年(1763)六月十五日,为庄恪亲王允禄之孙,头等侍卫、奉国将军永珂长子,母亲是继妻博尔济吉特氏,后过继给庄慎亲王永瑢为嗣。乾隆五十三年(1788)五月,承袭庄亲王爵位。道光六年(1826)四月初二日薨逝,终年64岁,谥曰"襄"。

庄襄亲王园寝遗址位于今磁家务村(庄慎亲王园寝墙之内)。据《清代王爷坟》载,园寝内依次建有碑楼三座(墓主分别为弘普、永瑢、绵课)、宫门、朝房、享殿、墓冢(建在月台之上)。

2006年5月2日,笔者考察时,园寝已无任何遗迹可寻。

庄襄亲王园寝资料:
墓主:爱新觉罗·绵课
支系:庄恪亲王允禄之孙、庄慎亲王永瑢嗣子

现存遗址：无

地址：房山区河北镇磁家务村

庄亲王奕赍园寝（革爵）

爱新觉罗·奕赍，生于嘉庆十九年（1814）二月二十日，为庄襄亲王绵课第十三子，母亲是侧福晋夏氏。道光六年（1826）七月，承袭庄亲王爵位。道光十八年（1838）九月，被革爵。咸丰十年（1860）正月二十九日薨逝，终年47岁。

据《清代王爷坟》载，"小西衙门"以西的"姑娘坟"西南的园寝内有两处墓冢，墓主分别是爱新觉罗·奕赍和庄亲王爱新觉罗·载功。

2006年5月2日，笔者考察时，园寝已无任何遗迹可寻。

庄亲王园寝（革爵）资料：

墓主：爱新觉罗·奕赍

支系：庄恪亲王允禄曾孙

现存遗址：无

地址：房山区河北镇磁家务村

庄勤亲王绵护园寝

爱新觉罗·绵护，生于乾隆四十八年（1783）五月二十九日，为二等侍卫、辅国将军永蕃长子，母亲是继母钮祜禄氏。道光十八年（1838），承袭庄亲王爵位。道光二十一年（1841）十一月二十四日薨逝，终年59岁，谥曰"勤"。

庄勤亲王园寝遗址位于今磁家务村（俗称"小新陵"），位于庄恪亲王园寝南部的长松岭。据《清代王爷坟》载，园寝内建有碑楼三座（分别为绵护、绵谭、奕仁之墓碑），宫门三间（分别为绵护、绵谭、奕仁之宫门）、东西朝房各三间，享殿（面阔五间）、墓冢。

2006年5月2日，笔者考察时，园寝已无任何遗迹可寻。

庄勤亲王园寝资料:

墓主:爱新觉罗·绵护

支系:庄恪亲王允禄曾孙

现存遗址:无

地址:房山区河北镇磁家务村

庄质亲王绵譁园寝

爱新觉罗·绵譁,生于乾隆五十一年(1786)二月二十九日,为奉恩辅国公弘曧长子、二等侍卫、辅国将军永蕃次子,母亲是继母钮祜禄氏。嘉庆十年(1805)十一月,被封为奉国将军。道光二十二年(1842)正月,承袭庄亲王爵位。道光二十五年(1845)九月十三日薨逝,终年60岁,谥曰"质"。

庄质亲王园寝遗址位于今磁家务村(俗称"小新陵"),位于庄恪亲王园寝南部的长松岭。据《清代王爷坟》载,园寝内建有碑楼三座(分别为绵护、绵譁、奕仁之墓碑)、宫门三间(分别为绵护、绵譁、奕仁之宫门)、东西朝房各三间、享殿(面阔五间)、墓冢。

2006年5月2日,笔者考察时,园寝已无任何遗迹可寻。

庄质亲王园寝资料:

墓主:爱新觉罗·绵譁

支系:庄恪亲王允禄曾孙

现存遗址:无

游览等级:★

地址:房山区河北镇磁家务村

庄厚亲王奕仁园寝

爱新觉罗·奕仁,生于道光四年(1824)十月十三日,为庄质亲王绵譁长子,母亲是嫡福晋瓜尔佳氏。道光二十六年(1846),承袭庄亲王爵位。同治十三年

(1874)十月初三日薨逝,终年51岁,谥曰"厚"。

庄厚亲王园寝遗址位于今磁家务村(俗称"小新陵"),位于庄恪亲王园寝南部的长松岭。据《清代王爷坟》载,园寝内建有碑楼三座(分别为绵护、绵𧪬、奕仁之墓碑)、宫门三间(分别为绵护、绵𧪬、奕仁之宫门)、东西朝房各三间、享殿(面阔五间)、墓冢。

2006年5月2日,笔者考察时,园寝已无任何遗迹可寻。

庄厚亲王园寝资料:

墓主:爱新觉罗·奕仁

支系:庄恪亲王允禄玄孙

现存遗址:无

地址:房山区河北镇磁家务村

庄亲王载勋园寝(革爵)

爱新觉罗·载勋,生于咸丰三年(1853)十二月二十六日,为庄厚亲王奕仁次子,母亲是嫡福晋钮祜禄氏。光绪元年(1875)二月,承袭庄亲王爵位。光绪二十六年(1900)正月,被革爵。光绪二十七年(1901)正月初三日,被赐帛自尽,终年49岁。

已革庄亲王园寝遗址位于今磁家务村(俗称"大立峪",即庄靖亲王园寝东部的大楼沟、小楼沟的"上坎")。据《清代王爷坟》载,载勋原准备在"小新陵"处兴建园寝,建筑构件已堆至此,但未来得及修建。

2006年5月2日,笔者考察时,园寝已无任何遗迹可寻。

庄亲王园寝(革爵)资料:

墓主:爱新觉罗·载勋

支系:庄恪亲王允禄四世孙

现存遗址:无

地址：房山区河北镇磁家务村

庄亲王载功园寝

爱新觉罗·载功，生于咸丰九年(1859)八月初六日，为庄厚亲王奕仁第四子，母亲是侧福晋王佳氏。光绪二十八年(1902)九月，承袭庄亲王爵位。1915年农历正月二十七日逝世，终年57岁。

庄亲王园寝遗址位于今磁家务村("姑娘坟"西南的松村圈)。据《清代王爷坟》载，姑娘坟西南的园寝内有两处墓冢，墓主分别是爱新觉罗·奕卖和爱新觉罗·载功。

2006年5月2日，笔者考察时，园寝已无任何遗迹可寻。

庄亲王园寝资料：
墓主：爱新觉罗·载功
支系：庄恪亲王允禄四世孙
现存遗址：无
地址：房山区河北镇磁家务村

顺承恭惠郡王勒克德浑园寝

爱新觉罗·勒克德浑，生于天聪三年(1629)五月初五日，他的父亲是礼烈亲王代善第三子和硕颖毅亲王萨哈璘，其为萨哈璘次子，母亲是嫡福晋乌喇纳拉氏。顺治九年(1652)三月二十七日薨逝，终年24岁，谥曰"恭惠"。

受祖父和父亲的熏陶，勒克德浑自幼习武，少年时随祖父和父亲开始了戎马生涯。崇德元年(1636)五月，萨哈璘因病薨逝。父亲的病逝对年仅8岁的勒克德浑来说无疑是一个沉重的打击，他与哥哥阿达礼相依为命，时刻以父亲萨哈璘为榜样。

勒克德浑早年与兄长阿达礼南征北战，立下了赫赫战功，后因阿达礼获罪，他受到牵连，被罢黜宗室，贬为庶人。顺治帝定鼎燕京后，为其昭雪，并晋封他为多罗贝勒。在大小战役中,勒克德浑屡立战功,为大清入主中原贡献了自己的一份力量。顺治五年(1648),被晋封为顺承郡王,成为大清开国的八大"铁帽子王"之一。

顺承恭惠郡王园寝遗址位于今长沟镇西甘池村(俗称"老府"①)。据《清代王爷坟》载,园寝坐西朝东,背山面河。园寝大门东部立有下马桩。西侧的园寝墙(虎皮石墙)与大宫门相连。大宫门西部建有二道门,南北角门和南北大门与砖墙相连。二道门西部用砖墙隔开了三个院落,居中者为顺承恭惠郡王园寝。园寝内建有碑楼两座(分别立有顺承恭惠郡王勒克德浑和顺承忠郡王诺罗布墓碑)、享殿(面阔三间)、墓冢两座(建在月台之上)②。墓冢为三合土夯筑结构,南部的墓冢葬顺承恭惠郡王勒克德浑与福晋。照应园寝户有曹、孙、张、王、汤等姓。1929年,顺承郡王王府后人将树木变卖。1936年秋,园寝被盗。

2006年5月4日,笔者考察时,墓碑和墓冢仍存,墓冢前面有螭首龟趺碑一通,上面记载了墓主勒克德浑的生平。他的墓冢是现存清代王爷园寝中最大的一座,高约10米。

2016年10月29日,笔者再访时,西甘池村正在全面拆迁。顺承恭惠郡王园寝存有螭首龟趺碑一通、墓冢一座,墓冢周边加装了铁栅栏,进行了保护。

顺承恭惠郡王园寝资料:
墓主:爱新觉罗·勒克德浑
支系:礼烈亲王代善之孙
现存遗址:螭首龟趺碑、墓冢
地址:房山区长沟镇西甘池村

---

① 据《清代王爷坟》载,和硕颖毅亲王园寝位于今辽宁省本溪市太子河南平顶山下。1940年,日本人修铁路时,棺椁被迁至南山之上。

② 2006年5月2日,笔者考察时所见勒克德浑和诺罗布的墓冢下并无月台。

左为勒克德浑墓、右为诺罗布墓冢(2016年摄)

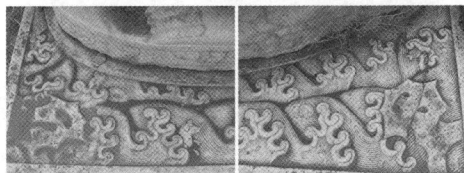

▲勒克德浑螭首龟趺碑水盘(2006年摄)
◀勒克德浑螭首龟趺碑(2016年摄)

顺承郡王勒尔锦园寝(革爵)

　　爱新觉罗·勒尔锦,生于顺治八年(1651)十二月十九日,为顺承恭惠郡王勒克德浑第四子,母亲是继福晋他塔喇氏。康熙九年(1670),承袭顺承郡王爵位。康熙十九年(1680)十一月,被革爵。康熙四十五年(1706)八月初一日薨逝,终年56岁。

　　顺承郡王园寝遗址位于今长沟镇西甘池村(俗称"老南府",又称"大破府")。据《清代王爷坟》载,勒尔锦墓冢东部有墓冢三座,分别葬有其子勒尔贝①、延奇②、

---

　　① 爱新觉罗·勒尔贝,生于康熙十七年(1678)八月初七日,为已革顺承郡王勒尔锦第三子,母亲是庶母李氏。康熙二十年(1681)六月,承袭多罗顺承郡王爵位。康熙二十一年(1682)二月二十八日薨逝,终年5岁。
　　② 爱新觉罗·延奇,生于康熙二十年(1681)十二月二十五日,为已革顺承郡王勒尔锦第四子,母亲是庶母曹氏。康熙二十一年(1682)十二月,承袭多罗顺承郡王爵位。康熙二十六年(1687)四月二十三日薨逝,终年7岁。

充保①。照应园寝户有曹、孙、张、王、汤等姓。1929年,顺承郡王王府后人将树木变卖。1936年秋,园寝被盗。

2006年5月4日,笔者考察时,勒尔锦墓冢尚存,与勒克德浑墓冢相比略小,高约6米。

2016年10月29日,笔者再访时,园寝仅存墓冢一座,墓冢周边加装了铁栅栏,进行了保护。

顺承郡王园寝(革爵)资料:

墓主:爱新觉罗·勒尔锦

支系:礼烈亲王代善之曾孙

现存遗址:墓冢

地址:房山区长沟镇西甘池村

勒尔锦墓冢(2016年摄)

---

① 爱新觉罗·充保,生于康熙二十四年(1685)二月十七日,为已革顺承郡王勒尔锦第七子,母亲是继母舒穆禄氏。康熙二十六年(1687)十一月,承袭多罗顺承郡王爵位。康熙三十七年(1698)九月二十日薨逝,终年14岁。

112

顺承忠郡王诺罗布园寝

爱新觉罗·诺罗布,生于顺治七年(1650)二月二十三日,为顺承恭惠郡王勒克德浑第三子,母亲是侧福晋噶尔扎氏。康熙五十四年(1715)五月,承袭顺承郡王爵位。康熙五十六年(1717)二月初五日薨逝,终年68岁,谥曰"忠"。

顺承忠郡王园寝遗址位于今长沟镇西甘池村(俗称"老府")。据《清代王爷坟》载,园寝坐西朝东,内建有碑楼两座(分别为顺承恭惠郡王勒克德浑和顺承忠郡王诺罗布墓碑)、享殿(面阔三间)、墓冢两座(建在月台之上)①。墓冢为三合土砌筑结构,北部的墓冢葬诺罗布与其福晋。照应园寝户有曹、孙、张、王、汤等姓。1929年,顺承郡王王府后人将树木变卖。1936年秋,园寝被盗。

▲诺罗布墓冢(2016年摄)
◀诺罗布螭首龟趺碑(2016年摄)

2006年5月4日,笔者考察时,诺罗布的墓碑和三合土墓冢尚存。墓冢略比勒克德浑的墓冢矮一米左右。

① 2006年5月2日,笔者考察时所见勒克德浑和诺罗布的墓冢下并无月台。

113

2016年10月29日,笔者再访时,西甘池村正在全面拆迁。顺承忠郡王园寝存有螭首龟趺碑一通和墓冢一座,墓冢周边加装了铁栅栏,进行了保护。

顺承忠郡王园寝资料:

墓主:爱新觉罗·诺罗布

支系:礼烈亲王代善之曾孙

现存遗址:螭首龟趺碑、墓冢

地址:房山区长沟镇西甘池村

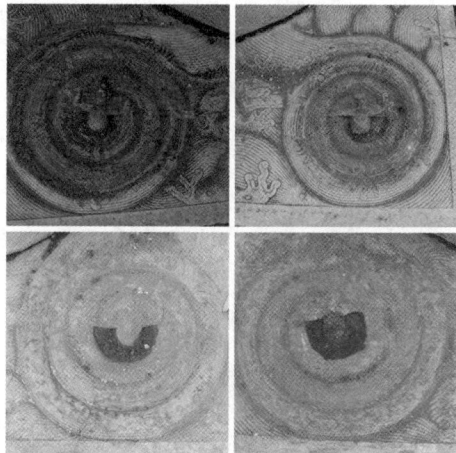

▲ 诺罗布螭首龟趺碑之水盘(2016年摄)
◀ 虎皮石墙(2006年摄)

郡王品级[①]锡保园寝(革爵)

爱新觉罗·锡保,生于康熙二十七年(1688)十一月初六日,为顺承忠郡王诺罗布第四子,母亲是侧福晋石氏。康熙五十六年(1717)十月,承袭顺承郡王爵位。雍正十一年(1733)九月,被削爵。乾隆七年(1742)八月十四日薨逝,终年55岁。

锡保园寝遗址位于今韩村河镇二龙岗村[②]。据《清代王爷坟》载,园寝坐西朝东,建有宫门(两侧辟有角门)、墓碑(晃碑)、墓冢(三合土砌筑)。园寝墙为虎皮石砌筑。照应园寝户有曹、孙、张、王、汤等姓。1929年,顺承郡王王府后人将树

---

① 据《清代王爷坟》载,所谓"郡王品级"是指锡保墓正东立有一块螭首龟趺碑,碑上并无碑文,俗称"晃碑"。

② 此处为清代顺承郡王家族的墓地,这里曾经埋葬着三位顺承郡王。

木变卖。1936年秋,园寝被盗。

2006年5月4日,笔者考察时,园寝已无任何遗迹可寻。

郡王品级锡保园寝(革爵)资料:
墓主:爱新觉罗·锡保
支系:礼烈亲王代善之玄孙
现存遗址:无
地址:房山区韩村河镇二龙岗村

顺承恪郡王熙良园寝

爱新觉罗·熙良,生于康熙四十四年(1705)三月十四日,为郡王品级锡保长子,母亲是嫡福晋舒舒觉罗氏。雍正三年(1725)十月,承袭奉恩辅国公爵位,授散秩大臣。雍正五年(1727)七月,封奉恩镇国公。雍正六年(1728)十月,解散秩大臣。雍正十年(1732)正月,封世子。雍正十一年(1733)八月,革退世子;同年十二月,承袭多罗顺承郡王爵位。乾隆九年(1744)四月二十二日薨逝,终年40岁,谥曰"恪"。

顺承恪郡王园寝遗址位于今韩村河镇二龙岗村。据《清代王爷坟》载,熙良的墓冢位于顺承恭郡王泰斐英阿墓冢的北端。

2006年5月4日,笔者考察时,园寝已无任何遗迹可寻。

顺承恪郡王园寝:
墓主:爱新觉罗·熙良
支系:礼烈亲王代善之四世孙
现存遗址:无
地址:房山区韩村河镇二龙岗村

顺承恭郡王泰斐英阿园寝

泰斐英阿螭首龟趺碑(2016年摄)

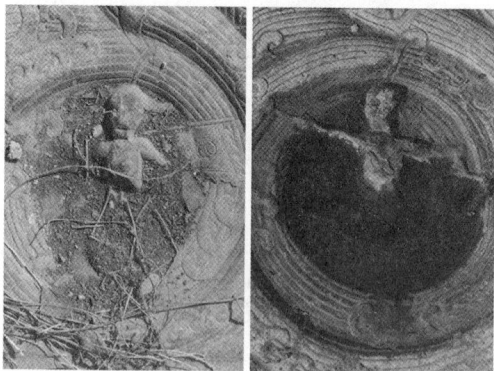

泰斐英阿螭首龟趺碑水盘(2006年摄)

爱新觉罗·泰斐英阿,生于雍正六年(1728)正月二十三日,为顺承恪郡王熙良长子,母亲是嫡福晋纳拉氏。乾隆二十一年(1756)七月初三日薨逝,终年29岁,谥曰"恭"。

顺承恭郡王园寝遗址位于今韩村河镇二龙岗村。据《清代王爷坟》载,泰斐英阿的墓冢位于顺承恪郡王熙良墓冢的南端。1951年,园寝墙的石料被拆卖。1968年,锡保墓碑和熙良墓碑、墓冢及玄宫被拆除。

2006年5月4日,笔者考察时,二龙岗的顺承王陵只剩下了一座螭首龟趺碑,此碑的主人是顺承恭郡王泰斐英阿。其螭首龟趺碑的水盘四角饰有人形图案,各不相同,有的拿着兵器,有的扛着大旗。

2016年10月29日,笔者再访时,园寝仅存墓碑一通。

顺承恭郡王园寝资料:

墓主:爱新觉罗·泰斐英阿

支系:礼烈亲王代善之五世孙

现存遗址:螭首龟趺碑

地址:房山区韩村河镇二龙岗村

116

顺承慎郡王恒昌园寝

爱新觉罗·恒昌,生于乾隆十八年(1753)四月初三日,为顺承恭郡王泰斐英阿第四子,母亲是嫡福晋富察氏。乾隆二十一年(1756),承袭顺承郡王爵位。乾隆四十三年(1778)二月初七日薨逝,终年26岁,谥曰"慎"。

顺承慎郡王园寝遗址位于今长沟镇西甘池村(俗称"北府",即顺承恭惠郡王园寝北部)。据《清代王爷坟》载,园寝内建有碑楼、享殿[①]、墓冢。

2006年5月4日,笔者考察此地时,园寝已无任何遗迹可寻。

顺承慎郡王园寝资料:

墓主:爱新觉罗·恒昌

支系:礼烈亲王代善之六世孙

现存遗址:无

地址:房山区长沟镇西甘池村

顺承简郡王伦柱园寝

爱新觉罗·伦柱,生于乾隆三十七年(1772)十月十四日,为顺承慎郡王恒昌长子,母亲是庶福晋马佳氏。乾隆五十一年(1786),承袭顺承郡王爵位。道光三年(1823)三月十六日薨逝,终年52岁,谥曰"简"。

顺承简郡王园寝遗址位于今长沟镇西甘池村(俗称"北府",即顺承恭惠郡王园寝北部)。据《清代王爷坟》载,园寝内建有碑楼、享殿、墓冢。

2006年5月4日,笔者考察时,"北府"只

伦柱螭首龟趺碑(2016年摄)

---

① 据《清代王爷坟》载,1937年享殿被毁。

存顺承简郡王伦柱的螭首龟趺碑一通,再往北还有一段残存的虎皮石墙。

2016年10月29日,笔者再访时,墓碑仍存。

顺承勤郡王春山园寝

爱新觉罗·春山,生于嘉庆五年(1800)闰四月初十日,为顺承简郡王伦柱第四子,母亲是侧福晋李佳氏。道光三年(1823),承袭顺承郡王爵位。咸丰四年(1854)四月十二日薨逝,终年55岁,谥曰"勤"。

顺承勤郡王园寝遗址位于今长沟镇西甘池村(俗称"北府",即顺承恭惠郡王园寝北部)。据《清代王爷坟》载,园寝内建有碑楼、享殿、墓冢。

2006年5月4日,笔者考察时,园寝已无任何遗迹可寻。

顺承敏郡王庆恩园寝

爱新觉罗·庆恩,生于道光二十四年(1844)五月初三日,为顺承勤郡王春山第五子,母亲是侧福晋他塔拉氏。咸丰四年(1854),承袭顺承郡王爵位。光绪七年(1881)四月十七日薨逝,终年38岁,谥曰"敏"。

顺承敏郡王园寝(俗称"南府",即顺承恭惠郡王园寝南部)遗址位于今长沟镇西甘池村。

2006年5月4日,笔者考察顺承敏郡王园寝,尚存墓冢一座,由于年久失修,墓冢已经出现了裂痕。据西甘池村的照应园寝户曹殿章老人讲,顺承郡王园寝按埋葬时间的顺序分别是老府、老南府、二龙岗、北府、南府。顺承郡王园寝曾有大小墓冢、孤女坟等100多座,20世纪20年代全部被平毁。平毁前,由于园寝占地面积大,园寝内松柏众多,夜深人静时,大风刮得树木沙沙作响,里面有狼、野兔子、狐狸等动物出没,因此很少有人独自进去。

2016年10月29日,笔者再访顺承敏郡王园寝时,墓冢仍存。

顺承敏郡王园寝资料:
墓主:爱新觉罗·庆恩
支系:礼烈亲王代善之九世孙
现存遗址:墓冢
地址:房山区长沟镇西甘池村

庆恩墓冢(2016年摄)

119

顺承郡王讷勒赫园寝

爱新觉罗·讷勒赫，生于光绪七年（1881）五月初八日，为顺承敏郡王庆恩长子，母亲是庶福晋杨佳氏。1917年农历正月二十三日逝世，终年37岁。

据《清代王爷坟》载，讷勒赫园寝没有起墓冢，仅是土冢一座而已。

2006年5月4日，笔者考察讷勒赫园寝，已无任何遗迹可寻。

顺承郡王园寝资料：

墓主：爱新觉罗·讷勒赫

支系：礼烈亲王代善之十世孙

现存遗址：无

地址：房山区长沟镇西甘池村

敬谨庄亲王尼堪园寝

爱新觉罗·尼堪，生于明万历三十八年（1610）五月十一日，为广略贝勒褚英第三子，母亲是继夫人纳喇氏。顺治元年（1644）十月，以军功晋封为多罗贝勒。顺治五年（1648）九月，晋封为多罗敬谨郡王。顺治六年（1649）正月，晋封为和硕敬谨亲王。顺治九年（1652）十一月二十三日薨逝，终年43岁，谥曰"庄"。

敬谨庄亲王园寝遗址位于今长沟镇西甘池村。据《清代王爷坟》载，园寝坐北朝南，园寝南部建有宫门（面阔三间，宫门前有石狮子一对）、碑楼一座（内立螭首龟趺碑一通，立碑时间为"顺治十二年六月十六日"）、东西朝房（面阔三间）、享殿（面阔五间，享殿旁有东西角门各一）、墓冢（三合土砌筑）。

敬谨庄亲王园寝西部为其

尼堪墓碑雕马图案（2016年摄）

120

长子兰布①园寝。据《清代王爷坟》载,兰布园寝建有园寝门、墓冢(一座),坟头旁边栽有白皮松,还有八九株柏树。这里当为墓地。20世纪20年代,园寝内地面建筑被拆毁变卖,仅余螭首龟趺碑、墓冢和园寝墙。1936年,园寝被盗,棺椁已朽,未见骨架。

2006年5月4日,笔者考察园寝,西甘池村还保存着尼堪及其子尼思哈的螭首龟趺碑,尼堪的螭首龟趺碑的器形比其子的大。两通碑被圈在院落中,避免人为破坏。

2016年12月11日,笔者再访园寝,墓碑仍存。

尼堪螭首龟趺碑(2016年摄)

敬谨庄亲王园寝资料:
墓主:爱新觉罗·尼堪
支系:清太祖努尔哈赤长子广略贝勒褚英第三子
现存遗址:螭首龟趺碑
地址:房山区长沟镇西甘池村

敬谨悼亲王尼思哈园寝

爱新觉罗·尼思哈,生于顺治八年(1651)二月初四日,为敬谨庄亲王尼堪次

---

① 爱新觉罗·兰布,生于崇德七年(1642)三月二十九日,为敬谨庄亲王尼堪长子,母亲是庶福晋蒙固尔岱之女。顺治十三年(1656)正月,被封为三等辅国将军。康熙六年(1667)二月,被封为敬谨郡王。康熙七年(1668)八月,晋封为亲王。康熙十七年(1678)十二月二十二日薨逝,终年37岁。康熙十九年(1680)十一月,追削镇国公。

子,母亲是继福晋瓜尔佳氏。顺治十年(1653)十二月,承袭敬谨亲王爵位。顺治十七年(1660)十一月十四日薨逝,终年10岁,谥曰"悼"。

敬谨悼亲王园寝遗址位于今长沟镇西甘池村。据《清代王爷坟》载,园寝坐北朝南,园寝南部建有宫门(面阔三间,宫门前有石狮子一对)、碑楼一座(内立螭首龟趺碑一通,立碑时间为"顺治十八年五月十二日")、东西朝房(面阔三间)、享殿面阔五间,享殿后辟有角门各一)、墓冢(三合土砌筑)。

2006年5月4日,笔者考察园寝,螭首龟趺碑尚存。

2016年12月11日,笔者再访园寝,墓碑仍存,在园寝的西北部尚存平桥一座,亦为敬谨亲王园寝遗迹之一。

尼思哈墓碑雕鹿图案(2016年摄)

敬谨亲王园寝平桥(2016年摄)

尼思哈螭首龟趺碑(2016年摄)

敬谨悼亲王园寝资料:

墓主:爱新觉罗·尼思哈

支系:清太祖努尔哈赤长子广略贝勒褚英之孙

122

现存遗址:螭首龟趺碑

地址:房山区长沟镇西甘池村

克勤诚郡王晋祺园寝

爱新觉罗·晋祺,生于道光二十六年(1846)二月十二日,为克勤敬郡王庆惠长子,母亲是侧福晋吴佳氏。咸丰十一年(1861)十一月,承袭克勤郡王爵位。光绪十五年(1889)正月,赏加亲王衔。光绪二十六年(1900)二月初五日薨逝,终年55岁,谥曰"诚"。

克勤诚郡王园寝遗址位于今上万村(俗称"西坟地")。据《清代王爷坟》载,园寝坐西朝东,未建碑楼,建有宫门、南北朝房(面阔三间)、墓冢(建在月台之上)。民国时期,园寝被盗。冯其利先生于20世纪80年代调查时,克勤诚郡王园寝已无任何遗迹可寻。

克勤诚郡王园寝资料:

墓主:爱新觉罗·晋祺

支系:克勤郡王岳讬九世孙

现存遗址:无

地址:房山区青龙湖镇上万村

淳慎郡王弘暻园寝

爱新觉罗·弘暻,生于康熙五十年(1711)七月十一日,为淳度亲王允祐第六子,母亲是侧福晋巴尔达氏。雍正八年(1730)九月,降袭淳郡王爵位。乾隆四十二年(1777)七月十三日薨逝,终年67岁,谥曰"慎"。

淳慎郡王园寝遗址位于今董家林村。据《清代王爷坟》载,园寝坐北朝南,依次建有神桥、碑楼、东西朝房(各三间)、宫门(面阔三间)、享殿(面阔三间)、园寝门(琉璃门)、墓冢。墓冢旁边葬有嫡福晋和大侧福晋。园寝内遍植松柏,园寝墙外砌石墙(虎皮石墙)一道。照应园寝户有孙、杨、富、谢、金、马等姓。

淳慎郡王园寝东北部有一处园寝(俗称"新坟"),依辈位次序葬有多罗贝勒永鋆①、固山贝子绵清②、镇国公奕梁③、镇国公载铁④。

1929年前后,淳慎郡王园寝被盗,淳亲王府后人将园寝内地面建筑拆卖,碑楼改为凉亭。1966年,螭首龟趺碑尚存。1978年,地宫回填。1983年9月,冯其利先生调查时,在董家林一队、二队场院中还见到了堆放的砖瓦和废旧汉白玉石料。

2006年10月3日,笔者来到董家林村的淳慎郡王园寝遗址,只见到散落在田地间的废石。据当地老人讲,"董家林"与"等驾临"谐音,淳亲王号称"花脸王",当地流传着他应该当皇帝的传说。笔者还了解到,前两年村东的螭首龟趺碑被挖出后运至琉璃河大桥附近的碑林。

淳慎郡王园寝资料:
墓主:爱新觉罗·弘暻
支系:清圣祖康熙皇帝第七子淳度亲王允祐第六子
现存遗址:废石、赑屃
地址:房山区琉璃河董家林村

惠端亲王绵愉园寝

爱新觉罗·绵愉,生于嘉庆十九年(1814)二月二十七日,为清仁宗嘉庆皇帝第五子,母亲是恭顺皇贵妃钮祜禄氏。嘉庆二十五年(1820)七月,被封为多罗惠

---

① 爱新觉罗·永鋆,生于乾隆三十六年(1771)十月初十日,为淳慎郡王弘暻第八子,母亲是侧福晋颜氏。乾隆四十三年(1778)二月,承袭多罗贝勒爵位。嘉庆二十五年(1820)九月二十二日薨逝,终年50岁。

② 爱新觉罗·绵清,生于乾隆五十六年(1791)十一月十四日,为多罗贝勒永鋆次子,母亲是侧夫人纪氏。道光元年(1821)正月,承袭固山贝子爵位。咸丰元年(1851)六月二十八日薨逝,终年61岁。

③ 爱新觉罗·奕梁,生于嘉庆二十四年(1819)六月二十日,为固山贝子绵清第四子,母亲是嫡夫人张佳氏。咸丰元年(1851)九月,承袭奉恩镇国公爵位。同治十一年(1872)九月,赏加贝子衔。光绪二年(1876)四月,因病请开差使并请停俸。光绪十三年(1887)七月十二日薨逝,终年69岁。

④ 爱新觉罗·载铁,生于同治元年(1862)三月初三日,为贝子衔奉恩镇国公奕梁第三子,母亲是侧室刘氏。光绪十三年(1887)十二月,承袭奉恩镇国公爵位。光绪二十年(1894)十一月十六日薨逝,终年33岁。

郡王。道光十九年（1839）正月，晋封为和硕惠亲王。同治三年（1864）十二月十二日薨逝，终年51岁，谥曰"端"。

惠端亲王园寝遗址位于今崇各庄村。民国时期的《良乡县志》载："惠亲王墓，在县西崇各庄。"

据《清代王爷坟》载，园寝坐西朝东，依次建有神桥、碑楼、宫门（面阔三间）、享殿（面阔五间）、墓冢。20世纪30年代，惠端亲王园寝被盗。1958年，修建崇各庄水库时，园寝被拆除，惠端亲王墓碑被放置在崇各庄水库东南侧的岸边。

2006年10月3日，笔者来到崇各庄村考察，惠端亲王园寝仅存螭首龟趺碑一通，额篆"敕建"，但碑座部分的赑屃已失。2007年初，笔者得知惠端亲王园寝仅存螭首龟趺碑存于江苏省丹阳市的石刻园。

惠端亲王园寝资料：

墓主：爱新觉罗·绵愉

支系：清仁宗嘉庆皇帝第五子

现存遗址：螭首龟趺碑

地址：房山区青龙湖镇崇各庄村

惠端亲王螭首龟趺碑（2006年摄）

惠敬郡王奕详园寝

爱新觉罗·奕详，生于道光二十九年（1849）二月二十一日，为惠端亲王绵愉第五子，母亲是继福晋瓜尔佳氏。咸丰十年（1860）正月，封为不入八分辅国公。同治三年（1864）十二月，承袭多罗惠郡王爵位。同治十一年（1872）九月，赏加亲王衔。光绪十二年（1886）正月初十日薨逝，终年38岁，谥曰"敬"。

惠敬郡王园寝遗址位于今崇各庄村（惠端亲王园寝北部）。据《清代王爷坟》载，园寝坐西朝东，依次建有神桥、碑楼、宫门（面阔三间）、享殿（面阔五间）、墓冢。20世纪30年代，惠端亲王园寝被盗。1958年，修建崇各庄水库时，园寝被拆除，惠敬郡王的墓碑被放置在崇各庄印刷厂内。

2006年10月3日，笔者来到位于崇各庄村的崇各庄印刷厂内考察，惠敬郡王的墓碑已不存。

惠敬郡王园寝资料：

墓主：爱新觉罗·奕详

支系：惠端亲王绵愉第五子

现存遗址：无

地址：房山区青龙湖镇崇各庄村

第九节　北京市通州区

豫亲王裕丰园寝（革爵）

爱新觉罗·裕丰，生于乾隆三十四年（1769）九月十一日，为追封豫亲王鄂扎[①]第十五子豫良亲王修龄[②]长子，母亲是嫡福晋沙济富察氏。乾隆五十一年（1786）十月，承袭豫亲王爵位。嘉庆十九年（1814）三月，被革爵。道光十三年（1833）二月二十五日薨逝，终年65岁。

裕丰的园寝遗址位于今次渠镇北神树村东（俗称"大王坟"），即次渠三队所在地。据《清代王爷坟》载，园寝内建有宫门、墓冢（两座）。墓冢分别为裕丰和其

---

①爱新觉罗·鄂扎，生于顺治十二年（1655）三月初一日，为信宣和郡王多尼次子，母亲是侧福晋王氏。顺治十八年（1661）六月，承袭多罗信郡王爵位。康熙十三年（1674）三月，授抚远大将军。康熙四十一年（1702）十月十三日薨逝，终年48岁。乾隆四十三年（1778）七月，追封为和硕豫亲王。

②爱新觉罗·修龄，生于乾隆十四年（1749）六月初六日，为追封豫亲王鄂扎第十五子，母亲是侧福晋张佳氏。乾隆二十七年（1762）六月，如松承袭德昭王爵，如松公爵赏给修龄。乾隆三十六年（1771）四月，承袭多罗信郡王爵位。乾隆四十三年（1778）正月，以豫通亲王多铎战功，被追封为亲王，复号为"豫"。乾隆五十一年（1786）三月十四日薨逝，终年38岁，追谥曰"良"。

二弟裕瑞①之墓。裕丰早夭之子爱新觉罗·勒池②葬在当时乡政府所在地。照应园寝户有高、孙两姓。

2015年春,笔者考察裕丰的园寝,已无任何遗迹可寻。

豫亲王园寝(革爵)资料:
墓主:爱新觉罗·裕丰
支系:豫通亲王多铎曾孙
现存遗址:无
地址:通州区次渠北神树村

豫慎亲王义道园寝

爱新觉罗·义道,生于嘉庆二十四年(1819)三月十一日,为豫良亲王修龄第五子豫厚亲王裕全③次子,母亲是侧福晋韩氏。道光二十一年(1841)闰三月,承袭豫亲王爵位。同治七年(1868)闰四月初九日薨逝,终年50岁,谥曰"慎"。

豫慎亲王园寝位于今次渠镇北神树村村北。据《清代王爷坟》载,园寝坐北朝南,建有神桥(未建月河)、碑楼、宫门、享殿、角门、月台、墓冢(三合土砌筑)。照应园寝户有奚、贾、赵、郎等姓。1930年,豫王府后人进行了"起灵",在墓室的棺椁旁放有木炭。

2015年春,笔者考察豫慎亲王园寝,已无任何遗迹可寻。

---

① 爱新觉罗·裕瑞生于乾隆三十六年(1771)四月初六日,为豫良亲王修龄次子,母亲是嫡福晋富察氏。乾隆六十年(1795)十二月,被封为不入八分辅国公。嘉庆十八年(1813),革爵。道光十八年(1838)闰四月十六日薨逝,终年68岁。

② 爱新觉罗·勒池,生于乾隆五十四年(1789)十二月初三日,为已革豫亲王裕丰长子,母亲是嫡母富察氏。乾隆五十五年(1790)十二月初八日薨逝,终年2岁。

③ 爱新觉罗·裕全,生于乾隆四十二年(1777)五月二十九日,为豫良亲王修龄第五子,母亲是嫡福晋富察氏。嘉庆四年(1799)十二月,被封为不入八分辅国公。嘉庆二十五年(1820)二月,承袭豫亲王爵位。道光二十年(1840)十一月二十三日薨逝,终年64岁,谥曰"厚"。

豫慎亲王园寝资料:

墓主:爱新觉罗·义道

支系:清太祖努尔哈赤第十五子豫通亲王多铎玄孙

现存遗址:无

地址:通州区次渠镇北神树村

惇勤亲王奕誴园寝

爱新觉罗·奕誴,生于道光十一年(1831)六月十五日,为清宣宗道光皇帝第五子,母亲是祥妃钮祜禄氏。道光二十六年(1846)正月,过继给惇恪亲王绵恺为嗣,承袭惇郡王爵位。咸丰十年(1860)正月,晋封亲王。光绪十五年(1889)正月十九日薨逝,终年59岁,谥曰"勤"。

惇勤亲王园寝遗址位于今窑上村村南。据《清代王爷坟》载,园寝坐西朝东,依次建有碑楼(碑楼北部建有停灵房三间)、神桥、宫门(面阔三间,两旁各辟角门)、南北朝房(各三间)、享殿(面阔五间,享殿旁有南北角门)、墓冢(建在月台之上)。奕誴墓冢两侧各有一座侧福晋墓冢,园寝墙南北各有护房九间。照应园寝户有闻、邓、赵、马等姓。1933年,惇勤亲王园寝被盗。1945年,惇亲王府后人将园寝内树木变卖。1967年,墓室内的三口棺椁被起出。窑上小学的花池子为墓冢的位置,操场是朝房、甬道原址,广播喇叭所在的水池子东边为碑楼旧址。另外窑上村南边的王辛庄村葬有惇勤亲王奕誴第五子爱新觉罗·载津[①]。

惇勤亲王园寝资料:

墓主:爱新觉罗·奕誴

支系:清宣宗道光皇帝第五子,惇恪亲王绵恺嗣子

现存遗址:无

地址:通州区宋庄镇窑上村

---

① 爱新觉罗·载津,生于咸丰九年(1859)三月十一日,为惇勤亲王奕誴第五子,母亲是庶福晋王佳氏。同治三年(1864)七月,赏给一品顶戴。光绪十五年(1889)四月,被封为二等镇国将军。光绪二十二年(1896)正月二十四日薨逝,终年38岁。

第十节　北京市顺义区

和勤亲王永璧园寝

爱新觉罗·永璧,生于雍正十一年(1733)六月十三日,为和恭亲王弘昼次子,母亲是嫡福晋吴扎库氏。乾隆三十五年(1770),袭封为和亲王。乾隆三十七年(1772)三月初二日薨逝,终年40岁,谥曰"勤"。

和勤亲王园寝遗址位于今李桥镇王家坟村。据《清代王爷坟》载,园寝坐北朝南,外有文河环绕,未建神桥。园寝内依次建有碑楼(内立乾隆三十七年石碑一通)、宫门、享殿、墓冢(建在月台之上)。墓冢后遍植白皮松,东、西部的园寝墙外植有杨树和槐树。和勤亲王园寝的东侧建有阳宅和停灵房(面阔五间),玄宫为砖券结构,墓室内有棺椁三口。1929年,镇国公毓璋的第四子恒德来到庄子营,把园寝内的柏树和宫门、享殿拆除。20世纪30年代,园寝被盗。20世纪60年代,园寝被拆除。

2006年7月23日,笔者考察和勤亲王园寝,仅存螭首龟趺碑和散落的汉白玉石块。

2016年8月27日,笔者再次踏察和勤亲王园寝遗址时,螭首龟趺碑已经加上了护栏和监控设施进行保护。

螭首龟趺碑额篆"敕建",碑座部分的龟趺张口,趺足为五爪,四肢健硕有力,头部有发与须。龟趺四周覆以水盘,四角的水盘顺时针依次为蟹鱼鳖虾。两侧的碑担为素面,碑身两侧为升龙戏珠图案,升龙身上有密密麻

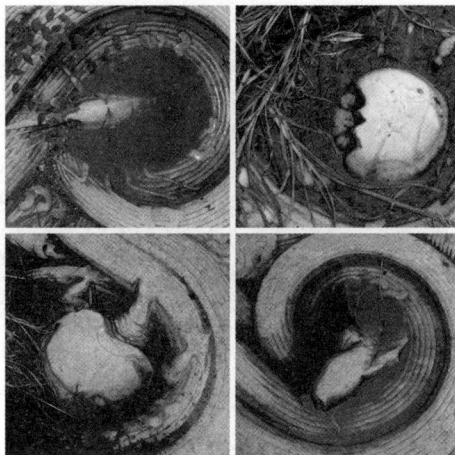

和勤亲王园寝的螭首龟趺碑水盘
(2006年摄)

麻的龙鳞。碑首为四交龙螭首，螭目圆睁。螭首与碑文之间饰以云头纹，碑文左右两侧饰有八条游龙，上下饰有两条游龙，共计十条。整体来看，此碑器型硕大，龟趺、螭首体型健硕，为乾隆中期造型特点。由远观之，此碑尽显清代盛世之风。此处遗址是顺义区区级文物保护单位。

和勤亲王园寝资料：

墓主：爱新觉罗·永璧

支系：和恭亲王弘昼次子

现存遗址：螭首龟趺碑

地址：顺义区李桥镇王家坟村

和勤亲王园寝螭首龟趺碑（2006年摄）

和勤亲王园寝螭首龟趺碑（2016年摄）

和恪郡王绵循园寝

爱新觉罗·绵循，生于乾隆二十三年（1758）七月二十三日，为和勤亲王永璧次子,母亲是侧福晋李佳氏。乾隆四十年(1775)正月,承袭和郡王爵位。嘉庆二十二年(1817)四月初八日薨逝,终年60岁,谥曰"恪"。

和恪郡王园寝遗址位于今李桥镇王家坟村(和勤亲王园寝的西部)。据《清代王爷坟》载,园寝坐北朝南,依次建有宫门、享殿、墓冢(共三座,居中者为绵循之墓,两侧墓冢为其侧福晋之墓)。20世纪60年代,园寝被拆除。绵循玄宫为柏木棚顶,墓室内有五口棺椁。

和恪郡王园寝的西部为多罗贝勒奕亨①园寝。据《清代王爷坟》载,园寝建有园寝门、墓冢(建在月台之上)。

2006年7月23日,笔者考察和恪郡王园寝,已无任何遗迹可寻。

和恪郡王园寝资料:
墓主:爱新觉罗·绵循
支系:和恭亲王弘昼之孙
现存遗址:无
地址:顺义区李桥镇王家坟村

第十一节　北京市昌平区

庆僖亲王永璘园寝

爱新觉罗·永璘,生于乾隆三十一年(1766)五月十一日,为清高宗乾隆皇帝第十七子,母亲是孝仪纯皇后魏佳氏。嘉庆二十五年(1820),晋封庆亲王;同年三月十三日薨逝,终年55岁,谥曰"僖"。

庆僖亲王园寝遗址位于今流村镇白羊城村(俗称"北宫")。据《清代王爷坟》载,园寝坐西向东,背倚五峰山,园寝内建有神桥、月河、南北朝房、宫门、享殿、

---

① 爱新觉罗·奕亨,生于乾隆四十八年(1783)九月初一日,为和恪郡王绵循第三子,母亲是侧福晋金佳氏。道光十二年(1832)六月二十日薨逝,终年50岁。

墓冢。20世纪30年代，园寝被盗。新中国成立前夕，园寝内的享殿和朝房烧毁。1966年，园寝内残存的建筑构件被拆除。冯其利先生1984年5月的调查资料记载："神桥完好，南神桥桥面石已无。玄宫石券还在，铁梁扔在玄宫南侧。新园寝①（位于庆僖亲王园寝北侧）尚存

庆僖亲王园寝铸铁门楣（2016年摄）

南北朝房各三间，石狮一对，部分残墙和角门一座，院内有小松树林。"

2006年7月8日，笔者来到昌平白羊城，继续找寻庆僖亲王园寝的遗迹。庆僖亲王园寝尚存神桥、玄宫、铸铁门楣、废石等，在园寝墙上辟有角门。据守陵人后代李先生讲述，永璘玄宫前面的新坟是奕劻后人的，每逢清明，其后人会到此祭奠。庆僖亲王园寝为区级文物保护单位。

2016年11月5日，笔者再访此地时，庆僖亲王园寝已被修葺一新：园寝的宫门进行了复建，玄宫遗址已被回填，并砌筑了砖制墓冢，墓冢须弥座饰有阴阳鱼图案，在墓冢后面堆放着废石料。

庆僖亲王园寝资料：

墓主：爱新觉罗·永璘

支系：清高宗乾隆皇帝第十七子

现存遗址：神桥、墓冢

地址：昌平区流村镇白羊城村

---

① 据《清代王爷坟》载，1916年冬，载振的嫡福晋索绰罗氏逝世，葬于庆良郡王园寝北侧的园寝，俗称"新园寝"。在"新园寝"北部葬有侧福晋（墓冢两座）和姨娘（墓冢一座）。

庆僖亲王园寝(2016年摄)

庆僖亲王园寝石桥(2016年摄)

庆良郡王绵慜园寝

爱新觉罗·绵慜,生于嘉庆二年(1797)二月初八日,为庆僖亲王永璘第三子,母亲是继福晋武佳氏。嘉庆二十五年(1820)三月,承袭庆郡王爵位。道光十六年(1836)十月初三日薨逝,终年40岁,谥曰"良"。

庆良郡王园寝遗址位于今流村镇白羊城村(俗称"南宫")。据《清代王爷坟》载,园寝坐西向东,建有碑楼、宫门(面阔三间)、享殿(面阔三间)、墓冢。在庆良郡王园寝南侧,原有追封固山贝子绵悌[1]园寝一座。在庆僖亲王园寝和庆良郡王园寝之间有墓冢一座,葬有爱新觉罗·绵性[2]。20世纪50年代,墓冢及玄宫被拆,朝房、宫门、享殿等完好。

2006年7月8日,笔者考察庆良郡王园寝,尚存赑屃、宫门、享殿。

2016年11月5日,笔者再访此地时,庆良郡王园寝的赑屃、宫门、享殿仍存,与10年前的考察状况基本一致。

庆良郡王园寝赑屃(2016年摄)

---

① 爱新觉罗·绵悌,生于嘉庆十六年(1811)六月初四日,为庆僖亲王永璘第五子,母亲是侧福晋陶佳氏。道光七年(1827)十二月,赏给一品顶戴。道光十一年(1831)正月,被封为不入八分辅国公。道光十七年(1837)正月,晋封不入八分镇国公。道光二十二年(1842)十一月,降为三等镇国将军。道光二十九年(1849)十一月十二日薨逝,终年39岁。咸丰二年(1852)三月,追封为固山贝子。

② 爱新觉罗·绵性,生于嘉庆十九年(1814)正月初十日,为庆僖亲王永璘第六子,母亲是侧福晋陶佳氏。光绪五年(1879)二月二十三日薨逝,终年66岁。

庆良郡王园寝资料：

墓主：爱新觉罗·绵慜

支系：庆僖亲王永璘第三子

现存遗址：赑屃(残)、宫门、享殿

地址：昌平区流村镇白羊城村

庆良郡王园寝宫门(2016年摄)

庆良郡王园寝享殿(2016年摄)

庆亲王奕劻园寝

　　爱新觉罗·奕劻，生于道光十八年(1838)二月二十九日，为永璘第六子绵性长子、绵悌嗣子，母亲是嫡妻嘎嘎拉斯氏。道光二十九年(1849)十一月，过继给绵悌为嗣。咸丰二年(1852)正月，赏固山贝子爵位。咸丰十年(1860)正月，晋封为多罗贝勒。同治十一年(1872)九月，赏加郡王衔。光绪十年(1884)十月，晋封为庆郡王。光绪二十年(1894)晋封为庆亲王。光绪三十四年(1908)，命王爵世袭罔替。1917年正月初六日逝世，终年80岁。

　　庆亲王园寝遗址位于今白羊城村(庆僖亲王园寝东部)。据《清代王爷坟》载，园寝内建有碑楼、宫门、红墙、享殿、墓冢。冯其利先生1984年5月的调查资料记载："东宫(奕劻葬地)今为小学校一所，碑楼尚存，螭首龟趺碑已无，宫门还有北残墙，门狮已被砸坏。"

　　2006年7月8日，笔者重访时，尚存庆亲王园寝的碑楼一座，原来的小学校已改成饭庄。

2016年11月5日,笔者再访此地,庆亲王园寝的碑楼已被修葺一新,并在两侧朝房内各建立了一个展室,内有庆亲王园寝的展览和白羊城抗战主题展览。

庆亲王园寝资料:
墓主:爱新觉罗·奕劻
支系:庆僖亲王永璘之孙
现存遗址:碑楼
地址:昌平区流村镇白羊城村

▲奕劻墓碑楼(2006年摄)
▶奕劻墓碑楼(2016年摄)

恭忠亲王奕䜣园寝

爱新觉罗·奕䜣,生于道光十二年(1832)十一月二十一日,为清宣宗道光皇帝第六子,母亲是孝静成皇后。道光三十年(1850),封恭亲王。光绪二十四年(1898)四月初十日薨逝,终年67岁,谥曰"忠"。

恭忠亲王园寝遗址位于今崔村镇麻峪村。园寝坐北朝南,背倚翠华山。据《清代王爷坟》载,园寝内依次建有石牌坊、神桥、碑楼、东西茶饭房、石狮子(一对)、宫门(面阔三间,两旁辟有东西角门)、享殿(面阔五间)、墓冢(建在月台之上,居中者为恭亲王与嫡福晋瓜尔佳氏合葬之墓,前端两侧的墓冢为福晋之墓)。我们从光绪朝《昌平州志》中的《恭亲王园寝图》亦可知其布局。

据《清代王爷坟》载,在恭忠亲王园寝的西部建有阳宅,阳宅为四进院落,建有大门、茶房、垂花门、前厅、后宅、寝室、九间房。阳宅西部为暂安处。恭忠亲王园寝西部有小园寝一处(官称"小园",俗称"阿哥圈"),葬有恭忠亲王的次女、三女、四女和第三子辅国公载濬[1]、第四子不入八分公载潢[2]。"小园"西边有园寝一处，葬有三福晋、四福晋、五福晋、七福晋。再向西的园寝葬有兰姑娘和瑞姑娘。照应园寝户有朱、刘、康、王、付、李、戴、向、陈等姓。20世纪30年代，园寝被盗。1958年，兴建十三陵水库时，门狮被运走。

平桥（2016年摄）

此处为区级文物保护单位。石牌坊横批曰"履祥锡祜"，上联曰"兰砌常饶和顺气"，下联曰"芝楣永护吉祥云"。上联和下联两侧有小字两行。上曰："道光二十八年出居阿哥所时，蒙御书联额，以赐吉祥，富丽至今，感泐不敢忘；现构佳城，敬录刻墓门，用光带砺，翘首慕陵，孺子之墓，固不能自已尔。"

园寝玄宫（2016年摄）

恭忠亲王园寝石牌坊（2006年摄）

恭忠亲王园寝石牌坊（2016年摄）

---

① 爱新觉罗·载濬，生于同治三年（1864）六月二十八日，为恭忠亲王奕䜣第三子，母亲是嫡福晋瓜尔佳氏。同治三年（1864）七月，被封为奉恩辅国公。同治五年（1866）四月二十四日薨逝，终年3岁。

② 爱新觉罗·载潢，生于光绪六年（1880）十月初十日，母亲是侧福晋刘佳氏。光绪七年（1881）十二月，赏不入八分辅国公。光绪十年（1884）十月，赏食全俸。光绪十一年（1885）正月十七日薨逝，终年6岁。

136

2006年7月2日,笔者考察恭忠亲王园寝时,看到石牌坊犹存,牌坊背面的重檐结构被盗墓者砸掉了一部分。

2016年11月12日,笔者再访此地时,尚存石牌坊一座,以及园寝西部的平桥和玄宫遗址。

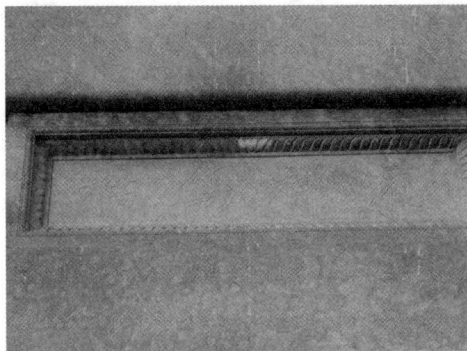

◀横批"履祥锡祜"(2016年摄)

恭忠亲王园寝资料:

墓主:爱新觉罗·奕䜣

支系:清宣宗道光皇帝第六子

现存遗址:石牌坊、平桥、玄宫遗址、石狮(位于十三陵水库)

地址:昌平区崔村镇麻峪村

上联(2016年摄)

下联(2016年摄)

137

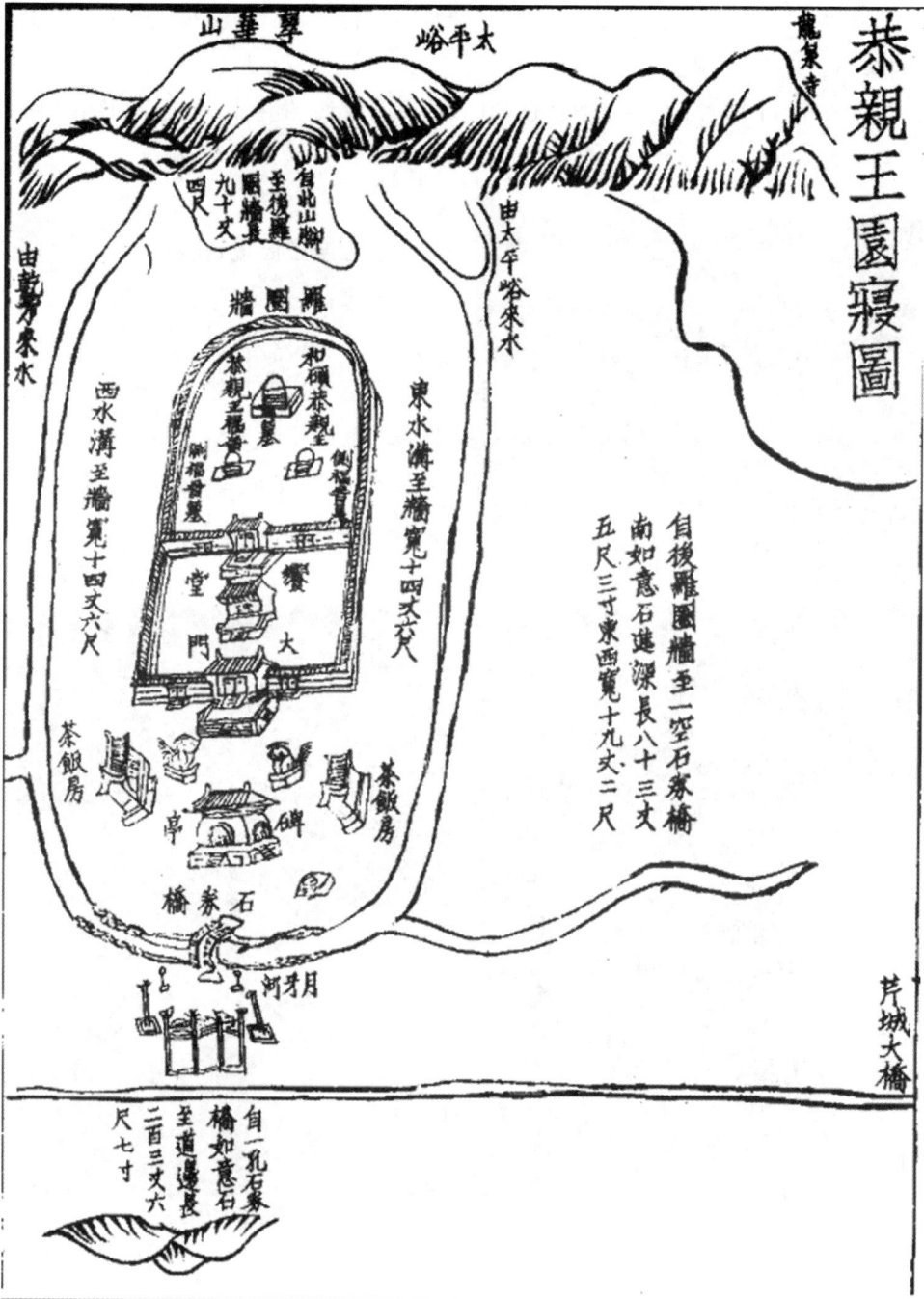

《光绪昌平州志》之恭亲王园寝图

138

郑亲王经纳亨园寝^①（追封）

爱新觉罗·经纳亨，生于乾隆八年（1743）二月十四日，为和硕简勤亲王奇通阿第四子，母亲是侧福晋司氏。乾隆三十年（1765），承袭辅国公爵位。乾隆四十年（1775）十一月十一日薨逝，终年33岁。同治三年（1864）十二月，追封为和硕郑亲王。

追封郑亲王园寝遗址位于今仙人洞村。据《清代王爷坟》载，积拉堪^②和伊丰额葬于追封和硕郑亲王经纳亨墓冢的两侧，园寝俗称"东宫"。园寝内依次建有平桥三座、石牌坊一座（为五间六柱十一楼）、华表（一对）、门狮（一对）、宫门（两道）、碑楼（内立螭首龟趺碑一通）、东西朝房（面阔五间）、享殿（面阔三间）、石五供、园寝门（两端各辟角门）、墓冢（墓冢东部有小墓冢一座）。园寝前端砌有砖墙，后端砌有石头墙。20世纪30年代，郑亲王府后人将园寝内的树木变卖。20世纪60年代，郑亲王园寝内还存有三座平桥。

2016年11月12日，笔者考察此地时，园寝内的三座平桥保存完好，文物部门正在加固修复。当地百姓都称此地为"蓝旗王坟"。为何如此称呼？笔者推测，郑亲王济尔哈朗在清初顺治年间执掌八旗之一的镶蓝旗，是为旗主（满语即和硕额真）。济尔哈朗薨逝之后，其爵位世袭罔替，他的子孙都隶属镶蓝旗，故俗称"蓝旗王"。

郑亲王园寝平桥栏柱（2016年摄）

---

① 同治三年（1864）九月，经纳亨的曾孙爱新觉罗·承志承袭郑亲王爵位。同治三年（1864）十二月，追封经纳亨、伊丰额、西朗阿为和硕郑亲王。爱新觉罗·承志生于道光二十三年（1843）九月十五日，为追封和硕郑亲王西朗阿第三子，母亲是庶母郑氏。同治三年（1864）九月，承袭和硕郑亲王爵位。同治十年（1871）六月，革爵。光绪八年（1882）十一月二十四日薨逝，终年40岁。

② 爱新觉罗·积拉堪，生于乾隆二十七年（1762）九月十八日，为追封和硕郑亲王经纳亨长子，母亲是嫡福晋王佳氏。嘉庆十二年（1807）三月，被革爵。嘉庆二十二年（1817）八月初八日薨逝，终年56岁。

郑亲王园寝平桥（2016年摄）

郑亲王园寝（追封）资料：

墓主：爱新觉罗·经纳亨

支系：郑献亲王济尔哈朗玄孙

现存遗址：平桥

地址：昌平区十三陵镇仙人洞村

郑亲王伊丰额园寝（追封）

爱新觉罗·伊丰额，生于乾隆三十五年（1770）九月初一日，为追封和硕郑亲王经纳亨第五子，母亲是嫡福晋王佳氏。道光元年（1821）二月二十二日薨逝，终年52岁。同治三年（1864）十二月，追封为和硕郑亲王。

追封郑亲王园寝遗址位于今仙人洞村。据《清代王爷坟》载，积拉堪和伊丰额葬于追封和硕郑亲王经纳亨墓冢的两侧，园寝俗称"东宫"。

2016年11月12日，笔者考察此地时，园寝的三座平桥依然保存完好。

郑亲王园寝（追封）资料：

墓主：爱新觉罗·伊丰额

支系：郑献亲王济尔哈朗四世孙

现存遗址：平桥

地址：昌平区十三陵镇仙人洞村

郑亲王西朗阿园寝（追封）

爱新觉罗·西朗阿，生于嘉庆三年（1798）五月十八日，为追封和硕郑亲王伊丰额第三子，母亲为继福晋赫舍里氏。道光元年（1821）袭爵。道光二十八年（1848）十一月二十八日薨逝，终年51岁。同治三年（1864）十二月，追封为和硕郑亲王。

追封郑亲王园寝遗址位于今仙人洞村。据《清代王爷坟》载，西朗阿的园寝位于追封和硕郑亲王经纳亨园寝的西部，俗称"西宫"。

2016年11月12日，笔者考察此地时，园寝内的三座平桥保存完好。

郑亲王园寝（追封）资料：
墓主：爱新觉罗·西朗阿
支系：郑献亲王济尔哈朗五世孙
现存遗址：平桥
地址：昌平区十三陵镇仙人洞村

理亲王弘晢园寝（革爵）

爱新觉罗·弘晢，生于康熙三十三年（1694）七月初五日，为理密亲王允礽次子，母亲是侧福晋李佳氏。雍正元年（1723），被封为理郡王。雍正六年（1728），晋封为亲王。乾隆四年（1739）四月，被革爵。乾隆七年（1742）九月二十八日薨逝，终年49岁。乾隆四十三年（1778）正月，复其宗籍。

弘晢的园寝遗址位于今黄土南店村（昌平区沙河镇东南的平西府乡南郑家庄黄土南店村的东部，俗称"后坟"）。据《清代王爷坟》载，园寝坐东朝西，双立祖，有弘晢的砖砌墓冢和弘昤①的墓冢一座。

---

① 爱新觉罗·弘昤，生于康熙五十九年（1720）正月初一日，为理密亲王允礽第十一子，母亲是侧福晋王佳氏。乾隆二十八年（1763）三月二十二日薨逝，终年44岁。

黄土南店村的南部建有奉恩辅国公品级弘晋[①]的园寝(俗称"上场")。据《清代王爷坟》载,弘晋的园寝坐北朝南,南端建有月牙河。照应园寝户有吴姓。1924年以后,弘晳的后裔将园寝内的树木变卖。1938年,弘晳园寝被盗。1941年,弘晋的园寝被盗。20世纪60年代,园寝被拆除,弘晳的园寝墓室内有棺椁,出土了鼻烟壶、玉碗、怀表等文物。

2006年7月22日,笔者考察园寝时,已无任何遗迹可寻。

理亲王园寝(革爵)资料:

墓主:爱新觉罗·弘晳

支系:清圣祖康熙皇帝次子理密亲王允礽次子

现存遗址:无

地址:昌平区回龙观镇黄土南店村

履端亲王永城园寝(追封)

爱新觉罗·永城,生于乾隆四年(1739)正月十四日,为清高宗乾隆皇帝第四子,为履懿亲王允祹嗣子,母亲是淑嘉皇贵妃金佳氏。乾隆二十八年(1763)十一月,嗣袭履郡王爵位。乾隆四十二年(1777)二月二十八日薨逝,终年39岁,谥曰"端"。嘉庆四年(1799)四月,追封为亲王。

追封履端亲王园寝遗址位于今秦城村(俗称"四爷坟")。据《清代王爷坟》载,园寝坐北朝南,建有神桥、碑楼、宫门(三间)、享殿(三间)、墓冢(建在月台之上)。照看园寝户有徐姓和灌姓。20世纪30年代,履亲王后人进行了"起灵"。园寝玄宫为棚板石结构,墓室内立有隔断墙,有棺椁两口,棺椁两侧放有木炭,用作防潮。20世纪70年代,园寝内的螭首龟趺碑保存完好。

2006年7月2日,笔者考察园寝时,已无任何遗迹可寻。

---

① 爱新觉罗·弘晋,生于康熙三十五年(1696)十月二十日,为理密亲王允礽第三子,母亲为侧福晋林佳氏。康熙五十六年(1717)三月十二日薨逝,终年22岁。

履端亲王园寝(追封)资料：

墓主：爱新觉罗·永珹

支系：清圣祖康熙皇帝第十二子履懿亲王允祹嗣子

现存遗址：无

地址：昌平区兴寿镇秦城村

仪慎亲王永璇园寝

爱新觉罗·永璇,生于乾隆十一年(1746)七月十五日,为清高宗乾隆皇帝第八子,母亲是淑嘉皇贵妃金佳氏。乾隆四十四年(1779)三月,被封为仪郡王。嘉庆四年(1799)正月,晋封为仪亲王。道光十二年(1832)八月初七日薨逝,终年87岁,谥曰"慎"。

仪慎亲王园寝遗址位于今半壁店村。据《清代王爷坟》载,园寝坐北朝南,依次建有月河、神桥、石牌坊、碑楼、宫门、享殿、墓冢(建在月台之上)。照应园寝户有安姓等。20世纪20年代,仪亲王府后人进行了"起灵",墓室内棺床上放有棺椁两口,存神桥一座(石栏板已失)。

仪慎亲王园寝的西南部葬有仪顺郡王绵志第四子、郡王衔多罗贝勒奕纲①。园寝坐北朝南,建有神桥、碑楼、宫门、享殿(面阔三间)、墓冢(建在月台之上)。

2006年,笔者考察仪慎亲王园寝,只存平桥一座。

2017年9月24日,笔者再访时,半壁店村正在施工,在施工现场的工地中,找到了八爷园寝的平桥。

仪慎亲王园寝资料：

墓主：爱新觉罗·永璇

支系：清高宗乾隆皇帝第八子

现存遗址：平桥

地址：昌平区兴寿镇半壁店村

仪慎亲王园寝平桥(2017年摄)

---

① 爱新觉罗·奕纲,生于嘉庆二十一年(1816)十二月初三日,为仪顺郡王绵志第四子,母亲是侧福晋李佳氏。光绪十九年(1893)八月二十六日薨逝,终年78岁。

成哲亲王永瑆园寝

爱新觉罗·永瑆，生于乾隆十七年(1752)二月初七日，为清高宗乾隆皇帝第十一子，母亲为淑嘉皇贵妃金佳氏。乾隆五十四年(1789)十一月，被封为成亲王。道光三年(1823)三月三十日薨逝，终年72岁，谥曰"哲"。

成哲亲王园寝遗址位于今雪山村。据《清代王爷坟》载，园寝内建有宫门、班房、享殿、墓冢。成哲亲王园寝的西南部建有其长子多罗贝勒绵勤①夫妻合葬的园寝。

冯其利先生于1984年5月考察时，园寝已无任何遗迹可寻。

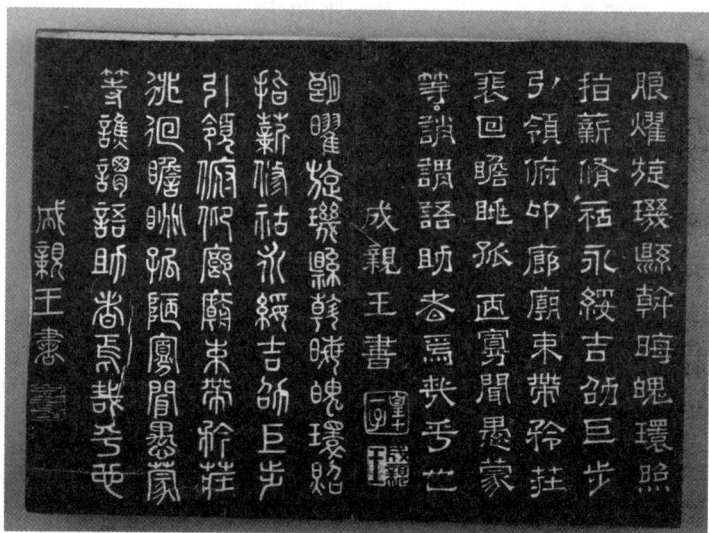

永瑆《四体千字文》册局部(北京故宫博物院藏)

成哲亲王园寝资料：

墓主：爱新觉罗·永瑆

支系：清高宗乾隆皇帝第十一子

现存遗址：无

---

①爱新觉罗·绵勤，生于乾隆三十三年(1768)九月初六日，为成哲亲王永瑆长子，母亲是嫡福晋富察氏。嘉庆四年(1799)正月，封不入八分辅国公。嘉庆七年(1802)十二月，封多罗贝勒。嘉庆二十五年(1820)六月十一日薨逝，终年53岁，同月追封为多罗成郡王。

地址:昌平区旧县雪山村

成恭郡王载锐园寝

爱新觉罗·载锐,生于嘉庆十年(1805)正月二十一日,为追封多罗成郡王奕绶①长子,母亲是嫡福晋瓜尔佳氏。嘉庆十八年(1813)二月,被封为奉恩镇国将军。嘉庆二十五年(1820)十月,承袭多罗贝勒爵位。道光三年(1823)七月,承袭成郡王爵位。咸丰九年(1859)四月二十日薨逝,终年55岁,谥曰"恭"。

成恭郡王园寝遗址位于今花塔村。据《清代王爷坟》载,园寝内建有神桥、碑楼、宫门、享殿、墓冢(建在月台之上)。同治十一年(1872),载锐长子多罗贝勒爱新觉罗·溥庄②薨逝后,其嗣子爱新觉罗·毓榑③承袭固山贝子爵位,其园寝位于雪山村阳宅的东部,俗称"西园子"。20世纪20年代,成郡王府后人将园寝内的树木变卖。1927年,园寝被盗。1968年,园寝被拆除。墓室为砖石砌筑,底部为豆渣石,墓室的棺床上放有棺椁五口,有男性骨架一具、女性骨架四具。冯其利先生于1984年5月考察时,园寝已无任何遗迹可寻。

成恭郡王园寝资料:

墓主:爱新觉罗·载锐

支系:成哲亲王永瑆曾孙

现存遗址:无

地址:昌平区南口镇花塔村

---

① 爱新觉罗·奕绶,生于乾隆五十一年(1786)八月二十七日,为追封多罗成郡王绵懃长子,母亲是嫡福晋乌密氏。嘉庆十七年(1812)十月二十一日薨逝,终年27岁,追封为不入八分辅国公。道光三年(1823),追封为多罗成郡王。

② 爱新觉罗·溥庄,生于道光十年(1830)四月二十五日,为成恭郡王载锐长子,母亲是嫡福晋瓜尔佳氏。咸丰九年(1859)八月,承袭多罗贝勒爵位。咸丰十年(1860)正月,赏加郡王衔。同治十一年(1872)四月初七日薨逝,终年43岁。

③ 爱新觉罗·毓榑,生于咸丰八年(1858)五月十二日,为溥萦之子,多罗贝勒溥庄嗣子,母亲是溥萦之妾郭氏。同治十一年(1872)四月,过继为嗣;同年十一月,承袭固山贝子爵位。1918年农历十一月十七日逝世,终年61岁。

惇恪亲王绵恺园寝

爱新觉罗·绵恺,生于乾隆六十年(1795)六月二十二日,为清仁宗嘉庆皇帝第三子,母亲是孝和睿皇后钮祜禄氏。嘉庆二十四年(1819)正月,被封为多罗惇郡王。嘉庆二十五年(1820)七月,晋封为亲王。道光十八年(1838)十二月初四日薨逝,终年44岁,谥曰"恪"。

惇恪亲王园寝遗址位于今棉山村。据《清代王爷坟》载,园寝坐北朝南,依次建有神桥、石狮子、碑楼、宫门(面阔三间)、东西朝房(面阔三间)、享殿(面阔五间)、墓冢(建在月台之上)。园寝东部建有阳宅一处,为四进院落。20世纪30年代,惇恪亲王园寝被盗,惇亲王府后人将园寝内的树木变卖。

冯其利先生于1983年6月调查时,园寝的石狮子尚存(母狮左前足已无,公狮左脚趾、铃铛已无),墓冢位置处仅存遗址,遗址内有须弥座石,为汉白玉质地。

石狮(2016年摄)

2006年7月22日,笔者来到棉山村,经向老人询问得知,惇王坟遗址在九里山公墓,仅存石狮一对。

2016年11月12日,笔者到九里山公墓考察,惇恪亲王园寝之物石狮依然立在九里山公墓的门前。石狮基座为须弥座式,四周饰有花卉图案,分别为梅花、荷花、石榴花、菊花,栩栩如生。

惇恪亲王园寝资料:

墓主:爱新觉罗·绵恺

支系:清仁宗嘉庆皇帝第三子

现存遗址:石狮

146

地址：昌平区崔村镇棉山村

定端亲王奕绍园寝

爱新觉罗·奕绍，生于乾隆四十一年（1776）五月十一日，为定恭亲王绵恩次子，母亲是侧福晋尤佳氏。道光二年（1822）六月，承袭定亲王爵位。道光十六年（1836）十月二十日薨逝，终年61岁，谥曰"端"。

定端亲王园寝遗址位于今九里山南麓（俗称"大北宫"）。据《清代王爷坟》载，园寝坐北朝南，依次建有神桥、碑楼、宫门（两端各辟角门）、享殿（面阔五间）、东西朝房（面阔三间）、墓冢（建在月台之上）。定端亲王奕绍曾孙多罗敏达贝勒毓朗①逝世后，亦葬于此地，建有墓冢一座。20世纪30年代，定端亲王园寝被盗，园寝被平毁。

冯其利先生于20世纪80年代调查时，园寝已无任何遗迹可寻。

定端亲王园寝资料：
墓主：爱新觉罗·奕绍
支系：清高宗乾隆皇帝之孙定安亲王永璜之孙
现存遗址：无
地址：昌平区崔村镇九里山南麓

定敏亲王载铨园寝（追封）

爱新觉罗·载铨，生于乾隆五十九年（1794）八月二十二日，为定端亲王奕绍长子，母亲是侧福晋李佳氏。道光十六年（1836）十一月，承袭定郡王爵位。咸丰三年（1853）二月，赏加亲王衔。咸丰四年（1854）九月十六日薨逝，终年61岁。咸丰四年（1854）九月，追封为亲王，谥曰"敏"。

---

① 爱新觉罗·毓朗，生于同治三年（1864）七月二十六日，为多罗定慎郡王溥煦次子，母亲为侧福晋鄂佳氏。1922年农历十月二十六日逝世，终年59岁。

追封定敏亲王园寝遗址位于今葫芦河村(俗称"小八爷坟")。据《清代王爷坟》载,园寝坐北朝南,设有下马桩和上马石,依次建有神桥、碑楼、宫门(面阔三间)、东西朝房(面阔三间)、享殿(面阔五间)、墓冢(建在月台之上)。园寝东部建有阳宅一处。照应园寝户有董、崔、徐、王等姓。镇国将军毓长[1]后迁葬于此。20世纪30年代,定敏亲王园寝被盗。玄宫为石券结构,棺床上停灵一口。20世纪50年代,墓冢被拆除。20世纪80年代,园寝仅存汉白玉基座残件。

2006年,笔者考察此地时,定敏亲王园寝已无任何遗迹可寻。

定敏亲王园寝(追封)资料:

墓主:爱新觉罗·载铨

支系:清高宗乾隆皇帝之孙定安亲王永璜之曾孙

现存遗址:无

地址:昌平区小汤山镇葫芦河村

钟端郡王奕詥园寝

爱新觉罗·奕詥,生于道光二十四年(1844)正月二十六日,清宣宗道光皇帝第八子,母亲是庄顺皇贵妃乌雅氏。道光三十年(1850),被封为钟郡王。同治七年(1868)十一月初四日薨逝,终年25岁,谥曰"端"。

钟端郡王园寝遗址位于今葫芦河村(俗称"小八爷坟")。据《清代王爷坟》载,园寝坐北朝南,建有平桥、碑楼、宫门(面阔三间,两端各辟角门)、享殿(面阔三间)、墓冢(建在月台之上)。照应园寝户有满、王、强、刘等姓。20世纪30年代,钟端郡王园寝被盗。此后清理玄宫时,墓室结构为石券砌筑,棺床上有金井一处,上置棺椁一口。20世纪60年代,园寝尚存螭首龟趺碑及墓冢。20世纪80年代,仅能见到废石料。

2006年,笔者考察此地时,遗址上已建成某度假村,无任何遗迹可寻。

---

[1] 爱新觉罗·毓长,生于咸丰元年(1851)六月十七日,为定慎郡王溥熙长子,母亲是嫡福晋博尔济吉特氏。光绪二十九年(1903)七月十一日薨逝,终年53岁。

钟端郡王园寝资料：

墓主：爱新觉罗·奕詥

支系：清宣宗道光皇帝第八子

现存遗址：无

地址：昌平区小汤山镇葫芦河村

第十二节　北京市平谷区

诚隐亲王允祉园寝

爱新觉罗·允祉，生于康熙十六年（1677）二月二十日，为清圣祖康熙皇帝第三子，母亲是荣妃马佳氏。康熙三十七年（1698）三月，封为诚郡王。康熙四十八年（1709），晋封为和硕诚亲王。雍正六年（1728），降为多罗诚郡王。雍正八年（1730），复封为和硕诚亲王。雍正十年（1732）闰五月十九日薨逝，终年56岁。乾隆二年（1737）十二月，追谥曰"隐"。

诚隐亲王园寝遗址位于今东樊各庄乡峪口村（俗称"宫门"）。据《清代王爷坟》载，园寝坐北朝南，园寝内依次建有碑楼①（内立螭首龟趺碑一通②）、宫门（面阔三间）、享殿（面阔三间）、墓冢（建在月台之上）。园寝内遍植松柏。

诚隐亲王园寝的西南部（俗称"下宫门"）埋葬固山贝子爱新觉罗·弘璟③，诚隐亲王园寝的西北部（俗称"北坟地"）埋葬奉恩镇国公永珊④和奉恩辅国公绵

---

① 据《清代王爷坟》载，碑楼为乾隆二年（1737）十二月补建。

② 据《清代王爷坟》载，螭首龟趺碑为乾隆三年（1738）六月立。

③ 爱新觉罗·弘璟，生于康熙四十二年（1703）五月二十一日，为诚隐亲王允祉第七子，母亲是侧福晋田佳氏。雍正五年（1727）六月，被封为奉恩辅国公。雍正八年（1730）五月，晋封为固山贝子。乾隆四十二年（1777）三月二十日薨逝，终年75岁。

④ 爱新觉罗·永珊，生于乾隆十一年（1746）十一月十五日，为固山贝子弘璟第三子，母亲是庶母王氏。乾隆三十三年（1768）十一月，授封三等侍卫。乾隆四十二年（1777）五月，降袭奉恩镇国公爵位。嘉庆二年（1797）七月十六日薨逝，终年52岁。

策①。据《清代王爷坟》载,绵策园寝内建有墓冢两座,墓前立碑。固山贝子弘璟园寝的东南部(俗称"大西北坟"),埋葬不入八分辅国公奕果②的长子载龄、载龄③的承嗣子、不入八分辅国公溥元④和毓彭(后被黜宗室)。据《清代王爷坟》载,该园寝内建有墓冢三座,居中者为载龄之墓,东南部为溥元之墓,西南部为毓彭之墓。

据《清代王爷坟》载,照应园寝户有富姓。园寝被盗后,墓室被打开,墓门为青石材质,室内的棺床上有棺椁三口。1958年文物普查时,诚隐亲王园寝尚存宫门、墓碑。

2016年12月17日,笔者再访此地,诚隐亲王园寝已无任何遗迹可寻,少数年纪大的村民还能说出园寝的大致位置。

诚隐亲王园寝资料:

墓主:爱新觉罗·允祉

支系:清圣祖康熙皇帝第三子

现存遗址:无

地址:平谷区东樊各庄乡峪口村

诚恪亲王允祕园寝

爱新觉罗·允祕,生于康熙五十五年(1716)五月十六日,为清圣祖康熙皇帝第二十四子,母亲是穆嫔陈氏。雍正十一年(1733)正月,被封为和硕诚亲王。乾

---

① 爱新觉罗·绵策,生于乾隆四十五年(1780)八月二十三日,为奉恩镇国公永珊第三子,母亲是庶母梁氏。嘉庆二年(1797),承袭奉恩辅国公爵位。嘉庆五年(1800)九月二十日薨逝,终年21岁。

② 爱新觉罗·奕果,生于乾隆五十六年(1791)七月二十六日,为诚隐亲王允祉第十子、四等侍卫弘晃长子绵导次子,母亲是绵导之嫡妻马佳氏。嘉庆五年(1800)九月,过继绵策为嗣。嘉庆六年(1801)正月,承袭不入八分辅国公爵位。同治九年(1870)正月初八日薨逝,终年80岁。

③ 爱新觉罗·载龄,生于嘉庆十七年(1812)四月十二日,为不入八分辅国公奕果长子,母亲是庶母刘氏。同治九年(1870)五月,承袭不入八分辅国公。光绪九年(1883)十一月十八日薨逝,终年72岁。

④ 爱新觉罗·溥元,生于同治九年(1870)三月二十五日,为不入八分辅国公载龄嗣子,母亲是载双之嫡妻西林觉罗氏。光绪五年(1879),过继载龄为嗣。光绪十四年(1888),承袭不入八分辅国公爵位。薨逝之年未详。

隆三十八年(1773)十月二十日薨逝,终年58岁,谥曰"恪"。

诚恪亲王园寝遗址位于今打铁庄村(俗称"南宫")。据《清代王爷坟》载,园寝坐西朝东,依次建有神桥、碑楼、南北朝房、宫门(面阔三间)、享殿(面阔三间)、园寝墙(两侧各辟角门)、墓冢(建在月台之上)。墓室为石质拱券结构,设有棺床,棺床正中有金井。园寝东北部有阳宅一处,为三进院落。

2006年9月2日,笔者来到打铁庄村,只见到些残存的废石。南宫和北宫中间修建了一条通向梨羊村的公路。据当地村民讲,公路是2005年修建的,正好穿过园寝,因此基本上没有什么遗迹可寻了。

2016年12月17日,笔者再访此地,已是高楼林立、马路宽敞,诚恪亲王园寝已无任何遗迹可寻。

诚恪亲王园寝资料:

墓主:爱新觉罗·允祕

支系:清圣祖康熙皇帝第二十四子

现存遗址:无

地址:平谷区马坊镇打铁庄村

诚密郡王弘畅园寝

爱新觉罗·弘畅,生于乾隆五年(1740)十一月十九日,为诚恪亲王允祕长子,母亲是嫡福晋乌雅氏。乾隆三十九年(1774)正月,降袭多罗诚郡王爵位。乾隆六十年(1795)正月二十九日薨逝,终年56岁,谥曰"密"。

诚密郡王园寝遗址位于今打铁庄村,即诚恪亲王园寝北侧(俗称"北宫")。据《清代王爷坟》载,园寝形制与诚恪亲王园寝略同。

2006年9月2日,笔者考察此地,田间散落着很多绿色琉璃瓦。

2016年12月17日,笔者再访此地,已是高楼林立、马路宽敞,诚密郡王园寝已无任何遗迹可寻。

诚密郡王园寝资料：

墓主：爱新觉罗·弘畅

支系：诚恪亲王允祕长子

现存遗址：无

地址：平谷区马坊镇打铁庄村

第十三节　北京市怀柔区

克勤庄郡王雅朗阿园寝

爱新觉罗·雅朗阿，生于雍正十一年（1733）六月初六日，为追封克勤郡王讷清额第十子，母亲是侧福晋舒穆禄氏。乾隆四十五年（1780），承袭克勤郡王爵位。乾隆五十九年（1794）十二月十二日薨逝，终年62岁，谥曰"庄"。

克勤庄郡王园寝遗址位于今峪口村（俗称"北台"）。据《清代王爷坟》载，园寝坐北朝南，依次建有神桥（未建碑楼）、宫门（两端辟有东、西角门）、东西朝房（面阔三间）、墓冢（建在月台之上）。园寝的北部为侧福晋张佳氏之墓，墓室为砖券结构。园寝墙东部的园寝葬有克勤庄郡王雅朗阿长子亨迪[1]和第四子亨节[2]。

据《清代王爷坟》载，峪口村建有阳宅一所（俗称"东大房"），门前有门狮一对，为两进院落。照应园寝户有陈、李两姓。20世纪20年代，克勤庄郡王园寝的墓室被挖。20世纪30年代，克勤庄郡王雅朗阿长子亨迪和第四子镇国将军亨节的园寝被盗，墓室结构为棚板石结构，砖券砌筑，停有棺椁。1984年11月，冯其利先生调查时，园寝尚存玄宫遗址一处，以及翻建的阳宅。

---

[1] 爱新觉罗·亨迪，生于乾隆十四年（1749）五月十八日，为克勤庄郡王雅朗阿长子，母亲是嫡福晋瓜尔佳氏。乾隆十六年（1751）十二月初五日薨逝，终年3岁。

[2] 爱新觉罗·亨节，生于乾隆三十六年（1771）四月十一日，为克勤庄郡王雅朗阿第四子，母亲是侧福晋张佳氏。乾隆五十五年（1790），封三等镇国将军。嘉庆二十五年（1820）二月十六日薨逝，终年50岁。

2006年8月13日,笔者考察峪口村,看到阳宅已经翻建。据当地村民讲,阳宅是原守陵人居住,大门原来是东西向,翻建后改为南北向。

2010年11月,克勤庄郡王园寝进行了考古发掘工作。据发掘简报可知,园寝由墓道、甬道、墓门、玄宫、园寝墙组成。墓道为竖穴土坑斜坡式,平面呈长方形。甬道位于玄宫南侧,残留两壁,均用青石条砌成,底部为石条铺地。墓门为汉白玉质地,两扇墓门均饰有铺首衔环的图案。玄宫位于墓葬北端,平面呈长方形,顶部为券顶结构,三壁底部为青石条错缝砌筑的基础。棺床位于地宫北部,用汉白玉石条砌成,为条石平铺,中部两侧各有圆形金井。地宫底部错缝平铺青石条。发掘出土铜钱4枚、棺椁残块、衣服碎片等。园寝墙墙基底部为三合土基础,墙基由石块和残砖砌成。

2016年12月10日,笔者再访克勤庄郡王园寝,仅存玄宫遗址。

玄宫遗址发掘现场(2010年12月摄,怀柔区文物管理所提供)

园寝遗址全景(2016年摄)

克勤庄郡王园寝资料：

墓主：爱新觉罗·雅朗阿

支系：克勤郡王岳讬四世孙

现存遗址：玄宫遗址

地址：怀柔区桥梓镇峪口村

第十四节　北京市密云区

定安亲王永璜园寝（追封）

爱新觉罗·永璜，生于雍正六年（1728）五月二十八日，为清高宗乾隆皇帝长子，母亲是哲悯皇贵妃富察氏。乾隆十五年（1750）三月十五日薨逝，终年23岁。乾隆十五年（1750）三月十六日，追封为和硕定亲王，谥曰"安"。

追封定安亲王园寝遗址位于今不老屯镇董各庄村（杨各庄村南密云水库淹没区）。据《清代王爷坟》载，园寝背倚奶头山，南望鹞子峪，西靠苇子峪，东邻麻子峪。园寝坐北朝南，依次建有神桥、碑楼（内有螭首龟趺碑两通，其中一通的碑阳和碑阴均刻有文字，为两位皇子共用）、宫门（面阔三间）、东西朝房、享殿（面阔五间）、园寝门（两端辟有角门）、墓冢（共有三座，墓主分别是定安亲王永璜、循郡王永璋、荣纯亲王永琪）。20世纪50年代，园寝内的墓冢、园寝墙被拆除。1958年，修建密云水库时，园寝处于水库淹没区内，因此被拆除。随后库区农民搬迁，[①]玄宫发掘时，墓室保存完好，未发现盗洞，发现三位皇子的棺椁，出土大量陪葬品。此批文物现陈列于首都博物馆玉器馆，展览标牌上写着"密云乾隆皇子园寝出土"字样。其中追封定安亲王园寝玄宫中出土了金簪、玉佩饰、玉如意、玉鼻

---

① 1958年，密云县城西十里铺乡杨辛庄建成农民新村，这里的居民主要是密云水库淹没区的移民。1983年5月，冯其利先生在杨辛庄见到了这些库区移民。在与董全瑞（1909年生人）等老人的交谈中，冯先生了解到他们先世为清太子陵的守陵人。

154

烟壶、玉洗、水晶小圆盒、银唾盂及怀表等。

2016年9月24日,笔者考察此地,追封定安亲王园寝虽然已成遗址,但园寝范围的气势犹可窥见:朝山、靠山、屏障山将此园寝拱绕,南部密云水库泛起层层涟漪。还可见遗址内散落的绿色琉璃瓦构件、印有"十三作造"的板瓦,均是清朝皇家建筑之遗物。

"十三作造"的板瓦残件(2016年摄)

定安亲王园寝(追封)资料:
墓主:爱新觉罗·永璜
支系:清高宗乾隆皇帝长子
现存遗址:琉璃瓦构件
地址:密云区不老屯镇董各庄村

循郡王永璋园寝(追封)

爱新觉罗·永璋,生于雍正十三年(1735)五月二十五日,为清高宗乾隆皇帝第三子,母亲是纯惠皇贵妃苏佳氏。乾隆二十五年(1760)七月十六日薨逝,终年26岁,追封为多罗循郡王。

追封循郡王园寝遗址位于今不老屯镇董各庄村(杨各庄村南密云水库淹没区)。据《清代王爷坟》载,园寝背倚奶头山,南望鹞子峪,西靠苇子峪,东邻麻子峪。园寝坐北朝南,依次建有神桥、碑楼(内有螭首龟趺碑两通,其中有一通的碑阳和碑阴均刻有文字,为两位皇子共用)、宫门(面阔三间)、东西朝房、享殿(面阔五间)、园寝门(两端辟有角门)、墓冢(共有三座,墓主分别是定安亲王永璜、循郡王永璋、荣纯亲王永琪)。20世纪50年代,园寝内的墓冢、园寝墙被拆除。1958年,修建密云水库时,园寝处于水库淹没区内,因此被拆除。随后库区农民搬迁,玄宫发掘时,墓室保存完好,未发现盗洞,发现三位皇子的棺椁,出土了大量陪葬品。此批文物现陈列于首都博物馆玉器馆内,展览标牌上写着"密云乾隆皇子园寝出土"字样。其中,追封循郡王园寝玄宫出土了金项圈、玉狮、玉虎、玉猫、玉鸳鸯、玉蟾、玉螳螂、玉佩饰、玉鼻烟壶、朝珠、手串、如意、水晶双兽、紫晶小兔、黄玉

155

扳指、鎏金铜坐佛等。

2016年9月24日,笔者再访此地,追封循郡王园寝虽然已成遗迹,但园寝范围的气势犹可窥见:朝山、靠山、屏障山将此园寝拱绕,南部密云水库流泛起层层涟

琉璃瓦残件(2016年摄)

漪,还可见遗址内散落的绿色琉璃瓦构件、印有"十三作造"的板瓦,均是清朝皇家建筑之遗物。

循郡王园寝(追封)资料:
墓主:爱新觉罗·永璋
支系:清高宗乾隆皇帝第三子
现存遗址:琉璃瓦构件
地址:密云区不老屯镇董各庄村

荣纯亲王永琪园寝

爱新觉罗·永琪,生于乾隆六年(1741)二月初七日,为清高宗乾隆皇帝第五子,母亲是愉贵妃珂里叶特氏。乾隆三十年(1765),被封为荣亲王。乾隆三十一年(1766)三月初八日薨逝,终年26岁,谥曰"纯"。

荣纯亲王园寝遗址位于今不老屯镇董各庄村(杨各庄村南密云水库淹没区)。据《清代王爷坟》载,园寝背倚奶头山,南望鹞子峪,西靠苇子峪,东邻麻子峪。园寝坐北朝南,依次建有神桥、碑楼(内有螭首龟趺碑两通,其中一通的碑阳和碑阴均刻有文字,为两位皇子共用)、宫门(面阔三间)、东西朝房、享殿(面阔五间)、园寝门(两端辟有角门)、墓冢(共有三座,墓主分别是定安亲王永璜、循郡王永璋、荣纯亲王永琪)。20世纪50年代,园寝内的墓冢、园寝墙被拆除。1958年,修建密云水库时,园寝处于水库淹没区内,因此园寝被拆除。随后库区农民搬迁,玄宫发掘时,墓室保存完好,未发现盗洞,发现三位皇子的棺椁,出土了大量陪葬品。此批文物现陈列于首都博物馆玉器馆,展览标牌上写着"密云乾隆皇子园寝出土"字样。其中荣纯亲王园寝玄宫出土了金九连环、金镯、玉镯、玉如意、鼻烟壶、玉饰件、印章、扳指、怀表、朝珠等。

156

荣纯亲王园寝资料:

墓主:爱新觉罗·永琪

支系:清高宗乾隆皇帝第五子

现存遗址:琉璃瓦构件

地址:密云县不老屯镇董各庄村

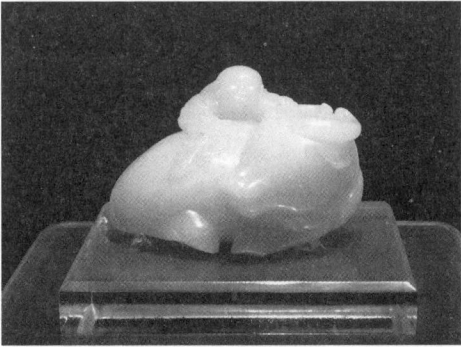

乾隆皇子园寝的出土文物—白玉童子牧牛
（首都博物馆藏）

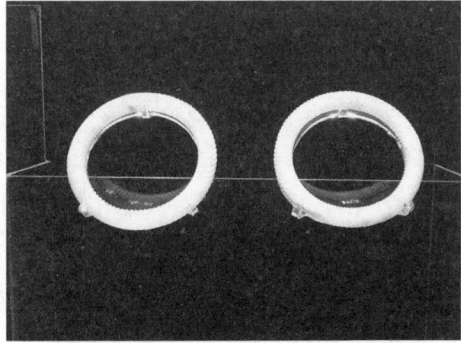

乾隆皇子园寝的出土文物—青玉麻花镯
（首都博物馆藏）

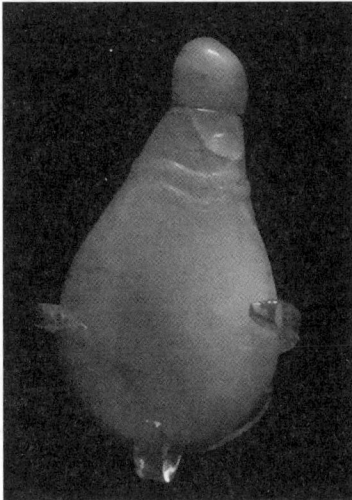

乾隆皇子园寝的出土文物-白玉随形鼻烟壶
（首都博物馆藏）

乾隆皇子园寝的出土文物-黄玉葫芦鼻烟壶
（首都博物馆藏）

和恭亲王弘昼园寝

爱新觉罗·弘昼，生于康熙五十年(1711)十一月二十七日，清世宗雍正皇帝第五子，母亲是纯懿皇贵妃。雍正十一年(1733)二月，封为和亲王。乾隆三十五年(1770)七月十三日薨逝，终年60岁，谥曰"恭"。

和恭亲王园寝遗址位于今西田各镇署地村东部(俗称"北宫")。据《清代王爷坟》载，园寝坐北朝南，依次建有神桥(一座)、碑楼、东西朝房(面阔三间)、宫门(面阔三间)、享殿(面阔五间)、园寝门(两端各辟角门)、墓冢(建在月台之上)。园寝的墓室为石券结构，内壁为城砖堆砌，墓室石门两侧镌有对联"何须争名利，即此是安居"。棺床上放有棺椁五口，有棺有椁。居中墓冢为弘昼之墓，在其两侧各有墓冢一座。和恭亲王园寝建有阳宅，为四进院落。20世纪30年代，和恭亲王府后人将树木变卖，不久园寝被盗。照应园寝户有芦、司两姓。墓室出土《金刚经》一部。冯其利先生在1984年9月考察时，阳宅还存有老房(面阔三间)，亦可见园寝墓室位置的三合土遗迹。

2016年12月24日，笔者考察此地，和恭亲王园寝尚存墓冢位置的三合土层，以及散落在享殿位置的石柱础。此处被定为北京市密云区普查登记文物，编号为110228942180000194。

享殿遗址上的柱础(2016年摄)

和恭亲王园寝资料：

墓主：爱新觉罗·弘昼

支系：清世宗雍正皇帝第五子

现存遗址：享殿建筑的柱础、墓冢遗迹

地址：密云区西田各镇署地村

定恭亲王绵恩园寝

爱新觉罗·绵恩，生于乾隆十二年(1747)八月十四日，为追封定安亲王永璜次子，母亲是侧福晋伊尔根觉罗氏。乾隆四十一年(1776)正月，承袭定郡王爵位。乾隆五十八年(1793)十二月,晋封为定亲王。道光二年(1822)六月初一日薨逝,终年76岁,谥曰"恭"。

定恭亲王园寝遗址位于今羊山村。据《清代王爷坟》载,园寝坐北朝南,依次建有神桥、碑楼、宫门(面阔三间)、东西朝房(面阔三间)、享殿(面阔五间)、墓冢(建在月台之上)。

墓冢(密云区文物管理所提供)

居中的墓冢为绵恩与其福晋的合葬之墓,两侧共有墓冢四座,呈"八"字形排开。照应园寝户有董、齐、吴、刘姓。20世纪30年代,定恭亲王园寝被盗。墓室内的棺床上设有金井,棺床上有棺椁三口。20世纪80年代,园寝存有神桥、玄宫、园寝墙等建筑。其中神桥拱券上的小兽清晰可辨,望柱、栏板等已无存。另外还存正房五间、大门三间。

2006年9月2日,笔者考察隐藏在庄稼地中的定恭亲王园寝,看到玄宫两扇石门已经敞开,门上的券顶保存完整,石簪和石瓦的纹路清晰可辨。左边石门上的小兽被凿去,右边石门上的小兽已风化得难以识别。两扇石门上都有一层黄色的水垢,玄宫里面有约一尺深的黄褐色积水。

神桥(密云区文物管理所提供)

定恭亲王园寝玄宫（2016年摄）

玄宫内券室（2016年摄）

2016年9月24日，笔者再访此地，园寝存有神桥、玄宫。玄宫内的积水已被清理，墓室内有棺床，棺床上有圆形金井。此处被定为北京市密云区普查登记文物，编号为110228942180000019。

定恭亲王园寝资料：
墓主：爱新觉罗·绵恩
支系：定安亲王永璜次子
现存遗址：石桥、玄宫
地址：密云区穆家峪镇羊山村

定恭亲王园寝墓室的右石门（2016年摄）

定恭亲王园寝墓室的左石门（2016年摄）

定慎郡王溥煦园寝

爱新觉罗·溥煦,生于道光十一年(1831)正月初十日,为定敏亲王载铨嗣子,母亲是载铭之媵妾林氏。光绪十三年(1887)八月薨逝,终年57岁,谥曰"慎"。

定慎郡王园寝遗址位于今羊山村。据《清代王爷坟》载,定慎郡王园寝在东下坎塔山山脚下的圣德寺附近。园寝规制不详。

2006年9月2日,笔者考察时,已不能找到园寝的准确位置。

定慎郡王园寝资料:
墓主:爱新觉罗·溥煦
支系:定安亲王永璜次子定恭亲王绵恩曾孙
现存遗址:无
地址:密云区穆家峪镇羊山村

第十五节　天津市蓟州区

荣亲王园寝(追封)

和硕荣亲王(未起名),生于顺治十四年(1657)十月初七日,为清世祖顺治皇帝第四子,母亲是董鄂氏。顺治十五年(1658)正月二十四日薨逝,夭折时未满1岁。顺治十五年(1658),追封为和硕荣亲王。无袭。

追封荣亲王园寝遗址位于今孙各庄村黄花山(丈营台,俗称"二把坎"。碑文写作"黄华山")。据《清代王爷坟》载,园寝的园寝墙长五十二丈六尺,依次建有宫门(面阔三间)、班房、东西厢房、享殿(面阔三间,东西长三丈八尺六寸,进深二丈六尺五寸)、琉璃门、墓冢(三合土形制)。20世纪30年代,荣亲王园寝被盗,墓室为砖券砌筑,出土有墓志一合。20世纪70年代,荣亲王园寝被拆除。

荣亲王薨逝后,顺治皇帝亲自撰写其圹志文。2009年2月22日,笔者在独乐寺中的蓟县文物管理所展室看到了圹志。荣亲王志盖汉文2行、满文3行;志合汉文9行,满行25字,满文12行。

　　皇清和硕荣亲王圹志制曰:和硕荣亲王,朕第一子也。生于顺治十四年十月初七日,卒于十五年正月二十四日。盖生数月云,爰稽典礼,追封和硕荣亲王。以八月二十七日,窆于黄花山。父子之恩、君臣之义备矣。呜呼!朕乘乾御物,敕天之命,朝夕祗惧。思祖宗之付托,冀胤嗣之发祥,惟尔诞育,克应休祯,方思成立有期,讵意厥龄不永,兴言鞠育,深轸朕怀,为尔卜其兆域,爰设殿宇周垣,窀穸之文,式从古制,追封之典,载协舆情。特述生殁之日月,勒于贞珉,尔其永妥于是矣。

2006年8月19日,笔者考察时,荣亲王园寝内仅散落着琉璃瓦件。
2016年11月19日,笔者再访荣亲王园寝,仍散落着大量的琉璃瓦建筑构件。

荣亲王园寝(追封)资料:
墓主:未起名
支系:清世祖顺治皇帝第四子
现存遗址:琉璃瓦建筑构件
地址:孙各庄村黄花山

墓志之一(2009年摄)　　　　　　墓志之二(2009年摄)

纯靖亲王隆禧园寝

爱新觉罗·隆禧,生于顺治十七年(1660)四月二十二日,为清世祖顺治皇帝第七子,母亲是庶妃钮氏。康熙十三年(1674)正月,被封为和硕纯亲王。康熙十八年(1679)七月十五日薨逝,终年20岁,谥曰"靖"。

纯靖亲王园寝遗址位于今黄花山石头营村(俗称"三王陵")。据《清代王爷坟》载,园寝坐北朝南,依次建有神桥、碑楼、东西朝房、宫门(面阔三间)、享殿(面阔三间)、东西角门、墓冢(建在月台之上)。20世纪30年代园寝被盗。

2006年8月19日,笔者探访了位于天津市蓟县(现蓟州区)石头营东营五区范围内黄花山园寝,因这里曾住着满族守寝人,所以形成了满族村。如今,纯靖亲王园寝仅存螭首龟趺碑(螭首龟趺碑下面的水盘分别雕刻鱼、鳌、虾、蟹,其雕刻精美,栩栩如生)、享殿遗址(前有丹陛石),后面的墓冢已被平毁,遍植果树。

2016年11月19日,笔者再访纯靖亲王园寝,尚存螭首龟趺碑一通,享殿遗址前存丹陛石一块,为汉白玉质地,上雕二龙戏珠图案。

螭首龟趺碑(2016年摄)

纯靖亲王园寝墓冢
(清东陵文物管理处提供)

163

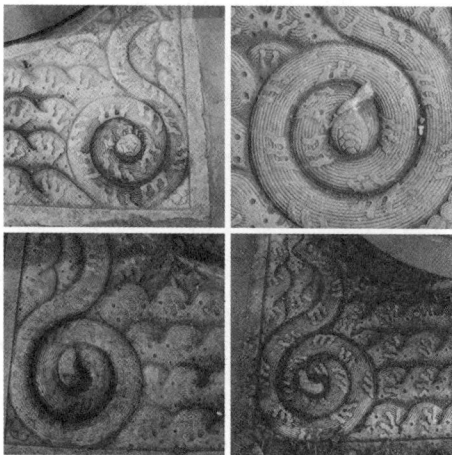

▲纯靖亲王园寝享殿前丹陛石（2016年摄）
◀螭首龟趺碑水盘（2016年摄）

纯靖亲王园寝资料：

墓主：爱新觉罗·隆禧

支系：清世祖顺治皇帝第七子

现存遗址：螭首龟趺碑、享殿遗址前丹陛石

地址：蓟州区孙各庄村黄花山石头营村

裕宪亲王福全园寝

爱新觉罗·福全，生于顺治十年（1653）十月十七日，为清世祖顺治皇帝福临次子，母亲是宁悫妃栋鄂氏。康熙元年（1662），被封为裕亲王。康熙四十二年（1703）六月二十六日薨逝，终年51岁，谥曰"宪"。

裕宪亲王园寝位于今孙各庄村黄花山，俗称"大王陵"。据《清代王爷坟》载，园寝坐北朝南，依次建有神桥、碑楼、东西朝房、宫门（面阔三间）、享殿（面阔五间）、东西角门、墓冢（建在月台之上）。照应园寝户有罗姓。20世纪20年代，裕亲王府后人将建筑构件及园寝内的树木变卖。20世纪80年代，裕宪亲王园寝的享殿遗址前尚存丹陛石一块，以及碑楼等建筑的石构件、石柱础等，玄宫尚存。

2006年8月19日，笔者考察裕宪亲王园寝，尚存螭首龟趺碑一通和被毁的玄宫遗迹。螭首龟趺碑立于康熙四十九年(1710)，玄宫已被炸毁，石券露于地上，汉白玉石散落在周围。玄宫内金井渗水严重，已布满整个石券。

2016年10月5日，笔者再访时，裕宪亲王园寝遗址尚存螭首龟趺碑一通，享殿遗址上散落着大量琉璃瓦构件。在玄宫遗址处，散落着墓冢上的汉白玉石基座构件。

裕宪亲王园寝墓冢的须弥座残石（2016年摄）

裕宪亲王螭首龟趺碑（2016年摄）

裕宪亲王园寝资料：

墓主：爱新觉罗·福全

支系：清世祖顺治皇帝次子

现存遗址：螭首龟趺碑、玄宫

地址：蓟州区孙各庄村黄花山

理密亲王允礽园寝（追封）

爱新觉罗·允礽，生于康熙十三年(1674)五月初三日，为清圣祖康熙皇帝次子，母亲是孝诚仁皇后赫舍里氏。康熙十四年(1675)六月，册立为皇太子。康熙四十八年(1709)三月，复立为皇太子。康熙五十一年(1712)十月，再次被废，禁

理密亲王螭首龟趺碑之赑屃（2009年摄）

理密亲王螭首龟趺碑之赑屃（2016年摄）

理密亲王园寝螭首龟趺碑（清东陵文物管理处提供）

锢于咸安宫。雍正即位后，将允礽迁居山西省祁县的郑家庄村禁锢。[①]雍正二年（1724）十二月十四日薨逝，终年51岁，谥曰"密"。

追封理密亲王园寝遗址位于今黄花山，即裕宪亲王园寝与荣亲王园寝之间（俗称"二王陵"）。据《清代王爷坟》载，园寝坐北朝南，依次建有神桥、碑楼、宫门、享殿（面阔五间）、琉璃门一座（两端辟有东西角门）、墓冢（建在月台之上）。20世纪20年代，园寝被盗。1971年，螭首龟趺碑被炸毁。20世纪80年代，园寝残存碎石等遗迹。

2009年2月28日，笔者考察时，发现原埋于碑楼处的螭首龟趺碑之赑屃已被清理出来，赑屃上有被砸过的痕迹。

2016年11月19日，笔者再访园寝，在碑楼遗址处的龟趺旁发现了碑文碎

---

①《清实录》记载："康熙四十七年（1708）九月，辛卯，遣官告祭天地、太庙、社稷，废皇太子允礽，幽禁咸安宫。康熙五十一年（1712）冬十月，己巳，命禁锢废皇太子允礽于咸安宫。雍正元年（1723），诏于祁县郑家庄修盖房屋，驻劄兵丁，将移允礽往居之。雍正二年（1724）十二月，癸未，二阿哥允礽薨，追封为和硕理密亲王，谥曰密。"

块,可见残存满文文字,汉文的意思是
"晚节崇光"。

理密亲王园寝墓冢(清东陵文物管理处提供)

理密亲王园寝资料:
墓主:爱新觉罗·允礽
支系:清圣祖康熙皇帝次子
现存遗址:螭首龟趺碑
地址:蓟州区孙各庄村黄花山

直郡王允禔园寝(革爵)

爱新觉罗·允禔,生于康熙十一年(1672)二月十四日,为清圣祖康熙皇帝长子,母亲是惠妃纳喇氏。康熙三十七年(1698)三月,被封为直郡王。康熙四十七年(1708)十一月,被革爵。雍正十二年(1734)十月初一日薨逝,终年63岁。

已革直郡王园寝遗址位于今黄花山。据《清代王爷坟》载,园寝①内依次建有碑楼、螭首龟趺碑、宫门、享殿、墓冢、园寝墙。玄宫为砖券砌筑,园寝的建筑未使用琉璃瓦,均以筒子瓦覆顶。笔者认为这恰符合固山贝子品级之制。据《清代王爷坟》载,20世纪80年代,墓室被拆除,园寝仅存宫门、宫墙、碑楼等建筑地基遗址。

2006年8月19日,笔者考察此地,仅尚存建筑遗址的夯土层及部分建筑青砖。

2016年11月19日,笔者再访此地,尚可以看到夯土层遗迹。

直郡王园寝(革爵)资料:
墓主:爱新觉罗·允禔
支系:清圣祖康熙皇帝长子
现存遗址:夯土层遗迹

---

① 据《清代王爷坟》载,爱新觉罗·允禔薨逝后,以固山贝子品级葬于黄花山,园寝规模较小。

地址:蓟州区孙各庄村黄花山

恂勤郡王螭首龟趺碑(2016年摄)

恂勤郡王园寝平桥(2016年摄)

恂勤郡王允禵园寝

爱新觉罗·允禵,生于康熙二十七年(1688)正月初九日,为清圣祖康熙皇帝第十四子,母亲是孝恭仁皇后乌雅氏。康熙四十八年(1709)三月,封为固山贝子。雍正元年(1723)五月,晋封为多罗郡王。雍正三年(1725),降为固山贝子。雍正四年(1726)四月,革爵。乾隆二年(1737)三月,封为奉恩辅国公。乾隆十二年(1747)六月,封为多罗贝勒。乾隆十三年(1748)正月,晋封为多罗恂郡王。乾隆二十年(1755)正月初六日薨逝,终年68岁,谥曰"勤"。

恂勤郡王园寝遗址位于今黄花山(直郡王园寝西侧500米处)。据《清代王爷坟》载,园寝坐北朝南,建有神桥、双碑楼(东侧碑楼内为恂郡王允禵第二子贝勒弘明的螭首龟趺碑)、东西朝房、宫门(面阔三间)、享殿(面阔三间)、园寝墙(东西角门)、墓冢(建在月台之上,居中的墓冢为允禵之墓)。玄宫为石券砌筑。

168

恂勤郡王园寝东部为多罗恭勤贝勒弘明①的园寝。据《清代王爷坟》载,弘明园寝的玄宫为豆渣石券砌筑。弘明之子固山贝子永硕②墓冢位于园寝西侧,墓室结构为棚板石砌筑。

据《清代王爷坟》载,照应园寝户有聂姓。20世纪20年代,园寝被盗。20世纪80年代,螭首龟趺碑尚保存完好。

2006年8月19日,笔者考察园寝,尚存平桥(位于园寝西部)、螭首龟趺碑(墓碑主人为允禵及其次子弘明),两通螭首龟趺碑都有不同程度的砸伤。墓冢下有一处盗洞,已被回填,上面植有松树。据守陵人后代介绍,每逢清明,恂勤郡王的后代们都要来祭拜,其中有一位是从上海来的。

2016年11月19日,笔者再访园寝时,平桥、螭首龟趺碑仍存。

恂勤郡王园寝资料:
墓主:爱新觉罗·允禵
支系:清圣祖康熙皇帝第十四子
现存遗址:平桥、螭首龟趺碑
地址:蓟州区孙各庄村黄花山

端慧皇太子永琏园寝(追封)

爱新觉罗·永琏,生于雍正八年(1730)六月二十六日,为清高宗乾隆皇帝次子,母亲是孝贤纯皇后富察氏。乾隆三年(1738)十月十二日薨逝,终年9岁。乾隆三年(1738)十一月,追封为皇太子,谥曰"端慧"。

端慧皇太子园寝遗址位于今朱华山。据《清会典·光绪朝·钦定大清会典事例三》卷九百四十九"园寝规制"记载:"端慧皇太子园寝,琉璃花门一座,广一丈

---

①爱新觉罗·弘明,生于康熙四十四年(1705)四月初三日,为恂勤郡王允禵次子,母亲是嫡福晋完颜氏。雍正十三年(1735)十一月,被封为多罗贝勒。乾隆三十二年(1767)正月初六日薨逝,终年63岁,谥曰"恭勤"。

②爱新觉罗·永硕,生于乾隆元年(1736)十一月二十七日,为恭勤贝勒弘明次子,母亲是侧夫人王氏。乾隆三十二年(1767)六月,承袭固山贝子爵位。嘉庆十三年(1808)闰五月二十日薨逝,终年73岁。

八尺四寸,纵八尺,檐高一丈二尺。前正中享殿一座,广六丈五尺四寸,纵三丈四尺,檐高一丈四尺。两庑各五间,广四丈八尺,纵二丈四尺五寸,檐高一丈三尺五寸。东有燎炉一座,广九尺三寸,纵六尺六寸,高七尺。南有大门三,广五丈一尺,纵二丈二尺,檐高一丈一尺五寸。门外设守护班房、西厢各三间,广三丈六尺七寸,纵二丈一尺七寸,檐高一丈二寸。围墙周长一百三十丈二尺,高一丈一尺。"同时"立千总一员、外委一员、马兵七名、守兵四十七名,以守护焉"。

据《清代王爷坟》载,居中的石券内葬有端慧皇太子,为砖券结构。端慧皇太子墓冢右侧的砖券葬有清高宗乾隆皇帝第十三子、第十四子、第十六子。①琉璃门内,三座墓冢"一"字摆开呈笔架状,俗称"笔架山"。墓冢东南隅还有为清高宗乾隆皇帝第八女修建的墓冢,其母是忻贵妃戴佳氏,终年11岁。园寝西侧建有多罗贝勒永璂②园寝。20世纪20年代,园寝被盗。20世纪80年代,当时园寝地面建筑已无任何遗迹可寻。

2009年2月28日,笔者考察园寝,墓冢位置尚存遗迹,有三座并排的墓冢坑。

2016年11月19日,笔者再访园寝,尚存玄宫遗址。

端慧皇太子园寝(追封)资料:

墓主:爱新觉罗·永琏

支系:清高宗乾隆皇帝次子

现存遗址:玄宫遗址

地址:蓟州区孙各庄村朱华山

---

① 爱新觉罗·永璟,生于乾隆二十年(1755)十二月二十一日,为清高宗乾隆皇帝第十三子,母亲是孝仪纯皇后纳喇氏。乾隆二十二年(1757)七月二十四日薨逝,终年3岁。

爱新觉罗·永璐,生于乾隆二十二年(1757)七月十七日,为清高宗乾隆皇帝第十四子,母亲是孝仪纯皇后魏佳氏。乾隆二十五年(1760)三月初八日薨逝,终年4岁。

第十六子未命名,生于乾隆二十七年(1762)十一月三十日,为清高宗乾隆皇帝第十六子,母亲是孝仪纯皇后魏佳氏。乾隆三十年(1765)三月十七日薨逝,终年4岁。

② 爱新觉罗·永瑆,生于乾隆十七年(1752)四月二十五日,为清高宗乾隆皇帝第十二子,母亲是皇后乌拉那拉氏。乾隆四十一年(1776)正月二十八日薨逝,终年25岁。嘉庆四年(1799)三月,追封为多罗贝勒。据《清代王爷坟》载,园寝规制略小,享殿覆以筒子瓦顶。

哲亲王永琮园寝（追封）

爱新觉罗·永琮,生于乾隆十一年(1746)四月初八日,为清高宗乾隆皇帝第七子,母亲是孝贤纯皇后富察氏。乾隆十二年(1747)十二月二十九日薨逝,终年2岁,谥曰"悼敏阿哥"。嘉庆四年(1799)三月,追封为和硕哲亲王。

哲亲王园寝遗址位于今朱华山,墓室在永琏墓冢左侧的石券中。在永琮的墓室中还葬有清高宗第九子和第十子。①两位皇子均未及起名便夭折了。

2016年11月19日,笔者考察园寝,尚存玄宫遗址。

哲亲王园寝(追封)资料:

墓主:爱新觉罗·永琮

支系:清高宗乾隆皇帝第七子

现存遗址:玄宫遗址

地址:蓟州区孙各庄村朱华山

恒温亲王允祺园寝

爱新觉罗·允祺,生于康熙十八年(1679)十二月初四日,为清圣祖康熙皇帝第五子,母亲是宜妃郭络罗氏。康熙四十八年(1709)三月,晋封为和硕恒亲王。雍正十年(1732)闰五月十九日薨逝,终年54岁,谥曰"温"。

恒温亲王园寝遗址位于今东营房村。据《清代王爷坟》载,园寝坐北朝南②,依次建有神桥三座、平桥四座、东西朝房(面阔三间)、碑楼、宫门(面阔三间)、享殿(面阔五间)、东西角门、墓冢。园寝的玄宫为石券,墓室内的棺床上放置着棺

---

① 清高宗乾隆皇帝第九子生于乾隆十三年(1748)七月初九日,母亲是淑嘉皇贵妃金佳氏。乾隆十四年(1749)四月二十七日薨逝,终年2岁。

清高宗乾隆皇帝第十子生于乾隆十六年(1751)五月十九日,母亲是舒妃叶赫那拉氏。乾隆十八年(1753)六月初七日薨逝,终年3岁。

② 道光十一年《蓟州志》卷二记载,乾隆初年,恒温亲王园寝建立于州治东北六里贾家山,随即改山名为钟灵山。据《清代王爷坟》载,当地村中的老人讲,建立王爷坟之后,这里的农民都被迫搬迁,只有一家姓白的留了下来。与王爷坟有关的还有王、李、张、刘等姓,李姓来自三河县北边的灵山。

椁三口。20世纪20年代,恒亲王府后人进行了"起灵",将墓碑及园寝内的树木变卖。

2007年8月,笔者再次考察钟灵山地区,当时这里属逯庄子乡东营房村,未找到任何遗迹。后经东营房村村民朱长生先生介绍,笔者才了解到恒温亲王园寝的保存状况。当时园寝已无任何遗迹,只存在玄宫遗址,为某休养所的后院,曾做过养鱼池。

2016年10月5日,笔者再访园寝,玄宫遗址已成为养鱼池。

恒温亲王园寝玄宫(2016年摄)

恒温亲王园寝资料:

墓主:爱新觉罗·允祺

支系:清圣祖康熙皇帝玄烨第五子

现存遗址:玄宫遗址

地址:蓟州区逯庄子乡东营房村

恒恪亲王弘晊园寝

爱新觉罗·弘晊,生于康熙三十九年(1700)八月二十六日,为恒温亲王允祺次子,母亲是侧福晋瓜尔佳氏。雍正十年(1732)九月,承袭恒亲王爵位。乾隆四十年(1775)六月初六日薨逝,终年76岁,谥曰"恪"。

恒恪亲王园寝遗址位于今果香峪村(俗称"北陵")。据《清代王爷坟》载,园寝坐北朝南,依次建有神桥、碑楼、东西朝房(面阔三间)、宫门(面阔三间)、享殿(面阔五间)、墓冢(建在月台之上)。园寝玄宫为石券结构,墓室内的棺床上放有棺椁五口。20世纪20年代,恒亲王府后人将园寝内的树木变卖。

2007年8月25日,笔者考察恒恪亲王园寝,仅存神桥一座。

2016年10月5日,笔者再访时,园寝的神桥尚存,此处已被立上文物保护标志,上书"果香峪石桥"。

恒恪亲王园寝神桥全景(2016年摄)

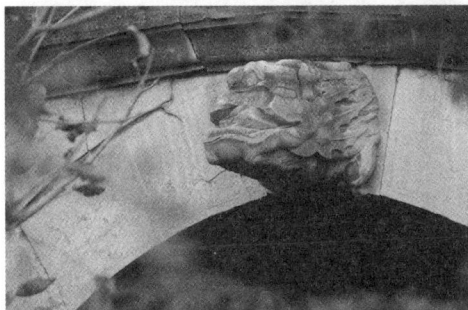

恒恪亲王园寝神桥上的小兽(2016年摄)

恒恪亲王园寝神桥处的文物保护标志
(2016年摄)

恒恪亲王园寝资料:

墓主:爱新觉罗·弘旺

支系：恒温亲王允祺次子

现存遗址：神桥

地址：蓟州区穿芳峪乡果香峪村

恒敬郡王园寝平桥（2016年摄）

恒敬郡王园寝神桥（2008年摄）

恒敬郡王永皓园寝

爱新觉罗·永皓，生于乾隆二十二年（1757）十一月二十日，为恒恪亲王弘晊第十子，母亲是庶福晋石佳氏。乾隆四十年（1775）十月，承袭恒郡王爵位。乾隆五十三年（1788）十一月二十四日薨逝，终年32岁，谥曰"敬"。

恒敬郡王园寝遗址位于今果香峪村（果香峪村西的金陵峪）。据《清代王爷坟》载，园寝内建有神桥、宫门、享殿、墓冢。20世纪20年代，恒亲王府后人将园寝内的树木变卖。

2007年8月25日，笔者考察园寝，尚存平桥、神桥，桥栏板已毁，散落在桥下和村中，另有一些玄宫石券被用来砌筑桥下的挡水坝。据村民介绍，园寝的玄宫被盗后曾作为水窖，现存一个长方形的入口，深8米有余。玄宫内石门及棺床保存完好，门簪雕刻精美，门簪上的图案从东至西分别是牡丹、荷花、菊花、腊

梅,代表春夏秋冬四季。棺床上的金井为桃形,在清代王爷园寝中实为罕见。

2016年10月5日,笔者再访园寝,尚存神桥一座、平桥一座,此处已立上文物保护标志,上书"清代皇家园寝"。玄宫已被回填,已无法进入考察。

恒敬郡王园寝资料:
墓主:爱新觉罗·永皓
支系:恒温亲王允祺之孙
现存遗址:平桥、神桥
地址:蓟州区穿芳峪乡果香峪村

玄宫入口(上图于2008年摄,下图于2016年摄)

神桥（2008年摄）

神桥上的小兽（2016年摄）

神桥下汉白玉石之一（2016年摄）

神桥下汉白玉石之二（2016年摄）

177

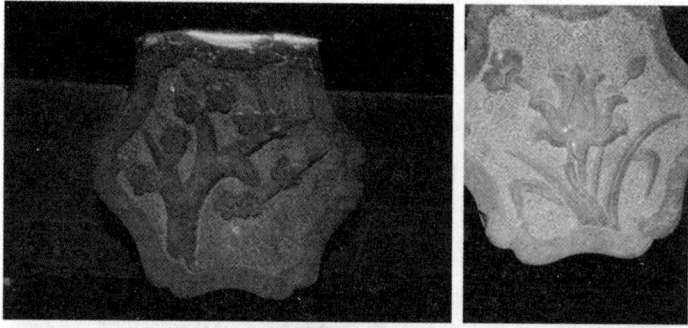

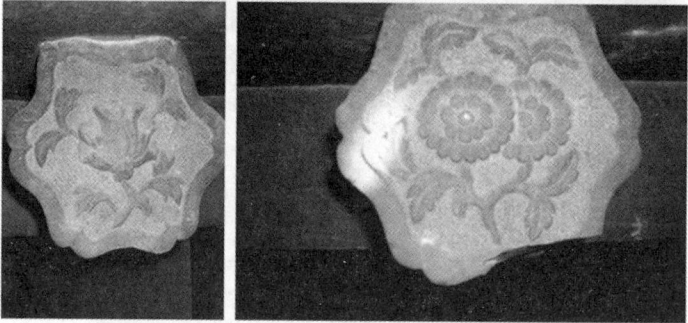

恒敬郡王园寝玄宫门簪之一（2007年摄）

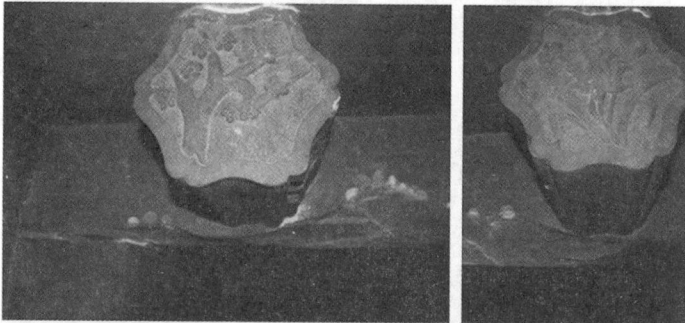

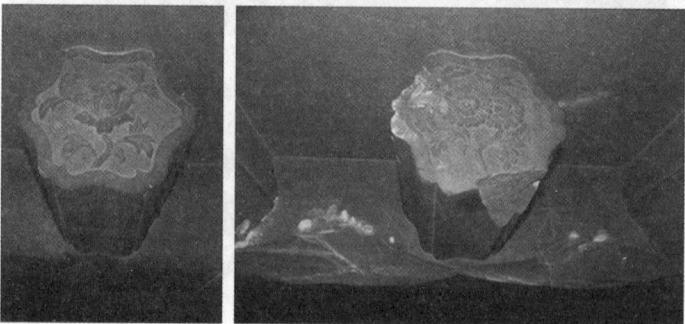

恒敬郡王园寝玄宫门簪之二（2008年摄）

玄宫石门之石门扇(2007年摄)

玄宫门洞券(2007年摄)

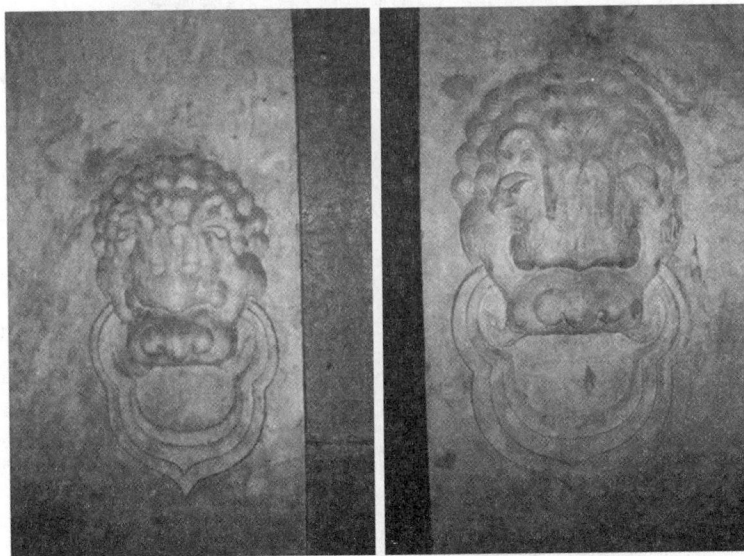
玄宫石门之兽首(2007年摄)

179

玄宫（2007年摄）

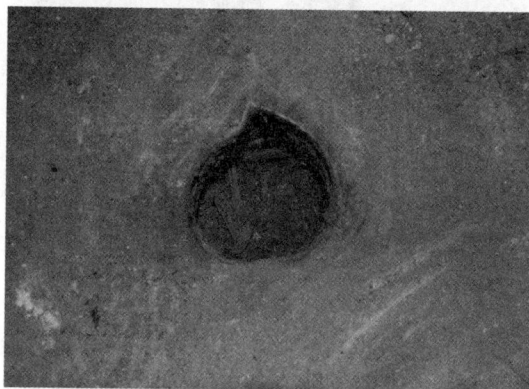
玄宫内棺床上的金井（2007年摄）

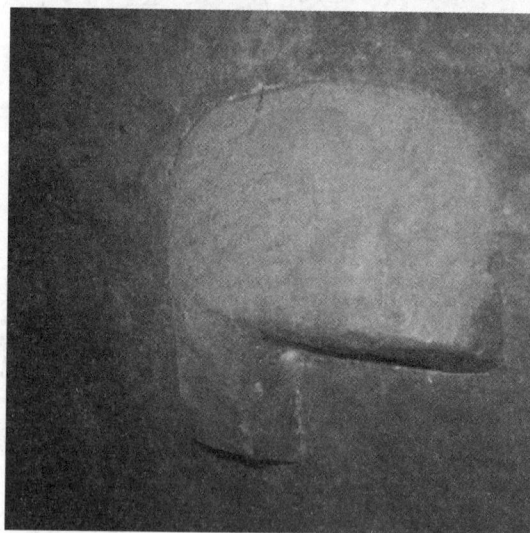
石门内侧顶自来石的凹槽（2007年摄）

第十六节　河北省保定市

裕悼亲王保寿园寝（追封）

爱新觉罗·保寿,生于康熙二十三年(1684)七月十七日,为裕宪亲王福全第五子,母亲是侧福晋瓜尔佳氏。初封辅国公品级。康熙四十五年(1706)九月初八日薨逝,终年23岁。雍正三年(1725)四月,追封为和硕裕亲王,谥曰"悼"。

裕悼亲王园寝遗址位于今南福地村。据《清代王爷坟》载,园寝坐西朝东,依次建有神桥、碑楼、南北朝房、宫门(面阔三间)、享殿、园寝墙(两端各辟角门)、墓冢。园寝的玄宫为石券结构,棺床上放置两口棺椁。照应园寝户有白、裴、焦、陈、赵等姓。20世纪20年代,裕亲王府后人将园寝内的树木变卖。20世纪70年代,墓冢被平毁。冯其利先生于1986年3月27日考察此地时,尚存螭首龟趺碑。

裕悼亲王螭首龟趺碑(2016年摄)

裕悼亲王螭首六条蟠龙(2016年摄)

2007年8月18日,笔者到南福地村考察,在村中找到了裕悼亲王园寝的螭首龟趺碑,上有"追封保寿亲王碑文""雍正三年六月初十日"字样。墓碑的螭首为六条蟠龙首。

2016年10月1日,笔者再访园寝,仅存螭首龟趺碑一通。

裕悼亲王园寝(追封)资料:

墓主:爱新觉罗·保寿

支系:裕宪亲王福全第五子

现存遗址:螭首龟趺碑

地址:易县裴山镇北白虹乡南福地村

裕庄亲王螭首龟趺碑(2016年摄)

裕庄亲王广禄园寝

爱新觉罗·广禄,生于康熙四十五年(1706)六月二十七日,为裕悼亲王保寿第三子,母亲是侧福晋刘氏。康熙六十一年(1722)十一月,恩诏授六品官。雍正四年(1726)十月,承袭裕亲王爵位。乾隆五十年(1785)九月二十一日薨逝,终年80岁,谥曰"庄"。

裕庄亲王园寝遗址位于今南福地村西南。据《清代王爷坟》载,园寝坐西南朝东北,依次建有神桥(材质为青石)、碑楼、南北朝房、宫门(面阔三间)、享殿、园寝墙(两端各辟角门)、墓冢。照应园寝户有白、裴、焦、陈、赵等姓。20世纪20年代,裕亲王府后人将园寝内的树木变卖。20世纪70年代,墓冢被平毁。冯其利先生于1986年3月27日考察此地时,尚存有螭首龟趺碑。

2007年8月18日,笔者到南福地村考察,在村西的电压厂处见到了裕庄亲王园寝的螭首龟趺碑,其墓碑的螭首为四条蟠龙,上有"乾隆五十一年"字样。笔者在园寝周围发现了一些建筑用的绿色琉璃瓦。

2016年10月1日,笔者再访园寝,仅存螭首龟趺碑一通。

裕庄亲王园寝资料:
墓主:*爱新觉罗·广禄*
支系:*裕宪亲王福全之孙*
现存遗址:*螭首龟趺碑*
地址:*易县裴山镇北白虹乡南福地村*

淳度亲王允祐园寝

爱新觉罗·允祐,生于康熙十九年(1680)七月二十五日,为清圣祖康熙皇帝第七子,母亲是成妃戴佳氏。康熙三十九年(1700)三月,封为多罗贝勒。康熙四十八年(1709)三月,晋封为多罗淳郡王。雍正元年(1723)四月,晋封为和硕淳亲王。雍正八年(1730)四月初二日薨逝,终年51岁,谥号"度"。

淳度亲王园寝遗址位于今神石庄乡北福地村东南(俗称"北府坟地")。据《清代王爷坟》载,园寝坐南朝北,未建月牙河及神桥,建有碑楼、宫门(面阔三间)、享殿(面阔五间)、琉璃门、墓冢。玄宫为拱券结构,有汉白玉石门两扇,棺床上放置两口棺椁。照应园寝户有赵、李两姓。20世纪30年代,园寝被盗。20世纪80年代,园寝仅存玄宫和石门。

2007年8月18日,笔者考察淳度亲王园寝,见到仅存的玄宫及须弥座残石,是园寝原物。园寝的盗洞口还能容纳一人下去。笔者进到玄宫后,看见石门埋在废土中,门楣是石质,造型精美。玄宫墓券与宫券成"T"字形相交,极为罕见。

2016年10月1日,笔者再访淳度亲王园寝,尚存须弥座残石,玄宫已被杂草封堵。

淳度亲王园寝资料：

墓主：爱新觉罗·允祐

支系：清圣祖康熙皇帝第七子

现存遗址：须弥座（残）、玄宫

地址：易县高村镇神石庄乡北福地村

▲玄宫入口（上为2007年摄、下为2016年摄）
◀汉白玉须弥座残石（2016年摄）

玄宫内石门（2007年摄）

玄宫（2007年摄）

果毅亲王允礼园寝

爱新觉罗·允礼，生于康熙三十六年（1697）三月初二日，为清圣祖康熙皇帝第十七子，母亲是纯裕勤妃陈氏。雍正元年（1723）四月，封为果郡王。雍正六年（1728）二月，晋封为果亲王。乾隆三年（1738）二月初二日薨逝，终年42

岁,谥曰"毅"。

果毅亲王园寝遗址位于今上岳各庄村。据《清代王爷坟》载,园寝坐北朝南,建有神桥、碑楼、东西朝房(面阔三间)、宫门(面阔三间)、享殿(面阔五间)、园寝墙(两侧辟有东西角门)、墓冢(建在月台之上)。照应园寝户有陈、鲁、柴、王等姓。20世纪30年代,果王府后人将园寝内树木变卖。园寝被盗后,玄宫内渗水,墓室的棺床上放置棺椁三口。20世纪80年代,园寝尚存神桥、螭首龟趺碑、东朝房、享殿(享殿前有云朵阶石)、玄宫遗址。

2007年8月11日,笔者考察上岳各庄村,在村中看到了已经废弃的汉白玉石桥,上面堆满了干柴,一对石狮被倒放在某户村民的院子中。随后在一片红薯地里看到了尚存的螭首龟趺碑,碑

允礼像(莽鹄立写照,蒋廷锡补景,北京故宫博物院藏)

上有"乾隆三年九月二十二日"字样。园寝的东朝房已被毁,三合土墓冢尚存,但依然不失王爷园寝的威严。

2016年10月2日,笔者再访果毅亲王园寝,尚存神桥、石狮一对、螭首龟趺碑、东朝房、享殿、墓冢。

果毅亲王园寝资料:

墓主:爱新觉罗·允礼

支系:清圣祖康熙皇帝第十七子

现存遗址:神桥、石狮一对、螭首龟趺碑、东朝房、享殿、墓冢

地址:易县梁格庄镇上岳各庄村

汉白玉石桥(2007年摄)

汉白玉石桥(2016年摄)

汉白玉石狮(2007年摄)

螭首龟趺碑(2016年摄)

螭首龟趺碑的水盘(2016年摄)

东厢房（2016年摄）

享殿（2016年摄）

汉白玉材质之滴水（2016年摄）

墓冢（2016年摄）

果恭郡王弘瞻园寝

爱新觉罗·弘瞻,生于雍正十一年(1733)六月十一日,为清世宗雍正皇帝第六子、果毅亲王允礼嗣子,母亲是谦妃刘氏。乾隆三年(1738)二月,承袭果亲王爵位。乾隆二十八年(1763),降为多罗贝勒。乾隆三十年(1765),复果郡王爵位。乾隆三十年(1765)三月初八日薨逝,终年33岁,谥曰"恭"。

果恭郡王园寝遗址位于今下岳各庄村。据《清代王爷坟》载,园寝内建有神桥、碑楼、东西朝房、宫门(面阔三间)、享殿(面阔三间)、园寝墙(两侧各辟角门)、墓冢(建在月台之上,共有墓冢五座)。居中的墓冢为果恭郡王弘瞻及嫡福晋合葬之墓,另外四座墓冢为其子、孙、曾孙、玄孙之墓。20世纪30年代,果王府后人将园寝内树木变卖,园寝被盗。

笔者将五座墓冢分别用M1、M2、M3、M4、M5表示,以示区分。M1为园寝中居中的墓冢,M2为园寝东北部的墓冢,M3为园寝西北部的墓冢,M4为园寝东南部的墓冢,M5为园寝西南部的墓冢。目前可以断定的墓冢主人是:M1为弘瞻之墓,M2为永瑝[①]之墓,M3、M4、M5的墓主人莫衷一是。M4已被拆除,从散落在遗址上的建筑构件来看,墓冢外部似与M5材质相同。

2007年8月11日、18日,笔者先后两次考察下岳各庄村,在原岭东小学的旧址附近找到了果郡王园寝。当时园寝规模比较完整,存螭首龟趺碑、东西朝房、宫门、门狮、享殿及墓冢遗址。

园寝西侧南部有一座砖砌的墓冢,下面没有汉白玉须弥座。西侧北部有一座汉白玉须弥座构成的墓冢,但已被毁,只剩须弥座残件及玄宫。玄宫入口呈长方形,略窄,能容纳一人钻进。在此处,笔者看到了雕刻精美的石梁,此石梁疑为望柱建筑,但石梁已断为两截。石梁下面有一个坑洞,是原放棺椁处,现在已成为玄宫遗址。坑的周围土层中还埋有椁片,椁片上为朱漆彩绘金龙图案。园寝正中的大型长方形玄宫遗址可断定为果郡王弘瞻及其福晋之墓。东侧北部的墓冢是由汉白玉须弥座构成,须弥座已残破,此玄宫盗洞处仍可下去几人。玄宫面

---

① 爱新觉罗·永瑝,生于乾隆十七年(1752)六月初十日,为果恭郡王弘瞻长子,母亲是嫡福晋范佳氏。乾隆三十年(1765)六月,承袭多罗果郡王爵位。乾隆五十四年(1789)七月二十一日薨逝,终年38岁,谥曰"简"。

蟠首龟趺碑（2009年摄）

积较西侧北部的大，石券完整，挡券墙犹存。玄宫石门外框有一副石刻对联，因下半部被土掩埋，未能看全，只见东侧对联为"一点仙灵藏"，西侧对联为"艺林塾慰润"。在享殿的遗址前有丹陛石一处，这在王爷园寝中并不常见。

2016年10月2日，笔者再访果恭郡王园寝，尚存蟠首龟趺碑[①]、东西朝房、门狮、宫门、享殿及墓冢遗址。

果恭郡王园寝资料：

墓主：爱新觉罗·弘曕

支系：清世宗雍正皇帝第六子

现存遗址：蟠首龟趺碑、东西朝房、门狮、宫门、享殿、墓冢遗址

地址：易县梁格庄镇上岳各庄村

宫门与石狮（2009年摄）

宫门（2016年摄）

---

① 果恭郡王园寝的墓碑碑文上写作"弘曕"，实为误写，应为"弘曕"。详见《清代王爷园寝碑文上的错别字》，《中国文物报》2013年11月15日第6版。

◀享殿前丹陛石（2007年摄）

享殿（2016年摄）

弘瞻之墓（2009年摄）

弘瞻之墓（2016年摄）

永瑢之墓（2007年摄）

永瑢之墓（2016年摄）

永瑢之墓玄宫内景（2009年摄）

墓冢遗址M3玄宫内景（2007年摄）

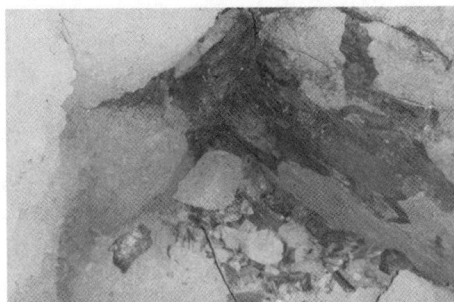

墓冢遗址M4（2007年摄）

墓冢遗址M3玄宫内椁片（2007年摄）

墓冢遗址M5（2007年摄）

园寝遗址全景(由南向北拍,2007年摄)

园寝遗址全景(由北向南拍,2009年摄)

怡贤亲王允祥园寝

爱新觉罗·允祥,生于康熙二十五年(1686)二月初一日,为清圣祖康熙皇帝第十三子,母亲是敬敏皇贵妃章佳氏。康熙六十一年(1722)十二月,晋封为怡亲王。雍正八年(1730)五月初四日薨逝,终年45岁,谥曰"贤"。

螭首龟趺碑(2016年摄)

怡贤亲王园寝遗址位于今东营房村西南部。据《清代王爷坟》载,园寝坐西朝东,依次建有神道碑、火焰牌坊(四柱三门)、五孔桥、石牌坊(四柱三门)、平桥、华表、三孔桥、神道碑、神厨库、井亭、班房、朝房、宫门(两侧各辟角门)、南北焚帛炉、享殿(前置石麒麟一对)、墓冢。墓室内的门楣为铜铸,墓室内有棺椁四口。20世纪20年代,怡亲王府后人将园寝内的树木变卖。20世纪30年代,园寝被盗。20世纪80年代,怡贤亲王园寝尚存神道碑、火焰牌坊、石牌坊、五孔石桥、华表、三孔桥、宫门遗址、享殿遗址、园寝墙遗址。

2007年7月21日,笔者考察怡贤亲王园寝,看到螭首龟趺碑、火焰牌坊、五孔石拱桥、四柱三门牌坊、华表、三孔桥等建筑尚存，被毁的玄宫虽已成遗址，依然能清楚地辨认出来。

2016年12月11日，笔者再访园寝时，于神道碑前见到了2014年10月10日所立的文物保护标志，此处于2006年5月25日被公布为全国重点文物保护单位。怡贤亲王园寝尚存神道碑（上书"忠敬诚直勤慎廉明和硕怡贤亲王神道碑"，左侧为满文，右侧为汉文）、火焰牌坊（四柱三门）、五孔桥、石牌坊（四柱三门）、平桥、华表、三孔桥、宫门遗址、享殿遗址、墓冢遗址。

怡贤亲王园寝资料：

墓主：爱新觉罗·允祥

支系：清圣祖康熙皇帝第十三子

现存遗址：螭首龟趺碑、火焰牌坊、五孔石拱桥、四柱三门牌坊、华表（一对）、平桥、三孔桥、玄宫

地址：涞水县石亭镇东营房村

火焰牌坊（2016年摄）

四柱三门牌坊（2016年摄）

五孔石拱桥
（2016年摄）

华表（2016年摄）

平桥（2016年摄）

三孔桥平桥（2016年摄）

玄宫墓道（2016年摄）

怡僖亲王弘晓园寝

爱新觉罗·弘晓，生于康熙六十一年（1722）四月初九日，为怡贤亲王允祥第七子，母亲是嫡福晋兆佳氏。雍正八年（1730）十二月，承袭怡亲王爵位。乾隆四十三年（1778）四月十五日薨逝，终年57岁，谥曰"僖"。

怡僖亲王园寝遗址位于今福山营村（俗称"东宫"）。据《清代王爷坟》载，园寝坐西朝东，依次建有神桥、碑楼、宫门、朝房、守护班房、享殿（面阔五间）、琉璃门、墓冢。照应园寝户有赵、张、罗、冯、关、顾、于、马等姓。20世纪30年代，园寝被盗。20世纪60年代，怡僖亲王园寝的螭首龟趺碑尚存，碑上刻立碑时间为"乾隆四十五年十二月十七日"。

2007年7月21日，笔者考察怡僖亲王园寝，见到这里仅存了一些汉白玉石料。当时这里属娄庄乡福山营满族村，大部分居民都是满族。据守陵人后代罗珍昆先生讲,此地原隶属满洲正蓝旗四甲喇七分牛录。

2016年12月11日,笔者再访怡僖亲王园寝,尚存玄宫遗址和废石料等遗迹。

怡僖亲王园寝资料:

墓主:爱新觉罗·弘晓

支系:怡贤亲王允祥第七子

现存遗址:玄宫遗址

地址:涞水县娄村乡福山营村

园寝残存的废石料(2016年摄)

园寝之玄宫遗址(2016年摄)

怡亲王绵标园寝(追封)

爱新觉罗·绵标,生于乾隆三十五年(1770)九月二十日,为怡恭亲王永琅[①]次子,母亲是嫡福晋瓜尔佳氏。嘉庆四年(1799),授正蓝旗护军统领,嘉庆四年(1799)三月十七日薨逝,终年30岁。嘉庆五年(1800)二月,追封为亲王。

怡亲王园寝遗址位于今福山营村北(俗称"老大爷墓")。据《清代王爷坟》载,园寝坐西朝东,园寝未起券,为土质墓冢一座。

2007年7月21日,笔者考察怡亲王园寝,已无任何遗迹可寻。

---

① 爱新觉罗·永琅,生于乾隆十一年(1746)五月初五日,为怡僖亲王弘晓次子,母亲是侧福晋石佳氏。嘉庆四年(1799)九月初一日薨逝,终年54岁,追谥曰"恭"。

怡亲王园寝(追封)资料:

墓主:爱新觉罗·绵标

支系:怡贤亲王允祥三世孙

现存遗址:无

地址:涞水县娄村乡福山营村

怡亲王载坊园寝

爱新觉罗·载坊,生于嘉庆二十一年(1816)七月初八日,为怡恪亲王奕勋[1]长子,母亲是庶母舒氏。嘉庆二十四年(1819)二月,承袭怡亲王爵位。嘉庆二十五年(1820)十二月十六日薨逝,终年5岁。

怡亲王载坊园寝遗址位于今福山营村(俗称"花墙子"),位于怡亲王绵标园寝的西北部。据《清代王爷坟》载,园寝坐西朝东,建月台一座,上边是直径五尺五寸左右的墓冢。

2007年7月21日,笔者考察怡亲王园寝,已无任何遗迹可寻。

怡亲王园寝资料:

墓主:爱新觉罗·载坊

支系:怡贤亲王允祥五世孙

现存遗址:无

地址:涞水县娄村乡福山营村

怡亲王载垣园寝(革爵)

爱新觉罗·载垣,生于嘉庆二十一年(1816)八月二十六日,为怡恪亲王奕勋

---

① 爱新觉罗·奕勋,生于乾隆五十八年(1793)七月三十日,为追封和硕怡亲王绵标长子,母亲是侧福晋刘氏。嘉庆二十三年(1818)九月二十一日薨逝,终年26岁,谥曰"恪"。

次子,母亲是庶母李氏。道光五年(1825)二月,承袭怡亲王爵位。咸丰十一年(1861)革爵,赐自尽,终年45岁。

怡亲王载垣园寝遗址位于今福山营村(俗称"南宫上"),位于怡僖亲王园寝的东南部。据《清代王爷坟》载,园寝是坐西朝东而建。

2007年7月21日,笔者考察怡亲王载垣园寝,已无任何遗迹可寻。

怡亲王园寝(革爵)资料:
墓主:爱新觉罗·载垣
支系:怡贤亲王允祥五世孙
现存遗址:无
地址:涞水县娄村乡福山营村

宁良郡王弘晈园寝

爱新觉罗·弘晈,生于康熙五十二年(1713)五月二十五日,为怡贤亲王允祥第四子,母亲是嫡福晋兆佳氏。雍正八年(1730)八月,封为多罗宁郡王。乾隆二十九年(1764)八月十四日薨逝,终年52岁,谥曰"良"。

宁良郡王园寝遗址位于今雁翎村(俗称"南宫")。据《清代王爷坟》载,此处为怡亲王家族的另一园寝地。地面建筑规制不详。

2007年7月21日,笔者考察宁良郡王园寝时,墓冢已被平毁,仅存玄宫遗迹。

宁良郡王园寝资料:
墓主:爱新觉罗·弘晈
支系:怡贤亲王允祥第四子
现存遗址:玄宫遗迹
地址:涞水县娄村乡雁翎村

宁良郡王园寝玄宫遗迹(2018年摄)

永瑢画《平安如意》图轴（北京故宫博物院藏）

质庄亲王永瑢园寝

爱新觉罗·永瑢，生于乾隆八年（1743）十二月十四日，为清高宗乾隆皇帝第六子，母亲是纯惠皇贵妃苏佳氏。乾隆二十四年（1759）十二月，嗣多罗慎靖郡王允禧①之后，承袭多罗贝勒爵位。乾隆三十七年（1772）十月，晋封为多罗质郡王。乾隆五十四年（1789）十一月，晋封为和硕质亲王。乾隆五十五年（1790）五月初一日薨逝，终年48岁，谥曰"庄"。

质庄亲王园寝遗址位于今北洛平村的东北部（俗称"北宫"，又称"上陵"）。据《清代王爷坟》载，园寝坐北朝南，依次建有碑楼、宫门、享殿、墓冢（建在月台之上）。建有园寝墙两道。20世纪20年代，享殿被拆除。20世纪50年代，墓冢被拆除，墓室玄宫为砖券结构，棺床上放有棺椁三口。20世纪90年代，玄宫遗址附近堆有建园寝所用的汉白玉石料。

2016年10月3日，笔者考察质庄亲王园寝，村中散落着一些园寝的砖石，玄宫遗址的位置尚可以辨认出来。

---

① 爱新觉罗·允禧，生于康熙五十年（1711）正月十一日，为清圣祖康熙皇帝第二十一子，母亲是熙嫔陈氏。雍正八年（1730）二月，封为固山贝子；同年五月，晋封为多罗贝勒。雍正十三年（1735）十一月，晋封为多罗慎郡王。乾隆二十三年（1758）五月二十一日薨逝，终年48岁，谥曰"靖"。

永瑢之青田石章（北京故宫博物院藏）

质庄亲王园寝资料：

墓主：爱新觉罗·永瑢

支系：清高宗乾隆皇帝第六子

现存遗址：园寝石料

地址：涞水县永阳镇北洛平村

质恪郡王绵庆园寝

爱新觉罗·绵庆，生于乾隆四十四年（1779）五月初四日，为质庄亲王永瑢第五子，母亲是继福晋钮祜禄氏。乾隆五十五年（1790）九月，承袭多罗质郡王爵位。嘉庆九年（1804）十二月二十六日薨逝，终年26岁，谥曰"恪"。

质恪郡王园寝遗址位于今北洛平村（又称"下陵"），位于质庄亲王园寝的东南部。①据《清代王爷坟》载，园寝坐北朝南，依次建有神桥、宫门、享殿、墓冢（建在月台之上），未建碑楼。20世纪90年代，此处已无任何遗迹。

2016年10月3日，笔者考察质恪郡王园寝，已无任何遗迹，但见园寝的靠山龙宫山绵延数里。

---

① 河北省涞水县洛平乡有东、西、南、北四个洛平村。北洛平村的自然条件有特殊之处——地下水资源丰富，可能是因地质构造不同，与其毗邻的东、西、南三个洛平村都缺乏地下水源。距北洛平村东水田500米处，当地称为"下陵"，原为质庄亲王永瑢第五子质恪郡王绵庆墓地。

质恪郡王园寝资料：

墓主：爱新觉罗·绵庆

支系：质庄亲王永瑢第五子

现存遗址：无

地址：涞水县永阳镇北洛平村

端亲王弘晖园寝（追封）

　　爱新觉罗·弘晖，生于康熙三十六年（1697）三月二十六日，为清世宗雍正皇帝长子，母亲是孝敬宪皇后乌拉纳喇氏。康熙四十三年（1704）六月初六日薨逝，终年8岁。雍正十三年（1735）十一月，追封为和硕亲王，谥曰"端"。

　　端亲王园寝遗址位于今张各庄村。据《清代王爷坟》载，端亲王园寝仅存石平桥一座、宫门三间、享殿三间、琉璃门一座，园寝后寝部分未建月台和墓冢。

　　2016年10月2日，笔者考察端亲王园寝，此处已成为可游览的清西陵园寝之一，园寝内依次存有平桥、值房、宫门、享殿、墓冢。园寝内分别葬有端亲王弘晖、弘昀①、弘盼②。三座墓冢中，居中的墓冢为弘晖之墓，为土丘式墓冢；弘昀墓冢居东，为土丘式墓冢，建于砖石平台之上；居西的墓冢为弘盼之墓，亦为土丘式墓冢，建于砖石平台之上。

端亲王园寝（追封）资料：

墓主：爱新觉罗·弘晖

支系：清世宗雍正皇帝长子

现存遗址：平桥、值房、宫门、享殿、墓冢

地址：易县张各庄村

---

　　① 爱新觉罗·弘昀，生于康熙三十九年（1700）八月初七日，为清世宗雍正皇帝次子，母亲是齐妃李氏。康熙四十九年（1710）十月二十五日薨逝，终年11岁。

　　② 爱新觉罗·弘盼，生于康熙三十六年（1697）六月初二日，为清世宗雍正皇帝之子（因早夭，未齿序），母亲是齐妃李氏。康熙三十八年（1699）二月二十九日薨逝，终年3岁。

园寝正门（2016年摄）

园寝享殿（2016年摄）

弘盼墓（上）和弘昀墓（下）（2016年摄）

端亲王园寝全景
（2016年摄，居中者为弘晖墓）

怀亲王福惠园寝（追封）

　　爱新觉罗·福惠，生于康熙六十年（1721）十月初九日，为清世宗雍正皇帝第七子，母亲是敦肃皇贵妃年佳氏。雍正六年（1728）九月初九日薨逝，终年8岁。雍正十三年（1735）十一月，追封为亲王，谥曰"怀"。

　　怀亲王园寝遗址位于今王各庄村。据《清代王爷坟》载，园寝坐北朝南，尚存一座平桥、宫门三间、享殿三间、角门、墓冢。玄宫为砖石起券结构。20世纪30年代，怀亲王园寝被盗。

　　2016年10月2日，笔者考察怀亲王园寝，此处已成为可游览的清西陵园寝之一，园寝依次尚存平桥、宫门、享殿、墓冢。园寝内怀亲王福惠墓冢为土丘式墓冢。

怀亲王园寝（追封）资料：
墓主：爱新觉罗·福惠
支系：清世宗雍正皇帝之第七子
现存遗址：平桥、宫门、享殿、墓冢
地址：易县王各庄村

①
②
③
④

①怀亲王园寝平桥（2016年摄）
②怀亲王园寝享殿（2016年摄）
③怀亲王园寝琉璃门（2016年摄）
④怀亲王园寝墓冢（2016年摄）

第十七节 河北省遵化市

顺和郡王奕纲园寝(追封)

爱新觉罗·奕纲,生于道光六年(1826)十月二十三日,为清宣宗道光皇帝次子,母亲是孝静成皇后博尔济吉特氏。道光七年(1827)二月初八日薨逝,终年2岁。道光三十年(1850)正月,追封为多罗顺郡王,谥曰"和"。

顺和郡王园寝遗址位于今许家峪村西。据《清代王爷坟》载,园寝坐北朝南,依次建有宫门、享殿、墓冢(墓冢为四座,自东至西依次葬有慧质郡王、顺和郡王、端悯固伦公主、清宣宗道光皇帝皇二女)。

2009年3月1日,笔者考察顺和郡王园寝,园寝保护良好,尚存宫门、享殿、墓冢等建筑,已成为可游览的清东陵园寝之一。

顺和郡王园寝(追封)资料:
墓主:爱新觉罗·奕纲
支系:清宣宗道光皇帝次子
现存遗址:宫门、享殿、墓冢
地址:遵化市马兰峪镇许家峪村

顺和郡王园寝墓冢(2009年摄)

慧质郡王奕继园寝(追封)

爱新觉罗·奕继,生于道光九年(1829)十一月初七日,为清宣宗道光皇帝第三子,母亲是孝静成皇后博尔济吉特氏。道光九年(1829)十二月二十八日薨逝,终年1岁。道光三十年(1850)正月,追封为多罗慧郡王,谥曰"质"。

慧质郡王园寝遗址位于今许家峪村西。前文已述,慧质郡王与顺和郡王等人葬在一处园寝。其园寝坐北朝南,依次建有宫门、享殿、墓冢。

2009年3月1日,笔者考察慧质郡王园寝,园寝保护良好,尚存宫门、享殿、墓冢等建筑。现已成为可游览的清东陵园寝之一。

园寝墓冢(2009年摄)

慧质郡王园寝(追封)资料:
墓主:*爱新觉罗·奕继*
支系:*清宣宗道光皇帝第三子*
现存遗址:*宫门、享殿、墓冢*
地址:*遵化市马兰峪镇许家峪村*

第十八节　辽宁省辽阳市

庄亲王舒尔哈齐园寝(追封)

爱新觉罗·舒尔哈齐,生于明嘉靖四十三年(1564),为清显祖塔克世第三子,母亲是显祖宣皇后喜塔腊氏。初封贝勒,以军功赐号"达尔汉巴图鲁"。明万历三十九年(1611)八月十九日薨逝,终年48岁。顺治十五年(1658)五月,追封为和硕亲王,谥曰"庄"。

庄亲王园寝遗址位于今辽阳市东京陵内。东京陵现存园寝门、碑楼(螭首龟跌碑)、墓冢。园寝内葬有庄亲王舒尔哈齐和清太祖努尔哈赤的长子广略贝勒褚英。

2012年9月12日,笔者考察庄亲王园寝,该园寝已被定为省级文物保护单位,在园寝前立有保护标志,上书"东京陵",公布时间为"1988年12月20日"。2013年,东京陵被国务院公布为第七批全国重点文物保护单位。

庄亲王园寝资料:
墓主:爱新觉罗·舒尔哈齐

支系：清显祖塔克世第三子

现存遗址：园寝门、碑楼（螭首龟趺碑）、墓冢

地址：辽宁省辽阳市东京陵乡东京陵村

墓碑赑屃（2012年摄）

园寝碑楼（2012年摄）

园寝墓冢（2012年摄）

东京陵全景（2012年摄）

第十九节　宗室亲王、郡王封爵世袭表

表2-1 　　　　　　　　　　　　　　　　庄亲王封袭表

姓名	支系	享年	谥号	封爵简述
爱新觉罗·舒尔哈齐	清显祖塔克世第三子	48岁	庄	初封贝勒,以军功赐号"达尔汉巴图鲁"。万历三十九年(1611)八月十九日薨逝。顺治十五年(1658)五月,追封为和硕庄亲王

表2-2 　　　　　　　　　　　　　　郑亲王(简亲王)封袭表

姓名	支系	享年	谥号	封爵简述
爱新觉罗·济尔哈朗	庄亲王舒尔哈齐第六子	57岁	献	崇德元年(1636),以军功晋封郑亲王。顺治元年(1644),加封信义辅政叔王。顺治九年(1652),封叔郑亲王。顺治十二年(1655)薨逝。乾隆四十三年(1778),配享太庙,为清初八大"铁帽子王"之一
爱新觉罗·济度	郑献亲王济尔哈朗次子	28岁	纯	顺治八年(1651)闰二月,封为多罗简郡王。顺治十四年(1657)五月,承袭简亲王爵位。顺治十七年(1660)七月初一日薨逝
爱新觉罗·勒度	郑献亲王济尔哈朗第三子	16岁	简	顺治八年(1651)闰二月,封多罗敏郡王。顺治十二年(1655)十二月十九日薨逝
爱新觉罗·德塞	简纯亲王济度第三子	17岁	惠	顺治十八年(1661)二月,承袭简亲王爵位。康熙九年(1670)三月,薨逝,无嗣
爱新觉罗·喇布	简纯亲王济度次子	28岁	—	康熙九年(1670)九月,承袭简亲王爵位。康熙二十年(1681)十二月十二日薨逝。康熙二十二年(1683),追削王爵
爱新觉罗·雅布	简纯亲王济度第五子	44岁	修	康熙二十二年(1683)四月,承袭简亲王爵位。康熙四十年(1701)九月十七日薨逝

姓名	支系	享年	谥号	封爵简述
爱新觉罗·雅尔江阿	简修亲王雅布长子	56岁	—	康熙四十一年(1702),承袭简亲王爵位。雍正四年(1726)二月,革爵。雍正十一年(1733)十月二十九日薨逝
爱新觉罗·神保柱	简修亲王雅布第十四子	64岁	—	雍正四年(1726)三月,承袭简亲王爵位。乾隆十三年(1748)九月,革爵。乾隆二十四年(1759)闰六月二十九日薨逝
爱新觉罗·德沛	固山贝子福存第八子	65岁	仪	雍正十三年(1735)五月,被封为镇国将军。乾隆十三年(1748)九月,承袭简亲王爵位。乾隆十七年(1752)六月十八日薨逝
爱新觉罗·奇通阿	多罗敏简郡王勒度第十子	53岁	勤	乾隆十七年(1752)十月,承袭简亲王爵位。乾隆十八年(1753)六月二十三日薨逝
爱新觉罗·丰讷亨	简勤亲王奇通阿长子	53岁	恪	乾隆二十八年(1763)十月,承袭简亲王爵位。乾隆四十年(1775)十二月十一日薨逝
爱新觉罗·积哈纳	简恪亲王丰讷亨次子	27岁	恭	乾隆四十一年(1776)五月,承袭简亲王爵位。乾隆四十三年(1778)七月,复号为郑亲王。乾隆四十九年(1784)五月初三日薨逝
爱新觉罗·乌尔恭阿	郑恭亲王积哈纳长子	69岁	慎	乾隆五十九年(1794)二月,承袭和硕郑亲王爵位。道光二十六年(1846)二月二十五日薨逝
爱新觉罗·端华	郑慎亲王乌尔恭阿第三子	55岁	—	道光二十六年(1846)五月,承袭和硕郑亲王爵位。咸丰十一年(1861)十月,被赐自尽,降世爵为不入八分辅国公
爱新觉罗·经纳亨	简勤亲王奇通阿第四子	33岁	—	乾隆三十年(1765),承袭奉恩辅国公爵位。乾隆四十年(1775)十一月十一日薨逝。同治三年(1864)十二月,追封和硕郑亲王
爱新觉罗·伊丰额	追封和硕郑亲王经纳亨第五子	52岁	—	道光元年(1821)二月二十二日薨逝。同治三年(1864)十二月,追封为和硕郑亲王

姓名	支系	享年	谥号	封爵简述
爱新觉罗·西朗阿	追封和硕郑亲王伊丰额第三子	51岁	—	道光元年(1821),承袭和硕郑亲王爵位。道光二十八年(1848)十一月二十八日薨逝。同治三年(1864)十二月,追封为和硕郑亲王
爱新觉罗·承志	追封和硕郑亲王西朗阿第三子	40岁	—	同治三年(1864)九月,承袭和硕郑亲王爵位。同治十年(1871)六月,革爵。光绪八年(1882)十一月二十四日薨逝
爱新觉罗·庆至	郑恭亲王积哈纳次子爱仁第四子	60岁	顺	道光十七年(1837)十月,过继族叔松德为嗣。同治十年(1871)八月,承袭和硕郑亲王爵位。光绪四年(1878)二月十六日薨逝
爱新觉罗·凯泰	郑顺亲王庆至次子	30岁	恪	光绪四年(1878)七月,承袭和硕郑亲王爵位。光绪二十六年(1900)八月初八日薨逝
爱新觉罗·昭煦	郑恪亲王凯泰长子	不详	—	光绪二十八年(1902)九月,承袭和硕郑亲王爵位。薨逝之年未详

表2-3　　　　　　　　　　　　　　礼亲王封袭表

姓名	支系	享年	谥号	封爵简述
爱新觉罗·代善	清太祖努尔哈赤次子	66岁	烈	崇德元年(1636)四月,晋封为和硕礼亲王。顺治五年(1648)十一月十一日薨逝。乾隆四十三年(1778)正月,以功配享太庙,为清初八大"铁帽子王"之一
爱新觉罗·满达海	礼烈亲王代善第七子	31岁	简	崇德六年(1641),封为辅国公。顺治二年(1645)十月,晋封为固山贝子。顺治六年(1649),承袭亲王爵位。顺治八年(1651)十月,赐号曰"巽"。顺治九年(1652)二月初六日薨逝,谥曰"简"。顺治十六年(1659)十月,追夺谥号
爱新觉罗·常阿岱	巽简亲王满达海长子	23岁	怀愍	顺治九年(1652)七月,承袭巽亲王爵位。顺治十六年(1659)十月,被降为多罗贝勒。康熙四年(1665)四月十五日薨逝

姓名	支系	享年	谥号	封爵简述
爱新觉罗·祜塞	礼烈亲王代善第八子	19岁	惠顺	顺治三年(1646)二月初六日薨逝。顺治十年(1653),追封为惠顺郡王。康熙元年(1662),追封为惠顺亲王
爱新觉罗·杰书	惠顺亲王祜塞第三子	53岁	良	顺治十六年(1659),承袭亲王爵位,改号康亲王。康熙三十六年(1697)闰三月初十日薨逝
爱新觉罗·椿泰	康良亲王杰书第五子	27岁	悼	康熙三十六年(1697),承袭康亲王爵位。康熙四十八年(1709)五月十三日薨逝
爱新觉罗·冲安	康悼亲王椿泰长子	29岁	修	康熙四十八年(1709)十月,承袭康亲王爵位。雍正十一年(1733)九月初七日薨逝
爱新觉罗·巴尔图	康良亲王杰书第四子	80岁	简	雍正十二年(1734)四月,承袭康亲王爵位。乾隆十八年(1753)三月初七日薨逝
爱新觉罗·永恩	康修亲王冲安次子	79岁	恭	乾隆十八年(1753)五月,承袭康亲王爵位。乾隆四十三年(1778),复号礼亲王。嘉庆十年(1805)二月十五日薨逝
爱新觉罗·昭梿	康恭亲王永恩长子	54岁	—	嘉庆十年(1805)六月,承袭礼亲王爵位。嘉庆二十年(1815)十一月,革爵。道光九年(1829)十二月二十日薨逝
爱新觉罗·永蕙	康修亲王冲安第三子	62岁	—	乾隆十四年(1749)十二月,封二等镇国将军。乾隆五十五年(1790)二月十三日薨逝。嘉庆二十一年(1816),追封为礼亲王
爱新觉罗·麟趾	追封礼亲王永蕙长子	66岁	安	嘉庆二十年(1816),承袭礼亲王爵位。道光元年(1821)七月十三日薨逝
爱新觉罗·全龄	追封礼亲王锡春长子	34岁	慎	道光元年(1821),承袭礼亲王爵位。道光三十年(1850)三月二十八日薨逝
爱新觉罗·世铎	礼慎亲王全龄次子	71岁	—	道光三十年(1850),承袭礼亲王爵位。1913年农历十二月十三日逝世

表2-4 克勤郡王封袭表

姓名	支系	享年	谥号	封爵简述
爱新觉罗·岳讬	礼烈亲王代善长子	41岁	—	崇德元年(1636),晋封成亲王。崇德三年(1638),薨逝于军中,追封克勤郡王。乾隆四十三年(1778),以功配享太庙,为清初八大"铁帽子王"之一
爱新觉罗·罗洛浑	克勤郡王岳讬长子	24岁	介	崇德四年(1639)九月,袭封贝勒。崇德七年(1642),罢职。崇德八年(1643),复其封爵。顺治元年(1644),以军功晋封为衍禧郡王。顺治三年(1646)八月初三日薨逝
爱新觉罗·罗科铎	衍禧介郡王罗洛浑长子	43岁	比	顺治五年(1648)闰四月,承袭多罗衍禧郡王爵位。顺治八年(1651),改号曰"平"。康熙二十一年(1682)七月十二日薨逝
爱新觉罗·讷尔图	平比郡王罗科铎第四子	32岁	—	康熙二十二年(1683)正月,承袭多罗平郡王爵位。康熙二十六年(1687),革爵。康熙三十五年(1696)五月初十日薨逝
爱新觉罗·讷清额	已革平郡王讷尔图长子	74岁	—	乾隆三十年(1765)六月二十五日薨逝。乾隆四十四年(1779)六月,追封为多罗克勤郡王
爱新觉罗·讷尔福	平比郡王罗科铎第六子	31岁	悼	康熙二十四年(1685)正月,封为固山贝子。康熙二十六年(1687)五月,承袭多罗平郡王爵位。康熙四十年(1701)七月十二日薨逝
爱新觉罗·讷尔苏	平悼郡王讷尔福长子	51岁	—	康熙四十年(1701)十月,承袭多罗平郡王爵位。雍正元年(1723)七月,革爵。乾隆五年(1740)九月初五日薨逝,按照郡王品级建造园寝
爱新觉罗·福彭	已革平郡王讷尔苏长子	41岁	敏	雍正四年(1726)七月,承袭平郡王爵位。乾隆十三年(1748)十一月十三日薨逝
爱新觉罗·庆明	平敏郡王福彭长子	19岁	僖	乾隆十四年(1749)三月,承袭多罗平郡王爵位。乾隆十五年(1750)九月初一日薨逝

姓名	支系	享年	谥号	封爵简述
爱新觉罗·庆恒	平敏郡王福彭嗣子	47岁	良	乾隆六年(1741)三月,过继福彭为嗣。乾隆十五年(1750)十二月,承袭多罗平郡王爵位。乾隆二十七年(1762)闰五月,被降为固山贝子。乾隆四十年(1775)闰十月,复封郡王。乾隆四十三年(1778)正月,复封号为克勤郡王。乾隆四十四年(1779)二月初四日薨逝
爱新觉罗·雅朗阿	追封克勤郡王讷清额第十子	61岁	庄	乾隆四十五年(1780),承袭克勤郡王爵位。乾隆五十九年(1794)十二月十二日薨逝
爱新觉罗·亨谨	克勤庄郡王雅朗阿第三子	43岁	—	乾隆四十九年(1784)十二月,被封为三等镇国将军。乾隆六十年(1795)三月,承袭多罗克勤郡王爵位。嘉庆四年(1799)五月,革爵。嘉庆七年(1802)十月,赏封不入八分辅国公。嘉庆八年(1803)十月初三日薨逝
爱新觉罗·亨元	克勤庄郡王雅朗阿次子	40岁	—	乾隆四十六年(1781)四月,授三等侍卫。乾隆五十四年(1789)二月六日薨逝。嘉庆四年(1799)六月,亨元长子爱新觉罗·尚格承袭克勤郡王爵位,追封亨元为克勤郡王
爱新觉罗·尚格	追封克勤郡王亨元长子	64岁	简	嘉庆四年(1799)六月,承袭克勤郡王爵位。道光十三年(1833)二月二十三日薨逝
爱新觉罗·承硕	克勤简郡王尚格次子	38岁	恪	道光十三年(1833)六月,承袭克勤郡王爵位。道光十九年(1839)九月初七日薨逝
爱新觉罗·庆惠	克勤恪郡王承硕长子	43岁	敬	道光二十年(1840)二月,承袭克勤郡王爵位。咸丰十一年(1861)七月二十八日薨逝
爱新觉罗·晋祺	克勤敬郡王庆惠长子	55岁	诚	咸丰十一年(1861)十一月,承袭克勤郡王爵位。光绪十五年(1889)正月,赏加亲王衔。光绪二十六年(1900)二月初五日薨逝
爱新觉罗·崧杰	克勤诚郡王晋祺次子	22岁	顺	光绪二十六年(1900)二月,承袭多罗克勤郡王爵位。宣统元年(1909)十二月二十九日薨逝
爱新觉罗·晏森	克勤顺郡王崧杰长子	不详	—	宣统元年(1909)正月,承袭多罗克勤郡王爵位。薨逝之年未详

表2-5 顺承郡王封袭表

姓名	支系	享年	谥号	封爵简述
爱新觉罗·勒克德浑	和硕颖毅亲王萨哈璘次子	24岁	恭惠	顺治五年(1648),以军功封顺承郡王。顺治九年(1652)薨逝。康熙十年(1671),追谥,为清初八大"铁帽子王"之一
爱新觉罗·勒尔锦	顺承恭惠郡王勒克德浑第四子	56岁	—	顺治九年(1652),承袭顺承郡王爵位。康熙十九年(1680),革爵。康熙四十五年(1706)薨逝
爱新觉罗·勒尔贝	勒尔锦第三子	5岁	—	康熙二十年(1681)六月,承袭多罗顺承郡王爵位。康熙二十一年(1682)二月二十八日薨逝
爱新觉罗·延奇	勒尔锦第四子	7岁	—	康熙二十一年(1682)十二月,承袭多罗顺承郡王爵位。康熙二十六年(1687)四月二十三日薨逝
爱新觉罗·充保	勒尔锦第七子	14岁	—	康熙二十六年(1687)十一月,承袭多罗顺承郡王爵位。康熙三十七年(1698)九月二十日薨逝
爱新觉罗·布穆巴	勒尔锦第五子	70岁	—	康熙三十八年(1699)正月,承袭顺承郡王爵位。康熙五十四年(1715)五月,革爵。乾隆十六年(1751)十月初七日薨逝
爱新觉罗·诺罗布	顺承恭惠郡王勒克德浑第三子	68岁	忠	康熙五十四年(1715)五月,承袭顺承郡王爵位。康熙五十六年(1717)二月初五日薨逝
爱新觉罗·锡保	顺承忠郡王诺罗布第四子	55岁	—	康熙五十六年(1717),承袭顺承郡王爵位。雍正九年(1731),晋亲王。雍正十一年(1733),革爵。乾隆七年(1742)薨逝,按郡王品级殡葬
爱新觉罗·熙良	已革顺承郡王锡保长子	40岁	恪	雍正三年(1725)十月,承袭奉恩辅国公爵位,授散秩大臣。雍正五年(1727)七月,封奉恩镇国公。雍正六年(1728)十月,解散秩大臣。雍正十年(1732)正月,封世子。雍正十一年(1733)八月,革退世子;十二月,承袭多罗顺承郡王爵位。乾隆九年(1744)四月二十二日薨逝

姓名	支系	享年	谥号	封爵简述
爱新觉罗·泰斐英阿	顺承恪郡王熙良长子	29岁	恭	乾隆九年(1744),承袭顺承郡王爵位。乾隆二十一年(1756)七月初三日薨逝
爱新觉罗·恒昌	顺承恭郡王泰斐英阿第四子	26岁	慎	乾隆二十一年(1756),承袭顺承郡王爵位。乾隆四十三年(1778)二月初七日薨逝
爱新觉罗·伦柱	顺承慎郡王恒昌长子	52岁	简	乾隆五十一年(1786),承袭顺承郡王爵位。道光三年(1823)三月十六日薨逝
爱新觉罗·春山	顺承简郡王伦柱第四子	55岁	勤	道光三年(1823),承袭顺承郡王爵位。咸丰四年(1854)四月十二日薨逝
爱新觉罗·庆恩	顺承勤郡王春山第五子	38岁	敏	咸丰四年(1854),袭顺承郡王爵位。光绪七年(1881)四月十七日薨逝
爱新觉罗·讷勒赫	顺承敏郡王庆恩之子	37岁	—	光绪七年(1881),承袭顺承郡王爵位。1917年农历正月二十三日逝世

表2-6　　　　　　　　　　　　　谦郡王封袭表

姓名	支系	享年	谥号	封爵简述
爱新觉罗·瓦克达	礼烈亲王代善第四子	47岁	襄	顺治八年(1651),因军功被封为多罗谦郡王。顺治九年(1652)八月初七日薨逝
爱新觉罗·噶尔赛	谦襄郡王瓦克达第三子	72岁	—	顺治十年(1653)闰六月,被封为三等镇国将军。康熙六年(1667)四月,承袭镇国公爵位。康熙二十五年(1686)十月,革爵。康熙五十七年(1718)十一月二十一日薨逝
爱新觉罗·留雍	谦襄郡王瓦克达次子	63岁	—	顺治十年(1653)闰六月,被封为三等奉国将军。康熙六年(1667)四月,晋封为镇国将军。康熙八年(1669)七月,降为奉国将军品级。康熙二十五年(1686)十月,承袭镇国公爵位。康熙三十七年(1698)四月,革爵。康熙四十八年(1709)正月二十六日薨逝
爱新觉罗·洞福	已革辅国将军台浑次子忠瑞次子	54岁	—	乾隆四十三年(1778)十一月,承袭镇国将军爵位。乾隆五十七年(1792)五月十三日薨逝

姓名	支系	享年	谥号	封爵简述
爱新觉罗·德文	护国参领、镇国将军洞福次子	57岁	—	乾隆五十五年(1790)十二月,被封为二等奉国将军。乾隆五十七年(1792)十一月,承袭镇国将军爵位。道光五年(1825)十一月初五日薨逝
爱新觉罗·苏藩	镇国将军德文长子	45岁	—	嘉庆十七年(1812)十一月,被封为一等奉国将军。嘉庆十八年(1813)五月,授三等侍卫。道光六年(1826)三月,承袭一等镇国将军爵位。道光十六年(1836)五月二十一日薨逝
爱新觉罗·成瑞	镇国将军德文第三子镇国将军苏芳第五子,三等侍卫、镇国将军苏藩嗣子	36岁	—	道光十六年(1836)正月,过继苏藩为嗣;同年十月承袭镇国将军爵位。同治六年(1867)十月二十三日薨逝
爱新觉罗·岳康	承泽次子,镇国将军成瑞嗣子	63岁	—	同治七年(1868)二月,过继成瑞为嗣,承袭镇国将军爵位。光绪十七年(1891),授二等侍卫。光绪二十年(1894)七月初九日薨逝
爱新觉罗·恩厚	斌昌之子,镇国将军岳康嗣子	不详	—	光绪二十年(1894)十一月,过继岳康为嗣。光绪二十一年(1895)三月,承袭镇国将军爵位。薨逝之年未详

表2-7　　　　　　　　　　　　礼亲王(巽亲王)封袭表

姓名	支系	享年	谥号	封爵简述
爱新觉罗·满达海	礼烈亲王代善第七子	31岁	简	崇德六年(1641),被封为辅国公。顺治二年(1645)十月,晋封为固山贝子。顺治六年(1649),承袭亲王爵位。顺治八年(1651)十月,赐号曰"巽"。顺治九年(1652)二月初六日薨逝,谥曰"简"。顺治十六年(1659)十月,追夺谥号
爱新觉罗·常阿岱	巽亲王满达海长子	23岁	怀愍	顺治九年(1652)七月,承袭巽亲王爵位。顺治十六年(1659)十月,被降为多罗贝勒。康熙四年(1665)四月十五日薨逝

姓名	支系	享年	谥号	封爵简述
爱新觉罗·星尼	多罗怀愍贝勒常阿岱第六子	65岁	—	康熙四年(1665),承袭固山贝子爵位。康熙二十七年(1688)二月,革爵。康熙五十二年(1713)十二月,降袭辅国公。雍正七年(1729)正月初二日薨逝
爱新觉罗·星海	辅国公星尼长子	49岁	—	康熙二十七年(1688)三月,承袭镇国公爵位。康熙五十二年(1713)十一月,革爵。雍正八年(1730)二月二十日薨逝
爱新觉罗·福色铿额	常平次子,已革三等侍卫武尔卿阿嗣子	70岁	—	乾隆二十八年(1763)十一月,过继族叔尔卿阿为嗣。乾隆四十三年(1778)三月,承袭辅国将军爵位。道光元年(1821)五月初十日薨逝
爱新觉罗·明宪	辅国将军福色铿额第三子	53岁	—	道光元年(1821)十月,承袭辅国将军爵位。道光十三年(1833)十月十一日薨逝
爱新觉罗·禄智	辅国将军明宪次子	45岁	—	道光十四年(1834)二月,承袭辅国将军爵位。同治元年(1862)九月,革爵。光绪三年(1877)七月十二日薨逝
爱新觉罗·禄绅	辅国将军明宪堂侄,明益之子	65岁	—	同治元年(1862)十一月,承袭辅国将军爵位。光绪二十一年(1895)正月十八日薨逝
爱新觉罗·铁山	辅国将军禄绅第三子	不详	—	光绪二十一年(1895)五月,承袭一等辅国将军爵位。薨逝之年未详

表2-8　　　　　　　　　　　饶余亲王(安亲王)封袭表

姓名	支系	享年	谥号	封爵简述
爱新觉罗·阿巴泰	清太祖努尔哈赤第七子	58岁	敏	顺治元年(1644),晋饶余郡王。顺治三年(1646)三月二十五日薨逝。康熙元年(1662),追封为饶余亲王
爱新觉罗·岳乐	饶余敏亲王阿巴泰第四子	65岁	和	顺治六年(1649),承袭郡王爵位,改号安郡王。顺治十四年(1657),封为亲王。康熙十九年(1680),降为郡王。康熙二十八年(1689)二月二十四日薨逝

姓名	支系	享年	谥号	封爵简述
爱新觉罗·玛尔浑	安和郡王岳乐第十五子	47岁	懿	康熙二十九年(1690)二月,承袭安郡王爵位。康熙四十八年(1709)十一月十一日薨逝
爱新觉罗·华玘	安懿郡王玛尔浑次子	34岁	节	康熙四十九年(1710)二月,承袭安郡王爵位。康熙五十八年(1719)九月薨逝
爱新觉罗·蕴端	安和郡王岳乐第十八子	35岁	—	康熙二十三年(1684)正月,被封为多罗勤郡王。康熙二十九年(1690),降为固山贝子。康熙三十七年(1698)四月,夺爵。康熙四十三年(1704)三月初四日薨逝
爱新觉罗·奇昆	安节郡王华玘之孙、锡贵之子	44岁	—	乾隆四十三年(1778)三月,承袭奉恩辅国公爵位。乾隆四十七年(1782)四月初五日薨逝
爱新觉罗·崇积	奉恩辅国公奇昆第三子	42岁	—	乾隆五十九年(1794)二月,承袭奉恩辅国公爵位。嘉庆九年(1804)十二月,革爵。道光元年(1821)二月二十五日薨逝
爱新觉罗·布兰泰	追封奉恩辅国公岱英次子	71岁	—	嘉庆十年(1805)正月,承袭奉恩辅国公爵位。道光元年(1821)八月薨逝
爱新觉罗·亨明	奉恩辅国公布兰泰第四子	62岁	—	道光元年(1821)十二月,承袭奉恩辅国公爵位。咸丰十一年(1861)三月十三日薨逝
爱新觉罗·裕恰	奉恩辅国公亨明第三子	31岁	—	咸丰十一年(1861)十一月,承袭奉恩辅国公爵位。同治十三年(1874)二月初十日薨逝
爱新觉罗·意普	奉恩辅国公裕恰次子	62岁	—	同治十二年(1873)七月,承袭奉恩辅国公爵位。1929年农历五月逝世

表2-9 端重亲王封袭表

姓名	支系	享年	谥号	封爵简述
爱新觉罗·博洛	饶余敏亲王阿巴泰第三子	40岁	定	顺治元年(1644)十月,以军功晋封为多罗贝勒。顺治四年(1647)六月,被封为多罗郡王,赐号"端重"。顺治六年(1649)三月,晋封为和硕亲王。顺治七年(1650),降为郡王。顺治八年(1651)正月,复封为和硕亲王。顺治九年(1652)三月十六日薨逝。顺治十六年(1659)十月,因附和睿忠亲王,被追夺谥号
爱新觉罗·齐克新	端重定亲王博洛第八子	12岁	怀思	顺治九年(1652)八月,承袭端重定亲王爵位。顺治十六年(1659)十月,被降为多罗贝勒。顺治十八年(1661)正月初九日薨逝

表2-10 睿亲王封袭表

姓名	支系	享年	谥号	封爵简述
爱新觉罗·多尔衮	清太祖努尔哈赤第十四子	39岁	忠	崇德元年(1636),晋封睿亲王。顺治七年(1650)薨逝,次年因罪追夺爵位,罢黜宗室。乾隆四十三年(1778)复爵,配享太庙,为清初八大"铁帽子王"之一
爱新觉罗·多尔博	睿忠亲王多尔衮嗣子	30岁	—	顺治七年(1650),袭睿亲王、同年多尔衮追罪后,归宗。顺治十四年(1657),封贝勒。康熙十一年(1672)薨逝。乾隆四十三年(1778),命为多尔衮后
爱新觉罗·苏尔发	多罗贝勒多尔博次子	38岁	—	康熙十二年(1673)四月,封固山贝子。康熙十九年(1680)五月,革爵,降为镇国公。康熙四十年(1701)四月初五日薨逝。乾隆二十七年(1762)八月,追封为多罗信郡王。乾隆四十三年(1778)七月,追封为和硕睿亲王
爱新觉罗·塞勤	追封睿亲王苏尔发长子	50岁	—	康熙三十八年(1699)八月,封三等镇国将军。康熙四十年(1701)七月,袭辅国公。雍正七年(1729)五月十四日薨逝。乾隆二十七年(1762)八月,追封为多罗信郡王。乾隆四十三年(1778)七月,追封为和硕睿亲王

217

姓名	支系	享年	谥号	封爵简述
爱新觉罗·功宜布	追封睿亲王塞勤第五子	33岁	恪勤	乾隆二年(1737)十二月,授七品笔帖式。乾隆五年(1740),授主事。乾隆七年(1742)十一月,授副理事,十二月授理事。乾隆九年(1744)十月,袭奉恩辅国公。乾隆十一年(1746)二月十九日薨逝。乾隆二十七年(1762)八月,追封为多罗信郡王。乾隆四十二年(1778)七月,追封为和硕睿亲王
爱新觉罗·如松	追封睿亲王功宜布第三子	34岁	恪	乾隆十一年(1746)六月,承袭辅国公爵位。乾隆二十七年(1762),信郡王德昭薨逝,承袭信郡王爵位。乾隆三十五年(1770)十一月初十日薨逝。乾隆四十三年(1778),追封为和硕睿亲王
爱新觉罗·淳颖	睿恪亲王如松第三子	40岁	恭	乾隆四十三年(1778)正月,承袭睿亲王爵位。嘉庆五年(1800)十一月初七日薨逝
爱新觉罗·宝恩	睿恭亲王淳颖长子	25岁	慎	嘉庆六年(1801),承袭睿亲王爵位。嘉庆七年(1802)五月初九日薨逝
爱新觉罗·端恩	睿恭亲王淳颖第四子	39岁	勤	嘉庆七年(1802),承袭睿亲王爵位。道光六年(1826)五月十四日薨逝
爱新觉罗·仁寿	睿勤亲王端恩长子	55岁	僖	道光六年(1826)八月,承袭睿亲王爵位。同治三年(1864)十月初十日薨逝
爱新觉罗·德长	睿僖亲王仁寿第三子	39岁	悫	同治四年(1865)正月,承袭睿亲王爵位。光绪二年(1876)四月十九日薨逝
爱新觉罗·魁斌	睿悫亲王德长第四子	52岁	—	光绪二年(1876),承袭睿亲王爵位。1915年农历二月逝世

表2-11　　　　　　　　　　　　豫亲王封袭表

姓名	支系	享年	谥号	封爵简述
爱新觉罗·多铎	清太祖努尔哈赤第十五子	36岁	通	崇德元年(1636),封豫亲王。顺治二年(1645),以功封德豫亲王。顺治四年(1647),加封辅政叔德豫亲王。顺治六年(1649)薨逝。顺治九年(1652),因多尔衮获罪,多铎被追降为郡王。乾隆四十三年(1778),复豫亲王,配享太庙,为清初八大"铁帽子王"之一

姓名	支系	享年	谥号	封爵简述
爱新觉罗·多尼	豫通亲王多铎次子	26岁	宣和	崇德七年(1642)，晋封为多罗郡王。顺治六年(1649)十月，承袭豫亲王爵位，改号曰"信"。顺治九年(1652)，睿亲王多尔衮被追罪，受到伯父的牵连，多尼被降封为郡王。顺治十八年(1661)正月初四日薨逝
爱新觉罗·鄂扎	信宣和郡王多尼次子	48岁	—	顺治十八年(1661)六月，承袭多罗信郡王爵位。康熙十三年(1674)三月，授抚远大将军。康熙四十一年(1702)十月十三日薨逝。乾隆四十三年(1778)七月，追封为和硕豫亲王
爱新觉罗·洞鄂	豫通亲王多铎第七子	60岁	—	顺治十八年(1661)正月，封为多罗贝勒。康熙四十二年(1703)四月，承袭多罗信郡王爵位。康熙四十五年(1706)六月二十五日薨逝
爱新觉罗·德昭	信郡王鄂扎第五子	63岁	悫	康熙四十五年(1706)十月，承袭多罗信郡王爵位。乾隆二十七年(1762)二月二十五日薨逝
爱新觉罗·修龄	信郡王鄂扎第十五子	38岁	良	乾隆二十七年(1762)六月，如松承袭德昭王爵，如松公爵赏给修龄。乾隆三十六年(1771)四月，承袭多罗信郡王爵位。乾隆四十三年(1778)正月，以豫通亲王多铎战功，被追封为亲王，复号为"豫"。乾隆五十一年(1786)三月十四日薨逝
爱新觉罗·裕丰	豫良亲王修龄长子	65岁	—	乾隆五十一年(1786)十月，承袭豫亲王爵位。嘉庆十九年(1814)三月，革爵。道光十三年(1833)二月二十五日薨逝
爱新觉罗·裕兴	豫良亲王修龄第三子	58岁	—	乾隆六十年(1795)十二月，封为不入八分辅国公。嘉庆四年(1799)三月，授散秩大臣。嘉庆十九年(1814)四月，承袭和硕豫亲王爵位。嘉庆二十五年(1820)十月，革爵。道光九年(1829)十月初二日薨逝
爱新觉罗·裕全	豫良亲王修龄第五子	64岁	厚	嘉庆四年(1799)十二月，封为不入八分辅国公。嘉庆二十五年(1820)二月，承袭豫亲王爵位。道光二十年(1840)十一月二十三日薨逝
爱新觉罗·义道	豫厚亲王裕全次子	50岁	慎	道光二十一年(1841)闰三月，承袭豫亲王爵位。同治七年(1868)闰四月初九日薨逝
爱新觉罗·本格	豫慎亲王义道长子	54岁	诚	同治七年(1868)八月，承袭豫亲王爵位。光绪二十四年(1898)九月十六日薨逝
爱新觉罗·懋林	盛照第三子，豫诚亲王本格嗣子	22岁	—	光绪二十五年(1899)九月，过继本格为嗣。光绪二十五年(1899)四月，承袭豫亲王爵位。1913年逝世

表2-12 英亲王封袭表

姓名	支系	享年	谥号	封爵简述
爱新觉罗·阿济格	清太祖努尔哈赤第十二子	47岁	—	崇德元年(1636),以军功晋封为武英郡王。顺治元年(1644)十月,晋封为和硕英亲王。顺治八年(1651)正月,因计图摄政王爵,被圈禁。顺治八年(1651)十月,被赐自尽,其子孙降为庶人。乾隆四十三年(1778)正月,将其后人各支子孙列入宗谱
爱新觉罗·傅勒赫	阿济格次子	33岁	—	顺治二年(1645),封镇国公。顺治八年(1651),因父罪罢黜宗室。顺治十七年(1660)四月初三日薨逝。顺治十八年(1661),复入宗室。康熙元年(1662),追封镇国公
爱新觉罗·绰克都	奉恩镇国公傅勒赫第三子	61岁	—	康熙四年(1665)十二月,封为辅国公。康熙三十七年(1698)十一月,革爵。康熙五十年(1711)七月二十七日薨逝
爱新觉罗·普照	已革辅国公绰克都第八子	34岁	—	康熙三十七年(1698)十二月,承袭奉恩辅国公爵位。康熙五十二年(1713)十二月,革爵。雍正元年(1723)三月,以功复爵。雍正二年(1724)九月十三日薨逝
爱新觉罗·经照	已革辅国公绰克都第九子	47岁	—	康熙五十二年(1713)十二月,承袭奉恩辅国公爵位。雍正十年(1732)六月,革爵。乾隆九年(1744)正月十四日薨逝
爱新觉罗·璐达	已革辅国公绰克都孙、隆德子	37岁	恭简	雍正十年(1732)十二月,承袭奉恩辅国公爵位。乾隆六年(1741)三月初七日薨逝
爱新觉罗·麟魁	奉恩辅国公璐达长子	44岁	—	乾隆六年(1741)七月,承袭奉恩辅国公爵位。乾隆十年(1745)十二月,革爵。乾隆三十四年(1769)五月十六日薨逝
爱新觉罗·九成	已革辅国公绰克都孙、追封奉恩辅国公兴绥长子	57岁	—	乾隆十一年(1746)四月,承袭奉恩辅国公爵位。乾隆二十六年(1761)五月,革爵。乾隆三十一年(1766)八月二十四日薨逝
爱新觉罗·谦德	已革辅国公九成第四子	19岁	—	乾隆二十五年(1760)六月,承袭三等镇国将军爵位。乾隆三十二年(1767)三月初八日薨逝
爱新觉罗·顺德	已革辅国公九成第七子	47岁	—	乾隆三十二年(1767)六月,承袭奉恩将军爵位。嘉庆元年(1796),原品休致。嘉庆五年(1800)十二月十一日薨逝
爱新觉罗·华英	休致总管、奉恩将军顺德长子	41岁	—	嘉庆三年(1798)十一月,袭奉恩将军爵位。道光十年(1830),革爵。道光十一年(1831)十月二十九日薨逝

姓名	支系	享年	谥号	封爵简述
爱新觉罗·华德	头等侍卫额尔赫宜第三子,硕臣长子	59岁	—	道光十年(1830)十一月,承袭奉恩将军爵位。道光二十七年(1847)十月二十五日薨逝
爱新觉罗·秀平	佐领、奉恩将军华德长子	45岁	—	道光二十八年(1848)二月,承袭奉恩将军爵位。咸丰五年(1855)十一月三十日薨逝
爱新觉罗·良喆	奉恩将军、候补主事秀平次子	49岁	—	咸丰六年(1856)四月,承袭奉恩将军爵位。光绪十六年(1890)三月二十一日薨逝
爱新觉罗·隆煦	奉恩将军良喆次子	44岁	—	光绪十六年(1890),承袭奉恩将军爵位。宣统元年(1909)己酉薨逝
爱新觉罗·存耀	奉恩将军隆煦长子	不详	—	宣统二年(1910),承袭奉恩将军爵位。薨逝之年未详

表2-13　　　　　　　　　　　　　　　　敬谨亲王封袭表

姓名	支系	享年	谥号	封爵简述
爱新觉罗·尼堪	广略贝勒褚英第三子	43岁	庄	顺治元年(1644)十月,以军功晋封为多罗贝勒。顺治五年(1648)九月,晋封为多罗敬谨郡王。顺治六年(1649)正月,晋封为和硕敬谨亲王。顺治九年(1652)十一月二十三日薨逝
爱新觉罗·尼思哈	敬谨庄亲王尼堪次子	10岁	悼	顺治十年(1653)十二月,承袭敬谨亲王爵位。顺治十七年(1660)十一月十四日薨逝
爱新觉罗·兰布	敬谨庄亲王尼堪长子	37岁	—	顺治十三年(1656)正月,封为三等辅国将军。康熙六年(1667)二月,封为敬谨郡王。康熙七年(1668)八月,晋封为亲王。康熙十七年(1678)十二月二十二日薨逝。康熙十九年(1680)十一月,追削镇国公
爱新觉罗·赖士	已革镇国公兰布第四子	71岁	—	康熙十八年(1679)四月,承袭奉恩辅国公爵位。康熙五十三年(1714)四月,革爵。雍正八年(1730)二月,授奉恩辅国公品级。雍正十年(1732)闰五月初二日薨逝
爱新觉罗·务友	已革镇国公兰布第五子	45岁	—	康熙十八年(1679)正月,封奉恩辅国公。康熙四十八年(1709)七月十六日薨逝

姓名	支系	享年	谥号	封爵简述
爱新觉罗·富增	奉恩辅国公务友第六子	60岁	—	康熙四十八年(1709)十二月,袭三等镇国将军爵位。康熙五十三年(1714)五月,承袭赖士的奉恩辅国公爵位。雍正四年(1726)二月,革爵。乾隆十六年(1751)闰五月初十日薨逝
爱新觉罗·伊尔敦	奉恩辅国公赖士次子	66岁	简恪	雍正四年(1726)三月,承袭奉恩辅国公爵位。乾隆十四年(1749)四月初十日薨逝
爱新觉罗·富春	奉恩辅国简恪公伊尔敦第七子	71岁	—	乾隆十四年(1749)十月,承袭奉恩辅国公爵位。乾隆四十二年(1777)十一月,革爵。乾隆四十六年(1781)十月初一日薨逝
爱新觉罗·斌英	已革奉恩辅国公富春第三子	58岁	—	乾隆四十二年(1777)十一月,承袭奉恩辅国公爵位。乾隆四十三年(1778)三月,晋封为奉恩镇国公。乾隆五十年(1785)九月,革退。嘉庆二年(1797)八月,授正蓝旗汉军副都统。嘉庆四年(1799)十二月二十九日薨逝
爱新觉罗·果尔丰阿	奉恩镇国公斌英长子	65岁	—	嘉庆五年(1800)闰四月,承袭奉恩镇国公爵位。道光七年(1827)十月初六日薨逝
爱新觉罗·有麟	奉恩镇国公果尔丰阿次子	48岁	—	道光八年(1828)正月,承袭奉恩镇国公爵位。道光十二年(1832)十月,降为辅国公。道光十九年(1839)七月,革爵。道光二十八年(1848)四月初七日薨逝
爱新觉罗·有凤	奉恩镇国公果尔丰阿第四子	58岁	—	道光十九年(1839)七月,承袭奉恩镇国公爵位。咸丰十年(1860)十月初二日薨逝
爱新觉罗·桂池	奉恩镇国公有凤族侄、顺乐长子	56岁	—	同治元年(1862)二月,承袭奉恩镇国公爵位。同治五年(1866)十一月,革爵。光绪二十五年(1899)十二月二十三日薨逝
爱新觉罗·桂丰	奉恩镇国公顺乐第三子	44岁	—	同治六年(1867)二月,承袭奉恩镇国公爵位。光绪十八年(1892)闰六月十五日薨逝
爱新觉罗·全荣	奉恩镇国公桂丰长子	不详	—	光绪十八年(1892),承袭奉恩镇国公爵位。薨逝之年未详

表 2-14　　　　　　　　　　　　　肃亲王封袭表

姓名	支系	享年	谥号	封爵简述
爱新觉罗·豪格	清太宗皇太极长子	40岁	武	天聪六年(1632)六月,封为多罗贝勒。崇德元年(1636)四月,封和硕肃亲王;八月,降为多罗贝勒;九月,复封肃亲王。顺治元年(1644)四月,削爵,十月,恢复肃亲王爵位。顺治五年(1648)四月,革爵幽禁,赐自尽。顺治七年(1650),追封为和硕肃亲王。乾隆四十三年(1778)正月,以军功配享太庙,为清初八大"铁帽子王"之一
爱新觉罗·富寿	武肃亲王豪格第四子	27岁	懿	顺治八年(1651)二月,承袭亲王爵位,改号显亲王。康熙八年(1669)十二月二十日薨逝
爱新觉罗·丹臻	显懿亲王富寿第四子	38岁	密	康熙九年(1670)六月,承袭显亲王爵位。康熙四十一年(1702)五月二十日薨逝
爱新觉罗·拜察礼	显懿亲王富寿第五子	42岁	—	康熙二十年(1681)正月,封为三等辅国将军。康熙四十七年(1708)六月十八日薨逝。乾隆三十七年(1772)五月,追封为和硕显亲王
爱新觉罗·衍璜	显密亲王丹臻第六子	81岁	谨	康熙四十一年(1702)八月,承袭显亲王爵位。乾隆三十六年(1771)十二月十九日薨逝
爱新觉罗·成信	显密亲王丹臻第五子	71岁	—	康熙四十七年(1708)四月,封三等奉国将军。康熙五十八年(1719),授头等侍卫。雍正元年(1723)正月,因病解职。雍正六年(1728)八月,授宗学副管。乾隆十七年(1752)七月,再次因病被解职。乾隆二十三(1758)年八月初五日薨逝。乾隆四十三年(1778)七月,追封为肃亲王
爱新觉罗·蕴著	追封显亲王拜察礼第三子	80岁	勤	乾隆三十七年(1772),承袭显亲王爵位。乾隆四十三年(1778)正月,改号肃亲王;同年四月初十日薨逝
爱新觉罗·永锡	追封肃亲王成信第五子	69岁	恭	乾隆三十三年(1768),授三等侍卫。乾隆四十三年(1778),承袭肃亲王爵位。道光元年(1821)八月初一日薨逝

姓名	支系	享年	谥号	封爵简述
爱新觉罗·敬敏	肃恭亲王永锡长子	80岁	慎	乾隆六十年(1795),封不入八分辅国公,授散秩大臣。道光元年(1821)十一月,承袭肃亲王爵位。后历任正蓝旗、镶蓝旗蒙古都统和正蓝旗满洲都统。咸丰二年(1852)九月二十七日薨逝
爱新觉罗·华丰	肃慎亲王敬敏第三子	66岁	恪	道光四年(1824)十二月,授封二等镇国将军。道光九年(1829)十一月,晋封不入八分辅国公。咸丰三年(1853),承袭肃亲王爵位。同治八年(1869)十二月二十二日薨逝
爱新觉罗·隆懃	肃恪亲王华丰第三子	59岁	良	同治九年(1870)四月,承袭肃亲王爵位。光绪二十四年(1898)三月一日薨逝
爱新觉罗·善耆	肃良亲王隆懃长子	57岁	—	光绪二十四年(1898),承袭肃亲王爵位。1922年农历三月初二日逝世

表2-15 温郡王封袭表

姓名	支系	享年	谥号	封爵简述
爱新觉罗·猛峩	武肃亲王豪格第五子	32岁	良	顺治十四年(1657)正月,封为多罗温郡王。康熙十三年(1674)七月十一日薨逝,谥曰"良"
爱新觉罗·佛永惠	多罗温良郡王猛峩长子	12岁	哀	康熙十三年(1674),承袭多罗温郡王爵位。康熙十七年(1678)正月二十九日薨逝
爱新觉罗·延绶	多罗温良郡王猛峩次子	46岁	—	康熙十七年(1678),承袭多罗温郡王爵位。康熙三十七年(1698)四月,降为多罗贝勒。康熙五十四年(1715)六月初十日薨逝
爱新觉罗·揆惠	多罗贝勒延绶长子	48岁	—	康熙五十四年(1715)十月,承袭辅国公爵位。雍正元年(1723)二月,革爵。雍正十二年(1734)十一月十五日薨逝
爱新觉罗·延信	多罗温良郡王猛峩第三子	不详	—	雍正元年(1723),承袭辅国公爵位,晋封为固山贝子,又晋封为多罗贝勒。雍正五年(1727),因与廉亲王允禩结党而革爵,子孙降为红带子

表2-16　　　　　　　　　　　　庄亲王封袭表

姓名	支系	享年	谥号	封爵简述
爱新觉罗·硕塞	清太宗皇太极第五子	27岁	裕	顺治元年(1644)十月,封承泽郡王。顺治八年(1651),以军功晋亲王。顺治十一年(1654)十二月初五日薨逝,为清初八大"铁帽子王"之一
爱新觉罗·博果铎	承泽裕亲王硕塞长子	74岁	靖	顺治十二年(1655)六月,承袭亲王爵位,并改号庄亲王。雍正元年(1723)三月十一日薨逝。无子,以圣祖第十六子允禄为嗣
爱新觉罗·允禄	清圣祖康熙皇帝第十六子	73岁	恪	雍正元年(1723)正月,允禄过继给庄靖亲王博果铎为嗣,承袭亲王爵位。乾隆三十二年(1767)二月二十一日薨逝
爱新觉罗·弘普	庄恪亲王允禄次子	31岁	恭勤	乾隆元年(1736)二月,封固山贝子。乾隆八年(1743)三月二十二日薨逝。乾隆三十一年(1766),追封世子。乾隆三十二年(1767),追封庄亲王
爱新觉罗·永瑺	追封庄亲王弘普长子	51岁	慎	乾隆三十二年(1767)六月,承袭庄亲王爵位。乾隆五十三年(1788)二月十一日薨逝
爱新觉罗·绵课	庆恪亲王允禄之孙、庄慎亲王永瑺嗣子	64岁	襄	乾隆五十三年(1788)五月,承袭庄亲王爵位。道光六年(1826)四月初二日薨逝
爱新觉罗·奕𡽱	庄襄亲王绵课第十三子	47岁		道光六年(1826)七月,承袭庄亲王爵位。道光十八年(1838)九月,革爵。咸丰十年(1860)正月二十九日薨逝
爱新觉罗·绵护	辅国将军永蕃长子	59岁	勤	道光十八年(1838),承袭庄亲王爵位。道光二十一年(1841)十一月二十四日薨逝
爱新觉罗·绵谨	辅国将军永蕃次子	60岁	质	嘉庆十年(1805)十一月,被封为奉国将军。道光二十二年(1842)正月,承袭和硕庄亲王爵位。道光二十五年(1845)九月十三日薨逝
爱新觉罗·奕仁	庄质亲王绵谨长子	51岁	厚	道光二十六年(1846),承袭庄亲王爵位。同治十三年(1874)十月初三日薨逝

姓名	支系	享年	谥号	封爵简述
爱新觉罗·载勋	庄厚亲王奕仁次子	49岁	—	光绪元年(1875)二月,承袭庄亲王爵位。光绪二十六年(1900)正月,革爵。光绪二十七年(1901)正月初三日,被赐帛自尽
爱新觉罗·载功	庄厚亲王奕仁第四子	57岁	—	光绪二十八年(1902)九月,承袭庄亲王爵位。1915年正月二十七日逝世

表2-17 惠郡王封袭表

姓名	支系	享年	谥号	封爵简述
爱新觉罗·博翁果洛	承泽裕亲王硕塞次子	62岁	—	康熙四年(1665)正月,封为多罗惠郡王。康熙二十三年(1684)五月,革爵。康熙五十一年(1712)二月二十日薨逝
爱新觉罗·福苍	博翁果洛第五子	57岁	—	乾隆五年(1740)四月十二日薨逝,照贝勒品级安葬。乾隆十五年(1750)七月,追封为多罗贝勒
爱新觉罗·球琳	追封多罗贝勒福苍长子	72岁	—	雍正元年(1723)二月,封为多罗贝勒。雍正六年(1728)正月,封为多罗惠郡王。乾隆十一年(1746)三月,降为多罗贝勒。乾隆二十二年(1757)二月,革爵。乾隆五十五年(1790)九月十四日薨逝
爱新觉罗·德谨	已革多罗贝勒球琳次子	27岁	—	乾隆二十三年(1758)四月,承袭辅国公爵位。乾隆二十八年(1763)十二月,革爵。乾隆二十九年(1764)十一月十三日薨逝
爱新觉罗·德春	已革多罗贝勒球琳第三子	56岁	—	乾隆二十九年(1764)二月,承袭三等镇国将军爵位。乾隆三十年(1765)因病告退。嘉庆五年(1800)十月初十日薨逝
爱新觉罗·德三	已革多罗贝勒球琳第四子	40岁	—	乾隆三十三年(1768)四月,降袭三等辅国将军。乾隆五十六年(1791)十月二十三日薨逝
爱新觉罗·徒义	辅国将军德三长子	68岁	—	乾隆五十七年(1792)九月,承袭奉国将军爵位。嘉庆十一年(1806)八月,革爵。道光十八年(1838)十月初八日薨逝
爱新觉罗·万祥	奉国将军徒义族弟	70岁	—	乾隆四十八年(1783)十一月,过继肃章阿为嗣。嘉庆十一年(1806)八月,承袭奉恩将军爵位。道光十五年(1835)六月初五日薨逝

姓名	支系	享年	谥号	封爵简述
爱新觉罗·亨麟	奉恩将军万祥次子	71岁	—	道光十五年(1835)十月,承袭奉恩将军爵位。同治十三年(1874)正月初二日薨逝
爱新觉罗·中瑞	奉恩将军亨麟长子员外郎英萃长子	44岁	—	同治十三年(1874)五月,承袭奉恩将军爵位。光绪十四年(1888)四月二十七日薨逝
爱新觉罗·英茂	奉恩将军亨麟第三子	不详	—	光绪十四年(1888)十一月,承袭奉恩将军爵位。薨逝之年未详

表2-18　　　　　　　　　　　　　　襄亲王封袭表

姓名	支系	享年	谥号	封爵简述
爱新觉罗·博穆博果尔	清太宗皇太极第十一子	16岁	昭	崇德六年(1641)十二月二十日生,母亲是大贵妃阿鲁阿巴海博尔济吉特氏。顺治十二年(1655)二月,封为和硕襄亲王。顺治十三年(1656)七月初三日薨逝。无嗣

表2-19　　　　　　　　　　　　　　裕亲王封袭表

姓名	支系	享年	谥号	封爵简述
爱新觉罗·福全	清世祖顺治皇帝次子	51岁	宪	康熙六年(1667),封为裕亲王。康熙四十二年(1703)六月二十六日薨逝
爱新觉罗·保泰	裕宪亲王福全第三子	49岁	—	康熙四十二年(1703)十月,承袭裕亲王爵位。雍正二年(1724)十一月,革爵。雍正八年(1730)八月十九日薨逝
爱新觉罗·保寿	裕宪亲王福全第五子	23岁	悼	初封辅国公品级。康熙四十五年(1706)九月初八日薨逝。雍正三年(1725)四月,追封为和硕裕亲王
爱新觉罗·广灵	裕悼亲王保寿次子	35岁	—	康熙六十一年(1722)十月,授三等侍卫。雍正二年(1724)十二月,承袭裕亲王爵位。雍正四年(1726)十月,革爵。乾隆四年(1739)六月初九日薨逝
爱新觉罗·广禄	裕悼亲王保寿第三子	80岁	庄	康熙六十一年(1722)十一月,恩诏授六品官。雍正四年(1726)十月,承袭裕亲王爵位。乾隆五十年(1785)九月二十一日薨逝
爱新觉罗·亮焕	裕庄亲王广禄第十二子	69岁	僖	乾隆二十六年(1761)十二月,授三等侍卫。乾隆二十七年(1762)正月,封三等辅国将军。乾隆四十六年(1781)四月,授二等侍卫班长。乾隆五十一年(1786)正月,承袭裕郡王爵位。嘉庆十三年(1808)四月十三日薨逝

姓名	支系	享年	谥号	封爵简述
爱新觉罗·亨存	裕僖亲王亮焕次子	35岁	—	乾隆四十九年(1784)十一月,封为三等奉国将军。乾隆五十三年(1788)四月,授三等侍卫。乾隆五十八年(1793)三月,授侍卫什长。嘉庆元年(1796)十月十三日薨逝。嘉庆十三年(1808)七月,追封为多罗贝勒
爱新觉罗·文和	追封多罗贝勒亨存长子	35岁	—	嘉庆二年(1797)二月,承袭奉恩将军爵位。嘉庆十三年(1808)六月,承袭多罗贝勒爵位。嘉庆二十年(1815)二月初四日薨逝
爱新觉罗·祥端	多罗贝勒文和长子	38岁	—	嘉庆十四年(1809)十月,赏戴花翎。嘉庆二十一年(1816)正月,承袭固山贝子爵位。道光十六年(1836)六月二十六日薨逝
爱新觉罗·继善	固山贝子祥端嗣子	33岁	—	道光十六年(1836)七月,过继祥端为嗣。道光十六年(1836)十月,承袭奉恩镇国公爵位。咸丰十一年(1861)七月初四日薨逝
爱新觉罗·荣毓	奉恩镇国公继善长子	52岁	—	咸丰十一年(1861)十月,承袭奉恩镇国公爵位。光绪二十三年(1897)十一月二十日薨逝
爱新觉罗·魁章	奉恩镇国公荣毓长子	不详	—	光绪二十四年(1898)八月,承袭奉恩镇国公爵位。薨逝之年未详

表2-20 荣亲王封袭表

姓名	支系	享年	谥号	封爵简述
未起名	清世祖顺治皇帝第四子	106天	—	顺治十四年(1657)十月初七日生,母亲是董鄂氏。顺治十五年(1658)正月二十四日薨逝,夭折时未满1岁,仅3个月。顺治十五年(1658),追封为和硕荣亲王。无袭

表2-21 恭亲王封袭表

姓名	支系	享年	谥号	封爵简述
爱新觉罗·常颖	清世祖顺治皇帝第五子	47岁	—	康熙十年(1671),封为恭亲王。康熙四十二年(1703)六月初七日薨逝
爱新觉罗·海善	恭亲王常颖第三子	68岁	僖敏	康熙四十二年(1703)十月,封为多罗贝勒。康熙五十一年(1712)二月,革爵。雍正十年(1732)八月,复封为多罗贝勒。乾隆八年(1743)二月二十六日薨逝

228

姓名	支系	享年	谥号	封爵简述
爱新觉罗·满都护	恭亲王常颖次子	58岁	—	康熙五十一年(1712)十月,承袭多罗贝勒爵位。雍正四年(1726)七月,降为固山贝子;同年九月,革去固山贝子,降为奉恩镇国公,又降为镇国公。雍正九年(1731)五月初八日薨逝
爱新觉罗·斐苏	多罗僖敏贝勒海善次子头等侍卫禄穆布长子	49岁	—	乾隆九年(1744)九月,承袭多罗贝勒爵位。乾隆二十八年(1763)三月初二日薨逝
爱新觉罗·明韶	多罗贝勒斐苏次子	46岁	—	乾隆二十八年(1763)十月,承袭固山贝子爵位。乾隆五十二年(1787)九月三十日薨逝
爱新觉罗·晋昌	固山贝子明韶长子	70岁	—	乾隆五十三年(1788)二月,降袭奉恩镇国公爵位。嘉庆六年(1801)八月,革爵。嘉庆二十二年(1817)七月,承袭奉恩辅国公爵位。道光八年(1828)八月初二日薨逝
爱新觉罗·晋隆	固山贝子明韶次子	59岁	—	乾隆四十九年(1784),承袭一等辅国将军爵位。嘉庆八年(1803)九月,承袭奉恩辅国公爵位。嘉庆二十四年(1819)十月二十七日薨逝
爱新觉罗·祥林	奉恩辅国公晋昌次子	58岁	—	道光八年(1828)十一月,降袭不入八分镇国公。道光十四年(1834)十一月,因病告退。道光二十八年(1848)五月初八日薨逝
爱新觉罗·承熙	不入八分镇国公祥林长子	62岁	—	道光二十八年(1848)八月,承袭不入八分镇国公爵位。光绪十七年(1891)十一月二十八日薨逝
爱新觉罗·崇略	不入八分镇国公承熙长子	45岁	—	光绪十八年(1892)五月,承袭不入八分镇国公爵位。光绪二十年(1894)正月十八日薨逝
爱新觉罗·德荫	不入八分镇国公崇略长子	28岁	—	光绪二十年(1894)七月,承袭不入八分镇国公爵位。光绪二十一年(1895)七月二十八日薨逝
爱新觉罗·德茂	不入八分镇国公崇略次子	不详	—	光绪二十二年(1896)十月,承袭不入八分镇国公爵位。薨逝之年未详

表 2-22

纯亲王封袭表

姓名	支系	享年	谥号	封爵简述
爱新觉罗·隆禧	清世祖顺治皇帝第七子	20岁	靖	康熙十三年(1674)正月,被封为和硕纯亲王。康熙十八年(1679)七月十五日薨逝
爱新觉罗·富尔祜伦	纯靖亲王隆禧长子	2岁	—	康熙十九年(1680)三月,承袭纯亲王爵位。康熙十九年(1680)十一月二十六日薨逝

表 2-23

直郡王封袭表

姓名	支系	享年	谥号	封爵简述
爱新觉罗·允禔	清圣祖康熙皇帝长子	63岁	—	康熙三十七年(1698)三月,封为直郡王。康熙四十七年(1708)十一月,革爵幽禁。雍正十二年(1734)十月初一日薨逝,以固山贝子礼安葬
爱新觉罗·弘昉	已革直郡王允禔次子	69岁	—	雍正十二年(1734)十一月,封为奉恩镇国公。乾隆三十七年(1772)十二月初五日薨逝
爱新觉罗·永扬	奉恩镇国公弘昉第九子	31岁	—	乾隆三十八年(1773)三月,承袭奉恩镇国公爵位;九月,革爵。乾隆四十二年(1777)十一月初七日薨逝
爱新觉罗·弘晌	已革直郡王允禔第十三子	64岁	—	乾隆元年(1736)六月,授三等侍卫。乾隆十四年(1749)五月,授二等侍卫。乾隆十六年(1751)七月,授副都统。乾隆三十八年(1773)九月,封为奉恩将军。乾隆四十六年(1781)三月十五日薨逝
爱新觉罗·永多	奉恩将军弘晌长子	70岁	—	乾隆四十六年(1781)十月,承袭奉恩将军爵位。嘉庆十四年(1809)四月二十六日薨逝
爱新觉罗·奕章	三等侍卫绵亘长子	55岁	—	嘉庆十四年(1809)九月,承袭奉恩将军爵位。道光二十八年(1848)九月,因病告退。道光三十年(1850)二月二十一日薨逝
爱新觉罗·溥瑞	将军奕玺次子,载袆嗣子	35岁	—	道光二十二年(1842)五月,承继为嗣。道光二十八年(1848)十月,承袭族叔奕章的奉恩将军爵位。同治元年(1862)二月二十三日薨逝
爱新觉罗·毓崟	奉恩将军溥瑞第三子	30岁	—	同治元年(1862)六月,承袭奉恩将军爵位。光绪十五年(1889)四月十五日薨逝

姓名	支系	享年	谥号	封爵简述
爱新觉罗·毓英	奉恩将军溥瑞嗣子	46岁	—	光绪十五年(1889)五月,承继为嗣;十一月,承袭奉恩将军爵位。1915年农历七月十二日逝世

表2-24 理亲王封袭表

姓名	支系	享年	谥号	封爵简述
爱新觉罗·允礽	清圣祖康熙皇帝次子	51岁	密	康熙十四年(1675)六月,册立为皇太子。康熙四十八年(1709)三月,复立为皇太子。康熙五十一年(1712)十月,再次被废,禁锢于咸安宫。雍正即位后,将允礽迁居祁县郑家庄村禁锢。雍正二年(1724)十二月十四日薨逝
爱新觉罗·弘晳	理密亲王允礽次子	49岁	—	雍正元年(1723),封为理郡王。雍正六年(1728),晋升为亲王。乾隆四年(1739)四月,革爵。乾隆七年(1742)九月二十八日薨逝
爱新觉罗·弘㬙	理密亲王允礽第十子	63岁	恪	乾隆四年(1739)十月,承袭理郡王爵位。乾隆四十五年(1780)八月二十七日薨逝
爱新觉罗·永瑗	理恪郡王弘㬙长子	47岁	—	乾隆四十五年(1780)十二月,承袭多罗贝勒爵位。乾隆五十三年(1788)十二月初八日薨逝
爱新觉罗·绵溥	多罗贝勒永瑗次子	36岁	—	乾隆五十四年(1789)三月,承袭固山贝子爵位。嘉庆六年(1801)九月初六日薨逝
爱新觉罗·奕灏	固山贝子绵溥长子	60岁	—	嘉庆六年(1801)十二月,承袭镇国公爵位。嘉庆十年(1805)十二月,解去散秩大臣。嘉庆十八年(1813)八月,在乾清门行走。道光二十三年(1843)十二月二十九日薨逝
爱新觉罗·载宽	侍郎奕灏第三子	26岁	—	道光十年(1830)四月,承袭辅国公爵位。道光十八年(1838)九月初三日薨逝
爱新觉罗·载岱	侍郎奕灏族侄奕芝次子	73岁	—	道光十二年(1832)六月,承袭奉恩将军爵位。道光十九年(1839)正月,承袭奉恩辅国公爵位。同治十三年(1874)七月初七日薨逝

姓名	支系	享年	谥号	封爵简述
爱新觉罗·溥丰	奉恩辅国公载岱长子	68岁	—	光绪元年(1875)三月,承袭奉恩辅国公爵位。光绪二十二年(1896)五月十三日薨逝
爱新觉罗·毓焰	奉恩辅国公溥丰第四子	不详	—	光绪二十一年(1895)十一月,承袭奉恩辅国公爵位。薨逝之年未详

表2-25　　　　　　　　　　　　　　　诚亲王封袭表

姓名	支系	享年	谥号	封爵简述
爱新觉罗·允祉	清圣祖康熙皇帝第三子	56岁	隐	康熙三十七年(1698)三月,封为诚郡王。康熙四十八年(1709),晋封为和硕诚亲王。雍正六年(1728),降为多罗诚郡王。雍正八年(1730),复封为和硕诚亲王。雍正十年(1732)闰五月十九日薨逝。乾隆二年(1737)十二月,追谥曰"隐"
爱新觉罗·弘璟	诚隐亲王允祉第七子	75岁	—	雍正五年(1727)六月,封为奉恩辅国公。雍正八年(1730)五月,晋封为固山贝子。乾隆四十二年(1777)三月二十日薨逝
爱新觉罗·永珊	固山贝子弘璟第三子	52岁	—	乾隆三十三年(1768)十一月,授封三等侍卫。乾隆四十二年(1777)五月,降袭奉恩镇国公爵位。嘉庆二年(1797)七月十六日薨逝
爱新觉罗·绵策	奉恩镇国公永珊第三子	21岁	—	嘉庆二年(1797),承袭奉恩辅国公爵位。嘉庆五年(1800)九月二十日薨逝
爱新觉罗·奕果	奉恩辅国公绵策嗣子	80岁	—	嘉庆五年(1800)九月,过继绵策为嗣。嘉庆六年(1801)正月,承袭不入八分辅国公爵位。同治九年(1870)正月初八日薨逝
爱新觉罗·载龄	不入八分辅国公奕果长子	72岁	—	同治九年(1870)五月,承袭不入八分辅国公爵位。光绪九年(1883)十一月十八日薨逝
爱新觉罗·溥元	不入八分辅国公载龄嗣子	不详	—	光绪五年(1879),过继载龄为嗣。光绪十四年(1888),承袭不入八分辅国公爵位。薨逝之年未详

表 2-26　　　　　　　　　　　　　　　　恒亲王封袭表

姓名	支系	享年	谥号	封爵简述
爱新觉罗·允祺	清圣祖康熙皇帝第五子	54岁	温	康熙四十八年(1709)三月,晋封为和硕恒亲王。雍正十年(1732)闰五月十九日薨逝
爱新觉罗·弘晊	恒温亲王允祺次子	76岁	恪	雍正十年(1732)九月,承袭恒亲王爵位。乾隆四十年(1775)六月初六日薨逝
爱新觉罗·永皓	恒恪亲王弘晊第十子	32岁	敬	乾隆四十年(1775)十月,承袭恒亲王爵位。乾隆五十三年(1788)十一月二十四日薨逝
爱新觉罗·永泽	恒温亲王允祺长子恭恪贝勒品级弘升第三子	70岁	—	乾隆五十五年(1790)五月,承袭固山贝子爵位。嘉庆十五年(1810)八月初三日薨逝
爱新觉罗·绵疆	固山贝子永泽第三子	35岁	—	嘉庆十五年(1810)十一月,承袭镇国公爵位。嘉庆十六年(1811)七月初九日薨逝
爱新觉罗·奕奎	固山贝子永泽第四子绵崧次子,绵疆嗣子	39岁	—	嘉庆十六年(1811)八月,过继绵疆为嗣;十一月,承袭镇国公爵位。道光十五年(1835)闰六月,革爵归宗。道光二十一年(1841)正月十一日薨逝
爱新觉罗·绵崧	固山贝子永泽第四子	58岁	—	道光十五年(1835)六月,承袭奉恩辅国公爵位。道光十七年(1837)十二月初一日薨逝
爱新觉罗·奕礼	恒敬郡王永皓第三子副都统绵怀长子	58岁	—	道光十八年(1838)四月,承袭奉恩辅国公爵位。道光二十九年(1849)四月二十三日薨逝
爱新觉罗·载茯	奉恩辅国公奕礼长子	54岁	—	道光二十九年(1849)七月,承袭奉恩辅国公爵位。同治元年(1862)九月初八日薨逝
爱新觉罗·溥泉	奉恩辅国公载茯长子	29岁	—	同治二年(1863)二月,降袭不入八分辅国公爵位。同治三年(1864)十一月十四日薨逝
爱新觉罗·毓森	不入八分辅国公溥泉长子	不详	—	同治四年(1865)四月,承袭不入八分辅国公爵位。薨逝之年未详

表 2-27　　　　　　　　　　　　　　　　淳亲王封袭表

姓名	支系	享年	谥号	封爵简述
爱新觉罗·允祐	清圣祖康熙皇帝第七子	51岁	度	康熙三十九年(1700)三月,封为多罗贝勒。康熙四十八年(1709)三月,晋封为多罗淳郡王。雍正元年(1723)四月,晋封为和硕淳亲王。雍正八年(1730)四月初二日薨逝
爱新觉罗·弘暻	淳度亲王允祐第六子	67岁	慎	雍正八年(1730)九月,降袭淳郡王爵位。乾隆四十二年(1777)七月十三日薨逝
爱新觉罗·永鋆	淳慎郡王弘暻第八子	50岁	—	乾隆四十三年(1778)二月,承袭多罗贝勒爵位。嘉庆二十五年(1820)九月二十二日薨逝

姓名	支系	享年	谥号	封爵简述
爱新觉罗·绵清	多罗贝勒永鋆次子	61岁	—	道光元年(1821)正月,承袭固山贝子爵位。咸丰元年(1851)六月二十八日薨逝
爱新觉罗·奕梁	固山贝子绵清第四子	69岁	—	咸丰元年(1851)九月,承袭奉恩镇国公爵位。同治十一年(1872)九月,赏加贝子衔。光绪二年(1876)四月,因病请开差使并请停俸。光绪十三年(1887)七月十二日薨逝
爱新觉罗·载猤	贝子衔奉恩镇国公奕梁第三子	33岁	—	光绪十三年(1887)十二月,承袭奉恩镇国公爵位。光绪二十年(1894)十一月十六日薨逝
爱新觉罗·溥堃	奉恩镇国公载猤长子	不详	—	光绪二十一年(1895)五月,承袭奉恩镇国公爵位。薨逝之年未详

表2-28 履亲王封袭表

姓名	支系	享年	谥号	封爵简述
爱新觉罗·允裪	清圣祖康熙皇帝第十二子	79岁	懿	康熙三十九年(1700)三月,封为多罗贝勒。康熙四十八年(1709)三月,晋封为多罗淳郡王。雍正元年(1723)十二月,降为固山贝子。雍正二年(1724)六月,降为镇国公。雍正八年(1730)十一月,复封为履郡王。雍正十三年(1735)十一月,晋封为履亲王。乾隆二十八年(1763)七月二十四日薨逝
爱新觉罗·永珹	清高宗乾隆皇帝第四子,履懿亲王允裪嗣子	39岁	端	乾隆二十八年(1763)十一月,嗣袭履亲王爵位。乾隆四十二年(1777)二月二十八日薨逝。嘉庆四年(1799)四月,追封为履亲王
爱新觉罗·绵惠	履端亲王永珹长子	33岁	—	乾隆四十二年(1777)五月,承袭多罗贝勒爵位。嘉庆元年(1796)薨逝。嘉庆六年(1801)十一月,追封为多罗履郡王
爱新觉罗·奕纶	绵憨之子,追封多罗履郡王绵惠嗣子	47岁	—	嘉庆元年(1796)八月,过继绵惠为嗣;十一月,承袭固山贝子爵位。嘉庆十四年(1809)晋封为多罗贝勒。道光十五年(1835),降为固山贝子。道光十六年(1836),四月二十六日薨逝。道光十七年(1837),赏还多罗贝勒爵位
爱新觉罗·载钫	多罗贝勒奕纶第十子	29岁	—	道光十六年(1836),承袭固山贝子爵位。咸丰三年(1853)十月初四日薨逝

姓名	支系	享年	谥号	封爵简述
爱新觉罗·溥楙	奉恩镇国公载钢第三子，固山贝子载鈖嗣子	33岁	—	咸丰三年(1853)十月，过继载鈖为嗣。咸丰四年(1854)正月，承袭奉恩镇国公爵位。光绪八年(1882)薨逝
爱新觉罗·毓昌	奉恩镇国公溥楙长子	7岁	—	光绪八年(1882)七月，承袭镇国公位。光绪十年(1884)十二月初八日薨逝
爱新觉罗·溥植	副都统、奉恩将军载鹤长子	56岁	—	光绪十一年(1885)四月，承袭奉恩镇国公爵位。1936年农历四月初三日逝世

表2-29　　　　　　　　　　　　怡亲王封袭表

姓名	支系	享年	谥号	封爵简述
爱新觉罗·允祥	清圣祖康熙皇帝第十三子	45岁	贤	康熙六十一年(1722)十二月，晋封为怡亲王。雍正八年(730)五月初四日薨逝。为清代宗室的"铁帽子王"之一
爱新觉罗·弘晓	怡贤亲王允祥第七子	57岁	僖	雍正八年(1730)十二月，承袭怡亲王爵位。乾隆四十三年(1778)四月十五日薨逝
爱新觉罗·永琅	怡僖亲王弘晓次子	54岁	恭	乾隆四十三年(1778)，承袭怡亲王爵位。嘉庆四年(1799)薨逝
爱新觉罗·绵标	怡恭亲王永琅次子	30岁	—	嘉庆四年(1799)，授正蓝旗护军统领，嘉庆四年(1799)三月十七日薨逝，终年30岁。嘉庆五年(1800)二月，追封为亲王
爱新觉罗·奕勋	追封和硕怡亲王绵标长子	26岁	恪	嘉庆四年(1799)，承袭怡亲王爵位。嘉庆二十三年(1818)九月二十一日薨逝
爱新觉罗·载坊	怡恪亲王奕勋长子	5岁	—	嘉庆二十四年(1819)二月，承袭怡亲王爵位。嘉庆二十五年(1820)十二月十六日薨逝
爱新觉罗·载垣	怡恪亲王奕勋次子	45岁	—	道光五年(1825)二月，承袭怡亲王爵位。咸丰十一年(1861)，革爵，赐自尽
爱新觉罗·永福	宁良郡王弘晈次子	30岁	—	乾隆二十九年(1764)十二月，承袭多罗贝勒爵位。乾隆四十七年(1782)九月初二日薨逝。同治三年(1864)十一月，追封为和硕怡亲王
爱新觉罗·绵誉	追封和硕怡亲王永福第四子	64岁	—	乾隆四十七年(1782)九月，承袭多罗贝勒爵位。道光二十三年(1843)十一月二十一日薨逝。同治三年(1864)十一月，追封为和硕怡亲王

姓名	支系	享年	谥号	封爵简述
爱新觉罗·奕格	追封和硕怡亲王绵誉第三子	54岁	—	道光二十四年(1844)三月,承袭固山贝子爵位。咸丰八年(1858)二月十七日薨逝。同治三年(1864)十一月,追封为和硕怡亲王
爱新觉罗·载敦	追封和硕怡亲王奕格次子	64岁	端	咸丰八年(1858),承袭奉恩镇国公爵位。同治三年(1864)九月,承袭怡亲王爵位。光绪十六年(1890)十一月十二日薨逝
爱新觉罗·溥静	怡端亲王载敦长子	52岁	—	光绪十七年(1891)三月,承袭怡亲王爵位。光绪二十六年(1900)八月十一日薨逝;九月,因罪革爵
爱新觉罗·毓麒	怡端亲王载敦次子,侍卫班领、镇国将军溥耀长子	不详	—	光绪二十八年(1902)七月,承袭怡亲王爵位。薨逝之年未详

表2-30 宁郡王封袭表

姓名	支系	享年	谥号	封爵简述
爱新觉罗·弘晈	怡贤亲王允祥第四子	52岁	良	雍正八年(1730)八月,封为多罗宁郡王。乾隆二十九年(1764)八月十四日薨逝
爱新觉罗·永福	宁良郡王弘晈次子	30岁	恭恪	乾隆二十九年(1764)十二月,承袭多罗贝勒爵位。乾隆四十七年(1782)九月初二日薨逝
爱新觉罗·绵誉	多罗贝勒永福第四子	64岁	—	乾隆四十七年(1782)九月,承袭多罗贝勒爵位。道光二十三年(1843)十一月二十一日薨逝
爱新觉罗·奕格	多罗贝勒绵誉第三子	54岁	—	道光二十四年(1844)三月,承袭固山贝子爵位。咸丰八年(1858)二月十七日薨逝
爱新觉罗·载敦	追封和硕怡亲王奕格次子	64岁	端	咸丰八年(1858),承袭奉恩镇国公爵位。同治三年(1864)九月,承袭怡亲王爵位。光绪十六年(1890)十一月十二日薨逝

表 2-31　　　　　　　　　　　　　　恂郡王封袭表

姓名	支系	享年	谥号	封爵简述
爱新觉罗·允䄉	清圣祖康熙皇帝第十四子	68岁	勤	康熙四十八年(1709)三月，封为固山贝子。雍正元年(1723)五月，晋封为多罗郡王。雍正三年(1725)，降为固山贝子。雍正四年(1726)四月，革爵。乾隆二年(1737)三月，封为奉恩辅国公。乾隆十二年(1747)六月，封为多罗贝勒。乾隆十三年(1748)正月，晋封为多罗恂郡王。乾隆二十年(1755)正月初六日薨逝
爱新觉罗·弘明	恂勤郡王允䄉次子	63岁	恭勤	雍正十三年(1735)十一月，封为多罗贝勒。乾隆三十二年(1767)正月初六日薨逝
爱新觉罗·永硕	恭勤贝勒弘明次子	73岁	—	乾隆三十二年(1767)六月，承袭固山贝子爵位。嘉庆十三年(1808)闰五月二十日薨逝
爱新觉罗·绵龄	固山贝子永硕第三子	49岁	—	嘉庆十三年(1808)九月，承袭奉恩镇国公爵位。道光四年(1824)闰七月初八日薨逝
爱新觉罗·奕兴	奉恩镇国公绵龄第四子	47岁	—	道光四年(1824)十一月，承袭奉恩镇国公爵位。咸丰八年(1858)八月初七日薨逝
爱新觉罗·载森	奉恩镇国公奕兴次子	45岁	—	咸丰八年(1858)十一月，承袭不入八分镇国公爵位。光绪十三年(1887)三月十二日薨逝
爱新觉罗·溥博	不入八分镇国公载森长子	22岁	—	光绪十三年(1887)七月，承袭不入八分镇国公爵位。光绪二十年(1894)八月十四日薨逝
爱新觉罗·溥多	不入八分镇国公载森次子	不详	—	光绪二十一年(1895)三月，承袭不入八分镇国公爵位。薨逝之年未详

表 2-32　　　　　　　　　　　　　　愉郡王封袭表

姓名	支系	享年	谥号	封爵简述
爱新觉罗·允禑	清圣祖康熙皇帝第十五子	39岁	恪	雍正四年(1726)五月，封为多罗贝勒。雍正八年(1730)二月，晋封为多罗愉郡王。雍正九年(1731)二月初一日薨逝
爱新觉罗·弘庆	愉恪郡王允禑第三子	42岁	恭	雍正九年(1731)六月，承袭愉郡王爵位。乾隆三十四年(1769)十二月二十三日薨逝

姓名	支系	享年	谥号	封爵简述
爱新觉罗·永鋆	愉恭郡王弘庆长子	55岁	—	乾隆三十五年(1770)四月,承袭多罗贝勒爵位。嘉庆二十五年(1820)十月二十三日薨逝
爱新觉罗·绵岫	多罗贝勒永鋆长子	70岁	—	道光元年(1821)二月,承袭固山贝子爵位。道光三十年(1850)五月初九日薨逝
爱新觉罗·奕楒	固山贝子绵岫长子	59岁	—	道光三十年(1850)九月,承袭奉恩镇国公爵位。同治五年(1866)正月十一日薨逝
爱新觉罗·载燦	奉恩镇国公奕楒次子	48岁	—	同治五年(1866)五月,承袭奉恩辅国公爵位。光绪十一年(1885)二月二十九日薨逝
爱新觉罗·溥钊	载霞之子,奉恩辅国公载燦嗣子	53岁	—	光绪十一年(1885)八月,承袭奉恩辅国公爵位。1937年农历七月初九日逝世

表2-33　　　　　　　　　　　　　　果亲王封袭表

姓名	支系	享年	谥号	封爵简述
爱新觉罗·允礼	清圣祖康熙皇帝第十七子	42岁	毅	雍正元年(1723)四月,封为果郡王。雍正六年(1728)二月,晋封为果亲王。乾隆三年(1738)二月初二日薨逝
爱新觉罗·弘曕	清世宗雍正皇帝第六子、果毅亲王允礼嗣子	33岁	恭	乾隆三年(1738)二月,承袭果亲王爵位。乾隆二十八年(1763),降为多罗贝勒。乾隆三十年(1765),复果郡王爵位,同年三月初八日薨逝
爱新觉罗·永璪	果恭郡王弘曕长子	38岁	简	乾隆三十年(1765)六月,承袭多罗果郡王爵位。乾隆五十四年(1789)七月二十一日薨逝
爱新觉罗·绵从	果简郡王永璪长子	56岁	—	乾隆五十五年(1790)十一月,承袭多罗贝勒爵位。乾隆五十六年(1791)七月十四日薨逝
爱新觉罗·绵律	果恭郡王弘曕次子永璨长子,永璪嗣子	57岁	—	乾隆五十六年(1791)七月,过继永璪为嗣,承袭多罗贝勒爵位。嘉庆十一年(1806)五月,革爵。道光十一年(1831)十二月二十八日薨逝
爱新觉罗·绵峒	头等侍卫、镇国将军永璨次子	50岁	—	嘉庆十一年(1806)九月,承袭固山贝子爵位。道光十二年(1832)十二月初二日薨逝

姓名	支系	享年	谥号	封爵简述
爱新觉罗·奕湘	四等侍卫绵律长子,多罗贝勒绵从嗣子	86岁	恪慎	道光十三年(1833)三月,承袭镇国公爵位。同治十一年(1872)九月,赏加贝子衔。光绪七年(1881)二月十五日薨逝
爱新觉罗·载卓	贝子衔奉恩镇国公奕湘第三子	59岁	—	光绪七年(1881)七月,承袭奉恩辅国公爵位。光绪三十三年(1907)五月初一日薨逝
爱新觉罗·溥闰	奉恩辅国公载卓之子	35岁	—	光绪三十三年(1907),承袭奉恩辅国公爵位。1918年农历十一月二十三日逝世

表2-34 **慎郡王(质亲王)封袭表**

姓名	支系	享年	谥号	封爵简述
爱新觉罗·允禧	清圣祖康熙皇帝第二十一子	48岁	靖	雍正八年(1730)二月,封为固山贝子;五月,晋封为多罗贝勒。雍正十三年(1735)十一月,晋封为多罗慎郡王。乾隆二十三年(1758)五月二十一日薨逝
爱新觉罗·永瑢	清高宗乾隆皇帝第六子、慎靖郡王允禧嗣子	48岁	庄	乾隆二十四年(1759)十二月,嗣多罗慎靖郡王允禧之后,承袭多罗贝勒爵位。乾隆三十七年(1772)十月,晋封为多罗质郡王。乾隆五十四年(1789)十一月,晋封为和硕质亲王。乾隆五十五年(1790)五月初一日薨逝
爱新觉罗·绵庆	质庄亲王永瑢第五子	26岁	恪	乾隆五十五年(1790)九月,承袭多罗质郡王爵位。嘉庆九年(1804)十二月二十六日薨逝
爱新觉罗·奕绮	质恪郡王绵庆长子	41岁	—	嘉庆十四年(1809)四月,承袭多罗贝勒爵位。道光十九年(1839),革爵。道光二十二年(1842)五月二十五日薨逝,追复贝勒
爱新觉罗·载华	清高宗乾隆皇帝第四子永城后人,奕纶第十一子	60岁	—	道光二十二年(1842)五月,过继奕绮为嗣;九月,承袭固山贝子爵位。同治四年(1865)六月,革爵归宗。光绪十四年(1888)十月十六日薨逝
爱新觉罗·载钢	笔帖式绵能长子奕纶第九子,多罗贝勒奕绮嗣子	59岁	—	同治四年(1865)六月,过继奕绮为嗣,承袭奉恩镇国公爵位。光绪七年(1881)十二月初二日薨逝

姓名	支系	享年	谥号	封爵简述
爱新觉罗·溥泰	奉恩镇国公载钢长子	不详	—	道光七年(1827)十一月,封头等辅国将军。光绪八年(1882)四月,承袭奉恩镇国公爵位。光绪九年(1883)三月,革爵。光绪二十年(1894)十月,祝覩照原官降二等,赏给职卫
爱新觉罗·溥龄	奉恩镇国公载钢次子	49岁	—	光绪九年(1883)四月,承袭奉恩镇国公爵位。光绪二十三年(1897)七月初五日薨逝
爱新觉罗·毓亨	奉恩镇国公溥龄长子	不详	—	光绪二十三年(1897)十一月,承袭奉恩镇国公爵位。薨逝之年未详

表2-35 　　　　　　　　　　诚亲王封袭表

姓名	支系	享年	谥号	封爵简述
爱新觉罗·允祕	清圣祖康熙皇帝第二十四子	58岁	恪	雍正十一年(1733)正月,封为和硕诚亲王。乾隆三十八年(1773)十月二十日薨逝
爱新觉罗·弘畅	诚恪亲王允祕长子	56岁	密	乾隆三十九年(1774)正月,降袭多罗诚郡王爵位。乾隆六十年(1795)正月二十九日薨逝
爱新觉罗·永珠	诚密郡王弘畅长子	79岁	—	乾隆六十年(1795),降袭多罗贝勒爵位。道光十六年(1836)十二月,革爵。道光十七年(1837)八月十三日薨逝
爱新觉罗·绵勋	诚恪亲王允祕次子弘昈之孙、追封固山贝子永崧次子	78岁	—	道光七年(1827)五月,承袭奉恩将军爵位。道光十六年(1836)十二月,承袭固山贝子爵位。光绪十九年(1893)十一月十三日薨逝
爱新觉罗·载信	固山贝子绵勋次子镇国将军奕均长子	46岁	—	同治十一年(1872)五月,承袭辅国将军爵位。光绪二十年(1894)三月,承袭奉恩镇国公爵位。光绪二十六年(1900)五月十八日薨逝
爱新觉罗·溥霱	奉恩镇国公载信长子	56岁	—	光绪二十八年(1902)七月,承袭奉恩镇国公爵位。1934年农历八月二十五日逝世

表2-36 　　　　　　　　　　端亲王封袭表

姓名	支系	享年	谥号	封爵简述
爱新觉罗·弘晖	清世宗雍正皇帝长子	8岁	端	康熙三十六年(1697)三月二十六日生,母亲是孝敬宪皇后乌拉纳喇氏。康熙四十三年(1704)六月初六日薨逝。雍正十三年(1735)十一月,追封为和硕亲王

表2-37 　　　　　　　　　　　　　　　　和亲王封袭表

姓名	支系	享年	谥号	封爵简述
爱新觉罗·弘昼	清世宗雍正皇帝第五子	60岁	恭	雍正十一年(1733)二月,封为和亲王。乾隆三十五年(1770)七月十三日薨逝
爱新觉罗·永璧	和恭亲王弘昼次子	40岁	勤	乾隆三十五年(1770),承袭和亲王爵位。乾隆三十七年(1772)三月初二日薨逝
爱新觉罗·绵伦	和勤亲王永璧长子	23岁	谨	乾隆三十七年(1772)九月,承袭和郡王爵位。乾隆三十九年(1774)十一月二十九日薨逝
爱新觉罗·绵循	和勤亲王永璧次子	66岁	恪	乾隆四十年(1775)正月,承袭和郡王爵位。嘉庆二十二年(1817)四月初八日薨逝
爱新觉罗·奕亨	和恪郡王绵循第三子	50岁	—	嘉庆二十二年(1817)七月,承袭多罗贝勒爵位。道光十二年(1832)六月二十日薨逝
爱新觉罗·载容	多罗贝勒奕亨第四子	57岁	敏恪	道光十二年(1832)闰九月,承袭固山贝子爵位。同治十一年(1872)九月,赏加贝勒衔。光绪七年(1881)二月二十一日薨逝
爱新觉罗·溥廉	贝勒衔固山敏恪贝子载容长子	45岁	—	光绪七年(1881)闰七月,承袭奉恩镇国公爵位。光绪二十四年(1898)闰三月十三日薨逝
爱新觉罗·毓璋	奉恩镇国公溥廉长子	49岁	—	光绪二十四年(1898)十一月,承袭奉恩镇国公爵位。1937年农历三月二十四日逝世

表2-38 　　　　　　　　　　　　　　　　怀亲王封袭表

姓名	支系	享年	谥号	封爵简述
爱新觉罗·福惠	清世宗雍正皇帝第七子	8岁	怀	康熙六十年(1721)十月初九日生,母亲是敦肃皇贵妃年佳氏。雍正六年(1728)九月初九日薨逝。雍正十三年(1735)十一月追封亲王

表2-39 　　　　　　　　　　　　　　　　定亲王封袭表

姓名	支系	享年	谥号	封爵简述
爱新觉罗·永璜	清高宗乾隆皇帝长子	23岁	安	乾隆十五年(1750)三月十五日薨逝,同年三月十六日追封为和硕定亲王
爱新觉罗·绵德	定安亲王永璜长子	40岁	—	乾隆十五年(1750)三月,承袭定亲王爵位。乾隆三十七年(1772)九月,降为多罗定郡王。乾隆四十一年(1776)正月,革爵。乾隆四十二年(1777)二月,封为奉恩镇国公。乾隆四十九年(1784)正月,晋封为固山贝子。乾隆五十一年(1786)九月二十七日薨逝

姓名	支系	享年	谥号	封爵简述
爱新觉罗·绵恩	定安亲王永璜次子	76岁	恭	乾隆四十一年（1776）正月，承袭定郡王爵位。乾隆五十八年（1793）十二月，晋封为定亲王。道光二年（1822）六月初一日薨逝
爱新觉罗·奕绍	定恭亲王绵恩次子	61岁	端	道光二年（1822）六月，承袭定亲王爵位。道光十六年（1836）十月二十日薨逝
爱新觉罗·载铨	定端亲王奕绍长子	61岁	敏	道光十六年（1836）十一月，承袭定郡王爵位。咸丰三年（1853）二月，赏加亲王衔。咸丰四年（1854）九月十六日薨逝，同月，追封为亲王
爱新觉罗·溥煦	辅国将军载铭第五子，追封定敏亲王载铨嗣子	57岁	慎	咸丰四年（1854）九月，过继载铨为嗣，承袭定郡王爵位。光绪三十三年（1907）八月薨逝
爱新觉罗·毓朗	定慎郡王溥煦次子	59岁	—	光绪三十三年（1907）十二月，承袭多罗贝勒爵位。1922年农历十月二十六日逝世

表2-40　　　　　　　　　　　　　　循郡王封袭表

姓名	支系	享年	谥号	封爵简述
爱新觉罗·永璋	清高宗乾隆皇帝第三子	26岁	—	乾隆二十五年（1760）七月十六日薨逝，追封为多罗循郡王
爱新觉罗·绵懿	成哲亲王永瑆次子，永璋嗣子	39岁	—	乾隆四十一年（1776）正月，过继永璋为嗣。乾隆五十三年（1788），承袭多罗贝勒爵位。嘉庆九年（1804）七月，降为二等镇国将军。嘉庆十年（1805），封为固山贝子。嘉庆十四年（1809）正月十三日薨逝，同月，追封为多罗贝勒
爱新觉罗·奕绪	追封多罗贝勒绵懿长子	68岁	—	嘉庆十四年（1809）四月，承袭固山贝子爵位。咸丰八年（1858）六月初八日薨逝
爱新觉罗·载迁	固山贝子奕绪次子	51岁	—	咸丰八年（1858），承袭奉恩镇国公爵位。光绪二十五年（1899）正月初十日薨逝
爱新觉罗·溥葵	奉恩镇国公载迁长子	54岁	—	光绪二十五年（1899）十月，承袭奉恩辅国公爵位。1926年农历八月初九日逝世

表2-41 　　　　　　　　　　　　　　　 荣亲王封袭表

姓名	支系	享年	谥号	封爵简述
爱新觉罗·永琪	清高宗乾隆皇帝第五子	26岁	纯	乾隆三十年(1765)，封为荣亲王。乾隆三十一年(1766)三月初八日薨逝
爱新觉罗·绵亿	荣纯亲王永琪第五子	52岁	恪	乾隆四十九年(1784)十一月，封为多罗贝勒。嘉庆四年(1799)，晋封为荣郡王。嘉庆二十年(1815)三月初五日薨逝
爱新觉罗·奕绘	荣恪郡王绵亿长子	40岁	—	嘉庆二十年(1815)六月，承袭多罗贝勒爵位。道光十八年(1838)七月初七日薨逝
爱新觉罗·载钧	多罗贝勒奕绘长子	40岁	—	道光十八年(1838)十月，承袭固山贝子爵位。咸丰七年(1857)六月十六日薨逝
爱新觉罗·溥楣	多罗贝勒奕绘次子载钊长子，固山贝子载钧嗣子	51岁	—	咸丰七年(1857)七月，过继载钧为嗣，承袭奉恩镇国公爵位。同治五年(1866)十一月，革爵。光绪二十年(1894)五月二十六日薨逝
爱新觉罗·溥芸	追封奉恩镇国公载钊第三子	53岁	—	同治五年(1866)十二月，承袭奉恩镇国公爵位。光绪二十八年(1902)三月薨逝
爱新觉罗·毓敏	奉恩镇国公溥芸次子	34岁	—	光绪二十八年(1902)九月，承袭奉恩镇国公爵位。宣统三年(1911)十二月二十三日逝世

表2-42 　　　　　　　　　　　　　　　 哲亲王封袭表

姓名	支系	享年	谥号	封爵简述
爱新觉罗·永琮	清高宗乾隆皇帝第七子	2岁	悼敏	乾隆十一年(1746)四月初八日生，母亲是孝贤纯皇后富察氏。乾隆十二年(1747)十二月二十九日薨逝，谥曰"悼敏阿哥"。嘉庆四年(1799)三月，追封为和硕哲亲王

表2-43 　　　　　　　　　　　　　　　 仪亲王封袭表

姓名	支系	享年	谥号	封爵简述
爱新觉罗·永璇	清高宗乾隆皇帝第八子	87岁	慎	乾隆四十四年(1779)三月，被封为仪郡王。嘉庆四年(1799)正月，晋封为仪亲王。道光十二年(1832)八月初七日薨逝
爱新觉罗·绵志	仪慎亲王永璇长子	68岁	顺	道光十二年(1832)十月，承袭仪郡王爵位。道光十四年(1834)四月十一日薨逝

姓名	支系	享年	谥号	封爵简述
爱新觉罗·奕绷	仪顺郡王绵志第四子	78岁	—	道光十四年(1834)四月,承袭多罗贝勒爵位。光绪十年(1884)十月,赏加郡王衔。光绪十九年(1893)八月二十六日薨逝
爱新觉罗·毓崐	溥颐长子、郡王衔多罗贝勒奕绷曾孙	27岁	—	光绪二十年(1894)三月,承袭固山贝子爵位。光绪二十七年(1901)十月初三日薨逝,追赠贝勒衔
爱新觉罗·毓岐	溥颐第五子、郡王衔多罗贝勒奕绷曾孙	35岁	—	光绪二十八年(1902)十月,承袭奉恩镇国公爵位。1917年农历二月初七日逝世

表2-44 　　　　　　　　　　　　成亲王封袭表

姓名	支系	享年	谥号	封爵简述
爱新觉罗·永瑆	清高宗乾隆皇帝第十一子	72岁	哲	乾隆五十四年(1789)十一月,封为成亲王。道光三年(1823)三月三十日薨逝
爱新觉罗·绵懿	成哲亲王永瑆长子	53岁	—	嘉庆四年(1799)正月,封不入八分辅国公。嘉庆七年(1802)十二月,封多罗贝勒。嘉庆二十五年(1820)六月十一日薨逝;同月,追封为多罗成郡王
爱新觉罗·奕绶	追封成郡王绵懿长子	27岁	—	嘉庆十七年(1812)十月二十一日薨逝,追封为不入八分辅国公。道光三年(1823),追封为多罗成郡王
爱新觉罗·载锐	追封成郡王奕绶长子	55岁	恭	嘉庆十八年(1813)二月,封为奉恩镇国将军。嘉庆二十五年(1820)十月,承袭多罗贝勒爵位。道光三年(1823)七月,承袭成郡王爵位。咸丰九年(1859)四月二十日薨逝
爱新觉罗·溥庄	成恭郡王载锐长子	43岁	—	咸丰九年(1859)八月,承袭多罗贝勒爵位。咸丰十年(1860)正月,赏加郡王衔。同治十一年(1872)四月初七日薨逝
爱新觉罗·毓梀	溥蓁之子,多罗贝勒溥庄嗣子	61岁	—	同治十一年(1872)四月,过继溥庄为嗣;同年十一月,承袭固山贝子爵位。1918年农历十一月十七日逝世

表2-45 　　　　　　　　　　　　庆亲王封袭表

姓名	支系	享年	谥号	封爵简述
爱新觉罗·永璘	清高宗乾隆皇帝第十七子	55岁	僖	嘉庆四年(1799),晋惠郡王,后改庆郡王。嘉庆二十五年(1820),晋庆亲王;同年三月十三日薨逝

姓名	支系	享年	谥号	封爵简述
爱新觉罗·绵慜	庆僖亲王永璘第三子	40岁	良	嘉庆二十五年(1820),三月,承袭庆郡王爵位。道光十六年(1836)十月初三日薨逝
爱新觉罗·奕綵	仪顺郡王绵志第五子,庆良郡王绵慜嗣子	47岁	—	道光十六年(1836),过继绵慜为嗣。道光十七年(1837)正月,承袭庆郡王爵位。道光二十二年(1842),革爵归宗。同治五年(1866)七月初七日薨逝
爱新觉罗·绵悌	庆僖亲王永璘第五子	39岁	—	道光七年(1827)十二月,赏给一品顶戴。道光十一年(1831)正月,封为不入八分辅国公。道光十七年(1837)正月,晋封为不入八分镇国公。道光二十二年(1842)十一月,降为三等镇国将军。道光二十九年(1849)十一月十二日薨逝。咸丰二年(1852)三月,追封为固山贝子
爱新觉罗·奕劻	副都统衔绵性长子,追封固山贝子绵悌嗣子	80岁	—	道光二十九年(1849)十一月,过继绵悌为嗣。咸丰二年(1852)正月,赏固山贝子爵位。咸丰十年(1860)正月,晋封为多罗贝勒。同治十一年(1872)九月,赏加郡王衔。光绪十年(1884)十月,晋封为庆郡王。光绪二十年(1894),晋封为庆亲王。光绪三十四年(1908),命王爵世袭罔替,为清宗室"铁帽子王"之一,1917年农历正月初六日逝世

表2-46　　　　　　　　　　穆郡王封袭表

姓名	支系	享年	谥号	封爵简述
未起名	清仁宗嘉庆皇帝长子	6岁	穆	乾隆四十年(1775)十二月二十九日生,母亲是和裕皇贵妃刘佳氏。乾隆四十五年(1780)三月初六日薨逝。嘉庆二十五年(1820)八月,追封为多罗郡王

表2-47　　　　　　　　　　惇亲王封袭表

姓名	支系	享年	谥号	封爵简述
爱新觉罗·绵恺	清仁宗嘉庆皇帝第三子	44岁	恪	嘉庆二十四年(1819)正月,封为多罗惇郡王。嘉庆二十五(1820)年七月,晋封为亲王。道光十八年(1838)十二月初四日薨逝

姓名	支系	享年	谥号	封爵简述
爱新觉罗·奕誴	清宣宗道光皇帝第五子,惇恪亲王绵恺嗣子	59岁	勤	道光二十六年(1846)正月,过继给惇恪亲王绵恺为嗣,承袭惇郡王爵位。光绪十五年(1889)正月十九日薨逝
爱新觉罗·载濂	惇勤郡王奕誴长子	64岁	—	同治元年(1862)正月,封为不入八分镇国将军。同治三年(1864)七月,晋封为不入八分镇国公。光绪十五年(1889)正月,承袭多罗贝勒爵位,赏加郡王衔。光绪二十六年(1900)九月,革爵。1917年农历九月二十九日逝世
爱新觉罗·载瀛	惇勤郡王奕誴第四子	72岁	—	光绪二十八年(1902)七月,承袭多罗贝勒爵位。1930年农历闰六月二十四日逝世

表2-48　　　　　　　　　瑞亲王封袭表

姓名	支系	享年	谥号	封爵简述
爱新觉罗·绵忻	清仁宗嘉庆皇帝第四子	24岁	怀	嘉庆二十四年(1819),封为瑞亲王。道光八年(1828)八月十九日薨逝
爱新觉罗·奕誌	瑞怀亲王绵忻长子	24岁	敏	道光八年(1828)十月,承袭瑞郡王爵位。道光三十年(1850)五月二十八日薨逝
爱新觉罗·载漪	惇勤亲王奕誴次子,瑞敏郡王奕誌嗣子	67岁	—	咸丰七年(1857)正月,过继奕誌为嗣。咸丰十年(1860),承袭多罗贝勒爵位。光绪十四年(1888)四月,赏加郡王衔。光绪二十年(1894)正月,晋封为端郡王。光绪二十六年(1900)九月,革爵。光绪二十八年(1902)六月,归宗。1922年农历十一月二十四日逝世
爱新觉罗·载润	醇贤亲王奕谟第六子,瑞敏郡王奕誌嗣子	不详	—	光绪二十八年(1902)六月,过继奕誌为嗣,承袭多罗贝勒爵位。光绪三十四年(1908)十一月,赏加郡王衔。逝世之年未详

表2-49　　　　　　　　　惠亲王封袭表

姓名	支系	享年	谥号	封爵简述
爱新觉罗·绵愉	清仁宗嘉庆皇帝第五子	51岁	端	嘉庆二十五年(1820)七月,封为多罗惠郡王。道光十九年(1839)正月,晋封为和硕惠亲王。同治三年(1864)十二月十二日薨逝

姓名	支系	享年	谥号	封爵简述
爱新觉罗·奕详	惠端亲王绵愉第五子	38岁	敬	咸丰十年(1860)正月,封为不入八分辅国公。同治三年(1864)十二月,承袭多罗惠郡王爵位。同治十一年(1872)九月,赏加亲王衔。光绪十二年(1886)正月初十日薨逝
爱新觉罗·载润	惠敬郡王奕详长子	不详	—	光绪十二年(1886)正月,承袭多罗贝勒爵位。光绪十五年(1889)正月,加恩上书房读书。薨逝之年未详

表2-50 　　　　　　　　　　　隐郡王封袭表

姓名	支系	享年	谥号	封爵简述
爱新觉罗·奕纬	清宣宗道光皇帝长子	24岁	隐志	嘉庆二十四年(1819)正月,晋封为多罗贝勒。道光十一年(1831)四月十二日薨逝,照阿哥例办理后事,并追封为多罗隐志贝勒。道光三十年(1850)正月,追封为多罗郡王
爱新觉罗·载治	四品顶戴奕纪第五子,隐志郡王奕纬嗣子	42岁	恭勤	咸丰四年(1854)十二月,奉旨过继奕纬为嗣,封为多罗贝勒。咸丰五年(1855)三月,改原名载中为载治。咸丰十年(1860)正月,赏加郡王衔。光绪六年(1880)十二月二十八日薨逝
爱新觉罗·溥伦	多罗恭勤贝勒载治第四子	53岁	—	光绪七年(1881)正月,承袭固山贝子爵位。光绪二十年(1894)正月,赏加贝勒衔。1926年农历十二月十八日逝世

表2-51 　　　　　　　　　　　顺郡王封袭表

姓名	支系	享年	谥号	封爵简述
爱新觉罗·奕纲	清宣宗道光皇帝次子	2岁	和	道光六年(1826)十月二十三日生,母亲是孝静成皇后博尔济吉特氏。道光七年(1827)二月初八日薨逝。道光三十年(1850)正月,追封为多罗顺郡王

表2-52 　　　　　　　　　　　慧郡王封袭表

姓名	支系	享年	谥号	封爵简述
爱新觉罗·奕继	清宣宗道光皇帝第三子	1岁	质	道光九年(1829)十一月初七日生,母亲是孝静成皇后博尔济吉特氏;同年十二月二十八日薨逝。道光三十年(1850)正月,追封为多罗慧郡王

表2-53 恭亲王封袭表

姓名	支系	享年	谥号	封爵简述
爱新觉罗·奕䜣	清宣宗道光皇帝第六子	67岁	忠	道光三十年(1850),封为恭亲王。同治十三年(1874),降为郡王,后复亲王。光绪二十四年(1898)四月初十日薨逝,以功配享太庙,为清代宗室的"铁帽子王"之一
爱新觉罗·溥伟	多罗贝勒载滢长子	57岁	—	光绪二十二年(1896)十二月,过继郡王衔多罗果敏贝勒载澂为嗣,赏多罗贝勒爵位。光绪二十四年(1898)四月,承袭恭亲王爵位。1936年农历十月十日逝世

表2-54 醇亲王封袭表

姓名	支系	享年	谥号	封爵简述
爱新觉罗·奕譞	清宣宗道光皇帝第七子	51岁	贤	道光三十年(1850),封为醇郡王。同治三年(1864),加亲王衔。同治十一年(1872),晋封为醇亲王。光绪十六年(1890)十一月二十一日薨逝,尊为皇帝本生考。宣统帝登基后,尊为皇帝本生祖考。为清代宗室的"铁帽子王"之一
爱新觉罗·载沣	醇贤亲王奕譞第五子	69岁	—	光绪十六年(1890)十一月,承袭醇亲王爵位。光绪三十四年(1908),宣统即位时命为监国摄政王。1951年逝世

表2-55 钟郡王封袭表

姓名	支系	享年	谥号	封爵简述
爱新觉罗·奕詥	清宣宗道光皇帝第八子	25岁	端	道光三十年(1850),封为钟郡王。同治七年(1868)十一月初四日薨逝
爱新觉罗·载滢	恭忠亲王奕䜣次子,钟端郡王奕詥嗣子	49岁	—	同治三年(1864)七月,封为不入八分镇国公。同治七年(1868)十一月,过继奕詥为嗣,承袭多罗贝勒爵位。光绪十五年(1889)正月,赏加郡王衔。光绪二十六年(1900)九月,革爵归宗。宣统元年(1909)八月十六日薨逝
爱新觉罗·载涛	醇贤亲王奕譞第七子,钟端郡王奕詥嗣子	84岁	—	光绪二十三年(1897)四月,过继贝勒衔固山贝子奕謨为嗣。光绪二十八年(1902)六月,过继钟端郡王奕詥为嗣,承袭多罗贝勒爵位。光绪三十四年(1908)九月,赏加郡王衔。1970年逝世

表2-56 孚郡王封袭表

姓名	支系	享年	谥号	封爵简述
爱新觉罗·奕譓	清宣宗道光皇帝第九子	33岁	敬	道光三十年(1850)正月,封为孚郡王。同治十一年(1872)九月,赏加亲王衔。光绪三年(1877)二月初八日薨逝
爱新觉罗·载沛（原名载煌）	愉恪郡王允祜四世孙奕栋第六子,孚敬郡王奕譓嗣子	8岁	—	光绪三年(1877)三月,过继奕譓为嗣,并改名载沛,承袭多罗贝勒爵位。光绪四年(1878)七月二十五日薨逝
爱新觉罗·载澍（原名载楫）	奕瞻长子,孚敬郡王奕譓嗣子	不详	—	光绪四年(1878)八月,过继奕譓为嗣,并改名载澍,承袭多罗贝勒爵位。光绪二十三年(1897)三月,革爵归宗。逝世之年未详
爱新觉罗·溥忻	贝勒载瀛长子,孚敬郡王奕譓嗣孙	74岁	—	光绪二十四年(1898)十二月,过继奕譓为嗣孙,赏固山贝子爵位。1966年逝世

表2-57 悯郡王封袭表

姓名	支系	享年	谥号	封爵简述
未起名	清文宗咸丰皇帝次子	出生当日夭折	—	咸丰八年(1858)十二月初五日生,母亲是玫妃徐佳氏,是日卯时薨逝。咸丰十一年(1861)十二月,追封为多罗悯郡王

第三章　清代王爷园寝建筑规制

　　清代，王爷们薨逝后，皆葬于北京及其周边地区，故而形成了以王爷园寝为中心的清代宗室墓地群。这些散落于乡间田野的王爷园寝，是研究清代陵墓制度、皇族世系、宫廷史、建筑史及其他专门史的重要实物资料。

　　然而受史料所限，清代王爷园寝的相关研究成果并不多，因此以实地踏察的形式，对其展开讨论式的研究，成为研究清代王爷园寝的必由之路。通过实地寻访，并与史料及档案中的记载对照，此"二重证据法"，为在当今，尚可行之。

　　2006年至2016年，笔者经过实地踏察与记录，对清代王爷园寝的一系列问题展开讨论，以求教于大方之家。

第一节　园寝的整体布局

一、园寝坐落位置的选择

　　清代王爷园寝的布局效法清代帝陵，也是十分讲究的。对朝山①、案山②、屏障山③等因素均有考虑。其园寝的布局还须与山川形势相结合，以求浑然一体。若自然地理条件并不是十分完美的话，还可以进行人工修补，以求具备上佳之

---

　　① 朝山是指与园寝相对的山。
　　② 案山是指园寝后部所倚靠的山。
　　③ 屏障山是指园寝左右两侧的山。

风水。

清代王爷园寝有着严谨的布局。据工部"样式雷"档案记载,王爷园寝在建造之前,都会先由雷式家族设计样稿,分为平面图、全形图、局部图等。平面图主要是以线图为准,以俯视的效果,来直观地了解整体建筑。在全形图中,每一个建筑边上有签条标注,一般标注具体的尺寸或样式。局部图则是某些重点建筑局部的特写,以求清晰明了地了解整体建筑。另外还有侧视图等。在北京故宫博物院,至今还藏有当年"样式雷"家族为清代帝、妃园寝、王爷园寝设计的图稿,从这些图稿中我们可以直观地了解清代王爷园寝的布局与建筑样式。

以瑞怀亲王园寝平格地盘画样图为例,我们自南至北可以看到地面建筑依次为土唇、下马桩、一孔桥(桥下为月牙河)、碑亭、茶饭房(东侧)、饽饽房(西侧)、大门、享堂、墓冢。在园寝墙外,东部有坐落房两处、坟户房,西部只有坟户房;园寝后寝部分的园寝墙外,东西各坐落着看守房。瑞怀亲王园寝地盘画图对园寝的建筑尺寸有了详细的标注,例如,碑亭正前方东西两侧明确写着"饽饽房三间"。前文已述,西部为饽饽房,东侧为茶饭房,故此处的东侧应该为茶饭房三间之误。园寝墙①外的东西看守房为2间,东部的坟户房为11间,东部的坐落房5间,前后共2组。

清代王爷园寝的规模虽然远逊于清代帝陵,但在地势选择上也是有一定讲究的。从瑞怀亲王园寝图例上看,最南端的土唇即朝山,修陵时若对面有山则可以进行风水的修整,若无山可以堆土为山。总而言之,前有朝,后有寝,以象人之生。

从瑞怀亲王园寝平格地盘画样图还可知,享殿后部是有一面墙的,墙的东西两侧各有角门一扇。再来看其他清代王爷园寝的实例,如庆亲王园寝、果恭郡王园寝,这两座园寝的大门之后为砖墙。在砖墙的左右两侧各开有一处角门。若从新修葺的园寝来看,敬敏亲王园寝中的享殿后为砖墙,仅开中轴线享殿后部的一处角门。

清代王爷园寝大多是有靠山的,如质亲王园寝背倚龙宫山、庆亲王园寝背倚五峰山。笔者将目前所知清代王爷园寝的靠山、朝山、屏障山的名字进行了统

---

① 园寝墙学名为罗圈墙。所谓罗圈者,即为一个半圆形,故此种形态的建筑亦可称为罗圈墙。

计,制成下表(表3-1)。

表3-1 清代王爷园寝靠山、朝山、屏障山统计表

序号	园寝名称	墓主	爵位	靠山	朝山	屏障山
1	睿忠亲王园寝	爱新觉罗·多尔衮	亲王	大山子	—	—
2	显谨亲王园寝	爱新觉罗·衍璜	亲王	大山子	—	—
3	裕亲王园寝	爱新觉罗·保泰	已革亲王	大山子	—	—
4	裕僖亲王园寝	爱新觉罗·亮焕	亲王	九龙山	—	—
5	醇贤亲王园寝	爱新觉罗·奕譞	亲王	西山妙高峰	—	—
6	简修亲王园寝	爱新觉罗·雅布	亲王	大山子	—	—
7	肃勤亲王园寝	爱新觉罗·蕴著	亲王	大山子	—	—
8	荣恪郡王园寝	爱新觉罗·绵亿	郡王	石板山	—	—
9	康修亲王园寝	爱新觉罗·冲安	亲王	金顶山	—	—
10	康简亲王园寝	爱新觉罗·巴尔图	亲王	金顶山	—	—
11	康恭亲王园寝	爱新觉罗·永恩	亲王	金顶山	—	—
12	礼亲王园寝	爱新觉罗·昭梿	已革亲王	金顶山	—	—
13	礼亲王园寝	爱新觉罗·永奎	亲王	金顶山	—	—
14	饶余敏亲王园寝	爱新觉罗·阿巴泰	亲王	劳子山	—	—
15	安和郡王园寝	爱新觉罗·岳乐	郡王	小子山	—	—
16	和勤亲王园寝	爱新觉罗·永璧	亲王	凤山	—	—
17	克勤庄郡王园寝	爱新觉罗·雅朗阿	郡王	—	珠珠山	—
18	和恭亲王园寝	爱新觉罗·弘昼	亲王	灵山	—	凤山
19	定安亲王园寝	爱新觉罗·永璜	亲王	奶头山	—	—
20	循郡王园寝	爱新觉罗·永璋	郡王	奶头山	—	—
21	荣纯亲王园寝	爱新觉罗·永琪	亲王	奶头山	—	—
22	定恭亲王园寝	爱新觉罗·绵恩	亲王	迎北山	塔山	—
23	顺承恭惠郡王园寝	爱新觉罗·勒克德浑	郡王	大山子	—	—
24	顺承郡王园寝	爱新觉罗·勒尔锦	已革郡王	大山子	—	—
25	顺承忠郡王园寝	爱新觉罗·诺罗布	郡王	大山子	—	—
26	郡王品级锡保园寝	爱新觉罗·锡保	郡王	大山子	—	—
27	顺承恪郡王园寝	爱新觉罗·熙良	郡王	大山子	—	—
28	顺承恭郡王园寝	爱新觉罗·泰斐英阿	郡王	大山子	—	—
29	顺承慎郡王园寝	爱新觉罗·恒昌	郡王	大山子	—	—
30	顺承简郡王园寝	爱新觉罗·伦柱	郡王	大山子	—	—
31	顺承勤郡王园寝	爱新觉罗·春山	郡王	大山子	—	—
32	顺承敏郡王园寝	爱新觉罗·庆恩	郡王	大山子	—	—
33	顺承郡王园寝	爱新觉罗·讷勒赫	郡王	大山子	—	—
34	庄靖亲王园寝	爱新觉罗·博果铎	郡王	馒头山	—	—

序号	园寝名称	墓主	爵位	靠山	朝山	屏障山
35	庄恪亲王园寝	爱新觉罗·允禄	郡王	馒头山	—	—
36	庄亲王园寝	爱新觉罗·弘普	郡王	馒头山	—	—
37	庄慎亲王园寝	爱新觉罗·永瑺	郡王	馒头山	—	—
38	庄襄亲王园寝	爱新觉罗·绵课	郡王	馒头山	—	—
39	庄亲王园寝	爱新觉罗·奕𧷽	已革郡王	馒头山	—	—
40	庄勤亲王园寝	爱新觉罗·绵护	郡王	馒头山	—	—
41	庄质亲王园寝	爱新觉罗·绵谭	郡王	馒头山	—	—
42	庄厚亲王园寝	爱新觉罗·奕仁	郡王	馒头山	—	—
43	庄亲王园寝	爱新觉罗·载勋	已革郡王	馒头山	—	—
44	庄亲王园寝	爱新觉罗·载功	亲王	馒头山	—	—
45	克勤郡王园寝	爱新觉罗·亨元	郡王	双凤山	—	—
46	显密亲王园寝	爱新觉罗·丹臻	亲王	—	南山	—
47	理亲王园寝	爱新觉罗·弘皙	已革亲王	大山子	—	—
48	定端亲王园寝	爱新觉罗·奕绍	亲王	宝山	—	—
49	成恭郡王园寝	爱新觉罗·载锐	郡王	圣宝山	—	—
50	庆僖亲王园寝	爱新觉罗·永璘	亲王	五峰山	—	—
51	庆良郡王园寝	爱新觉罗·绵慜	郡王	五峰山	—	—
52	庆亲王园寝	爱新觉罗·奕劻	亲王	五峰山	—	—
53	惇恪亲王园寝	爱新觉罗·绵恺	亲王	九里山	—	—
54	恭忠亲王园寝	爱新觉罗·奕䜣	亲王	翠华山	大汤山	—
55	豫亲王园寝	爱新觉罗·裕丰	亲王	—	土山子	—
56	荣亲王园寝	未起名	亲王	黄花山	—	—
57	纯靖亲王园寝	爱新觉罗·隆禧	亲王	黄花山	—	—
58	裕宪亲王园寝	爱新觉罗·福全	亲王	黄花山	—	—
59	理密亲王园寝	爱新觉罗·允礽	亲王	黄花山	—	—
60	直郡王园寝	爱新觉罗·允禔	已革郡王	黄花山	—	—
61	恂勤郡王园寝	爱新觉罗·允禵	郡王	—	—	—
62	端慧皇太子园寝	爱新觉罗·永琏	皇太子	朱华山	—	—
63	质庄亲王园寝	爱新觉罗·永瑢	亲王	白树山	—	—
64	质恪郡王园寝	爱新觉罗·绵庆	郡王	龙宫山	—	—

如上表所见,据不完全统计,大多数靠山、朝山的名称为"大山子",这或许是
山名的俗称。据《清代王爷坟》载:"九龙山类似土城,呈南北走向,是长约一里的
一条土龙。土龙东侧南北两端各有湖泊一处,这在堪舆家看来是块风水宝

地。"①"太子陵北边是奶头山,西边是苇子峪,东边是麻子峪,南边为鹞子峪。周围的山山水水呈轴对称的弧形,园寝'脚踩莲花山,头顶凤凰山'。"②不难看出,清代王爷园寝是精心选址设计的。

二、"样式雷"图档

图样展现了建筑平面布局、立面情况及装修细部。清代宫廷建筑的图样,大多都是由雷式家族绘制,即"样式雷"。③"样式雷"图档内容丰富,包含了清代皇家建筑规划、设计和施工等阶段的详细情况,不仅有图纸,还有烫样及随工日记等文字档案。"样式雷"的作品包括圆明园、颐和园、景山、天坛、清东陵、清西陵等。他们设计的图纸包含宫殿、园林、坛庙、陵寝,也有京城大量的衙署、王府、私宅、私人坟茔,以及御道、河堤,还有舆服、彩画、瓷砖、珐琅、景泰蓝等等。"样式雷"图档目前分别被收藏在北京故宫博物院、中国第一历史档案馆、中国国家图书馆、北京大学图书馆、清华大学建筑学院资料室、中国社科院图书馆、首都图书馆等多家单位。

清代王爷园寝在规划设计时,首先要找其园寝的中轴线(又称"找中"),接下来绘制地盘图样方案的平面图。在现存的瑞怀亲王平格地盘图中,这种南北轴线的布局显示得一清二楚。这也是中国古代建筑的设计方法,样式房的图纸也是园寝施工建筑的依据,它指导着施工方案。

清代建筑的平面布局大都是整齐对称,这样可使整座建筑更加庄严雄伟。坐落在北京的紫禁城,整体布局整齐有序,每一组建筑群的布局体现着整齐、雄伟的建筑气势,是清代建筑布局的典型实例之一。

清代王爷园寝的整体布局,以中轴线为中心,形成对称式建筑。由南至北依次为神桥、碑楼、宫门、享殿、月台、墓冢,四周有园寝墙。有的在享殿后部建有园寝门,园寝门两端各开有角门④。园寝内的墓冢多以"昭穆顺序"排列,即正中为

---

① 冯其利:《清代王爷坟》,紫禁城出版社,1996,第134页。

② 同上书,第197—198页。

③ "样式雷"是对清代承办内廷建造工程的雷氏建筑世家的美称。雷氏家族先后有七代工匠,从康熙中期开始,为清朝历代皇帝设计修建了大量皇家建筑。雷氏家族因长期执掌"样式房"而得名。

④ 角门是整个建筑物的靠近角上的小门,泛指小的旁门。

祖,左昭右穆。王爷园寝的院落为四合院式,即由南向北,纵轴对称布置,封闭而独立的院落为其基本特征。按其规模的大小,可分为一进院落、二进院落、三进院落、四进院落、五进院落或多进院落等。

在现存的"样式雷"图档中,我们可以看到清代王爷园寝整体布局的设计方案。以中国国家图书馆为例,其馆藏清代王爷园寝布局的"样式雷"图档有庆僖亲王园寝地盘图、庆亲王福地地券立样准底、仪慎亲王园寝地盘尺寸图、八爷福地地盘样(即仪慎亲王园寝地盘样)、成亲王福地(即成哲亲王园寝地盘图)、瑞敏郡王园寝地盘图、恭忠亲王园寝地盘图等等。

综上所述,"样式雷"图档是研究清代王爷园寝布局与设计的最直观的实物资料,完整再现了清代王爷园寝的初步设计、施工方案。通过将现存的"样式雷"图档与实地状况进行一一对比,对清史研究大有裨益。

第二节 地面建筑

中国古代十分重视礼制,清朝作为最后一个封建王朝,自然也不例外。清代王爷园寝根据王爷们身份的高低,有着严格的等级制度。最高等级的王爷爵位当属和硕亲王,据《大清五朝会典·坟茔规制》规定:"亲王飨堂五间,门三,饰朱红油,绘五彩金花;茶饭房左右各三间,碑亭一座,围墙百丈,守冢人十户。"

在和硕亲王爵位之下为多罗郡王爵位和亲王世子爵位。据《大清五朝会典·坟茔规制》规定:"世子、郡王飨堂三间,门三,饰朱红油,绘五彩小花;茶饭房三间,碑亭一座,围墙八十丈,守冢人八户。"

多罗郡王爵位以下为多罗贝勒爵位和固山贝子爵位。据《大清五朝会典·坟茔规制》规定:"贝勒、贝子飨堂三间,门一,饰朱红油,不绘彩;茶饭房三间,碑一通,围墙七十丈,守冢人六户。镇国、辅国公飨堂门制与贝勒、贝子同,碑一通,围墙六十丈,守冢人四户。"

这些皇亲国戚在薨逝后,按照其爵位品级的高低,国家都要给予一笔数额不等的治丧费用,用于逝者丧事的举办。治丧费用也是随着爵位品级由高至低逐渐递减的。据《大清五朝会典》记载,亲王、郡王、贝勒、贝子及其以下有爵位的人员薨逝时,"亲王给碑价银三千两,世子二千五百两,郡王二千两,贝勒千两,贝子七百两,镇国公四百五十两,辅国公同"。

在现存的清代王爷园寝中,没有一处园寝保留了完整的地面建筑。为了尽可能还原园寝原貌,研究者须借助历史档案中关于王爷园寝的记载,以及类似于"样式雷"园寝图的图像资料,将这些文献资料与园寝实地踏察资料相对照,进而对王爷园寝的一些问题探讨与研究。

一、地面建筑调查

《吕氏春秋·慎势》记载:"择天下之中而立国,择国之中而立宫。"这是对中国古代疆域都城和宫殿选址的描述。古代,上至天子,下至庶民,都以"中"为贵为尊。"王者必居天下之中,礼也。" 在古人"事死者如事生"的思想中,帝王们生前尚居"中",逝后亦以居"中"为贵,这也直接影响了帝王们崩逝后的陵寝制度。那么仅次于帝王一级的王爷们,其园寝建筑亦是受此思想的影响。

清代皇家园寝建筑包括帝王、后妃、王爷、公主、皇子(或皇太子)等各类等级身份墓主的墓葬。众所周知的便是位于河北省遵化市的清东陵和河北省易县的清西陵。清代帝王陵寝的布局遵循了居中而建、中轴线贯穿始终的设计思路。

清代王爷园寝是低于帝陵的皇家贵胄们的墓葬,其地面建筑依然遵循了中轴线的布局,园寝总体平面多呈椭圆形,由南向北依次为神桥、碑楼、宫门、东西班房、享殿、配殿、墓冢。目前可知地面建筑的清代王爷园寝有158座。笔者将这些园寝的建筑描述进行了汇总,以便接下来的讨论(见表3-2)

清代王爷园寝地面建筑汇总表

表3-2

封谥爵号	墓主	朝向	神桥(或平桥)	碑楼	厢房(或班房)	宫门				朝房	享殿			园寝门	角门	墓冢					其他		
						门狮	面阔三间	面阔五间	不详		面阔三间	面阔五间	不详			月台式	汉白玉须弥座式	砖砌式	三合土式	不详	石牌坊	望柱	阳宅
睿忠亲王	多尔衮	坐北朝南	○	○			○			○							○							
衍禧介郡王	罗洛浑			○					○	○			○							○			
克勤郡王	讷清额	坐北朝南		○																			
武英郡王	阿济格	坐北朝南			○				○				○		○					○			
豫通郡王	多铎	坐北朝南			○																		
信宣和郡王	多尼	坐北朝南		○																○			
睿亲王	苏尔发			○					○	○			○							○			
睿亲王	塞勒		○				○																
睿亲王	功宜布	坐东朝西		○					○								未建墓冢							
睿恪亲王	如松			○					○				○							○			
睿勤亲王	瑞恩			○					○											○			
睿愻亲王	德长	坐南朝北		○					○			○								○			
睿亲王	魁斌								○														
武肃亲王	豪格	坐北朝南		○				○			○	○								○			
显懿亲王	富寿			○				○					○							○			
显谨亲王	衍璜							○					○										
肃亲王	成信	坐东朝西	○						○	○										○			
肃恭亲王	永锡	坐东朝西	○	○				○			○					○						○	○
肃慎亲王	敬敏	坐北朝南	○							○	○				○	○						○	○
肃恪亲王	华丰	坐南朝北					○				○					○							○
肃良亲王	隆勤	坐南朝北					○				○					○							
肃亲王	善耆	坐南朝北									○					○							

257

封谥爵号	墓主	朝向	神桥(或平桥)	碑楼	厢房(或班房)	宫门 门狮	宫门 面阔三间	宫门 面阔五间	宫门 不详	朝房	享殿 面阔三间	享殿 面阔五间	享殿 不详	园寝门	角门	墓冢 月台式	墓冢 汉白玉须弥座式	墓冢 砖砌式	墓冢 三合土式	墓冢 不详	其他 石牌坊	其他 望柱	其他 阳宅
恭亲王常颖	常颖			○			○			○		○		○						○			○
裕亲王保泰	保泰	坐西朝东												○	○					○			○
裕僖郡王	亮焕		○						○				○							○			
履懿亲王	允裪	坐北朝南							○				○			○							
理格郡王	弘晌	坐西朝东	○	○			○			○	○			○	○					○			
和谨郡王	绵伦			○			○			○	○												
礼烈亲王	代善	坐西朝东					○						○	○	○	○							
郑献亲王	济尔哈朗		○			○										○							
郑王世子	富尔敦								○							未建墓冢							
简纯亲王	济度			○					○				○			未建墓冢							
简惠亲王	德塞			○					○				○							○			
郑亲王	巴尔堪			○					○				○							○			
郑亲王	巴赛			○					○				○							○			
简勤亲王	奇通阿			○					○				○			○							
简格亲王	丰讷亨			○					○				○							○			
郑恭亲王	积哈纳			○					○				○							○			
郑慎亲王	乌尔恭阿			○					○	○			○							○			
谦襄郡王	瓦尔喀达	坐北朝南	○										○							○			
敦郡王	允䄉											○								○			
平悼郡王	讷尔福			○					○											○			
平郡王(革爵)	讷尔苏			○					○											○			

续表

封谥爵号	墓主	朝向	神桥（或平桥）	碑楼	厢房（或班房）	宫门·门狮	宫门·面阔三间	宫门·面阔五间	宫门·不详	朝房	享殿·面阔三间	享殿·面阔五间	享殿·不详	圆寰门	角门	墓冢·月台式	墓冢·汉白玉须弥座式	墓冢·砖砌式	墓冢·三合土式	墓冢·不详	其他·石牌坊	其他·望柱	其他·阳宅
平敏郡王	福彭			○					○		未建享殿									○			
平僖郡王	庆明			○					○											○			
克勤良郡王	庆恒			○					○											○			
仪顺郡王	绵志	坐西朝东		○					○	○			○		○	○							
端敏郡王	奕誌	坐西朝东	○	○			○				○				○			○						
醇贤亲王	奕譞	坐西朝东	○	○			○			○			○	○	○		○						○
孚敬亲王	奕譓	坐西朝东	○				○					○		○		○							
惠郡王	博翁果洛	坐北朝南		○					○	○	○					○							
简修亲王	雅布	坐北朝南			○				○				○	○		○							
简仪亲王	雅尔江阿	坐北朝南			○																		
简勤亲王	德沛															○							
显亲王	拜察礼	坐南朝北		未建碑楼					○				○							○			
肃勤郡王	蕴著	坐南朝北	○	○							○												
荣恪郡王	绵亿	坐南朝北	○	○			○				○												
隐志郡王	奕纬	坐北朝南	○	○			○																
饶余敏郡王	阿巴泰	坐北朝南							○	○	○												
端重亲王	博洛	坐北朝南							○				○		○					○			○
安和郡王	岳乐	坐北朝南		未建碑楼					○				○							○			○
康修亲王	冲安			○					○				○	○						○	○	○	
康简亲王	巴尔图			○					○				○			○				○			○
康恭亲王	永恩		○		○				○				○							○			

封谥爵号	墓主	朝向	神桥(或平桥)	碑楼	厢房(或班房)	宫门				朝房	享殿			园寝门 角门	墓冢					其他		
						门狮	面阔三间	面阔五间	不详		面阔三间	面阔五间	不详		月台式	汉白玉须弥座式	砖砌式	三合土式	不详	石牌坊	望柱	阳宅
礼安亲王	麟趾		○	○					○				○						○			
礼亲王	世铎	坐北朝南	○							○												
睿恭亲王	淳颖	坐北朝南		○						○			○						○			○
睿僖亲王	仁寿		○	○															○			
瑞怀亲王	绵忻	坐北朝南		○			○			○	○				○							○
显密亲王	丹臻	坐北朝南		○	○					○						○					○	
克勤郡王	亨元								○				○		○							
克勤敬郡王	庆惠		○						○				○					○				
承泽裕亲王	硕塞	坐东朝西		○	○				○	○			○		○							
庄靖亲王	博果铎	坐东朝西		○					○	○			○		○					○		
庄恪亲王	允禄	坐东朝西		○					○	○			○		○				○			
庄亲王	弘普	坐东朝西		○						○												
庄慎亲王	永瑺	坐东朝西		○						○												
庄襄亲王	绵课	坐东朝西		○			○			○		○										
庄勤亲王	绵护	坐北朝南		○			○			○		○							○			
庄质亲王	绵谭	坐北朝南					○			○		○							○			
庄厚亲王	奕仁	坐北朝南								○									○			
顺承恭惠郡王	勒克德浑	坐西朝东																○				
顺承郡王(革爵)	勒尔锦	坐西朝东		○							○							○				
顺承忠郡王	诺尔布	坐西朝东		○							○							○				
郡王品级锡保	锡保	坐西朝东		○					○		○							○				

享殿栏注：未建享殿

封谥爵号	墓主	朝向	神桥(或平桥)	碑楼	厢房(或班房)	宫门				朝房	享殿			园寝门	角门	墓冢					其他		
						门狮	面阔三间	面阔五间	不详		面阔三间	面阔五间	不详			月台式	汉白玉须弥座式	砖砌式	三合土式	不详	石牌坊	望柱	阳宅
顺承格郡王	熙良			○															○				
顺承恭郡王	泰斐英阿			○															○				
顺承慎郡王	佰昌			○									○						○				
顺承简郡王	伦柱			○									○						○				
顺承勤郡王	春山			○									○										
顺承敏郡王	庆恩																		○				
顺承郡王	讷勒赫																		○				
敬谨庄亲王	尼堪	坐北朝南		○			○			○		○							○				
敬谨悼亲王	尼思哈	坐北朝南		未建碑楼			○			○		○							○				
克勤诚郡王	晋祺	坐西朝东	○				○			○		○		○						○			
淳慎郡王	弘暻	坐北朝南	○	○			○			○		○								○			
惠端亲王	绵偷	坐西朝东	○				○					○								○			
惠敬郡王	奕详	坐西朝东																			○			
豫亲王(革爵)	裕丰								○						○	○							
豫亲王(革爵)	裕端								○						○	○							
豫慎亲王	义道	坐北朝南	○	○			○			○		○							○				
惇勤亲王	奕谅	坐西朝东	○						○				○										
和勤亲王	永璧	坐北朝南	未建神桥	○					○	○			○										○
和恪郡王	绵循	坐西朝东							○				○							○			
庆僖亲王	永璘	坐西朝东	○	○																○			
庆良郡王	绵慜	坐西朝东					○				○									○			

261

续表

封谥爵号	墓主	朝向	神桥(或平桥)	碑楼	厢房(或班房)	宫门				朝房	享殿			园寝门	角门	墓冢					其他		
						门狮	面阔三间	面阔五间	不详		面阔三间	面阔五间	不详			月台式	汉白玉须弥座式	砖砌式	三合土式	不详	石牌坊	望柱	阳宅
庆亲王	奕劻	坐西朝东		○					○				○							○			
恭忠亲王	奕訢	坐北朝南	○	○	○		○					○				○					○		○
郑亲王	经纳亨	坐北朝南				○			○	○	○				○	○					○	○	○	
郑亲王	伊丰额	坐北朝南				○			○	○	○				○	○					○	○	○	
郑亲王	西朗阿	坐北朝南				○			○	○	○				○	○					○	○	○	
理亲王(革爵)	弘晳	坐东朝西	○															○					
履端亲王	永城	坐北朝南	○	○			○				○					○							
仪慎亲王	永璇	坐北朝南	○	○												○							
成哲亲王	永瑆		○		○											○							
成恭郡王	载锐	坐北朝南	○	○			○			○		○				○							○
惇格亲王	绵恺	坐北朝南	○	○		○						○				○							○
定端亲王	奕绍	坐北朝南	○	○					○			○				○							
定敏亲王	载铨	坐北朝南		○					○				○			○							○
钟端郡王	奕詥	坐北朝南		○					○				○			○							
诚隐亲王	允祉	坐西朝东	○	○			○				○					○							
诚恪郡王	允秘	坐西朝东	○								○					○							
诚密郡王	弘畅	坐北朝南								○	○			○	○	○							○
克勤庄郡王	雅朗阿	坐北朝南		未建碑楼										○	○	○							
定安亲王	永璜	坐北朝南	○				○					○		○						○			○
循郡王	永璋	坐北朝南		○			○					○		○						○			
荣纯亲王	永琪	坐北朝南	○	○			○					○		○						○			

262

封谥爵号	墓主	朝向	神桥(或平桥)	碑楼	厢房(或班房)	宫门·门狮	宫门·面阔三间	宫门·面阔五间	宫门·不详	朝房	享殿·面阔三间	享殿·面阔五间	享殿·不详	园寝门	角门	墓冢·月台式	墓冢·须弥座式汉白玉	墓冢·砖砌式	墓冢·三合土式	墓冢·不详	其他·石牌坊	其他·望柱	其他·阳宅
和恭亲王	弘昼	坐北朝南	○	○			○			○		○		○	○	○							○
定恭亲王	绵恩	坐北朝南	○	○						○		○				○							
荣亲王	未起名	坐北朝南			○		○			○	○				○					○				
纯靖亲王	隆禧	坐北朝南	○	○			○			○	○					○	○							
裕宪亲王	福全	坐北朝南	○	○			○			○		○		○	○	○							
理密亲王	允祉	坐北朝南	○	○			○			○		○		○		○							
直郡王	允禔	坐北朝南	○								○		○								○			
恂勤郡王	允䄉	坐北朝南	○	○			○			○		○		○	○	○							
恒温亲王	允祺	坐北朝南	○	○			○			○		○			○					○			
恒恪亲王	弘晊	坐北朝南	○	○					○	○						○							
恒敏郡王	永皓	坐北朝南	○	○			○			○			○		○					○			
裕悼亲王	保寿	坐西朝东	○	○			○			○		○		○	○	○				○			
裕庄亲王	广禄	坐西朝东	○	○			○			○		○		○		○				○			
淳度亲王	允祐	坐南朝北	未建神桥	○			○		○	○			○			○							
果毅亲王	允礼	坐北朝南	○	○		○	○		○	○		○		○			○						
果简郡王	弘瞻	坐北朝南	○	○		○			○	○		○	○	○			○						
果简郡王	永瑹	坐北朝南	○	○		○			○	○		○		○			○						
恰贤亲王	允祥	坐西朝东		○						○		○	○	○									○	
恰僖亲王	弘晓	坐西朝东		○	○				○	○		○		○						○			○	
恰亲王	绵标	坐西朝东																		○		○	○	
恰亲王	载坊	坐西朝东															○							

263

封谥爵号	墓主	朝向	神桥(或平桥)	碑楼	厢房(或班房)	宫门-门狮	宫门-面阔三间	宫门-面阔五间	宫门-不详	朝房	享殿-面阔三间	享殿-面阔五间	享殿-不详	园寝门	角门	墓冢-月台式	墓冢-汉白玉须弥座式	墓冢-砖砌式	墓冢-三合土式	墓冢-不详	石牌坊	其他-望柱	其他-阳宅
怡亲王	载垣	坐西朝东																		○	○		
宁良郡王	弘皎																			○	○		
质庄亲王	永瑢	坐北朝南	○	○					○				○			○							
质恪郡王	绵庆	坐北朝南		未建碑楼					○				○			○							
端亲王	弘晖	坐北朝南	○				○				○			○		未建墓冢，仅土堆而成							
怀亲王	福惠	坐北朝南	○				○				○				○					○			
顺和郡王	奕纲	坐北朝南					○				○					○							
慧质郡王	奕继	坐北朝南					○				○					○							
庄亲王	舒尔哈齐	坐北朝南		○										○				○					

(一)建筑方位

清代王爷园寝的建筑方位主要是按照地势而定:正方位为坐北朝南和坐西朝东,逆方位为坐南朝北和坐东朝西。逆方位的园寝,又被称为"倒座园寝"或"倒座坟"。在住宅建筑群中,最前边的一进院落中,与正房相对而建的建筑物称为倒座房。正房的方位通常为坐北朝南,那么与正房相对的建筑方向为坐南朝北,即为倒座房的方向。以此类推,以"坐北朝南"式园寝为正方向时,它的倒座方向是"坐南朝北";以"坐西朝东"式园寝为正方向时,它的倒座方向是"坐东朝西"。由上所述,笔者把清代王爷园寝中"坐南朝北"和"坐东朝西"的园寝称为倒座园寝。

在已知的清代王爷园寝中,"坐北朝南"方位的园寝有61座,"坐南朝北"方位的园寝有5座,"坐西朝东"方位的园寝有27座,"坐东朝西"方位的园寝有10座(见表3-3、表3-4、表3-5、表3-6)。

表3-3　　　　　　　　　清代王爷园寝坐北朝南式墓向情况简表

序号	园寝名称	墓主
1	睿忠亲王园寝	爱新觉罗·多尔衮
2	武英郡王园寝	爱新觉罗·阿济格
3	豫通亲王园寝	爱新觉罗·多铎
4	信宣和郡王园寝	爱新觉罗·多尼
5	武肃亲王园寝	爱新觉罗·豪格
6	肃慎亲王园寝	爱新觉罗·敬敏
7	履懿亲王园寝	爱新觉罗·允裪
8	谦襄郡王园寝	爱新觉罗·瓦克达
9	惠郡王园寝	爱新觉罗·博翁果洛
10	简修亲王园寝	爱新觉罗·雅布
11	荣恪郡王园寝	爱新觉罗·绵亿
12	饶余敏郡王园寝	爱新觉罗·阿巴泰
13	端重定亲王园寝	爱新觉罗·博洛
14	安和郡王园寝	爱新觉罗·岳乐
15	睿恭亲王园寝	爱新觉罗·淳颖
16	瑞怀亲王园寝	爱新觉罗·绵忻
17	显密亲王园寝	爱新觉罗·丹臻
18	庄勤亲王园寝	爱新觉罗·绵护
19	庄质亲王园寝	爱新觉罗·绵誯
20	庄厚亲王园寝	爱新觉罗·奕仁

序号	园寝名称	墓主
21	敬谨庄亲王园寝	爱新觉罗·尼堪
22	敬谨悼亲王园寝	爱新觉罗·尼思哈
23	淳慎郡王园寝	爱新觉罗·弘暻
24	豫慎亲王园寝	爱新觉罗·义道
25	和勤亲王园寝	爱新觉罗·永璧
26	和恪郡王园寝	爱新觉罗·绵循
27	恭忠亲王园寝	爱新觉罗·奕訢
28	郑亲王园寝	爱新觉罗·经纳亨
29	郑亲王园寝	爱新觉罗·伊丰额
30	郑亲王园寝	爱新觉罗·西朗阿
31	履端亲王园寝	爱新觉罗·永珹
32	仪慎亲王园寝	爱新觉罗·永璇
33	惇恪亲王园寝	爱新觉罗·绵恺
34	定端亲王园寝	爱新觉罗·奕绍
35	定敏亲王园寝	爱新觉罗·载铨
36	诚隐亲王园寝	爱新觉罗·允祉
37	克勤庄郡王园寝	爱新觉罗·雅朗阿
38	定安亲王园寝	爱新觉罗·永璜
39	循郡王园寝	爱新觉罗·永璋
40	荣纯亲王园寝	爱新觉罗·永琪
41	和恭亲王园寝	爱新觉罗·弘昼
42	定恭亲王园寝	爱新觉罗·绵恩
43	荣亲王园寝	未起名
44	纯靖亲王园寝	爱新觉罗·隆禧
45	裕宪亲王园寝	爱新觉罗·福全
46	理密亲王园寝	爱新觉罗·允礽
47	直郡王园寝	爱新觉罗·允禔
48	恂勤郡王园寝	爱新觉罗·允禵
49	恒温亲王园寝	爱新觉罗·允祺
50	恒恪亲王园寝	爱新觉罗·弘晊
51	恒敬郡王园寝	爱新觉罗·永皓
52	果毅亲王园寝	爱新觉罗·允礼
53	果恭郡王园寝	爱新觉罗·弘瞻
54	果简郡王园寝	爱新觉罗·永瑹
55	质庄亲王园寝	爱新觉罗·永瑢
56	质恪郡王园寝	爱新觉罗·绵庆

序号	园寝名称	墓主
57	端亲王园寝	爱新觉罗·弘晖
58	怀亲王园寝	爱新觉罗·福惠
59	顺和郡王园寝	爱新觉罗·奕纲
60	慧质郡王园寝	爱新觉罗·奕继
61	庄亲王园寝	爱新觉罗·舒尔哈齐

表3-4　　　　　　　　清代王爷园寝坐南朝北式墓向情况简表

序号	园寝名称	墓主
1	睿悫亲王园寝	爱新觉罗·德长
2	肃恪亲王园寝	爱新觉罗·华丰
3	肃良亲王园寝	爱新觉罗·隆懃
4	肃勤亲王园寝	爱新觉罗·蕴著
5	淳度亲王园寝	爱新觉罗·允祐

表3-5　　　　　　　　清代王爷园寝坐西朝东式墓向情况简表

序号	园寝名称	墓主
1	睿忠亲王园寝	爱新觉罗·多尔衮
2	裕亲王保泰园寝	爱新觉罗·保泰
3	理恪郡王园寝	爱新觉罗·弘㬙
4	礼烈亲王园寝	爱新觉罗·代善
5	仪顺郡王园寝	爱新觉罗·绵志
6	瑞敏郡王园寝	爱新觉罗·奕誌
7	醇贤亲王园寝	爱新觉罗·奕谡
8	孚敬郡王园寝	爱新觉罗·奕譓
9	顺承郡王园寝(革爵)	爱新觉罗·勒尔锦
10	顺承忠郡王园寝	爱新觉罗·诺罗布
11	郡王品级锡保园寝	爱新觉罗·锡保
12	克勤诚郡王园寝	爱新觉罗·晋祺
13	惠端亲王园寝	爱新觉罗·绵愉
14	惠敬郡王园寝	爱新觉罗·奕详
15	惇勤亲王园寝	爱新觉罗·奕誴
16	庆僖亲王园寝	爱新觉罗·永璘
17	庆良郡王园寝	爱新觉罗·绵慜
18	庆亲王园寝	爱新觉罗·奕劻
19	诚恪亲王园寝	爱新觉罗·允祕
20	诚密郡王园寝	爱新觉罗·弘畅

序号	园寝名称	墓主
21	裕悼亲王园寝	爱新觉罗·保寿
22	裕庄亲王园寝	爱新觉罗·广禄
23	怡贤亲王园寝	爱新觉罗·允祥
24	怡僖亲王园寝	爱新觉罗·弘晓
25	怡亲王园寝	爱新觉罗·绵标
26	怡亲王园寝	爱新觉罗·载坊
27	怡亲王园寝	爱新觉罗·载垣

表3-6　　　　　　　　　清代王爷园寝坐东朝西式墓向情况简表

序号	园寝名称	墓主
1	睿亲王园寝	爱新觉罗·功宜布
2	肃亲王园寝	爱新觉罗·成信
3	肃恭亲王园寝	爱新觉罗·永锡
4	承泽裕亲王园寝	爱新觉罗·硕塞
5	庄靖亲王园寝	爱新觉罗·博果铎
6	庄恪亲王园寝	爱新觉罗·允禄
7	庄亲王园寝	爱新觉罗·弘普
8	庄慎亲王园寝	爱新觉罗·永瑺
9	庄襄亲王园寝	爱新觉罗·绵课
10	理亲王园寝(革爵)	爱新觉罗·弘晢

　　清代王爷园寝是由若干座单体建筑物组成的,宫门、享殿多居于中轴线上,大多数园寝的建筑朝向为坐北朝南,由南至北建有宫门、享殿、墓冢。清代王爷园寝的建筑布局思想主要源于明代十三陵的整体布局。明十三陵位于北京市昌平区的天寿山南麓,以永乐皇帝的长陵为例,其陵区中由南自北贯穿了一条神道,并依次建有地面建筑。这种"居中式"的建筑思想显示了帝王的尊严。清承明制,帝王陵寝仍依这种"中轴线"的布局而建,那么次于清帝陵寝一级的王爷园寝的布局和方位,以"中轴线"坐北朝南的布局为设计之纲,便是符合古代园寝制度的。

　　清代王爷园寝卜选的上吉之壤,其朝向方位有一定的依据。东汉帝王陵墓及大多数诸侯王墓的墓向为"坐北朝南"。发展到明清两代,帝王陵墓的墓向为"坐北朝南",通过上述统计,可以看出清代王爷园寝的朝向多为这种方位。例如,果亲王允礼家族园寝、敬谨亲王尼堪家族园寝、质亲王永瑢家族园寝均以"坐北朝南"的方位而建,肃亲王蕴著家族园寝则是为"倒座园寝"(即"坐南朝北"方位)。"坐西朝东"的王爷园寝也占有一定比例,根据笔者实地踏察所见,"坐西朝东"式园寝的地势往往是西高东低,为了便于园寝的设计,其建筑朝向往往是因地势而改变的。"坐西朝东"的王爷园寝:怡亲王允祥家族园寝5座、庆亲王永璘家族园寝3座、顺承郡王勒克德浑家族园寝3座、惠亲王绵愉家族园寝2座、裕亲王广禄家族园寝2座、诚亲王允祕家族园寝2座。"坐东朝西"的清代王爷园寝中有6座为承泽亲王硕塞家族园寝。

综上所述,根据实地踏察所见,可以将清代王爷园寝的朝向方位进行总结。第一,清代王爷园寝的朝向多为"坐北朝南";第二,清代王爷园寝的朝向方位与选址的地势有一定关系;第三,清代王爷园寝的朝向方位与其家族墓向的传承背景有着一定的联系。

(二)前寝

"园寝"一词最早可见于《后汉书》。《后汉书·祭祀志下·宗庙》记载:"古不墓祭,汉诸陵皆有园寝,承秦所为也。"

宗庙之制,古者以为人君之居,前有"朝",后有"寝",终则前制"庙"以象朝,后制"寝"以象寝。"庙"以藏主,列昭穆;"寝"有衣冠、几杖、象生之具,总谓之宫。[1]中国古代的宫殿建筑,由"前朝"和"后寝"两个部分组成。古代帝王的墓葬包括"陵园"与"寝庙"两个部分,这种布局是封建礼制的反映。

根据清代王爷园寝地面建筑的构成,可将地面建筑分为两大部分,即"前寝"和"后寝"的布局。所谓"前寝",是指园寝门之前的地面建筑,"后寝"则是指园寝门之后的地面建筑。"前寝"主要建筑为园寝的地面设施,是墓祭的场所,显示了墓主的等级身份;"后寝"主要建筑为墓冢,象征居室,即墓主薨逝后的居住之地。

清代王爷园寝的"前寝"部分包括神桥、碑楼、宫门、值房(或班房)、朝房、享殿。神桥,一般为单拱拱桥,横跨在园寝最前端的河面上。神道碑是立在墓前记载逝者事迹的石碑,起源于汉代。[2]碑亭内所立的碑,记述墓主生平,起到了神道碑的作用。宫门是园寝墙外端的入口大门,一般为面阔三间。享殿是园寝内祭祀的场所,有面阔三间式和面阔五间式之分。在已知的清代王爷园寝中,有

---

① (汉)蔡邕:《独断》,中国国家图书馆缩微文献。
② 北京市文物研究所编:《中国古代建筑辞典》,中国书店,1992,第328页。

58座园寝建有神桥,有105座园寝建有碑楼,有56座园寝建有面阔三间式宫门,有34座园寝建有面阔三间式享殿,有29座园寝建有面阔五间式享殿。

《大清会典》对清代宗室各级官爵的园寝享殿与宫门的建筑大小,有严格的等级规定。"道光二十四年(1844)定亲王茔制,飨堂五间。亲王世子至辅国公皆三间。亲王、亲王世子、郡王门三。贝勒以下门一。亲王绘五彩饰以金,覆以绿琉璃瓦。亲王世子、郡王,只绘五彩,皆覆以绿琉璃瓦。贝勒以下施朱不绘,用筒瓦。亲王园寝园周百丈,亲王世子、郡王八十丈,贝勒、贝子七十丈,镇国公、辅国公六十丈。镇国、辅国将军三十五丈,奉国、奉恩将军均三十丈。"

根据《大清会典》所记载的享殿(享堂)建筑和宫门建筑的标准,笔者将享殿为面阔五间的园寝称为"享殿五间式",将享殿为面阔三间的园寝称为"享殿三间式",将宫门为面阔三间的园寝为"宫门三间式",并制成简表,以利共同讨论(见表3-7、表3-8、表3-9)。

表3-7 "享殿五间式"清代王爷园寝

序号	园寝名称	墓主
1	敬谨庄亲王园寝	爱新觉罗·尼堪
2	敬谨悼亲王园寝	爱新觉罗·尼思哈
3	恭亲王常颖园寝	爱新觉罗·常颖
4	裕宪亲王园寝	爱新觉罗·福全
5	武肃亲王园寝	爱新觉罗·豪格
6	淳慎郡王园寝	爱新觉罗·弘暻
7	定安亲王园寝	爱新觉罗·永璜
8	循郡王园寝	爱新觉罗·永璋
9	荣纯亲王园寝	爱新觉罗·永琪
10	和恭亲王园寝	爱新觉罗·弘昼
11	恒恪亲王园寝	爱新觉罗·弘晊
12	果毅亲王园寝	爱新觉罗·允礼
13	怡僖亲王园寝	爱新觉罗·弘晓
14	理密亲王园寝	爱新觉罗·允礽
15	恒温亲王园寝	爱新觉罗·允祺
16	淳度亲王园寝	爱新觉罗·允祐
17	肃恭亲王园寝	爱新觉罗·永锡
18	庄勤亲王园寝	爱新觉罗·绵护
19	庄质亲王园寝	爱新觉罗·绵课
20	惇恪亲王园寝	爱新觉罗·绵恺

序号	园寝名称	墓主
21	定端亲王园寝	爱新觉罗·奕绍
22	定恭亲王园寝	爱新觉罗·绵恩
23	定敏亲王园寝	爱新觉罗·载铨
24	庄厚亲王园寝	爱新觉罗·奕仁
25	惠端亲王园寝	爱新觉罗·绵愉
26	孚敬郡王园寝	爱新觉罗·奕譓
27	惠敬郡王园寝	爱新觉罗·奕详
28	惇勤亲王园寝	爱新觉罗·奕誴
29	恭忠亲王园寝	爱新觉罗·奕䜣

表3-8   **"享殿三间式"清代王爷园寝**

序号	园寝名称	墓主
1	顺承恭惠郡王园寝	爱新觉罗·勒克德浑
2	荣亲王园寝	未起名
3	惠郡王园寝	爱新觉罗·博翁果洛
4	顺承忠郡王园寝	爱新觉罗·诺罗布
5	纯靖亲王园寝	爱新觉罗·隆禧
6	敦郡王园寝	爱新觉罗·允䄉
7	端亲王园寝	爱新觉罗·弘晖
8	怀亲王园寝	爱新觉罗·福惠
9	显谨亲王园寝	爱新觉罗·衍璜
10	理恪郡王园寝	爱新觉罗·弘㫬
11	和谨郡王园寝	爱新觉罗·绵伦
12	显亲王园寝	爱新觉罗·拜察礼
13	肃勤亲王园寝	爱新觉罗·蕴著
14	诚隐亲王园寝	爱新觉罗·允祉
15	诚恪亲王园寝	爱新觉罗·允祕
16	诚密郡王园寝	爱新觉罗·弘畅
17	恂勤郡王园寝	爱新觉罗·允禵
18	果恭郡王园寝	爱新觉罗·弘曕
19	果简郡王园寝	爱新觉罗·永瑹
20	荣恪郡王园寝	爱新觉罗·绵亿
21	履端亲王园寝	爱新觉罗·永珹
22	瑞敏郡王园寝	爱新觉罗·奕誌
23	瑞怀亲王园寝	爱新觉罗·绵忻

序号	园寝名称	墓主
24	庆良郡王园寝	爱新觉罗·绵慜
25	郑亲王园寝	爱新觉罗·西朗阿
26	顺和郡王园寝	爱新觉罗·奕纲
27	慧质郡王园寝	爱新觉罗·奕继
28	肃慎亲王园寝	爱新觉罗·敬敏
29	肃恪亲王园寝	爱新觉罗·华丰
30	郑亲王园寝	爱新觉罗·经纳亨
31	郑亲王园寝	爱新觉罗·伊丰额
32	钟端郡王园寝	爱新觉罗·奕詥
33	肃良亲王园寝	爱新觉罗·隆懃
34	肃亲王园寝	爱新觉罗·善耆

亲王与郡王享殿的尺寸大小(即面阔)是不一样的,根据规制,亲王爵位可以建造的享殿为五间式,郡王爵位可以建造的享殿为三间式。所谓享殿五间式建筑,就是享殿建有五间,有明间(建筑物中间的房间),两边各有次间,次间两侧各建有梢间;享殿三间式建筑,有明间,明间两侧各建有次间。

由表3-7可以看出,循郡王园寝、孚敬郡王园寝、惠敬郡王园寝的享殿为面阔五间式。他们三位的爵位为郡王级,从清制来看,享殿是超越等级制度的。循郡王园寝位于密云区不老屯镇董各庄村,他与其兄定安亲王、其弟荣纯亲王共用一座享殿。最先薨逝的为定安亲王永璜,薨逝于乾隆十五年(1750)。循郡王永璋之兄永璜为亲王级,故永璋的享殿不算越制。从园寝地址的选取来看,乾隆皇帝十分疼爱这三位英年早逝的皇子。荣纯亲王永琪可以算是成年皇子中的有为者,也是有子嗣传袭的。乾隆皇帝却没有为永琪另选吉壤,而是将三位皇子葬在了同一座园寝内。

纯靖亲王园寝、显谨亲王园寝、显亲王拜察礼园寝、诚恪亲王园寝、履端亲王园寝、瑞怀亲王园寝、郑亲王西朗阿园寝、郑亲王经纳亨园寝、郑亲王伊丰额园寝、肃慎亲王园寝、肃恪亲王园寝等11位王爷园寝享殿为面阔三间。按规制,亲王享殿应为五间。

显亲王拜察礼于乾隆三十七年(1772)五月,被追封为和硕显亲王;履端亲王永城于嘉庆四年(1799)四月,被追封为履亲王;郑亲王西朗阿、郑亲王经纳亨、郑亲王伊丰额三人于同治三年(1864)十二月,被追封为和硕郑亲王。因此他们的园寝享殿未改建为面阔五间也是有可能的。

纯靖亲王薨逝于康熙十八年(1679)七月十五日,诚恪亲王薨逝于乾隆三十八年(1773)十月二十日,瑞怀亲王薨逝于道光八年(1828)八月十九日。《大清会典》对清代宗室各级官爵的园寝享殿与宫门的建筑大小的定制形成于道光二十四年(1844),在此之前薨逝的亲王园寝,其享殿未建为面阔五间式亦有可能,但只要不越制即可。另外肃慎亲王薨逝于咸丰二年(1852)九月二十七日,肃恪亲王薨逝于同治八年(1869)十二月二十二日,二人的园寝享殿未能达到亲王级别,还有待进一步考证其原因。

简而言之,清代王爷园寝享殿基本按照清代典制而建,但其中也可以有一些变通,大致可以总结为:第一,亲王爵位享殿应为五间,郡王爵位享殿为三间;第二,追封的亲王有的在追封后没有改建享殿;第三,多位墓主人在园寝范围内,只修建一座享殿,即这座享殿多人共用,那么这种多人共用的享殿是就其使用功能而建。即祭祀功能等。总体上来看,这种变通还是合乎情理的。

表3-9 　　　　　　　　　　　　　"宫门三间式"清代王爷园寝

序号	园寝名称	墓主
1	睿忠亲王园寝	爱新觉罗·多尔衮
2	敬谨庄亲王园寝	爱新觉罗·尼堪
3	敬谨悼亲王园寝	爱新觉罗·尼思哈
4	荣亲王园寝	未起名
5	恭亲王常颖园寝	爱新觉罗·常颖
6	惠郡王园寝	爱新觉罗·博翁果洛
7	纯靖亲王园寝	爱新觉罗·隆禧
8	裕宪亲王园寝	爱新觉罗·福全
9	裕悼亲王园寝	爱新觉罗·保寿
10	睿亲王园寝	爱新觉罗·塞勤
11	诚隐亲王园寝	爱新觉罗·允祉
12	恒温亲王园寝	爱新觉罗·允祺
13	淳度亲王园寝	爱新觉罗·允祐
14	端亲王园寝	爱新觉罗·弘晖
15	怀亲王园寝	爱新觉罗·福惠
16	肃慎亲王园寝	爱新觉罗·敬敏

序号	园寝名称	墓主
17	定敏亲王园寝	爱新觉罗·载铨
18	履懿亲王园寝	爱新觉罗·允裪
19	理恪郡王园寝	爱新觉罗·弘晊
20	和谨郡王园寝	爱新觉罗·绵伦
21	肃勤亲王园寝	爱新觉罗·蕴著
22	淳慎郡王园寝	爱新觉罗·弘暻
23	诚恪亲王园寝	爱新觉罗·允祕
24	诚密郡王园寝	爱新觉罗·弘畅
25	克勤庄郡王园寝	爱新觉罗·雅朗阿
26	定安亲王园寝	爱新觉罗·永璜
27	循郡王园寝	爱新觉罗·永璋
28	荣纯亲王园寝	爱新觉罗·永琪
29	和恭亲王园寝	爱新觉罗·弘昼
30	恂勤郡王园寝	爱新觉罗·允禵
31	恒恪郡王园寝	爱新觉罗·弘晊
32	果毅亲王园寝	爱新觉罗·允礼
33	果恭郡王园寝	爱新觉罗·弘曕
34	果简郡王园寝	爱新觉罗·永瑹
35	荣恪郡王园寝	爱新觉罗·绵亿
36	履端亲王园寝	爱新觉罗·永珹
37	肃恭郡王园寝	爱新觉罗·永锡
38	瑞敏郡王园寝	爱新觉罗·奕誌
39	瑞怀亲王园寝	爱新觉罗·绵忻
40	庄勤亲王园寝	爱新觉罗·绵护
41	庄质亲王园寝	爱新觉罗·绵讌
42	庆良郡王园寝	爱新觉罗·绵憋
43	惇恪亲王园寝	爱新觉罗·绵恺
44	定恭亲王园寝	爱新觉罗·绵恩
45	顺和郡王园寝	爱新觉罗·奕纲
46	慧质郡王园寝	爱新觉罗·奕继
47	惠端亲王园寝	爱新觉罗·绵愉
48	惠敬郡王园寝	爱新觉罗·奕详
49	庄厚亲王园寝	爱新觉罗·奕仁
50	钟端郡王园寝	爱新觉罗·奕詥
51	肃良亲王园寝	爱新觉罗·隆懃

序号	园寝名称	墓主
52	醇贤亲王园寝	爱新觉罗·奕譞
53	孚敬郡王园寝	爱新觉罗·奕譓
54	惇勤亲王园寝	爱新觉罗·奕誴
55	恭忠亲王园寝	爱新觉罗·奕䜣
56	肃亲王园寝	爱新觉罗·善耆

同样,亲王与郡王园寝宫门的尺寸大小(即面阔)是相同的。根据规制,亲王爵位和郡王爵位可以建造的宫门为面阔三间式。由上表所示,已知的清代王爷园寝的宫门与档案所规定的尺寸是相一致的。

另外一些被追封亲王爵位者,如睿亲王塞勤,他是于康熙四十年(1701)七月袭辅国公爵位,雍正七年(1729)五月十四日薨逝。薨逝的时候,塞勤的爵位为辅国公,宫门的尺寸应为一间。乾隆二十七年(1762),塞勤被追封为多罗信郡王,乾隆四十三年(1778)又被追封为和硕睿亲王。因此他的园寝宫门为三间,这是符合亲王爵位的规制的。

(三)后寝

1.现存墓冢调查

清代王爷园寝的"后寝"部分包括园寝门(有的辟有角门)、墓冢。园寝门可以说是"前寝"与"后寝"的分界线。有一部分园寝未建有园寝门,那么享殿以后的地面建筑即为"后寝"部分。

清代王爷园寝的墓冢样式在档案中没有明确的记载。笔者通过对清代王爷园寝的实地踏察,可以总结出一些规律。墓冢大致可分为5种形式,分别是月台式墓冢、汉白玉须弥座式墓冢、砖砌式墓冢、三合土式墓冢、土丘式墓冢。

建有月台式墓冢的王爷园寝有47座,建有汉白玉须弥座式墓冢的王爷园寝有8座,建有砖砌式墓冢的王爷园寝有3座,建有三合土式墓冢的王爷园寝有19座。根据已知墓冢的形制,我们可以对其进行讨论。现存墓冢的清代王爷园寝仅有13座①(见表3-10),可分析墓冢形制的清代王爷园寝有18座(见表3-11)。

---

① 其中裕宪亲王、果恭郡王、果简郡王、庆僖亲王、瑞敏郡王等5位王爷的墓冢被毁,根据散落在园寝周边的墓冢遗迹,可判断其墓冢形制。

表3-10 现存清代王爷园寝墓冢调查表

序号	园寝名	墓主	所属时期	地点
1	顺承恭惠郡王园寝	爱新觉罗·勒克德浑	顺治朝	北京市房山区长沟镇西甘池村
2	顺承忠郡王园寝	爱新觉罗·诺罗布	康熙朝	北京市房山区长沟镇西甘池村
3	顺承郡王园寝	爱新觉罗·勒尔锦	康熙朝	北京市房山区长沟镇西甘池村
4	顺承敏郡王园寝	爱新觉罗·庆恩	光绪朝	北京市房山区长沟镇西甘池村
5	裕宪亲王园寝	爱新觉罗·福全	康熙朝	天津市蓟州孙各庄村黄花山
6	果毅亲王园寝	爱新觉罗·允礼	乾隆朝	河北省保定市易县梁格庄镇上岳各庄村
7	克勤郡王园寝	爱新觉罗·亨元	乾隆朝	北京市门头沟区永定镇冯村邓家坡
8	果恭郡王园寝	爱新觉罗·弘瞻	乾隆朝	河北省保定市易县梁格庄镇下岳各庄村
9	果简郡王园寝	爱新觉罗·永瑹	乾隆朝	河北省保定市易县梁格庄镇下岳各庄村
10	庆僖亲王园寝	爱新觉罗·永璘	嘉庆朝	北京市昌平区流村镇白羊城村
11	瑞敏郡王园寝	爱新觉罗·奕誌	咸丰朝	北京市海淀区四季青镇瑞王坟村
12	醇贤亲王园寝	爱新觉罗·奕譞	光绪朝	北京市海淀区苏家坨镇北安河村妙高峰山腰
13	孚敬郡王园寝	爱新觉罗·奕譓	光绪朝	北京市海淀区苏家坨镇北安河村
14	端亲王园寝	爱新觉罗·弘晖	康熙朝	河北省易县张各庄村
15	怀亲王园寝	爱新觉罗·福惠	雍正朝	河北省易县王各庄村
16	顺和郡王园寝	爱新觉罗·奕纲	道光朝	河北省遵化市马兰峪镇许家峪村
17	慧质郡王园寝	爱新觉罗·奕继	道光朝	河北省遵化市马兰峪镇许家峪村
18	庄亲王园寝	爱新觉罗·舒尔哈齐	明万历	辽宁省辽阳市东京陵乡东京陵村

表3-11 现存清代王爷园寝墓冢形制表

序号	园寝名	墓主	品级	所属时期	宝顶形制
1	顺承恭惠郡王园寝	爱新觉罗·勒克德浑	郡王	顺治朝	三合土式
2	顺承忠郡王园寝	爱新觉罗·诺罗布	郡王	康熙朝	三合土式
3	顺承郡王园寝	爱新觉罗·勒尔锦	郡王	康熙朝	三合土式
4	顺承敏郡王园寝	爱新觉罗·庆恩	郡王	光绪朝	三合土式
5	裕宪亲王园寝	爱新觉罗·福全	亲王	康熙朝	三合土加石质基座
6	果毅亲王园寝	爱新觉罗·允礼	亲王	乾隆朝	三合土加石质基座
7	克勤郡王园寝	爱新觉罗·亨元	郡王	乾隆朝	三合土式
8	果恭郡王园寝	爱新觉罗·弘瞻	郡王	乾隆朝	三合土加石质基座
9	果简郡王园寝	爱新觉罗·永瑹	郡王	乾隆朝	三合土加石质基座
10	庆僖亲王园寝	爱新觉罗·永璘	亲王	嘉庆朝	三合土加石质基座
11	瑞敏郡王园寝	爱新觉罗·奕誌	郡王	咸丰朝	三合土加石质基座
12	醇贤亲王园寝	爱新觉罗·奕譞	亲王	光绪朝	砖质坟冢加石质基座
13	孚敬郡王园寝	爱新觉罗·奕譓	郡王	光绪朝	砖质坟冢加砖质基座
14	端亲王园寝	爱新觉罗·弘晖	郡王	康熙朝	土丘式

序号	园寝名	墓主	品级	所属时期	宝顶形制
15	怀亲王园寝	爱新觉罗·福惠	亲王	雍正朝	土丘式
16	顺和郡王园寝	爱新觉罗·奕纲	亲王	道光朝	砖砌式
17	慧质郡王园寝	爱新觉罗·奕继	郡王	道光朝	砖砌式
18	庄亲王园寝	爱新觉罗·舒尔哈齐	亲王	明万历	砖砌式

2. 墓冢形制

宝顶即墓冢，是明清帝陵的坟头形式，高出的圆顶称为"墓冢"，[1]百姓习惯称为"土馒头""土包子"。清代王爷园寝的墓冢形制大体可分为五大类型，分别是三合土墓冢、三合土坟包下配石质基座、砖质坟包下配石质或砖质基座、砖砌式墓冢、土丘式墓冢。

三合土墓冢（I型[2]），以清代顺治时期葬于今北京市房山区长沟镇西甘池村的顺承郡王家族园寝为代表。

顺承郡王家族园寝墓冢，墓主从左至右依次为庆恩、勒克德浑、诺罗布（2008年摄）

三合土即石灰、沙子、卵石混合而成的土。[3]明代，有石灰、陶粉和碎石混合而成的"三合土"。清代，除石灰、黏土和细砂组成的"三合土"外，还有石灰、炉渣和沙子组成的"三合土"。清代《官式石桥做法》一书中对"三合土"的配制作了说明："灰土即石灰与黄土之混合，或谓三合土"，"灰土按四六掺合，石灰四成，黄土

---

① 北京市文物研究所编：《中国古代建筑辞典》，中国书店，1992，第326页。
② 笔者对墓冢形制进行了编号，便于下面的讨论。
③ 北京市文物研究所编：《中国古代建筑辞典》，中国书店，1992，第41页。

六成"。按其配比比例,又称"四六灰土""三七灰土",众说不一,本书中统称为"三合土"。

三合土墓冢下配石质基座(II型),以河北省保定市易县梁格庄镇上岳各庄村果毅亲王允礼园寝为代表。其宝顶制作的土质为三合土,土色棕黄;基座为石质,又称须弥座,须弥座上雕刻有仰覆莲瓣纹饰。

须弥座是一种叠涩(线脚)很多的台座,由圭角、下枋、下枭、束腰、上枭和上枋等部分组成,常用于承托尊贵的建筑物。所用材料有砖、石、陶、琉璃、铜、铁等。须弥座是从印度传来的,我国最早的须弥座见于云冈北魏石窟,是一种上下出涩、中为束腰的形式。迨至唐宋,上下涩加多,且有莲瓣之类为饰;束腰部分明显加高,用束腰柱子(蜀柱)分割成若干段落。这类形制在宋代叫做"隔身版柱造"。但在宋代南方的建筑中,也有一些不用束腰柱子,而用鼓形凸出的曲线。须弥座已从神圣尊贵之物,发展为一种建筑艺术和装饰艺术形式。

宋代的《营造法式》中规定了须弥座的详细做法,上下逐层外凸部分称为叠涩,中间凹入部分称束腰,其间隔以莲瓣。从元代起,须弥座束腰变矮,门神、力神已不常用,莲瓣肥硕,多以花草和几何纹样做装饰,至明清成为定式。但在规模相似的建筑物中,清式须弥座栏杆尺度较宋式为小。

墓冢下有石质基座。基座的石料分汉白玉和青白石质地。汉白玉主要成分是碳酸钙,是一种化合物,质地坚硬洁白,石体中泛出淡淡的水印,俗称汗线,故而得名汉白玉。汉白玉普遍用于雕刻佛像、制作宫殿中的石阶和护栏,华丽如玉,所谓"玉砌朱栏"。它是中国古代皇家建筑、雕刻使用的名贵石料,紫禁城中的建筑使用了大量的汉白玉。

果简郡王永璹墓冢须弥座(2007年摄)

自宋代起,龙形纹饰成为帝王们独享的纹饰。清代王爷园寝须弥座的装饰雕刻精细、华丽。果简郡王永璹宝顶下须弥座上枋饰二龙戏珠图案,上枭饰仰莲瓣图案,束腰饰太极图案,下枭饰覆莲瓣图案,下枋饰二龙戏珠图案,圭角基座有线刻纹饰,土衬无纹饰。

瑞敏郡王园寝须弥座上下枋饰有花状图案,淳度亲王、庆僖亲王园寝亦同,果毅亲王园寝须弥座也是花状图案。光绪生父醇贤亲王奕譞园寝须弥座上下枋为素面,无纹饰。孚郡王园寝宝顶为复建的砖质坟包加砖质基座,无纹饰。绵从贝勒园寝墓冢为三合土加石质基座,辅国公载卓园寝墓冢为砖质坟包加砖质基座。因此须弥座之图案并无等级规定,笔者推测与当时的物力、财力有关。

砖质墓冢下配石质或砖质基座(III型)。以孚敬郡王奕譓园寝为代表。

庄亲王舒尔哈齐园寝墓冢(2012年摄)

孚敬郡王奕譓园寝墓冢(2006年摄)

顺和郡王奕纲园寝墓冢(2009年摄)

慧质郡王奕继园寝墓冢(2009年摄)

月台是指在建筑中的正房、正殿突出连着前阶的平台,是建筑物的基础。由于此类平台宽敞而通透,前无遮拦,是赏月的好地方,又称为"赏月之台"。醇贤亲王奕譞和孚敬郡王奕譓的宝顶均是建在月台之上。

砖质墓冢(IV型),以庄亲王舒尔哈齐园寝和慧质郡王奕继园寝为代表。庄亲王舒尔哈齐的墓冢尚属清代早期以前的墓冢形制,砖为厚大的条砖,错缝堆砌而成,比较特殊。至慧质郡王奕继时,墓冢形制基本定形,故此砖砌式墓冢较为普遍,不仅是皇子亲王们的墓冢形制,还是公主、后妃们的墓冢形制,亦有砖砌式。

土丘式墓冢(Ⅴ型),以端亲王弘晖园寝和怀亲王福惠园寝为代表。土丘式墓冢即堆土为坟(丘),较为简单。这种形制的墓冢,主要是应用于早夭的皇室子女。

综上所述,亲王、郡王的宝顶形制没有严格的制度规定,目前存在5种类型,即三合土墓冢、三合土墓冢加石质基座、砖质墓冢加砖质基座、砖质墓冢和土丘式墓冢。基座存在两种样式,一种为须弥座样式,一种为素面无纹饰样式。

墓冢的建筑材质与爵位等级无关。乾隆四十三年(1778),乾隆皇帝封八家铁帽王,爵位均世袭罔替。顺承郡王和克勤郡王两个家族均是八大铁帽王之一,他们的园寝宝顶均为三合土质墓冢。顺承敏郡王庆恩薨于光绪朝,孚敬郡王奕谭亦薨于光绪朝,前者官爵大于后者,但前者为三合土式墓冢,后者为砖质。笔者推测,墓冢的形制应与家族园寝规制相关,在庆恩之前薨逝的历代顺承郡王,他们的墓冢形制均为三合土质墓冢,这与第一代顺承郡王勒克德浑的墓冢样式和形制遥相呼应。同理可知,以克勤郡王亨元墓冢为代表的克勤郡王家族墓冢也应是三合土式墓冢。

一般来说,在清代早期,亲王、郡王墓冢均以三合土式为主,大多数亲王墓冢的下肩均有基座。到了乾隆朝,物力财力达到鼎盛,大多数墓冢为三合土式配以下肩的石质基座。自光绪朝起,亲王、郡王均改用砖质墓冢加石质基座,一方面,砖质比土质更加坚实牢固;另一方面,墓冢的建筑材料,与当时的人力、物力状况有着紧密的联系。

(四)地面建筑的组合布局

通过上述对地面建筑的布局描述,大致可以把清代王爷园寝划分为5种组合形式,[①]分别是:

A型:神桥、碑楼、值房或班房、宫门、朝房、享殿、墓冢。

B型:神桥、碑楼、值房或班房、宫门(两端辟有角门)、朝房、享殿、园寝门、墓冢。

---

① 怡贤亲王园寝和醇贤亲王园寝,无疑是清代王爷园寝中建筑布局的特例,不在此次地面建筑组合的讨论范围。

C型:神桥、碑楼、值房或班房、宫门(两端辟有角门)、朝房、享殿、园寝门(两端辟有角门)、墓冢。

D型:神桥、碑楼、值房或班房、门狮(或石牌坊)、宫门、朝房、享殿、墓冢。

E型:神桥、碑楼、值房或班房、宫门(或两端辟有角门)、朝房、享殿、园寝门(或两端辟有角门)、墓冢。

根据以上5种组合形式和表3-2所示,笔者归纳了清代王爷园寝建筑组合的布局。根据笔者实地踏察所见,有一部分园寝是多位王爷合葬,共用一架神桥,还有一部分园寝遗迹不存,以及史料对神桥记载的缺漏,此处暂将地面的神桥建筑作为非必须条件,进行如下总结:

属于A型的:睿忠亲王园寝、睿亲王苏尔发园寝、睿恪亲王园寝、睿勤亲王园寝、睿慭亲王园寝、显懿亲王园寝、显谨亲王园寝、肃亲王成信园寝、肃恭亲王园寝、礼烈亲王园寝、郑亲王巴尔堪园寝、郑亲王巴赛园寝、简勤亲王园寝、简恪亲王园寝、郑恭亲王园寝、郑慎亲王园寝、谦襄郡王园寝、敦郡王园寝、平悼郡王园寝、简修亲王园寝、简仪亲王园寝、肃勤亲王园寝、隐志郡王园寝、康简亲王园寝、康恭亲王园寝、礼安亲王园寝、睿恭亲王园寝、瑞怀亲王园寝、显密亲王园寝、庄恪亲王园寝、庄亲王弘普园寝、庄慎亲王园寝、庄襄亲王园寝、庄勤亲王园寝、庄质亲王园寝、庄厚亲王园寝、敬谨庄亲王园寝、敬谨悼亲王园寝、庆亲王奕劻园寝、履端亲王园寝、仪慎亲王园寝、成恭郡王园寝、定端亲王园寝、定敏亲王园寝、钟端郡王园寝、诚隐亲王园寝、定恭亲王园寝、恒恪亲王园寝、恒敬郡王园寝、质庄亲王园寝。

属于B型的:庆僖亲王园寝、怡僖亲王园寝。

属于C型的:肃慎亲王园寝、肃恪亲王园寝、履懿亲王园寝、仪顺郡王园寝、醇贤亲王园寝、饶余敏郡王园寝、惇勤亲王园寝、诚恪亲王园寝、诚密郡王园寝、和恭亲王园寝、恂勤郡王园寝、裕悼亲王园寝、裕庄亲王园寝。

属于D型的:郑献亲王园寝、恭忠亲王园寝、惇恪亲王园寝。

属于E型的:瑞敏郡王园寝、孚敬郡王园寝、恭亲王常颖园寝、理恪郡王园寝、和谨郡王园寝、荣恪郡王园寝、淳慎郡王园寝、定安亲王园寝、循郡王园寝、荣纯亲王园寝、纯靖亲王园寝、裕宪亲王园寝、恒温亲王园寝、果毅亲王园寝、果恭郡王园寝、果简郡王园寝。

综上所述,通过实地踏察的排列总结,我们可以看出清代王爷园寝的地面配置数量组成,是由多到少,由简单到复杂的建筑配置过程。由此体现了清代王爷园寝地面建筑日趋成熟与完善的过程。

(五)阳宅

部分清代王爷园寝在"前寝"部分建有望柱、石牌坊、门狮等地面建筑。已知的建有望柱的王爷园寝有5座,建有石牌坊的王爷园寝有8座,建有门狮的王爷园寝有7座。"后寝"部分建有园寝门的王爷园寝有30座,有角门的王爷园寝24座。

以上统计依据的是目前所知的地面建筑遗迹的统计数据,为不完全统计。在现在的实例中,保存石牌坊建筑的园寝有2座,分别是庄靖亲王园寝和恭忠亲王园寝;保存石狮子建筑的园寝有3座,分别是惇恪郡王园寝、果毅亲王园寝和果恭郡王园寝。另外有的王爷园寝附近还建有阳宅(见表3-12)。

表3-12   清代王爷园寝阳宅汇总表

序号	园寝名称	墓主	墓冢	所属朝年
1	裕亲王保泰园寝	爱新觉罗·保泰	阳宅	雍正朝
2	康简亲王园寝	爱新觉罗·巴尔图	阳宅	乾隆朝
3	和勤亲王园寝	爱新觉罗·永璧	阳宅	乾隆朝
4	诚恪亲王园寝	爱新觉罗·允祕	阳宅	乾隆朝
5	克勤庄郡王园寝	爱新觉罗·雅朗阿	阳宅	乾隆朝
6	和恭亲王园寝	爱新觉罗·弘昼	阳宅	乾隆朝
7	荣恪郡王园寝	爱新觉罗·绵亿	阳宅	嘉庆朝
8	睿恭亲王园寝	爱新觉罗·淳颖	阳宅	嘉庆朝
9	隐志郡王园寝	爱新觉罗·奕纬	阳宅	道光朝
10	瑞怀亲王园寝	爱新觉罗·绵忻	阳宅	道光朝
11	惇恪亲王园寝	爱新觉罗·绵恺	阳宅	道光朝
12	成恭郡王园寝	爱新觉罗·载锐	阳宅	咸丰朝
13	定敏亲王园寝	爱新觉罗·载铨	阳宅	咸丰朝
14	醇贤亲王园寝	爱新觉罗·奕谭	阳宅	光绪朝
15	恭忠亲王园寝	爱新觉罗·奕䜣	阳宅	光绪朝

阳宅是墓主生前居住的场所,一般建在园寝附近。比较著名的有醇贤亲王奕谭园寝的阳宅。

阳宅的建筑配置相当于四合院①，也是由多进院落组合而成。院内的设施因主人的喜好而设置。醇贤亲王奕譞园寝的阳宅贤挨园寝北部而建，阳宅坐西朝东，朝向方位与园寝一致。阳宅建有拱券式大门，门额上书"退潜别墅"，过券门后有八字照壁一面。阳宅共建有五进院落，一进院落内建正房②和厢房③。

第一进院落的正房面阔五间，南北两侧各建有厢房，面阔五间，倒座房为面阔十五间。过第一进院落，沿台阶而上，便可进入第二进院落。

第二进院落中轴线上建有正房，面阔五间。南北两侧各建有厢房，面阔三间，同时建有耳房，面阔一间。院落的北部建有一进跨院，入跨院后建有花园一处。花园内建有叠石假山，名曰"拨云蹬"。假山的西部建有蝠池，池内蓄水，池塘西部建有歇山顶敞轩，立有墓地选址碑一通，为长方形碑面，下设碑座。选址碑后的假山上刻有题记曰"藏真石窟"。石窟不远处的南部，立有醇亲王手书"漱石眠云"。石窟后面为公主楼。

公主楼位于第三进院落。第三进院落的中轴线上建有正房，面阔五间，南北两侧各建有厢房，面阔三间，同时建有耳房，面阔一间（格局与第二进院落略同）。正房北侧山墙附近建有曲水流觞亭，亭已毁，现仅存"曲水流觞"石。曲水流觞亭北部即为公主楼。

第四进院落第一部分南北两侧各建有厢房，面阔三间；第二部分中轴线上建有正房，面阔五间，南北两侧各建有厢房，面阔三间，以及耳房，面阔一间。从第四进院落南部拾级而上，可达第五进院落。第五进院落仅建有平房三间。

醇亲王是个做事低调的人，虽然他爵高位显，仍常告诫自己的子孙"满招损，谦受益"。对于功名和权力，醇亲王没有觊觎之心，他一生小心谨慎，修身养性，这也正是保全自己的生存之道。阳宅号曰"退潜"，正是反映了他隐退归隐之心。遥想当年，醇亲王居于退潜别墅，与家人和宗室亲友们饮酒赋诗，闲情逸致，安度晚年，雅致且逍遥。

---

① 四面都有房屋的建筑称为四合院。参见北京市文物研究所编：《中国古代建筑辞典》，中国书店，1992，第30页。

② 居中的建筑物称为正房，亦称上房。

③ 正房之前、倒座之后，分列左右相向而立的建筑物，叫做厢房。

二、墓碑的规制

清代,对王爷园寝的墓碑尺寸有详细的规定。"顺治十年(1653)题准,亲王给造坟工价银五千两,世子四千两,郡王三千两,贝勒二千两,贝子一千两,镇国公五百两,辅国公同。又议准,亲王至辅国公碑身均高九尺,用交龙首龟趺。亲王碑广三尺八寸七分,首高四尺五寸,趺称之。世子、郡王碑广三尺八寸,首高三尺九寸,趺高四尺三寸。贝勒碑广三尺七寸三分,首高三尺六寸,趺高四尺一寸。贝子碑广三尺六寸六分,首高三尺四寸,趺高四尺。镇国公碑广三尺六寸三分,首高三尺三寸,趺高三尺九寸。辅国公同。又题准,亲王给碑价银三千两,世子两千五百两,郡王二千两,贝勒千两,贝子七百两,镇国公四百五十两,辅国公同。……"①如下表所示(表3-13)。

表3-13　　　　　　　　　　　顺治朝定园寝制标准简表

	亲王	世子	郡王	贝勒	贝子	镇国公	辅国公
碑身高	九尺	九尺	九尺	九尺	九尺	九尺	九尺
碑广	三尺八寸七	三尺八寸	三尺八寸	三尺七寸三	三尺六寸六	三尺六寸三	三尺六寸三
首高	四尺五寸	三尺九寸	三尺九寸	三尺六寸	三尺四寸	三尺三寸	三尺三寸
趺高	四尺五寸	四尺三寸	四尺三寸	四尺一寸	四尺	三尺九寸	三尺九寸
碑价银(两)	三千	二千五百	二千	一千	七百	四百五十	四百五十

清代的营造尺单位,一尺等于32厘米。可将清代王爷园寝墓碑的尺寸换算成公制,那么亲王至辅国公的墓碑高度均为2.88米。和硕亲王爵位者,墓碑的广度为1.24米,墓碑碑首高1.44米,龟趺的高度为1.44米,墓碑总高为5.76米;多罗郡王爵位者,墓碑的广度为1.22米,墓碑碑首高1.25米,龟趺的高度为1.38米,墓碑总高为5.51米;多罗贝勒爵位者,墓碑的广度为1.19米,墓碑碑首高1.15米,龟趺的高度为1.31米,墓碑总高为5.34米;固山贝子爵位者,墓碑的广度为1.17米,墓碑碑首高1.09米,龟趺的高度为1.28米,墓碑总高为5.25米。镇国公和辅国公爵位者的碑身的高、广、首高和趺高等尺寸是相同的,墓碑的广度为1.16米,墓碑碑首高1.06米,龟趺的高度为1.25米,墓碑总高为5.19米(见表3-14)。

---

①《钦定大清会典事例》卷九四九《工部·园寝规制·坟茔规制》。

284

表 3-14 　　　　　　　　　　　　顺治朝园寝墓碑尺寸换算数据表 　　　　　　　　　单位：米

名称	亲王	世子	郡王	贝勒	贝子	镇国公	辅国公
碑身高	2.88	2.88	2.88	2.88	2.88	2.88	2.88
碑广	1.24	1.22	1.22	1.19	1.17	1.16	1.16
首高	1.44	1.25	1.25	1.15	1.09	1.06	1.06
趺高	1.44	1.38	1.38	1.31	1.28	1.25	1.25

清代王爷园寝墓碑的总高度（由上至下）等于碑首、碑身、龟趺部分高度之和。各级爵位园寝墓碑的高度尺寸规律如下：

公式一：亲王墓碑：碑身大于碑首，且碑首等于趺高；或碑身高度为碑首和趺高高度之和。

公式二：郡王、贝勒、贝子、镇国公、辅国公墓碑碑身大于碑首，且碑首小于趺高。

笔者也对现存的墓碑做了一些数据记录，此处仅举几个实例，证明其典章制度之规定。

实例一：敬谨庄亲王敕建碑测量数据

敬谨庄亲王敕建碑简述：汉文9行，满行50字，满文11行。

测量数据：龟趺高153厘米，墓碑碑面长106厘米，碑宽144厘米，碑面左侧边框长4.5厘米，龙纹边框长14.5厘米。碑侧长56厘米；碑座高157厘米；碑担长68厘米，碑担高42厘米；水盘素面纵长278厘米，横长196厘米。

由上述实测数据，我们可以计算出墓碑广度（即碑宽）的数值。

碑面—（碑面左侧边框 + 龙纹边框）＝ 144厘米—（4.5厘米 + 14.5厘米）×2＝106厘米。与实测的墓碑碑面长度相一致。其中龟趺高（含下部海水江崖雕饰）153厘米，海水江崖雕饰高9厘米，除去海水江崖雕饰后，龟趺高144厘米，符合亲王级别园寝墓碑的规制。

实例二：瑞敏郡王敕建碑测量数据

瑞敏郡王敕建碑简述：汉文10行，满行45字，满文9行。

测量数据：碑担长74厘米，碑担高51厘米，碑身长172厘米，浮雕部分53厘米，龟趺高128厘米，碑面长130.5厘米，碑面有文字的部分（内框）长89厘米，水盘高15厘米。

由上述实测数据，我们可以得知墓碑龟趺的高度为1.28米，郡王级别的趺高规定为1.38米,因此瑞敏郡王敕建碑的尺寸基本符合清代王爷园寝墓碑的规定尺寸。

实例三:多罗贝勒常阿岱诰封碑测量数据

多罗贝勒常阿岱诰封碑简述:汉文3行,满行40字,满文6行。

测量数据:碑宽43厘米,碑担长54厘米,碑担高48厘米。

根据上述实测数据,我们可以根据碑担长度,粗略估算墓碑器形的大小。

综上所述,受清代王爷园寝墓碑现存实物完残情况及测量条件的限制,上述数据为不完全的数据记录,仅试举3例已知晓的墓碑实测数据。简而言之,第一,清代典章制度仅对限制王爷园寝墓碑大小的4组数据进行了规定;第二,清代王爷园寝墓碑的其他数据,如水盘数据、雕饰结构数据、纹饰比例分配等数据,缺乏详细规定;第三,现存的清代王爷园寝墓碑尺寸大多小于典制所规定的数字。因此在讨论清代王爷园寝墓碑时,可采用上述2个公式,进行比例大小的对比,这要比直接进行数据代入计算更加直观。

三、赑屃形态

(一)龙之九子简述

龙生九子,即龙生的九个儿子。明朝,出现了"龙之九子"各种说法。其中如:"螭吻,其形似兽,性好望,故立屋角上。徒牢,其形似龙而小,性吼叫,有神力,故悬于钟上。宪章,其形似兽,有威,性好囚,故立于狱门上。饕餮,性好水,故立桥头。蟋蜴,形似兽,鬼头,性好腥,故用于刀柄上。蟋蛉,其形似龙,生好风雨,故用于殿脊上。螭虎,其形似龙,性好文彩,故立于碑文上。金貌,其形似狮,性好火烟,故立于香炉台上。椒图,其形似螺蛳,性好闭口,故立于门上。今呼鼓丁非也。蚍蟒,其形似龙而小,性好立险,故立于护朽上。鳌鱼,其形似龙,性好吞火,故立于屋脊上。兽吻,其形似狮子,性好食阴邪,故立门环上。金吾,其形似美人,首鱼尾有两翼,其性通灵不睡,故用巡警。杨升庵曰:按尸子云,法螺蚪而闭户。《后汉书·礼仪志》:殷以水德王,故以螺着门户。唐韵渣音塔,注渣头也,今俗名护朽。"[1]

---

①(明)李诩:《戒庵老人漫笔》,魏连科点校,中华书局,2006,第114页。

在清代王爷园寝中，建有神桥、墓碑、宫门、东西配殿、享殿、墓冢，墓碑为螭首龟趺。螭虎，其形似龙，性好文彩，故立于碑文上。李西涯的《怀麓堂集》中认为负重者名为霸下。据杨慎的《引庵全集》中记载："赑屃，形似龟，好负重，今石碑下龟趺是也。"又有记载："赑屃其形似龟，性好负重，故用载石碑。"[①]

(二)现存清代王爷园寝螭首龟趺碑调查

《说文》中注："古碑有三用：宫中之碑，识日景也；庙中之碑，以丽牲也；墓所之碑，以下棺也。秦之记功德之碑，曰立石，曰刻石；其言碑者汉以后之语也。"这说明秦有立石刻记功文字，始名刻石。汉以后，多镌志先人功德，植于墓圹、宫庙等处，才叫做碑。因此清代王爷园寝中的墓碑也是用来为园寝主人歌功颂德，彰显功绩的。

崇德元年(1636)定清宗室爵位为九等，顺治六年(1649)定为十二等级，据《大清会典》记载，最高一级称为和硕亲王，以下为多罗郡王、多罗贝勒、固山贝子、奉恩镇国公、奉恩辅国公、不入八分镇国公、不入八分辅国公、镇国将军、辅国将军、奉国将军、奉恩将军。其中镇国将军至奉国将军又各分为三等。再往下则为闲散宗室，用四品顶戴。典章规定，一般爵位均为降级世袭。而在乾隆四十三年(1778)，乾隆皇帝为了褒扬八家入关有功的王爵，恢复睿、礼、郑、豫、肃、庄六亲王及克勤、顺承两郡王的原封号，并决定其子孙可以"世袭罔替"，俗称八大"铁帽子王"。八大铁帽子王分别是睿亲王多尔衮、礼亲王代善、郑亲王济尔哈朗、豫亲王多铎、肃亲王豪格、庄亲王硕塞、克勤郡王岳讬、顺承郡王勒克德浑。清中后期，乾隆皇帝封康熙十三子怡贤亲王，同治皇帝封恭亲王，光绪皇帝封醇亲王和庆亲王，亦为"世袭罔替"，形成十二家"铁帽子王"。

王爷园寝严格上是指亲王、郡王的墓葬(园寝)。我们可知现存螭首龟趺碑的王爷园寝有28座[②](见表3-15)。清代前期、中期的园寝中的螭首龟趺碑现存数量较多，由此可以窥见清代王爷园寝规制。

---

① (明)陆容：《菽园杂记》，中华书局，2007，第17页。
② 在现存螭首龟趺碑的园寝中，康熙皇帝第二十三子允祁园寝按郡王规制建造，因此将其记入清代王爷园寝墓碑的总数。

表3-15

现存清代王园寝螭首龟趺碑调查表

序号	名称	墓主	支系	品级	所属时期	谥号	现存地点
1	礼烈亲王墓碑	爱新觉罗·代善	清太祖努尔哈赤次子	亲王	顺治朝	烈	北京市植物园曹雪芹纪念馆后碑林
2	惠顺亲王墓碑	爱新觉罗·祜塞	礼烈亲王代善第八子	亲王	顺治朝	顺	北京市植物园曹雪芹纪念馆后碑林
3	顺承恭惠郡王墓碑	爱新觉罗·勒克德浑	礼烈亲王代善之孙	郡王	顺治朝	恭惠	北京市房山区长沟镇西甘池村
4	敬谨庄亲王墓碑	爱新觉罗·尼堪	广略贝勒褚英第三子	亲王	顺治朝	庄	北京市房山区长沟镇东甘池村
5	敬谨悼亲王墓碑	爱新觉罗·尼思哈	敬谨庄亲王尼堪次子	亲王	顺治朝	悼	北京市房山区长沟镇东甘池村
6	顺承忠郡王墓碑	爱新觉罗·诺罗布	顺承恭惠郡王勒克德浑第三子	郡王	康熙朝	忠	北京市房山区长沟镇西甘池村
7	康良(礼)亲王墓碑	爱新觉罗·杰书	礼烈亲王代善之孙	亲王	康熙朝	良	北京市海淀区香山街道门头村
8	纯靖亲王墓碑	爱新觉罗·隆禧	清世祖顺治皇帝第七子	亲王	康熙朝	靖	天津市蓟州区孙各庄村黄花山
9	肃武亲王墓碑	爱新觉罗·富寿	肃武亲王豪格第四子	亲王	康熙朝	懿	北京市日坛公园
10	显密亲王墓碑	爱新觉罗·丹臻	肃武亲王豪格之孙	亲王	康熙朝	密	北京市门头沟区妙峰山镇坡头庄
11	裕宪亲王墓碑	爱新觉罗·福全	清世祖顺治皇帝次子	亲王	康熙朝	宪	天津市蓟州区孙各庄村黄花山
12	简修亲王墓碑	爱新觉罗·雅布	清显祖第三子舒尔哈齐第六子郑献亲王济尔哈朗之孙	亲王	康熙朝	修	北京市丰台区右安门外郑各庄王坟村
13	理密亲王墓碑	爱新觉罗·允礽	清圣祖康熙皇帝次子	亲王	雍正朝	密	天津市蓟州区孙各庄村黄花山
14	怡贤亲王墓碑	爱新觉罗·允祥	清圣祖康熙皇帝第十三子	亲王	雍正朝	贤	河北省保定市涞水县石亭镇东营房村
15	裕悼亲王墓碑	爱新觉罗·保寿	裕宪亲王福全第五子	亲王	雍正朝	悼	河北省保定市易县裴山镇北白虹乡南福地村

序号	名称	墓主	支系	品级	所属时期	谥号	现存地点
16	裕庄亲王墓碑	爱新觉罗·广禄	裕宪亲王福全之孙	亲王	乾隆朝	庄	河北省保定市易县裴山镇北白虹乡南福地村
17	诚贝勒墓碑	爱新觉罗·允祁	清圣祖康熙皇帝第二十三子	郡王	乾隆朝	诚	河北省遵化市兴旺寨乡
18	顺承恭郡王墓碑	爱新觉罗·泰斐英阿	顺承恪郡王熙良长子	郡王	乾隆朝	恭	北京市房山区韩村河镇一龙岗村
19	果毅亲王墓碑	爱新觉罗·允礼	清圣祖康熙皇帝第十七子	亲王	乾隆朝	毅	河北省保定市易县梁格庄镇上岳各庄村
20	果恭郡王墓碑	爱新觉罗·弘瞻	清世宗雍正皇帝第六子	郡王	乾隆朝	恭	河北省保定市易县梁格庄镇下岳各庄村
21	和勤亲王墓碑	爱新觉罗·永璧	和恭亲王弘昼次子	亲王	乾隆朝	勤	北京市顺义区李桥镇王家坟村
22	恂勤郡王墓碑	爱新觉罗·允禵	清圣祖康熙皇帝第十四子	郡王	乾隆朝	勤	天津市蓟州区孙各庄村黄花山
23	顺承简郡王墓碑	爱新觉罗·伦柱	顺承慎郡王恒昌长子	郡王	道光朝	简	北京市房山区长沟镇西甘池村
24	瑞敏郡王墓碑	爱新觉罗·奕誌	瑞怀亲王绵忻长子	郡王	咸丰朝	敏	北京市海淀区四季青镇端王坟村
25	肃慎亲王墓碑	爱新觉罗·敬敏	肃武亲王豪格四世孙	亲王	咸丰朝	慎	北京市朝阳区王四营乡道口村
26	肃恪亲王墓碑	爱新觉罗·华丰	肃武亲王豪格五世孙一	亲王	同治朝	恪	北京市朝阳区黑庄户乡万子营村
27	醇贤亲王墓碑	爱新觉罗·奕譞	清宣宗道光皇帝第七子	亲王	光绪朝	贤	北京市海淀区苏家坨镇北安河村妙高峰山腰
28	孚敬郡王墓碑	爱新觉罗·奕譓	清宣宗道光皇帝第九子	郡王	光绪朝	敬	北京市海淀区苏家坨镇北安河村

(三)赑屃样式、风格及规制

清制:"凡园寝茔飨堂亲王五间,世子以下至辅国公皆三间。亲王世子、郡王门三,贝勒以下门一。亲王绘五采饰以金,覆以绿琉璃;世子郡王止,绘五采皆覆绿琉璃瓦;贝勒以下施朱不绘用甋瓦。凡墓碑亲王至辅国公皆交龙首龟趺,惟郡王以上得建碑亭,镇国将军螭首,辅国将军麒麟首,奉国将军天禄辟邪首,皆龟趺;奉恩将军圆首方趺。"①

墓碑从结构上大体可分为上、中、下三大部分。上部指碑首部分,中部指碑身部分,下部指龟座部分。另外部分墓碑的龟座下面建有辅助结构水盘。碑首部分有用圭额和螭额两种。唐代的龟形较矮,龟头很短。自汉代之后,普遍用螭额,圭额少见。到明清时,墓碑整体形制较高,龟头伸得也长。明清皇帝墓碑的龟座,龟头刻得很像龙头。在王爷园寝中亦是如此。早期的墓碑赑屃形似乌龟,如东京陵的舒尔哈齐墓碑、大尔差墓碑、穆尔哈齐墓碑等。入关后,随着清王朝的日渐鼎盛,赑屃在造型上渐趋于龙的形象。

1.龟座

(1)头部。龟座,即将碑座做成龟形。龟座的龟,有个专门的名字,名叫"赑屃"。赑屃形象狰狞,看上去十分凶悍,同时又不失威武。笔者多次考察清代皇家陵寝,发现帝陵之赑屃多为闭嘴状,而王爷园寝赑屃则多为张嘴怒吼状,少数为闭嘴狰狞状。清代前期是一个墓碑形制逐渐演变的时期,如顺治朝礼亲王代善、祜塞及代善之孙勒克德浑的墓碑。顺承恭惠郡王勒克德浑墓碑的赑屃为闭嘴状,与其同一时期的敬谨亲王家族园寝中的赑屃均为闭嘴状。赑屃形制的定型期是在清代中期的康雍时期,此时工艺水平达到了顶峰。从器型分析,乾隆朝雕刻器形尤为庞大,仰头突鼻是一大特色,其他时期的赑屃看上去五官端正,不如乾隆朝夸张。从线条分析,光绪朝之后的赑屃头部雕功比较复杂,略显呆板。

闭嘴。闭嘴的赑屃在现存王爷园寝中较少见,现存有:顺承恭惠郡王墓碑、惠顺亲王墓碑、肃慎亲王墓碑。惠顺亲王墓碑的赑屃现存于礼王园寝中,其碑身部分已被移至北京植物园曹雪芹纪念馆后的碑林保存。笔者考察存放地点时发现,惠顺亲王墓碑的碑身部分体型很大,碑身两侧雕有二龙戏珠图案,放置其旁

---

①《钦定大清五朝会典》第11册,线装书局,2006,第672页。

边的礼亲王代善墓碑碑身部分亦是同样造型。笔者推测礼亲王代善墓碑之赑屃可能与惠顺亲王墓碑之赑屃形式相同。一方面表明，在同一时期，赑屃的造型和样式大小，与其家族园寝中始祖及父辈赑屃的造型和样式相似；另一方面表明，清代前期对赑屃的样式并没有具体的规定。

顺承恭惠郡王墓碑赑屃头部（2006 年摄）

惠顺亲王墓碑赑屃头部（2007 年摄）

张嘴。张嘴怒吼状赑屃在清代王爷园寝中甚是多见，然而清代王爷园寝中的赑屃则多呈"∠"形张嘴状。赑屃头部两侧有圆状及长状像须的图案，推测可能是赑屃的发。现存有敬谨庄亲王墓碑、敬谨悼亲王墓碑、顺承忠郡王墓碑、康良亲王墓碑、纯靖亲王墓碑、显懿亲王墓碑、裕宪亲王墓碑、理密亲王墓碑、怡贤亲王墓碑、裕悼亲王墓碑、裕庄亲王墓碑、顺承恭郡王墓碑、果毅亲王墓碑、果恭郡王墓碑、和勤亲王墓碑、恂勤郡王墓碑、顺承简郡王墓碑、瑞敏郡王墓碑、肃恪亲王墓碑、醇贤亲王墓碑、孚敬郡王墓碑。

裕宪亲王墓碑赑屃头部（2006 年摄）

果毅亲王墓碑赑屃头部（2007年摄）

醇贤亲王墓碑赑屃头部（2007年摄）

（2）尾部。尖尾。赑屃的尾部分尖尾和圆尾两种。尖尾包括垂直向下状和卷曲状。理密亲王墓碑、裕悼亲王墓碑、顺承恭郡王墓碑、肃恪亲王墓碑碑尾部呈尖状。其中理密亲王墓碑尾部比较特殊，为3条尖状，这种造型略同于帝陵。

圆尾。这一造型是清代王爷园寝赑屃形态的主流，贯穿于清代前期至清代后期，圆尾均为卷曲状。

裕庄亲王墓碑赑屃尾部（2007年摄）

纯靖亲王墓碑赑屃尾部（2009年摄）

裕宪亲王墓碑赑屃尾部（2009年摄）

理密亲王墓碑赑屃尾部（2009年摄）

2.碑身

碑身是指碑的中间部分(即撰文部分)。碑身形制主要取决于其上下的宽度,隋唐碑身多有收分,至南宋以后,则无收分。明末清初的碑,阴面往往凸出来。碑身阳面阴刻有碑文,碑文是了解此事、此地、此物或此人最直观的第一手资料。碑文记述了墓主人一生的功绩,或为敕建,或为御制。碑阴无文字。文字书体除皇帝御笔外,为清代官方在碑文中通用的馆阁体。裕宪亲王福全墓碑为康熙皇帝御笔,在碑阳刻有"康熙御笔"之印。

据笔者实地考察,亲王、郡王碑身多雕有升龙(做向上升起之势的龙饰)图案,贝勒及以下品级为素面,碑侧不再饰有图案。诚贝勒园寝是按郡王规制建造的,因此是一个例外。代善、祜塞墓碑侧图案为二龙戏珠,尼堪、尼思哈、杰书、永璧、允禵、奕譓、奕谖等7通碑碑侧图案为升龙戏珠,诺罗布、泰斐英阿、伦柱、奕谖等4通碑碑侧图案为升龙。

代善墓碑碑侧(2008年摄)

伦柱墓碑碑侧(2008年摄)

永璧墓碑碑侧(2010年摄)

3. 碑额

碑额即碑首部分,又称螭首。交龙首龟趺,又称螭首龟趺。在《大清五朝会典》中,仅规定了墓碑样式是交龙首龟趺,并未规定是几交龙首。笔者在实地考察时发现,清代王爷园寝中的墓碑大都以四交龙首为主,唯独河北省易县的保寿的墓碑为六交龙首,较为独特。

四交龙首。亲王、郡王、贝勒、贝子、镇国公、辅国公墓碑皆为交龙首龟趺,这与史料记载正相吻合。笔者通过实地考察,所见螭首多为四交龙首。

六交龙首。"顺治十年(1653)题准,亲王至辅国公碑身均高九尺,用交龙首龟趺。亲王碑广三尺八寸七分,首高四尺五寸,趺称之。世子、郡王碑广三尺八寸,首高三尺九寸,趺高四尺三寸。贝勒碑广三尺七寸三分,首高三尺六寸,趺高四尺一寸。贝子碑广三尺六寸六分,首高三尺四寸,趺高四尺。镇国公碑广三尺六寸三分,首高三尺三寸,趺高三尺九寸。辅国公同。"①

裕亲王保寿的墓碑为六交龙首,交龙形制与四交龙首形制相同,碑身厚度大体一致,并无特别之处。笔者推测,在清代王爷园寝中,对于螭首应是偶数递增,碑身厚度只要不超出常规,并无等级限制,六交龙首已不十分常见,八交龙首及以上的墓碑尚未发现。

4. 碑担

碑担龟趺与碑身连接的两壁,主要承担碑身向下的压力。龙是封建统治阶级建筑上的重要装饰题材。②佛教传入中国后,其在建筑上最显著而久远之影响,不在建筑本身之基本结构,而在雕饰。建筑雕饰可分为三大类,即雕刻、绘画及镶嵌。雕饰之题材,则可分为人物、动物、植物、文字、几何纹、云气等。植物纹有藻纹、莲花、葡萄、卷草、蕨纹、树木等。在王爷园寝中,可见龙、水波纹、海浪纹,多为中国传统纹饰。动物以四神形象为最常见,马、鹿、鱼等皆汉人喜用之装饰母题也。明清以后,雕刻装饰多用于阶基、须弥座、勾栏、石牌坊、华表、碑碣、石狮亦为施用雕刻之处。清代前期的尼堪墓碑碑担浮雕有奔马图案,尼思哈墓碑碑担浮雕有梅花鹿图案。由此可见,清代前期的墓碑装饰图案承袭明制,逐渐接受汉族文化。

---

① 《钦定大清会典事例》卷九四九《工部·园寝规制·园寝茔规制》。
② 北京市文物研究所编:《中国古代建筑辞典》,中国书店,1992,第170页。

▲杰书墓碑碑担浮雕(2007年摄)

◀尼思哈墓碑碑担浮雕(2008年摄)

浮雕装饰。浮雕是在平面上雕出凸起形象的一种雕塑。依表面凸出的厚度不同,又分为高浮雕、浅浮雕两种形式。图案有团龙、鹿、奔马、龙、海马、云水等纹样,这些纹样大多寓意吉祥富贵。诺罗布、泰斐英阿碑担浮雕为麒麟,杰书、伦柱、奕誌、奕谭碑担浮雕为正视龙的形象。道光朝以后碑担浮雕均为正视龙的形象,后期只是在雕刻上变得复杂。

无浮雕。在清代王爷园寝中,龟趺与碑之间的两壁未有纹饰者居多,无论是清代前期、中期还是后期,碑担上的浮雕图案与品级无关,笔者推测与王爷个人喜好与家族习惯有关。

5. 水盘

水盘是指碑底底面的海漫石图案,多雕刻以江河波涛图案。水盘分为两种,一种是人物的,一种是动物的。赑屃四周有海墁,海水江崖。在海墁四个角各有一个旋涡,内有鳖、鱼、虾、蟹各一。乌龟是两栖爬行动物,喜欢吃肉,比如蠕虫、海螺、小鱼小虾,也喜食植物的茎叶、瓜果皮等。在赑屃四周刻有海水、海螺、蟹、鱼等图案,反映了其生活地点及所食食物。

人物。水盘四个角雕有人物的墓碑在清代王爷园寝中比较特殊。人物形象有马面人、打鱼者,如诺罗布墓碑、弘晱墓碑。

动物。水盘四个角雕有动物的墓碑比较普遍,包括海洋动物及奔马、蛟龙等。

海水江崖。这种图案见于顺承郡王勒克德浑墓碑。

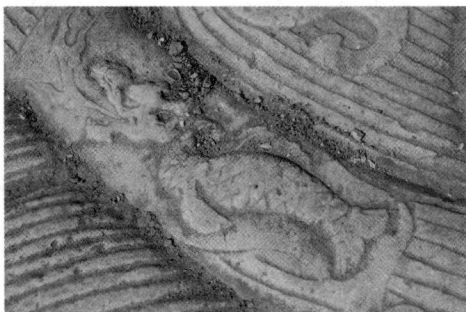

泰斐英阿墓碑水盘游龙图案（2006年摄）

泰斐英阿墓碑水盘虾的图案（2006年摄）

顺承郡王勒克德浑墓碑水盘上的海水江崖图案（2006年摄）

弘曕墓碑水盘人物图案（2009年摄）

泰斐英阿墓碑水盘马的图案（2008年摄）

  清代王爷园寝的墓碑赑屃，从体积、厚度、器形上略逊于帝陵，演变与分期见下表所示：

296

表3-16　　颁尺形态的演变与分期

| 分期 | 颁尺头部 | | 颁尺尾部 | | 螭首 | |
	闭嘴	张嘴	尖尾	圆尾	四交龙首	六交龙首
第一期 （清代早期）		—	—			—
第二期 （清代前期）			—			—
	—		—			
	—					—

分期	螭吻尾部 闭嘴	螭吻头部 张嘴	尖尾	圆尾	四交龙首	螭首 六交龙首
第三期（清代中期）	—					—
第四期（清代晚期）						—

298

综上所述,清代王爷园寝中的墓碑,除碑首、碑宽、趺高等尺寸有规制外,碑的做工造型、细节则趋于多样化。这种多样化的造型,便于哲匠们在造型艺术上的发挥,更能体现某一具体时期的风格、样式。

以东京陵和硕庄亲王舒尔哈齐的墓碑为例,可知清代早期至前期顺治朝是墓碑造型的一个过渡时期。到了清代中期的乾隆朝,飙厥为清代王爷园寝石雕艺术中的精品,更具典型性。笔者认为这可能与当时的经济、财力有关。纵观墓碑造型的发展变化,康雍乾盛世时期的雕刻工细而圆润,精美复杂;到清代后期的道光朝、咸丰朝,雕刻稍显呆板,工艺较清代中期笨拙、线条简单。

清代陵墓雕刻之功,虽极精美,然趋于程式化,艺术造诣不足与唐宋雕刻相提并论。从艺术发展的角度看,清代陵墓雕刻较前代已有了停滞的现象,但其装饰性极强,突出地反映了清代繁缛的制作特色和工艺水平的进步。

四、五供①祭台之漫谈

石刻文物包括石刻文字和石雕。这类文物遗存在北京地区较为丰富,久负盛名的当属北京石刻艺术博物馆,其前身是真觉寺,又名五塔寺,因从各区送至此处的石刻众多,种类多样,成为历史学者们驻足之地。

杨宽先生认为,明代陵园的围墙从方形改为长方形,分为三进院落。第一进院落除陵门外,两旁设有碑亭、神厨、神库。第二进院落除殿门外,设有祭殿(或称享殿)和两旁的配殿。第三进院落除内红门外,设有牌坊、五供台和方城明楼。方城之后是圆形大坟,称为宝顶。

明代的十三座帝陵和清代东陵、西陵都是依照明孝陵的格局建成。清代帝陵沿袭明代规制,故清代帝陵中的明楼前也设置五供。

明清帝陵有石五供之制,石五供始见于明成祖朱棣的长陵。据《大清会典》载,帝陵、后陵内才设石五供,妃子园寝、皇太子园寝、亲王园寝、公主园寝内不设石五供。笔者分析,石五供相当于礼器组合,它是陵寝建筑的配套设施,从古代社会的礼器组合演变而来。古有列鼎制度②,东周列国等古代墓葬均出土有成

---

① 五供是指陈设在佛像前的5件器物,包括1个香炉、2个香瓶、2个烛台。
② 所谓"列鼎",是指在一个墓葬中发现的一组形制相同、纹饰相同、大小依次递减的鼎的组合。参见张之恒主编:《中国考古通论》,南京大学出版社,2009,第308页。

套的青铜礼器组合,例如鼎、豆、盘、舟、匜。到了明清之际,则演变为石质五供,为炉、瓶、烛台。

石五供具有独特的形态和特定的文化内涵,在外观造型上,明朝陵寝中的石五供具有朴素洗练的特点,而清陵寝中的石五供造型更趋于烦琐与细腻。明清陵寝借助传统文化艺术,通过建筑布局、石材、雕饰等来点景立意。另外,从五供和宝顶的规模与形制,我们还可以分析墓主的身份等级。

清代王爷园寝规制中不设石五供,位于今北京市丰台区王佐镇侯家峪村的博翁果洛园寝中有石五供,从雕刻纹样及器型特征来看,应不是清代王爷园寝的遗物。

第三节　地下建筑

一、墓室内部的装饰

古代丧葬制度通常包括了丧礼仪式和安葬方式两部分。墓葬材料所代表的不仅是一些具体的遗物,同时也是一套制度,是制度的具体反映。墓葬的遗存是研究者所能获得的唯一材料,这些遗存又包括地上材料、地下材料及相关出土文物等三部分。利用这些材料进行研究,可以重建研究对象的生活与思想世界。文献资料中记载的一个社会的观念、理想及行为准则是否曾经真正实现,考古材料可以提供某些客观的判断标准。遗迹和遗物是考古学研究的对象,对于一座墓葬而言,地面下的遗迹(即墓室)是研究对象之一。

在中国古代墓葬的发展过程中,帝陵地面上的建筑依次以石刻仪仗队而排列,仪仗队之后为陵寝之木结构建筑,如享殿、朝房、二柱门、明楼等。年代久远的陵寝,地面的木结构建筑多为破坏或是腐朽,唯有以石质而制成的构件保存时间较长,虽有风化,但仍能不同程度地得到保存。陵寝之中的石质构件通常可以称为石刻。[①]关于王爷园寝墓室内部的装饰,则没有一定之规。据实地考察,在

①广义的石刻包括了一切刻石,如石人像(或称翁仲)、兽像、兽首、兽面、石器物、石基座等。此处所说的石刻,是指清代王爷园寝中玄宫的石质雕饰。

清代王爷园寝中未发现如唐宋明清皇陵那样的石刻仪仗队,它的精巧装饰主要集中在陵寝的墓室之中。

（一）装饰方式

墓室的装饰方式可以分为墓室外的装饰和墓室内的装饰。明清之际,宋代的仿木构及影作等墓室装饰手段已经消失,墓室在装饰上都各具风格。室外(玄宫)装饰如楹联装饰、门簪装饰等,室内(玄宫)装饰有石门装饰、棺床装饰(包括金井样式)、壁龛装饰、壁画装饰。

墓室装饰是一种等级制度的体现。从墓室的装饰内容可以看出墓主人的喜好。墓室装饰一般反映在建筑的雕饰之中,例如石门铺首[①]、门簪、棺床基座等雕饰结构,通常表现为建筑细部的雕刻风格与样式。清代王爷园寝纹饰的效果通常以雕饰为主,即用各种刻花、浮雕及独立的雕刻品来装饰建筑。[②]

2006年,位于石景山区的国家体育总局射击场院内曾发现一座明代宦官墓,编号为M4。这座墓由墓道、封门砖、甬道、门楼、门框、墓室、棺床、壁龛组成。墓室多次被盗,未发现有随葬

射击场的明代宦官墓墓室（2007年摄）

品,但墓室建筑保存完好。这座墓的装饰细节与清代王爷园寝装饰细节大致一样,笔者将对明代宦官墓与清代王爷园寝的装饰细节进行对比。

---

①铺首,即门上的铜环推手,它是门上的装饰部件。兽吻,其形似狮子,性好食阴邪,故立门环上。铺首上的兽吻形象是龙之九子之一。

②北京市文物研究所编:《中国古代建筑辞典》,中国书店,1992,第151页。

1. 楹联与门簪

楹联是指门框外两侧的两行文字,犹如家中所贴的对联,由五个字、七个字或七个以上字对仗组成,起到了美化大门的作用。射击场明代宦官墓墓室外的楹联装饰,上联为"寿域万年安海渥筹添万倍",下联为"佳城千载固朝堂粟益千钟",横批"一尘不到"。楹联文字为楷体书写,黑色墨书涂满整个文字。清代果简郡王永璪园寝的罩门券两侧楹联装饰为,上联"一点仙灵藏□□□□□",下联"艺林塾蔚润□□□□□",楹联文字为线刻方式,朱砂勾勒文字边框。因该玄宫尚未进行清理,未见横批,余下皆掩埋于土石残迹之中,楹联不能全部释读出来。

横批"一尘不到"（2007年摄）

楹联与门簪（2007年摄）

楹联"一点仙灵藏□□□□□"
（2007年摄）

楹联"艺林塾蔚润□□□□□"
（2007年摄）

门簪①是安在街门的中槛之上,多为六角形或八角形。本书所说的门簪是安在墓室门外之上。从实例来看,门簪的装饰常以四季花卉图案为主。以清代恒敬郡王永皓玄宫的门簪装饰为例,门簪装饰设计巧妙,分别为春兰、夏荷、秋菊、冬梅。射击场明代宦官墓的门簪装饰与恒敬郡王园寝的门簪装饰略有不同,从左向右来看,第一枚和第三枚花心相同,第二枚和第四枚是花心相同。笔者推测一、三为荷花门簪,二、四为葵花门簪。

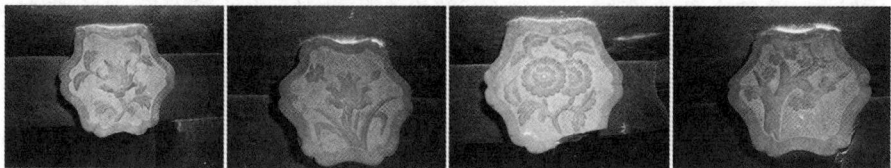

永皓地宫门簪(2007年摄)

综上所述,笔者认为墓中的装饰惟一可能的观众就是墓主,墓室中的这些装饰,或许是墓主人生前所设计的。从某种意义上而言,墓室的装饰与配置反映着墓主人的意志与思想。

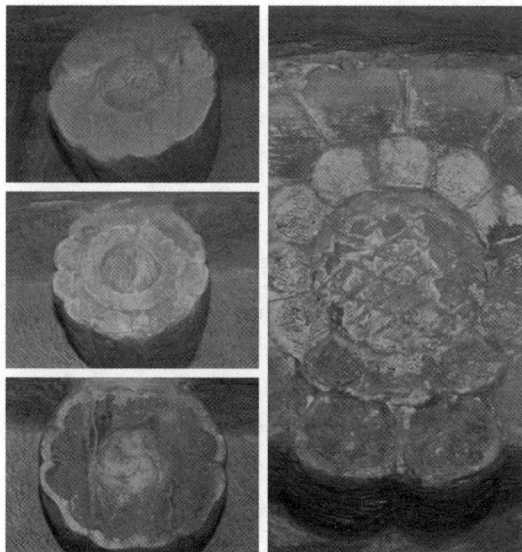

射击场明代宦官墓的门簪(2007年摄)

---

①门簪多有雕饰,有的样式相同,有的样式相异。分为方形、长方形、菱形、六角形、八角形等样式,正面或雕刻,或描绘,饰以花纹图案。

2.墓室内部装饰

墓室内部装饰是指进入墓室门后的所有装饰,如墓室墙面装饰、券顶装饰、地面装饰等。墓室墙面装饰的方法有设置壁龛和绘制壁画。

壁龛是指在墙身上留出的贮藏物品的空间。在清代王爷园寝的墓室中,有的设有壁龛[1]。就现有情况看,清代王爷园寝带壁龛的有饶余敏亲王阿巴泰园寝中M1、M3的墓室(见图3-1)。M1的壁龛为青石质结构,素面;M3的壁龛为青石质结构,壁龛上部涂有绿色颜料,下部涂有朱砂[2]。此处谨对墓室装饰方式进行讨论,由于资料所限,对墓主人身份暂不进行推断。

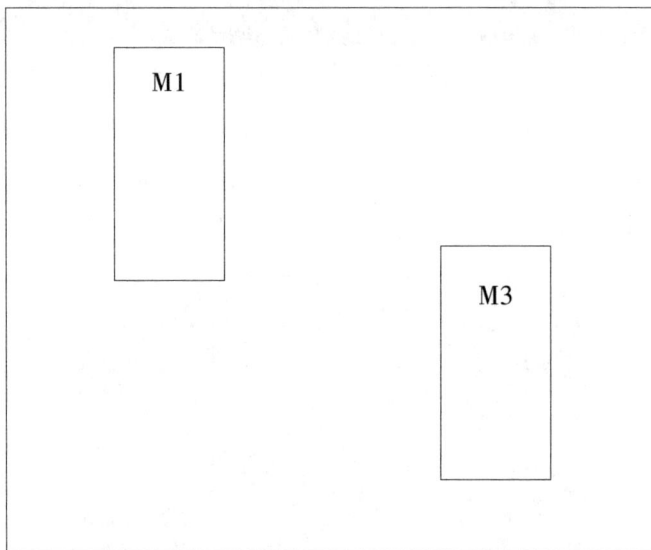

图3-1　阿巴泰园寝中M1与M3位置示意图

前文所述的射击场明代宦官墓的墓室内也装饰有壁龛。其墓室为拱券顶,材质为大青石,墓室内的东壁、西壁、北壁各设有一个壁龛,每个壁龛上都装有两

① 壁龛是在墓室的壁上挖一龛洞,用来放置随葬品。壁龛最早出现在宗教建筑中,用来放置佛像,是在建筑物上凿出一个空间。从表面上看,壁龛设置主要是起到扩大墓室空间的作用,但其实质也可能含有一定的族属或特定的葬俗意义。墓室内设壁龛始见于新石器时代早期,河南密县莪沟裴李岗文化遗址,曾发现九座带壁龛的墓例。夏商西周时期的壁龛设置,其作用与新石器时代基本相同,主要用来放置随葬品。

② 朱砂是道教用来画符驱邪的用品之一,秦汉之际应用广泛。

扇小石门,小石门上的窗棂和镣吊雕刻精细,棺床位于墓室中央。另外棺床前设有石供桌一张,桌上置汉白玉香炉和烛台各一对。

▲阿巴泰园寝M1中的壁龛(2016年摄)
▶阿巴泰园寝M3中的壁龛(2009年摄)

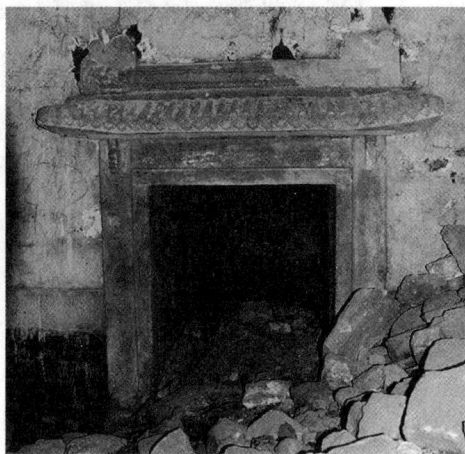

上述三墓的壁龛样式大致相同,只是阿巴泰园寝M3墓室中的壁龛在装饰上涂有颜色,射击场明代宦官墓室和阿巴泰园寝M1墓室中的壁龛无颜色而已。

综上所述,明清两代墓室设置壁龛是源于中国早期的丧葬习俗。阿巴泰园寝中的M1与M3的墓室装饰形式,与射击场明代宦官墓室装饰形式大体相同。笔者认为M1与M3若为阿巴泰家族的园寝,墓室或许取材于明代墓葬或是利用其相关设施而建。

饶余敏亲王阿巴泰园寝在墓室四壁上绘有精美的壁画[1],是现存清代王爷园寝中的唯一实例。其墓室壁画以腾龙的题材为主,画面周围伴有祥云,壁画中使用的主要颜色为红色、绿色、黑色和白色。

墓室壁画盛行于唐代。唐代壁画表现了墓主人出行、享乐等场面,以仕女为多。在所见的清代王爷园寝实例中,墓室的壁画是以动物为题材,仅见于饶余亲王家族园寝。在该园寝M3墓室中,绘有云龙图案壁画。龙乃四神之一,绘在墓

---

① 所谓壁画,是指绘在建筑物的墙壁或天花板上的图画。即人们直接画在墙面上的画,分为粗地壁画、刷地壁画和装贴画等。壁画作为建筑物的附属部分,它的装饰和美化功能使其成为环境艺术的一个重要方面。壁画为人类历史上最早的绘画形式之一,原始社会人类在洞壁上刻画各种图形,以记事表情,是最早的壁画。随着时间推移,壁画渐成一种装饰手法。

室之中,寓意吉祥。由实例所见,这种题材与唐代壁画题材大不相同。

阿巴泰园寝M3中的壁画(2009年摄)

壁画是绘于墓室墙壁上的艺术,可给人以美丽而震撼的感觉。

3.墓室建筑装饰

笔者将墓室建筑装饰分为主体装饰与客体装饰两方面,石门装饰和棺床装饰属于墓室建筑本体上的雕饰,壁龛装饰和壁画装饰属于墓室客体上的装饰。

明朝制度,皇帝嫡长子立为皇太子(嫡长子为皇后所生,如果皇后无子,则以庶出长子为皇太子),其余诸皇子,不分贤愚,皆被封为亲王,授金册金宝,岁禄万石,府置官属。亲王嫡长子立为亲王世子,长孙立为王世孙,袭封亲王(嫡长子为王妃所生,如果王妃无子,则以庶长子袭封),其余诸子年及十岁封为郡王,授涂金银册银宝。郡王嫡长子立为郡王长子,袭封郡王(如果无嫡长子,则以庶长子袭封),其余诸子封为镇国将军。镇国将军诸子封为辅国将军,辅国将军诸子封为奉国将军,奉国将军诸子封为镇国中尉,镇国中尉诸子封为辅国中尉,辅国中尉子孙永为奉国中尉。由此可见,明朝在全国分封了大量的宗室亲王,这些亲王死后葬于自己的封地,从而也就在全国各地形成了明代藩王墓葬群。

清朝鉴于明朝藩王势力范围强大,对中央构成了严重的威胁,因此并未采取封藩制,而是将亲王们留在北京生活,分赏府邸。清代的封爵分为十四等,分别是和硕亲王、亲王世子、多罗郡王、郡王长子、多罗贝勒、固山贝子、奉恩镇国公、奉恩辅国公、不入八分镇国公、不入八分辅国公、镇国将军、辅国将军、奉国将军、奉恩将军。我们这里所说的清代王爷，是指和硕亲王和多罗郡王。笔者以明鲁藩王陵和清载滢贝勒墓室①为例，比对二者在墓室建筑上的结构与装饰。

（1）石门门楣、棺床和金井。笔者通过实地调查，所见清代王爷园寝的墓室建材均选用石质，有的为汉白玉石、有的为砖石。对于墓室建筑的选材，各朝年没有严格的等级限制。

1956年，考古工作者在清理明朝定陵地宫时，发现明神宗朱翊钧玄宫内的石门上设有门楣，门楣是用一整条青铜铸制的。在可踏察的清代王爷园寝的地宫中，笔者也注意到了石门上部的门楣。清代王爷园寝的门楣材质与明代帝陵不同，其所使用的是铸铁式门楣。庆僖亲王玄宫、定恭亲王玄宫均为铸铁式门楣。

在帝后陵寝的玄宫中，墓室内一般设有汉白玉石质棺床，棺床大部分由若干雕有须弥座纹饰的汉白玉石块组成，呈长方形。清代棺床为长方形石质结构，平面较明代宽大，棺床与东西壁相连。以上这些装饰方法基本上应用于现存可考察的清代王爷园寝玄宫之中。

清代王爷园寝的棺床多数已经损毁，或被掩埋。在尚能考察的8座清代王爷园寝的玄宫中，能见到棺床的有果毅亲王园寝玄宫、恒敬郡王园寝玄宫、孚敬郡王园寝玄宫。

恒敬郡王永皓玄宫内的棺床为长方形，饰有须弥座纹饰。棺床上纹饰的雕刻风格较简略，除须弥座外，仅以简单的素平手法点缀，在平石面上，刻有线雕装饰的纹样，整体风格较为浑厚。

果毅亲王允礼玄宫内的棺床呈"凸"字形。"凸"字形棺床的设置，可将果亲王允礼的棺椁放置在凸出来的部分，一方面显示墓主人的尊贵身份，另一方面也可以根据棺床尺寸订制棺椁。棺床下部设有金井一口，呈圆形。果毅亲王允礼的棺床设计独具匠心，雕刻风格与恒敬郡王玄宫相同。

在石棺床中央有一个长方形孔，叫做金井。金井中间填有黄土。这一坯黄土就是选择墓穴位置时的第一铲土，因此金井是整座陵寝建筑设计格局的基本

---

① 载滢贝勒墓室原为清恭亲王奕䜣的万年吉地，因光绪帝另赐恭亲王园寝新址，故恭亲王之前所选之地给予其子载滢，因此其墓室结构为亲王级别。

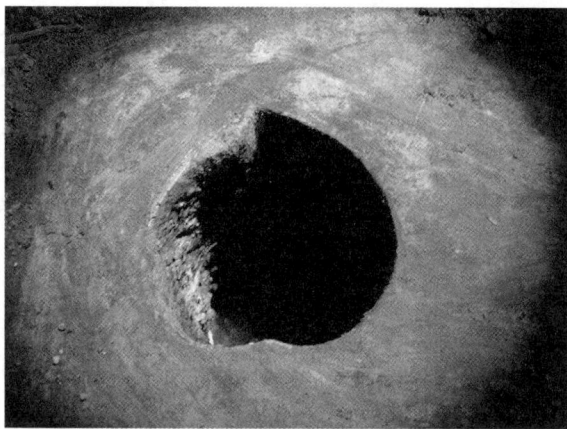
桃形金井（2007年摄）

点。墓主人的棺椁一般置于石棺床之上，同时在棺椁的四周和棺椁内放有玉石，或是在死者口中含有玉石，称为玉葬。古人认为金井可以沟通阴阳，交流生气，而玉葬能够保持尸体不腐烂。金井玉葬在明清两代是最高等级的葬礼。大部分王爷园寝地宫也采用此法，金井多呈圆形。在现存的清代王爷园寝实例中，唯有恒敬郡王永皓园寝墓室的金井比较特殊，其金井呈桃形。"桃"寓意长寿，有寿桃之美称，这种装饰设计实属别致。

（2）券顶。明清墓室的结构多为券顶，随葬品都有鲜明的时代特点。清代帝陵为九券四门式，依次是隧道券、闪当券、罩门券、门洞券、明堂券、门洞券、穿堂券、门洞券、金券。明清王爷墓室内的券顶装饰和墓室结构装饰各不相同，笔者举两例进行说明。

位于山东省邹城市的明鲁荒王陵，陵墓的主人是明太祖朱元璋第十子朱檀[①]。现今的鲁荒王陵经过考古发掘后开放，其玄宫由封门墙、第一道门、前室、第二道门、甬道、后室组成。在鲁荒王陵东部，位于大束镇凰翥村的鲁荒王之孙朱泰墱墓尚存玄宫可考，其墓室结构为三室相连，材料为砖砌，每室各置有壁龛一对，在其券顶涂有朱砂。

位于北京市门头沟区永定镇苛萝坨村的西峰寺载滢贝勒墓室，由罩门券、砖券、梓券、金券组成。因地宫内设有泉眼，故梓券至棺床（棺床上设有圆状金井）之间有神桥一座，较为特别。其墓室内不涂朱砂。

总而言之，清代王爷园寝的墓室与帝陵墓室的特点大致相近，由五部分组

---

① 朱檀生于明洪武三年（1370），出生两个月后被册封为亲王，15岁时就藩兖州府。《明史·列传第四·诸王传》载："（朱檀）二十二年薨，谥曰荒。"鲁荒王薨逝后埋葬在了他的藩国，即今山东省邹城城北12.5千米的九龙山南麓。后世的鲁藩诸王也在始王周边依次营建自己的陵寝。

成,包括挡券墙、罩门券、门洞券、梓券、金券①。笔者将明清王爷园寝的主要结构进行对比,见下表(表3-17)。

表3-17　　　　　　　　明清王爷园寝墓室形制与装饰对比表

年代	墓室形制	墓室材质	墓室结构	墓道	石门
明代	多室	砖质	券顶涂朱砂	斜坡式	素面
清代	单室	石质	券顶	不详	铺首衔环

从现存实例来看,清代王爷墓室的装饰较明代墓室的装饰繁缛而豪华。笔者把清代王爷园寝墓室大体上可分四个阶段,即清代早期、清代前期、清代中期、清代晚期。②各时期分别包括如下年代,清代早期包括天命朝、天聪(崇德)朝,清代前期包括顺治朝、康熙朝、雍正朝,清代中期包括乾隆朝、嘉庆朝、道光朝,清代晚期包括咸丰朝、光绪朝、同治朝、宣统朝。

相对于明代墓葬的玄宫结构而言,清代王爷园寝的玄宫结构有两点十分突出的变化:一是玄宫(墓室)券顶建筑材料的变化。从实地踏察所见,明代的王爷园寝玄宫券顶的拱券结构,多采用砖质材料,而清代玄宫券顶的拱券结构则多采用石质材料。另一种变化则是墓葬中的装饰与装修样式,变得逐渐程式化。

综上所述,古代陵寝是包含古代社会信息最丰富的遗迹之一。通过对陵寝文化的研究可以窥见古代社会的生活风貌。清代王爷园寝墓室的装饰趋于生活化,反映了人们的生活场景。古人事死如事生,将生前所拥有的一切搬进自己的阴宅,也是符合古人崇尚死后有灵魂居住的思想。从某种意义上而言,墓室的装饰体现了社会生产力及经济发展水平,也体现了古代工匠们精湛的技艺。墓室的雕饰与装修,是了解当时社会丧葬文化的镜子,同时也是中国古代陵寝制度重要组成部分。现存的这些清代王爷园寝玄宫实例,是清代园寝制度研究中,不可多得的重要组成部分。

(二)玄宫

玄宫一词源于道教,俗称地宫,即地下宫殿。王爷们生前居住在王府,死后居住之处亦可称为"府",但此"府"与生前居住的"府"意义不同。

自秦代以来,中国古代帝王们都大规模地兴建自己的万年吉地。至最后一

---

①② 周莎:《北京地区及周边清代王爷园寝玄宫形制管窥》,《北京文博》2008年第3期。

个封建王朝清朝,已形成了一定的规模与特点,清帝陵的墓室有九券,较之稍低一级的亲王们的墓室也是拱券结构。

笔者在此处将古代墓室建筑的名词做解释说明:

拦土墙:在磉磴与磉磴之间,按面阔或进深砌成与磉磴一样高的墙,将台基之内分成若干方格。一般做法是用土将格内填满,上面再墁砖,基石便竣工了。①

墓门:墓道与墓室的连接处。砖室墓的墓门多砌拱券门,平砌或"人"字形砌法用砖封堵住。

门框:在安装大门的框槛里,紧贴左右抱框的两根立置之材,叫做门框。其作用是减少两柱间的门阔,使之与扇同宽,门扇能紧密地安于框内。②

大门:建筑物的主要出入口,安在院墙门洞或大型建筑的门楼之下,装饰较为特殊。门外安兽面贴金门钹,显得十分威严。门钉路线多寡标志着建筑的等级高低。③

券门:用砖石砌成的半圆形或弧形的门洞。

兽面:兽头形的门钹。

铺首:门上的铜环推手,清代王爷园寝中多为石质,以起到象征性的作用。

1.现存玄宫调查

清代王爷园寝建筑规制尚可查阅《钦定大清会典事例》,而对于王爷园寝的墓室形制,却少有记载。笔者通过实地踏察,将尚存有墓室的有8处王爷园寝④玄宫资料制成下表(表3-18)。

表3-18　　　　　　　　　　清代王爷园寝玄宫(墓室)调查表

序号	墓主	爵位	谥号	园寝建成时代	墓室形制	墓室结构	地址
1	爱新觉罗·博果铎	庄亲王	靖	清代前期	多室墓	拱券式	北京市房山区河北镇磁家务村
2	爱新觉罗·允祐	淳亲王	度	清代前期	多室墓	拱券式	河北省保定市易县高村乡神石庄村

①北京市文物研究所编:《中国古代建筑辞典》,中国书店,1992,第34页。
②同上书,第124页。
③同上书,第125页。
④本处不包括饶余敏亲王家族园寝的玄宫形制。

310

序号	墓主	爵位	谥号	园寝建成时代	墓室形制	墓室结构	地址
3	爱新觉罗·允礼	果亲王	毅	清代中期	多室墓	拱券式	河北省保定市易县梁格庄镇上岳各庄村
4	爱新觉罗·永瑢	果郡王	简	清代中期	多室墓	拱券式	河北省保定市易县梁格庄镇下岳各庄村
5	爱新觉罗·永皓	恒郡王	敬	清代中期	多室墓	拱券式	天津市蓟州区穿芳峪乡果香峪村
6	爱新觉罗·永璘	庆亲王	僖	清代中期	多室墓	拱券式	北京市昌平区流村镇白羊城村
7	爱新觉罗·绵恩	定亲王	恭	清代中期	多室墓	拱券式	北京市密云区穆家峪镇羊山村
8	爱新觉罗·奕誌	瑞郡王	敏	清代中期	单室墓	拱券式	北京市海淀区四季青镇瑞王坟村

2006年,可考察玄宫的清代王爷园寝尚有8座,至2016年,可考察玄宫的王爷园寝仅有5座,分别是庄亲王博果铎园寝、淳亲王允祐园寝、果郡王永瑢园寝、定亲王绵恩园寝、瑞郡王奕誌园寝。玄宫的形制是研究清代王爷园寝规制等级的重要的实地资料。

2.玄宫建筑结构

中华人民共和国成立后,中国考古界抢救性地清理了很多墓葬(包括诸多墓室),其中如清崇陵、清恭亲王常宁等清代帝王、王爷园寝的地宫。以崇陵的地下玄宫结构为例,可知清代帝陵多以拱券式的结构建造,因此清代王爷园寝的玄宫结构,也采用了"起券而修"这种方法。在已清理的恭亲王常宁的园寝中,其玄宫建筑的形制与帝陵玄宫建筑的形制大体相同,只是恭亲王常宁的玄宫的等级规格和平面建筑空间的大小,与清代帝陵的玄宫的整体配置有所差异,平面格局略有缩小。

以妃园寝福地地宫地盘尺寸图为例,可知清代妃园的玄宫由南至北依次为隧道券、罩门券、门洞券、梓券、金券(可简称为五券型)。在金券内设有石床(即石棺床)。

清代帝后、妃嫔、亲王、郡王等玄宫建筑均采用拱券式结构。隧道券相当于墓道;罩门券是指石门外与挡券墙之间形成的空间,相当于墓葬的前室;门洞券是石门开启后与梓券之间形成的空间,相当于墓葬的中室;梓券是指门洞券与金

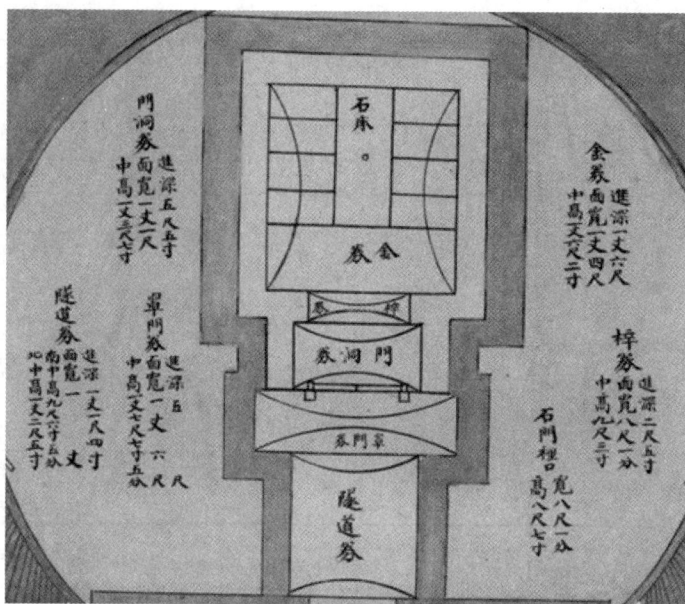

妃园寝福地地宫地盘尺寸图之局部图样（北京故宫博物院藏）

券相连接的部分,起到缓冲的作用,相当于墓葬的甬道;金券为主墓室,即后室,是停放墓主棺椁的地方。

清代王爷园寝的玄宫也采用了券顶的建筑形式。笔者在实地踏察时发现,清代王爷园寝在罩门券前端往往设置有封门墙,即拦土墙。

笔者根据表3-16,把玄宫形制分成多室墓和单室墓

(1)墓室内部的构成。清代宗室亲王的园寝,多为工部按定制营造,体现了封建等级制度的森严。根据笔者实地踏察所见,清代王爷园寝的墓室形制有砖券墓和土圹墓。

根据考古类型学的分类原则,清代王爷园寝包括石室墓(甲类)、砖室墓(乙类)和竖穴土坑墓(丙类)等三大类。

石室墓根据墓室的数目多寡分为两型:

A型:前、中、后室石室墓,由隧道券、罩门券、门洞券、梓券、金券组成。墓道一般为长斜坡式,墓室为券顶,平面呈"甲"字形。现存的实例属于这种类型的有定恭亲王绵恩园寝的玄宫。建于清代中期的定恭亲王玄宫保存较好,尚存有罩门券、门洞券、梓券、金券。定恭亲王园寝的门洞券上雕刻有4枚花形门簪。

312

2006年笔者考察时,园寝的地宫渗水,未见棺床。2016年笔者再访时,园寝玄宫内的积水已被排出,可见棺床,棺床中央设有金井,呈圆形。

　　建于清代晚期的多罗贝勒载滢地宫结构属于亲王级,清光绪年间,恭亲王奕䜣为了避难,居住在戒台寺。在此居住时,奕䜣对戒台寺进行了修缮。戒台寺方丈为了感谢恭亲王,便将下院西峰寺赠给奕䜣作为福地。恭亲王奕䜣薨逝后,光绪皇帝将昌平的一块地赐予他做福地,于是这里便成了恭亲王次子多罗贝勒载滢的墓地。多罗贝勒载滢的玄宫尚存罩门券、门洞券、梓券、金券。在门洞券的月光石上雕刻有4枚素面门簪,玄宫内设有泉眼 ,梓券至棺床之间建有神桥一座。金券为石质,墓室内设置有棺床,棺床中央设有金井,呈圆形。

定恭亲王园寝玄宫金券(2016年摄)

定恭亲王园寝玄宫金券(2016年摄)

多罗贝勒载滢园寝玄宫的金井(2006年摄)

定恭亲王园寝玄宫的罩门券(2016年摄)

定恭亲王园寝玄宫的金井(2016年摄)

B型：前、中、后室石室墓（无梓券），由隧道券、罩门券、门洞券、金券组成。墓道一般为长斜坡式，墓室为券顶，平面呈"甲"字形。现存的实例属于这种类型的有恒敬郡王永皓园寝的玄宫、庆僖亲王永璘园寝的玄宫、瑞敏郡王奕誌园寝等的玄宫。

建于清代前期的淳度亲王地宫罩门券被土掩埋，其门洞券与金券直接相连。建于清代中期的恒敬郡王园寝的玄宫保存较好，2007年时，玄宫尚存门楼、罩门券、门洞券和金券，金券内棺床上设有金井，呈桃形。在门洞券的月光石上雕刻了4枚精美的门簪，从东至西分别是牡丹、荷花、菊花、腊梅图案，代表春夏秋冬四季。建于清代中期的庆僖亲王永璘园寝的玄宫（图二百八十九）、瑞敏郡王奕誌园寝的玄宫和清代晚期孚敬郡王奕譓园寝的玄宫，他们三人的墓室内均未建梓券，门洞券与金券直接相连，属于甲类B型的墓室。

淳度亲王园寝玄宫门洞券与石门
（2007年摄）

恒敬郡王园寝玄宫门洞券与石门
（2008年摄）

庆僖亲王园寝玄宫的门洞券（2006年摄）

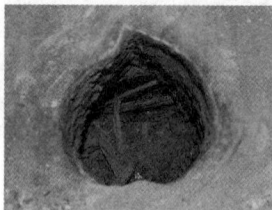

恒敬郡王园寝
玄宫棺床上桃形
金井（2008年摄）

314

砖室墓可分为以下三种类型：

A型：单室砖砌墓，由隧道券、罩门券、金券组成。墓道一般为长斜坡式，墓室为平顶（以棚板石材覆之），平面呈长方形，四壁为青砖砌筑。现存的实例属于这种类型的有果简亲王永瑺的玄宫。在永瑺玄宫挡土墙后的门洞券两侧墙壁，装饰有对联一副，东侧为"一点仙灵藏□□□□□□"，西侧为"艺林尉慰润□□□□□□"。对联因被土掩埋，不能全部释读。

B型：前、中、后室石室墓（无梓券），由隧道券、罩门券、门洞券、金券组成。墓道一般为长斜坡式，墓室为券顶，平面呈长方形，中室（即门洞券）未起券，顶部为平顶结构，后室两侧设有壁龛。现存的实例属于这种类型的有建于清代中期的果毅亲王玄宫和孚敬郡王玄宫。

C型：单室砖砌墓，由墓室组成。一般无墓道，墓室以青砖堆砌。现存的实例属于这种类型的有果恭郡王园寝内的M5墓室。

竖穴土坑墓一般无墓道，墓室为竖穴土坑，顶部以棚板石覆之，平面呈长方形或近方形。现存的实例属于这种类型的有果恭郡王园寝内的M3墓室。

据笔者实地考察，在果恭郡王园寝内，后寝部分曾建有五座墓冢，呈"凸"字形布局（见图3-2）。目前可以判断出墓主玄宫遗迹的有M1和M2。但M1玄宫内石质构件已坍塌，散落于周围。M2为前文所述的果简亲王永瑺的玄宫。

果恭郡王园寝内的M3和M5应属于清代晚期，从园寝的遗

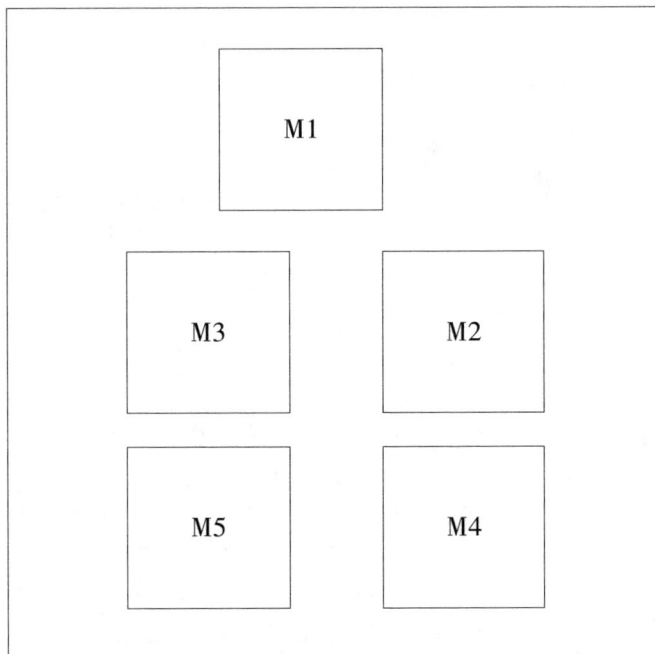

图3-2　果恭郡王园寝玄宫遗迹分布图

迹来看,两座玄宫的规制比较低,不符合清代王爷园寝玄宫的规制。此两处墓冢墓主的品级可能并非和硕亲王或多罗郡王。

笔者在考察果恭郡王园寝内的M3时,进入玄宫内部后,发现其顶部置有雕花石梁一根,似望柱,同时在土坑墓穴中发现了木椁残渣,木椁紧贴于土层中,上有一层黑色的漆皮。笔者捡拾起几片,发现上面绘有金龙图案,残片为红漆绘金,可能为椁板的漆皮。

(2)金券的平面结构。清代王爷园寝玄宫内的金券(后室)平面结构分为两种,一种是呈"竖长方形"(见图3-3),另一种是呈"横长方形"(见图3-4)。

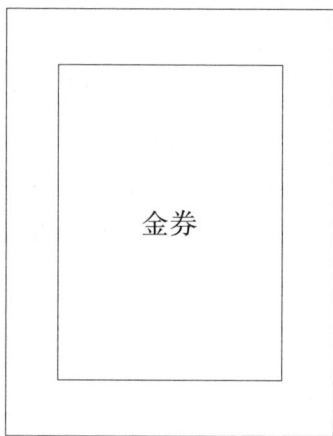

图3-3　　金券呈"竖长方形"

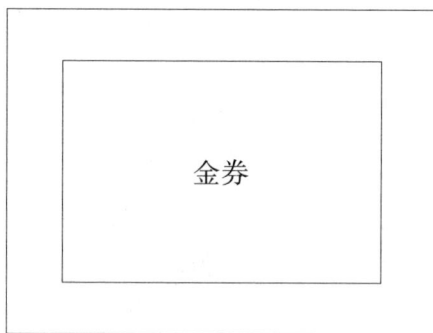

图3-4　　金券呈"横长方形"

清代王爷园寝玄宫内的金券呈"竖长方形"的比较常见,属于这种类型的有果简亲王园寝的玄宫、庆僖亲王园寝的玄宫、定恭亲王园寝的玄宫、瑞敏郡王园寝的玄宫、孚敬郡王园寝的玄宫、多罗贝勒载滢园寝的玄宫。金券的平面结构呈"横长方形"的园寝有淳度亲王园寝的玄宫、果毅亲王园寝的玄宫、恒敬郡王园寝的玄宫。

　　由上述示意图可见,呈"竖长方形"的园寝金券在纵向空间方面比较开阔,呈"横长方形"的园寝金券在横向空间方面比较开阔。从墓室的室内布局来看,呈"横长方形"的园寝金券在室内的装饰布局上广角比较大,若放置棺床,其棺床宽度开阔,放置的数量相对来说就比较多,对于空间的利用率较高;呈"竖长方形"的园寝金券布局稍稍受空间的局限,虽然纵向空间大,但棺椁的尺寸都是相同的,使墓室显得"瘦长",对于空间的利用率较低。

　　综上所述,清代王爷园寝的玄宫形制随时间的推移而逐步完善。玄宫结构反映了清代王爷园寝的一般特征,即主要采用拱券式建筑形式,墓室内不立墓志。清代亲王和郡王的墓室规格没有严格的等级划分。清代中期至后期,地宫门洞券以铸铁门楣为主,墓室中以石券较普遍(见表3-19)。

　　另外清代王爷园寝地宫制度对其墓室装饰、设计方面的规定并不十分严格。墓室内部装饰的优劣与墓主的爵位等级、生活朝代、自身的财力、个人的喜好等因素有关。由于目前受现存实例所限,对于清代王爷园寝玄宫遗存的区域性特点和各时期风格的总结尚不够完善。

表3-19

清代王爷园寝玄宫结构表

序号	类型式	墓主	爵位等级	园寝建成时期	隧道券	罩门券（前室）	门洞券（中室）	梓券（甬道）	金券（后室）	建筑形式	门楣	棺床	金井	壁鑫
1	不详	爱新觉罗·允祐	亲王	清代前期	√	不详	不详	不详	√	石室墓	石质	长方形	不详	—
2	乙B	爱新觉罗·允礼	亲王	清代中期	√	√	√	—	√	砖室墓	石质	凸字型	圆形	√
3	乙A	爱新觉罗·永瑺	郡王	清代中期	√	—	—	—	√	砖室墓	石质	长方形	不详	—
4	甲B	爱新觉罗·永皓	郡王	清代中期	√	√	√	—	√	石室墓	石质	长方形	桃形	—
5	甲B	爱新觉罗·永璘	亲王	清代中期	√	√	√	—	√	石室墓	铸铁	长方形	不详	—
6	甲A	爱新觉罗·绵恩	亲王	清代中期	√	√	√	√	√	石室墓	铸铁	长方形	圆形	—
7	甲B	爱新觉罗·奕誌	郡王	清代中期	√	√	√	—	√	石室墓	石质	长方形	圆形	—
8	乙B	爱新觉罗·奕谟	郡王	清代晚期	√	√	√	—	√	砖室墓	石质	长方形	圆形	—
9	甲A	爱新觉罗·载滢	多罗贝勒	清代晚期	√	√	√	√	√	石室墓	铸铁	长方形	圆形	—

318

二、葬法葬具

(一)埋葬形式

墓葬的安葬方法属于葬俗的研究范畴。中国古代丧葬的形式有多种,汉族最普遍的埋葬形式为土葬。清朝的埋葬形式(即安葬方法)多奉行火葬。

清代王爷园寝的埋葬形式对帝妃陵寝的丧葬形式有着一定的借鉴。目前已知的清代王爷园寝葬俗有两种:一种为火葬,葬具为骨灰罐葬;另一种为土葬,葬具为棺椁葬。

骨灰罐是火葬墓的葬具,罐多为陶瓷质地,内盛墓主骨灰。棺椁是入殓死者的器具,《说文·木部》载"棺,关也,所以掩尸"。中国葬俗用木棺作为葬具,最早见于新石器时代的晚期。[①]

笔者根据已知的清代王爷园寝葬具,对其入殓形式进行汇总,制成下表,以便对其葬俗进行讨论(见表3-20)。

表3-20 　　　　　　　　　　清代王爷园寝埋葬形式表

序号	园寝名称	墓主	爵位	薨逝朝年	埋葬形式		葬具
					火葬	土葬	
1	礼烈亲王园寝	爱新觉罗·代善	亲王	顺治朝	○		骨灰罐
2	巽简亲王园寝	爱新觉罗·满达海	亲王	顺治朝	○		骨灰罐
3	敬谨庄亲王园寝	爱新觉罗·尼堪	亲王	顺治朝		○	棺椁
4	显懿亲王园寝	爱新觉罗·富寿	亲王	康熙朝	○		不详
5	恭亲王常颖园寝	爱新觉罗·常颖	亲王	康熙朝		○	棺椁
6	裕亲王保泰园寝	爱新觉罗·保泰	亲王	雍正朝		○	棺椁
7	恒温亲王园寝	爱新觉罗·允祺	亲王	雍正朝		○	棺椁
8	裕悼亲王园寝	爱新觉罗·保寿	亲王	雍正朝		○	棺椁
9	淳度亲王园寝	爱新觉罗·允祐	亲王	雍正朝		○	棺椁
10	怡贤亲王园寝	爱新觉罗·允祥	亲王	雍正朝		○	棺椁
11	履懿亲王园寝	爱新觉罗·允祹	亲王	乾隆朝		○	棺椁
12	理恪郡王园寝	爱新觉罗·弘㬙	郡王	乾隆朝		○	棺椁
13	敦郡王园寝	爱新觉罗·允䄉	郡王	乾隆朝		○	棺椁
14	显亲王园寝	爱新觉罗·拜察礼	亲王	乾隆朝	○		骨灰罐
15	肃勤亲王园寝	爱新觉罗·蕴著	亲王	乾隆朝		○	棺椁

---

① 北京市文物研究所编:《中国古代建筑辞典》,中国书店,1992,第329页。

序号	园寝名称	墓主	爵位	薨逝朝年	埋葬形式		葬具
					火葬	土葬	
16	和勤亲王园寝	爱新觉罗·永璧	亲王	乾隆朝		○	棺椁
17	理亲王园寝(革爵)	爱新觉罗·弘晳		乾隆朝		○	棺椁
18	诚隐亲王园寝	爱新觉罗·允祉	亲王	乾隆朝		○	棺椁
19	克勤庄郡王园寝	爱新觉罗·雅朗阿	郡王	乾隆朝		○	棺椁
20	定安亲王园寝	爱新觉罗·永璜	亲王	乾隆朝		○	棺椁
21	循郡王园寝	爱新觉罗·永璋	郡王	乾隆朝		○	棺椁
22	荣纯亲王园寝	爱新觉罗·永琪	亲王	乾隆朝		○	棺椁
23	和恭亲王园寝	爱新觉罗·弘昼	亲王	乾隆朝		○	棺椁
24	恒恪亲王园寝	爱新觉罗·弘晊	亲王	乾隆朝		○	棺椁
25	恒敬郡王园寝	爱新觉罗·永皓	郡王	乾隆朝		○	棺椁
26	果毅亲王园寝	爱新觉罗·允礼	亲王	乾隆朝		○	棺椁
27	果恭郡王园寝	爱新觉罗·弘曕	郡王	乾隆朝		○	棺椁
28	质庄亲王园寝	爱新觉罗·永瑢	亲王	乾隆朝		○	棺椁
29	裕僖郡王园寝	爱新觉罗·亮焕	郡王	嘉庆朝		○	棺椁
30	荣恪郡王园寝	爱新觉罗·绵亿	郡王	嘉庆朝		○	棺椁
31	和恪郡王园寝	爱新觉罗·绵循	郡王	嘉庆朝		○	棺椁
32	履端亲王园寝	爱新觉罗·永珹	亲王	嘉庆朝		○	棺椁
33	仪顺郡王园寝	爱新觉罗·奕誌	郡王	道光朝		○	棺椁
34	仪慎亲王园寝	爱新觉罗·永璇	亲王	道光朝		○	棺椁
35	定端亲王园寝	爱新觉罗·奕绍	亲王	道光朝		○	棺椁
36	定恭亲王园寝	爱新觉罗·绵恩	亲王	道光朝		○	棺椁
37	成恭郡王园寝	爱新觉罗·载锐	郡王	咸丰朝		○	棺椁
38	肃恪亲王园寝	爱新觉罗·华丰	亲王	同治朝		○	棺椁
39	豫慎亲王园寝	爱新觉罗·义道	亲王	同治朝		○	棺椁
40	钟端郡王园寝	爱新觉罗·奕詥	郡王	同治朝		○	棺椁
41	惇勤亲王园寝	爱新觉罗·奕誴	亲王	光绪朝		○	棺椁

由上表可知,在清代王爷园寝中,已知的有4座园寝为火葬。分别是礼烈亲王园寝、巽简亲王园寝、显亲王拜察礼园寝、显懿亲王园寝,前三座园寝葬具为骨灰罐,最后一座葬具不详。礼亲王代善和巽亲王满达海的薨逝朝年为顺治朝,显亲王富寿的薨逝朝年为康熙朝,显亲王拜察礼的薨逝朝年为乾隆朝。他们的园寝都建在清代中期之前,从某种意义上说,可以将乾隆朝称为清代王爷园寝的一

个过渡时期,在清代早期和清代前期,个别清代王爷园寝是以骨灰罐入殓。

(二)安葬方式

自汉至唐,历代帝王的陵墓由土丘式变为山陵式,以高大雄伟的山为陵,体现了至高无上的皇权,代表了帝王陵墓的最高等级。

由于清代史料对安葬方式鲜有记载,我们只能通过实地踏察的方式收集资料,再有就是通过对出土文物的研究补证史料。清代王爷园寝的安葬方式没有一定之规,安葬方式是先决条件,有什么样的安葬方式,便选择什么样的入殓葬具。葬具的应用与不同历史时期的葬俗发展又是紧密相关的。受考古学界厚古薄今的影响,清代考古一直未受到重视。对于清代王爷园寝葬俗葬具的关注,还有待进一步提高。清代的帝陵沿袭了明代帝陵的制度,采用了中轴线的布局,以园寝门、方城、明楼式建筑为主体,同时采用了土葬制度。

根据表3-20所示,自嘉庆朝以降,鲜见有火葬者。从圣祖康熙皇帝起,渐习汉俗,这也是清代中后期多为土葬的原因之一。乾隆朝,清廷明令禁止满族实行火葬,这是实行土葬的原因之二。

综上所述,笔者根据表3-20,将清代王爷园寝的葬具划分为以下三个时期,分别是肇建时期,天命朝、天聪(崇德)朝;过渡时期,顺治朝、康熙朝、雍正朝;定型时期,乾隆朝、嘉庆朝、道光朝、咸丰朝、同治朝、光绪朝、宣统朝。

三、王爷谥号

(一)清代王爷的谥号

清代王爷的谥号分为两种,一种是一字谥,一种是两字谥。一字谥一般用于亲王,两字谥一般用于郡王。能够获得皇帝的封谥是一种殊荣,每个谥字的含义也昭示了逝者生前的功绩。《清会典·乾隆朝·钦定大清会典则例一》卷一规定:"诸王以下及文武大臣谥法,均由大学士奏定。诸王,以一字为谥,贝勒以下及大臣,以二字为谥。"

清代王爷的爵位有功封、恩封、袭封、考封等四种形式。现将已知的赐谥的亲王、郡王汇总制成表3-21(民国时期赐谥未计算在内),共152位。

表3-21 　　　　　　　　　　　　　　清代王爷谥号统计表

序号	封号	姓名	爵位等级	谥号
1	庄亲王	爱新觉罗·舒尔哈齐	亲王	庄
2	睿亲王	爱新觉罗·多尔衮	亲王	忠
3	睿亲王	爱新觉罗·功宜布	亲王	恪勤
4	衍禧郡王	爱新觉罗·罗洛浑	郡王	介
5	平郡王	爱新觉罗·罗科铎	郡王	比
6	平郡王	爱新觉罗·讷尔福	郡王	悼
7	豫亲王	爱新觉罗·多铎	亲王	通
8	信郡王	爱新觉罗·多尼	郡王	宣和
9	信郡王	爱新觉罗·德昭	郡王	悫
10	豫亲王	爱新觉罗·修龄	亲王	良
11	睿亲王	爱新觉罗·如松	亲王	恪
12	睿亲王	爱新觉罗·宝恩	亲王	慎
13	睿亲王	爱新觉罗·端恩	亲王	勤
14	睿亲王	爱新觉罗·德长	亲王	悫
15	肃亲王	爱新觉罗·豪格	亲王	武
16	肃亲王	爱新觉罗·富寿	亲王	悫
17	显亲王	爱新觉罗·衍璜	亲王	谨
18	肃亲王	爱新觉罗·永锡	亲王	恭
19	肃亲王	爱新觉罗·敬敏	亲王	慎
20	肃亲王	爱新觉罗·华丰	亲王	恪
21	肃亲王	爱新觉罗·隆懃	亲王	良
22	裕郡王	爱新觉罗·亮焕	郡王	僖
23	履亲王	爱新觉罗·允祹	亲王	懿
24	理郡王	爱新觉罗·弘晸	郡王	恪
25	和郡王	爱新觉罗·绵伦	郡王	谨
26	和郡王	爱新觉罗·绵循	郡王	恪
27	礼亲王	爱新觉罗·代善	亲王	烈
28	惠亲王	爱新觉罗·祜塞	亲王	顺
29	康亲王	爱新觉罗·杰书	亲王	良
30	康亲王	爱新觉罗·椿泰	亲王	悼
31	康亲王	爱新觉罗·冲安	亲王	修
32	郑亲王	爱新觉罗·济尔哈朗	亲王	献
33	简亲王	爱新觉罗·济度	亲王	纯
34	敏郡王	爱新觉罗·勒度	郡王	简
35	简亲王	爱新觉罗·德塞	亲王	惠

序号	封号	姓名	爵位等级	谥号
36	谦郡王	爱新觉罗·瓦克达	郡王	襄
37	平郡王	爱新觉罗·福彭	郡王	敏
38	平郡王	爱新觉罗·庆明	郡王	僖
39	克勤郡王	爱新觉罗·庆恒	郡王	良
40	仪郡王	爱新觉罗·绵志	郡王	顺
41	醇亲王	爱新觉罗·奕𫍽	亲王	贤
42	孚郡王	爱新觉罗·奕譓	郡王	敬
43	瑞亲王	爱新觉罗·绵忻	亲王	怀
44	瑞郡王	爱新觉罗·奕誌	郡王	敏
45	简亲王	爱新觉罗·雅布	亲王	修
46	简亲王	爱新觉罗·德沛	亲王	仪
47	简亲王	爱新觉罗·奇通阿	亲王	勤
48	简亲王	爱新觉罗·丰讷亨	亲王	恪
49	简亲王	爱新觉罗·积哈纳	亲王	恭
50	郑亲王	爱新觉罗·乌尔恭阿	亲王	慎
51	郑亲王	爱新觉罗·庆至	亲王	顺
52	郑亲王	爱新觉罗·凯泰	亲王	恪
53	肃亲王	爱新觉罗·蕴著	亲王	勤
54	荣郡王	爱新觉罗·绵亿	郡王	恪
55	饶余亲王	爱新觉罗·阿巴泰	亲王	敏
56	端重郡王	爱新觉罗·博洛	郡王	定
57	安郡王	爱新觉罗·岳乐	郡王	和
58	安郡王	爱新觉罗·玛尔浑	郡王	懿
59	安郡王	爱新觉罗·华玘	郡王	节
60	礼亲王	爱新觉罗·巴尔图	亲王	简
61	礼亲王	爱新觉罗·永恩	亲王	恭
62	礼亲王	爱新觉罗·麟趾	亲王	安
63	礼亲王	爱新觉罗·全龄	亲王	慎
64	睿亲王	爱新觉罗·淳颖	亲王	恭
65	睿亲王	爱新觉罗·仁寿	亲王	僖
66	显亲王	爱新觉罗·丹臻	亲王	密
67	克勤郡王	爱新觉罗·尚格	郡王	简
68	克勤郡王	爱新觉罗·承硕	郡王	恪
69	克勤郡王	爱新觉罗·庆惠	郡王	敬
70	承泽亲王	爱新觉罗·硕塞	亲王	裕
71	庄亲王	爱新觉罗·博果铎	亲王	靖

序号	封号	姓名	爵位等级	谥号
72	庄亲王	爱新觉罗·允禄	亲王	恪
73	庄亲王	爱新觉罗·永瑺	亲王	慎
74	庄亲王	爱新觉罗·绵课	亲王	襄
75	庄亲王	爱新觉罗·绵护	亲王	勤
76	庄亲王	爱新觉罗·绵譁	亲王	质
77	庄亲王	爱新觉罗·奕仁	亲王	厚
78	顺承郡王	爱新觉罗·勒克德浑	郡王	恭惠
79	顺承郡王	爱新觉罗·诺罗布	郡王	忠
80	顺承郡王	爱新觉罗·熙良	郡王	恪
81	顺承郡王	爱新觉罗·泰斐英阿	郡王	恭
82	顺承郡王	爱新觉罗·恒昌	郡王	慎
83	顺承郡王	爱新觉罗·伦柱	郡王	简
84	顺承郡王	爱新觉罗·春山	郡王	勤
85	顺承郡王	爱新觉罗·庆恩	郡王	敏
86	敬谨亲王	爱新觉罗·尼堪	亲王	庄
87	敬谨亲王	爱新觉罗·尼思哈	亲王	悼
88	克勤郡王	爱新觉罗·晋祺	郡王	诚
89	淳郡王	爱新觉罗·弘暻	郡王	慎
90	豫亲王	爱新觉罗·裕全	亲王	厚
91	豫亲王	爱新觉罗·义道	亲王	慎
92	豫亲王	爱新觉罗·本格	亲王	诚
93	惇亲王	爱新觉罗·奕誴	亲王	勤
94	和亲王	爱新觉罗·永璧	亲王	勤
95	庆亲王	爱新觉罗·永璘	亲王	僖
96	庆郡王	爱新觉罗·绵慜	亲王	良
97	恭亲王	爱新觉罗·奕䜣	亲王	忠
98	履亲王	爱新觉罗·永珹	亲王	端
99	仪亲王	爱新觉罗·永璇	亲王	慎
100	成亲王	爱新觉罗·永瑆	亲王	哲
101	惇亲王	爱新觉罗·绵恺	亲王	恪
102	定亲王	爱新觉罗·奕绍	亲王	端
103	钟郡王	爱新觉罗·奕詥	郡王	端
104	定亲王	爱新觉罗·载铨	亲王	敏
105	定郡王	爱新觉罗·溥煦	郡王	慎
106	成郡王	爱新觉罗·载锐	郡王	恭
107	诚亲王	爱新觉罗·允祉	亲王	隐

序号	封号	姓名	爵位等级	谥号
108	诚亲王	爱新觉罗·允祕	亲王	恪
109	诚郡王	爱新觉罗·弘畅	郡王	密
110	克勤郡王	爱新觉罗·雅朗阿	郡王	庄
111	克勤郡王	爱新觉罗·尚格	郡王	简
112	克勤郡王	爱新觉罗·承硕	郡王	恪
113	克勤郡王	爱新觉罗·庆惠	郡王	敬
114	定亲王	爱新觉罗·永璜	亲王	安
115	荣亲王	爱新觉罗·永琪	亲王	纯
116	和亲王	爱新觉罗·弘昼	亲王	恭
117	定亲王	爱新觉罗·绵恩	亲王	恭
118	纯亲王	爱新觉罗·隆禧	亲王	靖
119	裕亲王	爱新觉罗·福全	亲王	宪
120	理亲王	爱新觉罗·允礽	亲王	密
121	恂郡王	爱新觉罗·允禵	郡王	勤
122	愉郡王	爱新觉罗·允禑	郡王	恪
123	愉郡王	爱新觉罗·弘庆	郡王	恭
124	恒亲王	爱新觉罗·允祺	亲王	温
125	恒亲王	爱新觉罗·弘晊	亲王	恪
126	恒郡王	爱新觉罗·永皓	郡王	敬
127	裕亲王	爱新觉罗·保寿	亲王	宪
128	裕亲王	爱新觉罗·广禄	亲王	庄
129	淳亲王	爱新觉罗·允祐	亲王	度
130	果亲王	爱新觉罗·允礼	亲王	毅
131	果郡王	爱新觉罗·弘瞻	郡王	恭
132	果郡王	爱新觉罗·永瑺	郡王	简
133	怡亲王	爱新觉罗·允祥	亲王	贤
134	怡亲王	爱新觉罗·弘晓	亲王	僖
135	宁郡王	爱新觉罗·弘晈	郡王	良
136	怡亲王	爱新觉罗·永琅	亲王	恭
137	怡亲王	爱新觉罗·奕勋	亲王	恪
138	怡亲王	爱新觉罗·永福	亲王	恭恪
139	怡亲王	爱新觉罗·载敦	亲王	端
140	慎郡王	爱新觉罗·允禧	郡王	靖
141	质亲王	爱新觉罗·永瑢	亲王	庄
142	质郡王	爱新觉罗·绵庆	郡王	恪
143	襄亲王	爱新觉罗·博穆博果尔	亲王	昭

序号	封号	姓名	爵位等级	谥号
144	温郡王	爱新觉罗·猛峩	郡王	良
145	温郡王	爱新觉罗·佛永惠	郡王	哀
146	端亲王	爱新觉罗·弘晖	亲王	端
147	怀亲王	爱新觉罗·福惠	亲王	怀
148	穆郡王	未起名	郡王	穆
149	惠亲王	爱新觉罗·绵愉	亲王	端
150	惠郡王	爱新觉罗·奕详	郡王	敬
151	多罗郡王	爱新觉罗·奕纬	郡王	隐志
152	顺郡王	爱新觉罗·奕纲	郡王	和

由上表可知,所获谥号的亲王有94位,郡王有58位。共有55种谥字。亲王的谥字分别是谥安者2位、谥诚者1位、谥纯者2位、谥悼者2位、谥度者1位、谥端者5位、谥恭者7位、谥厚者2位、谥怀者2位、谥惠者1位、谥简者1位、谥谨者1位、谥靖者2位、谥恪者9位、谥良者4位、谥烈者1位、谥密者2位、谥敏者2位、谥勤者6位、谥悫者2位、谥慎者7位、谥顺者2位、谥通者1位、谥温者1位、谥武者1位、谥僖者3位、谥贤者2位、谥宪者2位、谥献者1位、谥襄者1位、谥修者2位、谥仪者1位、谥毅者1位、谥懿者1位、谥隐者1位、谥裕者1位、谥昭者1位、谥哲者1位、谥质者1位、谥忠者2位、谥庄者4位、谥恪勤者1位、谥恭恪者1位。

郡王的谥字分别是谥哀者1位、谥庄者1位、谥比者1位、谥诚者1位、谥悼者1位、谥定者1位、谥端者1位、谥恭者4位、谥恭惠者1位、谥和者2位、谥简者5位、谥节者1位、谥介者1位、谥谨者1位、谥敬者5位、谥靖者1位、谥恪者8位、谥良者4位、谥密者1位、谥敏者3位、谥穆者1位、谥勤者2位、谥悫者1位、谥慎者3位、谥顺者1位、谥僖者2位、谥襄者1位、谥宣和者1位、谥懿者1位、谥隐志者1位、谥忠者1位、谥庄者1位、谥隐志者1位。

综观上述谥字,以"恪、慎、恭、勤"字为多。在可知的封谥的王爷们中,谥法为"恪"字的王爷有17位,谥法为"恭"字的王爷有11位,谥法为"慎"字的王爷有10位,谥法为"勤"字的王爷有8位。由此看来,清代的帝王们希望臣工们能够恪恭尽职、鞠躬尽瘁。

(二)谥号的褒义与贬义

谥法是在人死后根据其一生的功过,评定褒贬而给予的称号。这也是清代追谥的准则。帝王、贵胄、大臣等死后,朝廷根据其生前事迹及品德,给予一个评定性的称号以示表彰。

自古君臣之间,臣要忠于君。亲王虽贵为皇亲,但也要遵守家国之礼法。俗话言:"了却君王天下事,赢得生前身后名。"乾隆十五年(1750)大学士议奏,经皇帝批准:"嗣后追封王等概不予谥。"在清代有谥号的王爷们中,大多数人都获得了美谥,仅有一少部分王爷得到了平谥,极其个别者谥号为贬义。

所谓美谥,是指谥号为赞扬或表彰之字,即表示褒义的字,例如庄、忠、通、悫、良、恪、慎、勤、睿、懿等。所谓平谥,是指谥号为表示惋惜或同情之字,即表示中性的字,例如隐、悼、怀等。所谓贬谥,是指谥号为否定或批评之字,即表示贬义的字,例如密、厉、灵、炀等。笔者把谥字为褒义的用"○"表示,谥字为中性的用"□"表示,谥字为贬义的用"△"表示(见表3–22)。

表3–22 清代王爷谥字含义分类

序号	人名	爵位等级	谥号	含义	谥字字性
1	爱新觉罗·舒尔哈齐	亲王	庄	威仪不忒曰庄,严敬临民曰庄,威而不猛曰庄,德盛礼恭曰庄,履正志和曰庄,严恭自律曰庄,俨恪有仪曰庄	○
2	爱新觉罗·尼堪	亲王			
3	爱新觉罗·雅朗阿	郡王			
4	爱新觉罗·广禄	亲王			
5	爱新觉罗·永瑢	亲王			
6	爱新觉罗·多尔衮	亲王	忠	廉方公正曰忠,危身奉上曰忠	○
7	爱新觉罗·诺罗布	郡王			
8	爱新觉罗·奕䜣	亲王			
9	爱新觉罗·功宜布	亲王	恪勤	温恭不怠曰恪,夙夜匪懈曰勤	○
10	爱新觉罗·罗洛浑	郡王	介	执一不迁曰介	○
11	爱新觉罗·罗科铎	郡王	比	择善而从曰比	○
12	爱新觉罗·讷尔福	郡王	悼	中年早逝曰悼	□
13	爱新觉罗·椿泰	亲王			
14	爱新觉罗·尼思哈	亲王			
15	爱新觉罗·多铎	亲王	通	物至前应曰通,行善无滞曰通	○
16	爱新觉罗·多尼	郡王	宣和	善闻周达曰宣,不刚不柔曰和	○

序号	人名	爵位等级	谥号	含义	谥字字性
17	爱新觉罗·德昭	郡王	悫	表里如一曰悫,诚心中孚曰悫,率真御下曰悫	○
18	爱新觉罗·德长	亲王			
19	爱新觉罗·富寿	亲王			
20	爱新觉罗·修龄	亲王	良	小心敬事曰良,竭忠无隐曰良	○
21	爱新觉罗·隆懃	亲王			
22	爱新觉罗·杰书	亲王			
23	爱新觉罗·庆恒	郡王			
24	爱新觉罗·绵懋	亲王			
25	爱新觉罗·弘晈	郡王			
26	爱新觉罗·猛峨	郡王			
27	爱新觉罗·如松	亲王	恪	温恭不怠曰恪,懋勤内治曰恪	○
28	爱新觉罗·弘昑	郡王			
29	爱新觉罗·丰讷亨	亲王			
30	爱新觉罗·凯泰	亲王			
31	爱新觉罗·绵亿	郡王			
32	爱新觉罗·承硕	郡王			
33	爱新觉罗·允禄	亲王			
34	爱新觉罗·熙良	郡王			
35	爱新觉罗·绵恺	亲王			
36	爱新觉罗·允祕	亲王			
37	爱新觉罗·承硕	郡王			
38	爱新觉罗·华丰	亲王			
39	爱新觉罗·绵循	郡王			
40	爱新觉罗·允禑	郡王			
41	爱新觉罗·弘晊	亲王			
42	爱新觉罗·奕劻	亲王			
43	爱新觉罗·绵庆	郡王			
44	爱新觉罗·宝恩	亲王	慎	敏以敬事曰慎,沉静寡言曰慎	○
45	爱新觉罗·敬敏	亲王			
46	爱新觉罗·乌尔恭阿	亲王			
47	爱新觉罗·全龄	亲王			

328

序号	人名	爵位等级	谥号	含义	谥字字性
48	爱新觉罗·永瑺	亲王			
49	爱新觉罗·恒昌	郡王			
50	爱新觉罗·弘暻	郡王			
51	爱新觉罗·义道	亲王			
52	爱新觉罗·永璇	亲王			
53	爱新觉罗·溥煦	郡王			
54	爱新觉罗·端恩	亲王			
55	爱新觉罗·奇通阿	亲王			
56	爱新觉罗·绵护	亲王			
57	爱新觉罗·蕴著	亲王			
58	爱新觉罗·春山	郡王			
59	爱新觉罗·奕誴	亲王	勤	夙夜匪懈曰勤	○
60	爱新觉罗·永璧	亲王			
61	爱新觉罗·允禵	郡王			
62	爱新觉罗·奕谟	郡王			
63	爱新觉罗·庆惠	郡王			
64	爱新觉罗·永皓	郡王			
65	爱新觉罗·奕详	郡王			
66	爱新觉罗·豪格	亲王	武	刚强以顺曰武,辟土斥境曰武	○
67	爱新觉罗·衍璜	亲王	谨	慎重恭敬曰谨	○
68	爱新觉罗·绵伦	郡王			
69	爱新觉罗·永锡	亲王			
70	爱新觉罗·积哈纳	亲王			
71	爱新觉罗·永恩	亲王			
72	爱新觉罗·淳颖	亲王			
73	爱新觉罗·泰斐英阿	郡王	恭	纳身轨物曰恭,尊贤贵义曰恭,正己接物曰恭,昭事不忒曰恭,勤恤民隐曰恭,庄以莅下曰恭,谦和不懈曰恭	○
74	爱新觉罗·载锐	郡王			
75	爱新觉罗·弘昼	亲王			
76	爱新觉罗·绵恩	亲王			
77	爱新觉罗·弘庆	郡王			
78	爱新觉罗·弘瞻	郡王			
79	爱新觉罗·永琅	亲王			

序号	人名	爵位等级	谥号	含义	谥字字性
80	爱新觉罗·亮焕	郡王	僖	小心敬畏曰僖	○
81	爱新觉罗·庆明	郡王			
82	爱新觉罗·仁寿	亲王			
83	爱新觉罗·永璘	亲王			
84	爱新觉罗·弘晓	亲王			
85	爱新觉罗·允裪	亲王	懿	圣神媲美曰懿,主极精纯曰懿,柔德流光曰懿,温和贤善曰懿,温柔贤善曰懿,贤善着美曰懿	○
86	爱新觉罗·玛尔浑	郡王			
87	爱新觉罗·代善	亲王	烈	鸿基式廓曰烈	○
88	爱新觉罗·祜塞	亲王	顺	慈和徧服曰顺,好恶公正曰顺,慈和徧服曰顺,德协自然曰顺,和比于理曰顺	○
89	爱新觉罗·绵志	郡王			
90	爱新觉罗·庆至	亲王			
91	爱新觉罗·崇安	亲王	修	克勤世业曰修	○
92	爱新觉罗·雅布	亲王			
93	爱新觉罗·济尔哈朗	亲王	献	智质有理曰献	○
94	爱新觉罗·济度	亲王	纯	至诚无息曰纯,内心和一曰纯,治理精粹曰纯,中正和粹曰纯,肫诚克一曰纯,志虑忠实曰纯,安危一心曰纯,德业粹备曰纯	○
95	爱新觉罗·永琪	亲王			
96	爱新觉罗·勒度	郡王	简	治典明肃曰简,临下无苛曰简,执要不苛曰简,一德不懈曰简,约已恕物曰简	○
97	爱新觉罗·巴尔图	亲王			
98	爱新觉罗·尚格	郡王			
99	爱新觉罗·伦柱	郡王			
100	爱新觉罗·尚格	郡王			
101	爱新觉罗·永璋	郡王			
102	爱新觉罗·德塞	亲王	惠	爱民好与曰惠,德威可怀曰惠,泽及万世曰惠,仁恕中存曰惠,慈恩广被曰惠,柔质慈仁曰惠,勤施无私曰惠,抚字心殷曰惠	○
103	爱新觉罗·瓦克达	郡王	襄	功宏参赞曰襄,威德服远曰襄,甲胄有劳曰襄,辟地有德曰襄,功宏参赞曰襄	○
104	爱新觉罗·绵课	亲王			
105	爱新觉罗·福彭	郡王	敏	好古不怠曰敏,才猷不滞曰敏,应事有功曰敏	○
106	爱新觉罗·奕誌	郡王			
107	爱新觉罗·阿巴泰	亲王			
108	爱新觉罗·庆恩	郡王			

序号	人名	爵位等级	谥号	含义	谥字字性
109	爱新觉罗·载铨	亲王			
110	爱新觉罗·奕𧪲	亲王	贤	内德有成曰贤,行义合道曰贤,明德有成曰贤,内治隆备曰贤	○
111	爱新觉罗·允祥	亲王			
112	爱新觉罗·绵忻	亲王	怀	慈仁短折曰怀	□
113	爱新觉罗·福惠	亲王			
114	爱新觉罗·德沛	亲王	仪	善行足法曰仪	○
115	爱新觉罗·博洛	郡王	定	纪纲整肃曰定,安民法古曰定,大应慈仁曰定,静正无为曰定,镇静守度曰定,纯行不爽曰定	○
116	爱新觉罗·岳乐	郡王	和	温仁育物曰和,号令民悦曰和,敦睦九族曰和,怀柔胥洽曰和	○
117	爱新觉罗·奕纲	郡王			
118	爱新觉罗·华玘	郡王	节	谨行制度曰节	○
119	爱新觉罗·麟趾	亲王	安	动容中礼曰安	○
120	爱新觉罗·永璜	亲王			
121	爱新觉罗·丹臻	亲王	密	思虑详审曰密,追补前过曰密	△
122	爱新觉罗·弘畅	郡王			
123	爱新觉罗·允礽	亲王			△
124	爱新觉罗·硕塞	亲王	裕	仁圣佑启曰裕,宽和自得曰裕,建中垂统曰裕,宽仁得众曰裕,性量宽平曰裕,仁惠克广曰裕,宽和不迫曰裕	○
125	爱新觉罗·博果铎	亲王	靖	柔德安众曰靖,政刑不扰曰靖,恭谨鲜言曰靖,纪纲肃布曰靖,以德安众曰靖	○
126	爱新觉罗·隆禧	亲王			
127	爱新觉罗·允禧	郡王			
128	爱新觉罗·绵譄	亲王	质	敦本合义曰质,名实不爽曰质,真纯一德曰质,至治还淳曰质,宅心笃实曰质,淳茂无华曰质,静正无华曰质,朴实无华曰质	○
129	爱新觉罗·奕仁	亲王	厚	思虑不爽曰厚,忠诚自植曰厚,敦仁爱众曰厚	○
130	爱新觉罗·裕全	亲王			
131	爱新觉罗·勒克德浑	郡王	恭惠	逊顺事上曰恭,德威可怀曰惠	○
132	爱新觉罗·晋祺	郡王	诚	纯德合天曰诚,秉德纯一曰诚,明信率下曰诚,肫笃无欺曰诚,实心施惠曰诚	○
133	爱新觉罗·本格	亲王			
134	爱新觉罗·永城	亲王	端	圣修式化曰端,守礼自重曰端,守礼执义曰端,正己垂型曰端	○
135	爱新觉罗·奕绍	亲王			

序号	人名	爵位等级	谥号	含义	谥字字性
136	爱新觉罗·奕詥	郡王			
137	爱新觉罗·载敦	亲王			
138	爱新觉罗·弘晖	亲王			
139	爱新觉罗·绵愉	亲王			
140	爱新觉罗·永琏	亲王	哲	明周万物曰哲,明知渊深曰哲,官人应实曰哲,明知周通曰哲,识微虑终曰哲,智能辨物曰哲	○
141	爱新觉罗·允祉	亲王	隐	怀情不尽曰隐	□
142	爱新觉罗·福全	亲王	宪	赏善罚奸曰宪,聪明法天曰宪,表正万邦曰宪,懿行可纪曰宪,仪范永昭曰宪,博闻多能曰宪,行善可纪曰宪	○
143	爱新觉罗·保寿	亲王			
144	爱新觉罗·允祺	亲王	温	乐育众生曰温,德性和厚曰温,宽仁惠下曰温,德性宽和曰温	○
145	爱新觉罗·允祐	亲王	度	典法懋昭曰度,心能制义曰度,宽裕有容曰度,创制垂法曰度,心能制义曰度	○
146	爱新觉罗·允礼	亲王	毅	健行合天曰毅,致果杀敌曰毅,强而能断曰毅,英明有执曰毅,经德不回曰毅	○
147	爱新觉罗·永福	亲王	恭恪	敬以事上曰恭,温恭不怠曰恪	○
148	爱新觉罗·博穆博果尔	亲王	昭	高朗有融曰昭,圣闻周达曰昭,明德有劳曰昭,威仪恭明曰昭,遐隐不遗曰昭,德辉内蕴曰昭,明德有功曰昭,容仪恭美曰昭	○
149	爱新觉罗·佛永惠	郡王	哀	恭仁短折曰哀	□
150	未起名	郡王	穆	德容静深曰穆,粹德深远曰穆,肃容持敬曰穆,容仪肃静曰穆,布德执义曰穆,中情见貌曰穆,圣敬有仪曰穆	○
151	爱新觉罗·奕纬	郡王	隐志	怀情不尽曰隐,心之所向曰志	□

1.褒义

清高宗乾隆皇帝的皇次子永琏,是最后一个追谥为皇太子者。他是孝贤纯皇后所生的嫡长子,高宗曾将其立为皇太子,并将建储密旨放在乾清宫的"正大光明"匾之后。可惜天不假年,永琏于乾隆三年(1738)十月早逝,高宗以太子之礼将他安葬在了今天津市蓟州区之元宝山兆域,谥为"端慧"。

秉心贞静曰端,淑敏早成曰慧。乾隆皇帝对这位皇长子寄予了社稷的希望。谥号饱含了乾隆皇帝对自己的贤后孝贤皇后的厚爱,子以母贵,作为嫡长子的永琏理应担当起国祚绵长的重任。因此乾隆皇帝很早就将永琏的名字写入密旨,

332

可惜永琏早年薨逝,实为可惜。从乾隆皇帝赐给永琏的谥字中可以看出,永琏聪慧过人,秉性极佳,是皇位接班人的不错人选。

俗话说:"打仗亲兄弟,上阵父子兵。"打天下靠勇,坐天下靠智,守业更比创业难。定天下后,能够"君临天下"的只有一人,大多数有功之臣均位极人臣。父子之间、兄弟之间、叔侄之间,能够恪尽臣子之道,为国尽忠者才是为臣之道。能够一辈子为清朝社稷尽忠是难能可贵,应该予以褒扬,他们薨逝后往往谥曰"忠"。

谥"忠"字的清代王爷有3位,分别是爱新觉罗·多尔衮、爱新觉罗·诺罗布、爱新觉罗·奕䜣。以睿忠亲王多尔衮为例,他出生于明末,是老汗王努尔哈赤的幼子之一。多尔衮少年时代就随父兄征战,驰骋疆场,出生入死,戎马一生。多年的征战,让少年的阿哥成长为著名的军事统帅。

人们常说"在逆境中成长的人,多出豪杰"。孟子曰:"天将降大任于斯人也,必先苦其心志,劳其筋骨……"多尔衮在15岁时丧父、丧母,幼年的不幸,让这位少年身上有一种松柏的坚韧。在人的一生中,或多或少地都会经历来自外部的打击,作为清朝宗室的亲王们自然也不是一帆风顺的。父逝母殉对他来说无疑是一个沉重的打击,悲剧的发生使多尔衮养成了残暴而又孤僻的性格,对他的成长产生了非常深刻的影响。

四贝勒皇太极继汗位以后,特别喜欢多尔衮,提拔重用,并让多尔衮以贝勒的身份与兄长诸王们一起议论处理国家政务。后金天聪二年(1628)二月,皇太极以蒙古察哈尔多罗特部屡杀后金使臣为由,亲率大军前往攻击。皇太极此次命多尔衮出征,这也是多尔衮有生以来打的第一仗。多尔衮披挂整齐,跃马提刀,率兵征战蒙古察哈尔多罗特部。他在千军万马中英勇无比,以出众的才能率领后金军大败敌人于敖穆伦(今大凌河上游)。皇太极在庆功宴上赞扬多尔衮:"随征远国,克著勤劳,宜赐美号,以示褒嘉其功勋。"宣布赐多尔衮封号为"墨尔根戴青"(墨尔根,满语神箭手,聪明之意;戴青,意为统帅),意思是"聪明的统帅",并封多尔衮为多罗贝勒。

后金天聪八年(1634)九月,林丹汗病死。第二年二月,皇太极命多尔衮等率领人马,前往收抚察哈尔部,找寻察哈尔部林丹汗长子额哲的下落。三月,林丹汗的儿子阿布奈率部众请降,多尔衮设宴盛情招待,从他们的话中得知长子额哲在托里图。四月,多尔衮率领军队来到托里图,按兵不动,令额哲的母亲苏泰(海西女真叶赫部金台什贝勒之孙女)劝其归顺,经过一番劝说,额哲也率部众归顺了后金,并献上了元朝"传国玉玺"。多尔衮获得此传国玉玺后,将它献给了皇太极。多尔衮对皇太极一片忠心,令皇太极十分高兴。得到玉玺后,皇太极改汗称帝,改年号崇德,改国号为清。清太宗皇太极为了表彰多尔衮的功绩,晋封多尔衮为和硕睿亲王。

崇德七年(1642)二月,清军攻占松山城,生擒守将洪承畴。接着又持续了三年多的征战,多尔衮取得了松锦大战的绝对胜利。21岁的多尔衮已经从一个稚嫩的少年成长为统率千军万马、声名显赫的亲王。直至顺治元年(1644),睿亲王多尔衮率清军入主燕京,迎世祖福临车驾抵京,睿亲王多尔衮被晋封为皇叔父摄政王。

在清代的一些诏谕中,也可见多尔衮摄政的相关记载,如《皇父摄政王军令》。多尔衮从政七年,为清朝的繁荣奠定基础。北京故宫博物院图书馆现藏有《皇父摄政王军令》雕版,是对睿亲王摄政的见证之一。睿亲王多尔衮薨逝后,顺治皇帝追尊他为懋德修道广业定功安民立政诚敬义皇帝,庙号成宗,配享太庙。不久之后多尔衮被追罪,顺治皇帝下令削其爵位、去谥号。

乾隆四十三年(1778)正月,乾隆皇帝颁诏,充分肯定了多尔衮在清朝开国时的贡献,诏书上写道:"睿亲王多尔衮扫荡贼氛,肃清宫禁。分遣诸王,追歼流寇,抚定疆陲。创制规模,皆所经画。寻奉世祖车驾入都,成一统之业,厥功最著。薨后为苏克萨哈所构,首告诬以谋逆。其时世祖尚在冲龄,未尝亲政,经诸王定罪除封。朕每览《实录》至此,未尝不为之堕泪。则王之立心行事,实为笃忠荩感厚恩,深明君臣大义。乃由宵小奸谋,构成冤狱,凯可不为之昭雪?宜复还睿亲王封号,追谥曰'忠',配享太庙。"

综上所述,可见睿亲王多尔衮谥号为"忠"字,是对他一生事迹的真实写照,也是对他功绩的肯定。谥字"忠"是褒义字,具有赞扬和肯定的意义。

2.贬义

在清代王爷们中,所谥贬义的字为"密"。据《大清会典》载:"思虑详审曰密,追补前过曰密。"宗室恶谥也有其自身的特点,诸如有些恶谥,是因其大节有亏,罪有应得;有些是因其贪于权力,生活奢侈,如废太子、理亲王允礽谥曰"密";有些恶谥,是因其性格品质。

允礽是康熙皇帝的嫡长子,这位两立两废的太子,他的人生是悲剧的。据史料记载:

"康熙四十七年(1708)九月,辛卯,遣官告祭天地、太庙、社稷、废皇太子允礽,幽禁咸安宫。

"康熙五十一年(1712)冬十月,己巳,命禁锢废皇太子允礽于咸安宫。

"雍正元年(1723),诏于祁县郑家庄修盖房屋,驻扎兵丁,将移允礽往居之。二年十二月,允礽病薨,追封谥。

"雍正二年(1724)十二月,癸未,二阿哥允礽薨,追封为和硕理亲王,谥曰密。"

太子允礽的失败,从某种意义上说是康熙皇帝教育之失误。允礽在兄弟大排行的齿序是皇二子,其生母为孝诚仁皇后赫舍里氏,子以母贵,故允礽实际上是康熙皇帝的嫡长子。其母在生他的当天便与世长辞,康熙皇帝为了弥补对贤妻的遗憾,将所有的心血全部倾注于他们的儿子允礽身上,并册立其为皇太子。自允礽小时候起,康熙皇帝便对其严格要求,精心调教。集祖宗社稷希望于一身的允礽,也成为众兄弟们的眼中钉和打压对象。故而最后导致了康熙时期,皇子们结党营私,以图争宠。两立两废,康熙皇帝在立太子时也是十分纠结的。最后允礽犯下大错,触怒父皇,直到无可挽回。不得不说,做了四十多年的皇太子,他的内心或许是郁闷的。自幼饱读圣贤之书,允礽的才华丝毫不逊色于他的兄弟们。嗟夫!可怜生在帝王家。显然允礽所谥的"密"字,是追补前过之意。

3.中性

在清代王爷的谥号中,所谥中性的字多带有惋惜、同情之意,诸如"哀""殇""悼""愍"等。《大清会典》载:"早孤夭折曰哀,未家短折曰殇,中年早夭曰悼,使民悲伤曰愍,慈仁短折曰怀,怀情不尽曰隐。"

康熙朝的皇三子诚亲王允祉,学识渊博,很有才华。他一生不得志,未能得到父亲康熙皇帝和兄弟雍正皇帝重用。薨逝后,被谥为"隐"。"隐"字的意思是怀情不尽,诚亲王允祉得此谥字,可以算是对他一生的真实写照。

瑞亲王绵忻、怀亲王福惠,谥曰"怀"。绵忻为清仁宗嘉庆皇帝第四子,薨逝时24岁;福惠为清世宗雍正皇帝之子,薨逝时8岁。二人薨逝时年纪都不算大,封谥"慈仁短折"的"怀"字，与他们的生平是相符的。同时"怀"字也带有惋惜的感情色彩。

多罗温良郡王猛莪长子温郡王佛永惠薨逝时12岁，平比郡王罗科铎第六子平郡王讷尔福薨逝时31岁，康良亲王杰书第五子康亲王椿泰薨逝时27岁，敬谨庄亲王尼堪次子敬谨亲王尼思哈薨逝时10岁，清宣宗道光皇帝长子隐志郡王奕纬薨逝时24岁。以上五位王爷，他们寿命都不算长，有的少年早薨，有的英年早逝，故而以上诸人的谥字皆为中性的字，多富有感情色彩，表示惋惜之意。

（三）王爷所获谥法比率

在中国古代的谥法中，亲王多谥以一字，郡王多谥以两字。清朝的亲王、郡王谥号也遵循这个规律，但遵循得并不十分严格，大多数郡王薨逝后，谥号均为一字，诸如理郡王弘昑谥曰"恪"，荣郡王绵亿谥曰"恪"，仪郡王绵志谥曰"顺"，孚郡王奕譓谥曰"敬"，等等。

有三位郡王谥字为两个字，分别是信郡王多尼谥曰"宣和"，顺承郡王勒克德浑谥曰"恭惠"，多罗郡王奕纬谥曰"隐志"。有两位亲王谥字为两个字，分别是睿亲王功宜布谥曰"恪勤"，怡亲王永福谥曰"恭恪"。二位亲王均为追封亲王，功宜布薨逝时为信郡王，在乾隆四十二年（1777）七月，追封为和硕睿亲王；永福薨逝时爵位为多罗贝勒，在同治三年（1864）十一月，追封为和硕怡亲王。因此他们薨逝时并不是亲王爵位，追封后仍按旧谥。这是一种特殊的情况。

怡亲王去世时，因其与雍正皇帝的特殊关系，雍正帝赐谥曰"贤"，后加谥曰"忠敬诚直勤慎廉明"，将此八个大字加在"贤"之前，有清一代，唯独怡亲王独具殊荣。

清宗室无一人谥"文"者。所谓"文"，经天纬地，道德博闻，慈惠爱民，赐民爵位，勤学好问。宗室亲王不是天子，故谥"文"字确有不妥。

综上所述，清朝亲王、郡王一般给谥，贝勒以下自康熙初起很少给谥，宗室谥法较明代又转严。[①]总而言之，清代宗室得谥较易。亲王谥一字，郡王多谥一字，少部分谥二字，贝勒谥二字。通过对清代王爷园寝的实地踏察，针对所见碑文的谥字，恰可以与史料上所记载的谥号相互印证，从而弥补清代王爷园寝专题

---

① 汪受宽：《谥法研究》，上海古籍出版社，1995，第111页。

史料之缺。

　　纵观有清一代王爷们之谥字,还是褒多于贬。从这些表褒义的谥字,可见清朝二百余年的历史,与诸位宗室亲王的恪恭尽职、兢兢业业是分不开的。仅以下面的图3-5,聊以总结。

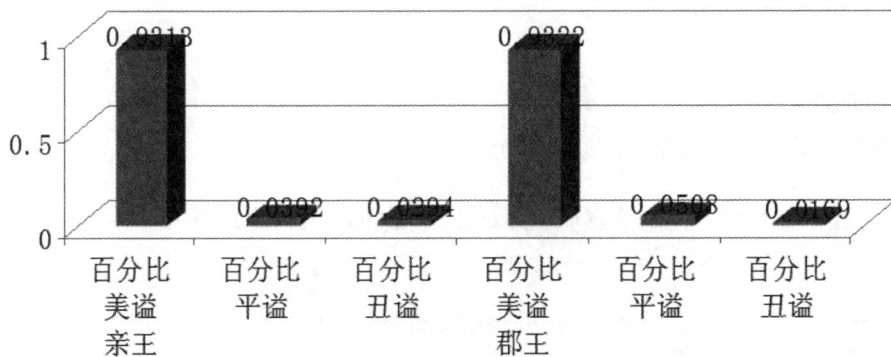

图3-5　清代亲王、郡王谥法比例表

第四章 清代王爷园寝踏察资料汇总

笔者将2016年调查的遗迹变化数据制成下列表格，以期与从事相关研究的诸君共同探讨清代王爷园寝的诸问题。

一、清代王爷园寝实地调查数据表（2006年、2016年）

表4-1 亲王、郡王园寝实地调查数据表

园寝名称	墓主	爵位	墓址	所存遗迹	
				2006年	2016年
睿忠亲王园寝	多尔衮	亲王	东城区东直门街道新中街附近	无	无
衍禧介郡王园寝	罗洛浑	郡王	西城区月坛街道木樨地	无	无
平比郡王园寝	罗科铎	郡王	西城区月坛街道木樨地	无	无
平郡王园寝（革爵）	讷尔图	革爵	西城区月坛街道木樨地	无	无
克勤郡王园寝	讷清额	郡王	西城区月坛街道木樨地	无	无
英亲王园寝（革爵）	阿济格	革爵	朝阳区建国门外街道八王坟村	无	无
豫通亲王园寝	多铎	亲王	朝阳区建国门外街道光华东里	无	无
信宣和郡王园寝	多尼	郡王	朝阳区建国门外街道光华东里	无	无
睿亲王园寝	苏尔发	亲王	朝阳区八里庄街道熏皮厂村	无	无
睿亲王园寝	塞勤	亲王	朝阳区东坝乡单店村	无	无
睿亲王园寝	功宜布	亲王	朝阳区东坝乡单店村	无	无
睿恪亲王园寝	如松	亲王	朝阳区双井街道马圈北京	无	无
睿慎亲王园寝	宝恩	亲王	朝阳区朝阳门外某村花园	无	无
睿勤亲王园寝	瑞恩	亲王	朝阳区三间房乡定福庄梆子井村	无	无
睿悫亲王园寝	德长	亲王	朝阳区三间房乡定福庄梆子井村	无	无

园寝名称	墓主	爵位	墓址	所存遗迹	
				2006年	2016年
睿亲王园寝	魁斌	亲王	朝阳区三间房乡定福庄梆子井村	无	无
武肃亲王园寝	豪格	亲王	朝阳区潘家园街道架松村	无	无
显懿亲王园寝	富寿	亲王	朝阳区潘家园街道架松村	石享堂、螭首龟趺碑	石享堂、螭首龟趺碑
显谨亲王园寝	衍璜	亲王	朝阳区潘家园街道架松村	享殿、东西朝房	享殿、东西朝房
肃亲王园寝	成信	亲王	朝阳区十八里店乡十八里店铸造厂	无	无
肃恭亲王园寝	永锡	亲王	朝阳区十八里店乡十八里店铸造厂	无	无
肃慎亲王园寝	敬敏	亲王	朝阳区王四营乡道口村	碑亭、螭首龟趺碑、东西朝房三间、宫门、享殿	碑亭、螭首龟趺碑、东西朝房三间、宫门、享殿
肃恪亲王园寝	华丰	亲王	朝阳区黑庄户乡万子营村	螭首龟趺碑（螭首）	无
肃良亲王园寝	隆懃	亲王	朝阳区十八里店乡陈家村	老房一间	无
肃亲王园寝	善耆	亲王	朝阳区潘家园街道架松村	无	无
恭亲王常颖园寝	常颖	亲王	朝阳区东大桥北（朝阳医院东侧）	无	无
裕亲王保泰园寝	保泰	亲王	朝阳区王四营乡官庄村	无	无
裕僖郡王园寝	亮焕	郡王	朝阳区双井街道九龙山	无	无
履懿亲王园寝	允祹	亲王	朝阳区太阳宫乡	无	无
理恪郡王园寝	弘晌	郡王	朝阳区金盏乡长店村	无	无
和谨郡王园寝	绵伦	郡王	朝阳区望京街道西八间房	无	无
礼烈亲王园寝	代善	亲王	海淀区香山街道门头村	螭首龟趺碑	螭首龟趺碑
巽简亲王园寝（革爵）	满达海	（革爵）	海淀区香山街道门头村	无	无
惠顺亲王园寝	祜塞	亲王	海淀区香山街道门头村	墓碑	墓碑

园寝名称	墓主	爵位	墓址	所存遗迹	
				2006 年	2016 年
康良亲王园寝	杰书	亲王	海淀区香山街道门头村	螭首龟趺碑	螭首龟趺碑
康悼亲王园寝	椿泰	亲王	海淀区香山街道门头村	无	无
郑献亲王园寝	济尔哈朗	亲王	海淀区北下关街道白石桥	无	无
郑王世子园寝	富尔敦	亲王世子	海淀区北下关街道白石桥	无	无
简纯亲王园寝	济度	亲王	海淀区北下关街道白石桥	无	无
敏简郡王园寝	勒度	郡王	海淀区北下关街道白石桥	无	无
简惠亲王园寝	德塞	亲王	海淀区北下关街道白石桥	无	无
郑亲王园寝	巴尔堪	亲王	海淀区八里庄街道五路居	无	无
郑亲王园寝（追封）	巴赛	亲王	海淀区八里庄街道五路居	无	无
简勤亲王园寝	奇通阿	亲王	海淀区八里庄街道五路居	无	无
简恪亲王园寝	丰讷亨	亲王	海淀区八里庄街道五路居	无	无
郑恭亲王园寝	积哈纳	亲王	海淀区八里庄街道五路居	无	无
郑慎亲王园寝	乌尔恭阿	亲王	海淀区八里庄街道五路居	无	无
郑亲王园寝（革爵）	端华	革爵	海淀区八里庄街道五路居	无	无
郑顺亲王园寝	庆至	亲王	海淀区八里庄街道五路居	无	无
郑恪亲王园寝	凯泰	亲王	海淀区八里庄街道五路居	无	无
谦襄郡王园寝	瓦克达	郡王	海淀区东升乡北下关村	无	无
顺承郡王园寝（革爵）	布穆巴	革爵	海淀区西直门外二里沟村	无	无
敦郡王园寝	允䄉	郡王	海淀区四季青镇田村	无	无
平悼郡王园寝	讷尔福	郡王	海淀区四季青镇南平庄村	无	无
平郡王园寝（革爵）	讷尔苏	革爵	海淀区四季青镇南平庄村	无	无
平敏郡王园寝	福彭	郡王	海淀区四季青镇南平庄村	无	无
平僖郡王园寝	庆明	郡王	海淀区四季青镇南平庄村	无	无
克勤良郡王园寝	庆恒	郡王	海淀区四季青镇南平庄村	无	无
仪顺郡王园寝	绵志	郡王	海淀区万寿路街道沙窝村	无	无

园寝名称	墓主	爵位	墓址	所存遗迹	
				2006 年	2016 年
瑞敏郡王园寝	奕誌	郡王	海淀区四季青镇瑞王坟村	螭首龟趺碑、红墙、须弥石座(残)、地宫	螭首龟趺碑、宫门(面阔三间)、享殿(面阔三间)、墓冢
醇贤亲王园寝	奕𫍰	亲王	海淀区苏家坨镇北安河村妙高峰山腰	石阶、碑楼、螭首龟趺碑、神桥、宫门、两方座碑、四座墓冢、红墙、阳宅	神桥、碑楼(内立螭首龟趺碑一通)、南北朝房、宫门、享殿、墓冢、阳宅
孚敬郡王园寝	奕𬤝	郡王	海淀区苏家坨镇北安河村	神桥、碑楼、螭首龟趺碑、南北朝房、宫门、享殿、墓冢	神桥、碑楼、螭首龟趺碑、南北朝房、宫门、享殿、墓冢
惠郡王园寝	博翁果洛	郡王	丰台区王佐镇侯家峪村	无	无
简修亲王园寝	雅布	亲王	丰台区右安门外郑王坟村	螭首龟趺碑(丰台区长辛店乡吕村东山坡)	螭首龟趺碑(现保存于长辛店公园内)
简亲王园寝	雅尔江阿	亲王	丰台区广安门外湾子村	无	无
简仪亲王园寝	德沛	亲王	丰台区右安门外郑王坟村	无	无
显亲王园寝	拜察礼	亲王	丰台区南苑乡成寿寺村	无	无
肃勤亲王园寝	蕴著	亲王	丰台区南苑乡成寿寺村	无	无
荣恪郡王园寝	绵亿	郡王	丰台区长辛店镇大灰厂村	玄宫	玄宫
隐志郡王园寝	奕纬	郡王	丰台区王佐镇东王佐村	无	无
饶余敏亲王园寝	阿巴泰	亲王	石景山区五里坨街道秀府村	园寝墙、玄宫、石料	园寝墙、玄宫、石料
端重定亲王园寝	博洛	亲王	石景山区五里坨街道秀府村	园寝墙	园寝墙

341

园寝名称	墓主	爵位	墓址	所存遗迹	
				2006年	2016年
安和郡王园寝	岳乐	郡王	石景山区五里坨街道秀府村	园寝墙	园寝墙
康修亲王园寝	崇安	亲王	石景山区金顶山村	无	无
康简亲王园寝	巴尔图	亲王	石景山区福寿岭村	阳宅	阳宅
康恭亲王园寝	永恩	亲王	石景山区金顶街街道西福村	无	无
礼亲王园寝（革爵）	昭梿	革爵	石景山区金顶街街道西福村	无	无
礼亲王园寝	永奎	亲王	石景山区福寿岭村	无	无
礼安亲王园寝	麟趾	亲王	石景山区福寿岭村	无	无
礼慎亲王园寝	全龄	亲王	石景山区福寿岭村	无	无
睿恭亲王园寝	淳颖	亲王	石景山区五里坨街道敬德寺村	园寝墙	园寝墙
睿僖亲王园寝	仁寿	亲王	石景山区五里坨街道敬德寺村	无	无
瑞怀亲王园寝	绵忻	亲王	石景山区金顶街道福田寺村	碑楼	碑楼
显密亲王园寝	丹臻	亲王	门头沟区妙峰山镇陇驾庄村	螭首龟趺碑、园寝墙、汉白玉石	螭首龟趺碑、园寝墙、汉白玉石
克勤郡王园寝	亨元	郡王	门头沟区永定镇冯村邓家坡	墓冢	墓冢
克勤简郡王园寝	尚格	郡王	门头沟区永定镇冯村邓家坡	无	无
克勤恪郡王园寝	承硕	郡王	门头沟区永定镇冯村邓家坡	无	无
克勤敬郡王园寝	庆惠	郡王	门头沟区永定镇冯村邓家坡	无	无
承泽裕亲王园寝	硕塞	亲王	房山区河北镇磁家务村	无	无
庄靖亲王园寝	博果铎	亲王	房山区河北镇磁家务村	石牌坊、玄宫	石牌坊、玄宫
庄恪亲王园寝	允禄	亲王	房山区河北镇磁家务村	无	无
庄亲王园寝	弘普	亲王	房山区河北镇磁家务村	无	无
庄慎亲王园寝	永瑺	亲王	房山区河北镇磁家务村	无	无
庄襄亲王园寝	绵课	亲王	房山区河北镇磁家务村	无	无
庄亲王园寝（革爵）	奕赉	革爵	房山区河北镇磁家务村	无	无
庄勤亲王园寝	绵护	亲王	房山区河北镇磁家务村	无	无
庄质亲王园寝	绵㯋	亲王	房山区河北镇磁家务村	无	无
庄厚亲王园寝	奕仁	亲王	房山区河北镇磁家务村	无	无

342

园寝名称	墓主	爵位	墓址	所存遗迹	
				2006年	2016年
庄亲王园寝（革爵）	载勋	革爵	房山区河北镇磁家务村	无	无
庄亲王园寝	载功	亲王	房山区河北镇磁家务村	无	无
顺承恭惠郡王园寝	勒克德浑	郡王	房山区长沟镇西甘池村	螭首龟趺碑、墓冢	螭首龟趺碑、墓冢
顺承郡王园寝（革爵）	勒尔锦	革爵	房山区长沟镇西甘池村	墓冢	墓冢
顺承忠郡王园寝	诺罗布	郡王	房山区长沟镇西甘池村	螭首龟趺碑、墓冢	螭首龟趺碑、墓冢
郡王品级锡保园寝	锡保	郡王	房山区韩村河镇二龙岗村	无	无
顺承恪郡王园寝	熙良	郡王	房山区韩村河镇二龙岗村	无	无
顺承恭郡王园寝	泰斐英阿	郡王	房山区韩村河镇二龙岗村	螭首龟趺碑	螭首龟趺碑
顺承慎郡王园寝	恒昌	郡王	房山区韩村河镇二龙岗村	无	无
顺承简郡王园寝	伦柱	郡王	房山区韩村河镇二龙岗村	螭首龟趺碑	螭首龟趺碑
顺承勤郡王园寝	春山	郡王	房山区韩村河镇二龙岗村	无	无
顺承敏郡王园寝	庆恩	郡王	房山区长沟镇西甘池村	墓冢	墓冢
顺承郡王园寝	讷勒赫	郡王	房山区长沟镇西甘池村	无	无
敬谨庄亲王园寝	尼堪	亲王	房山区长沟镇东甘池村	螭首龟趺碑	螭首龟趺碑
敬谨悼亲王园寝	尼思哈	亲王	房山区长沟镇东甘池村	螭首龟趺碑	螭首龟趺碑
克勤诚郡王园寝	晋祺	郡王	房山区青龙湖镇上万村	无	无
淳慎郡王园寝	弘暻	郡王	房山区琉璃河董家林村	废石、螭首龟趺碑	废石、螭首龟趺碑
惠端亲王园寝	绵愉	亲王	房山区青龙湖镇崇各庄村	螭首龟趺碑	螭首龟趺碑
惠敬郡王园寝	奕详	郡王	房山区青龙湖镇崇各庄村	无	无
豫亲王园寝（革爵）	裕丰	革爵	通州区次渠镇北神树村	无	无
豫亲王园寝（革爵）	裕瑞	革爵	通州区次渠镇北神树村	无	无
豫慎亲王园寝	义道	亲王	通州区次渠镇北神树村	无	无

园寝名称	墓主	爵位	墓址	所存遗迹	
				2006年	2016年
惇勤亲王园寝	奕誴	亲王	通州区宋庄镇窑上村	无	无
和勤亲王园寝	永璧	亲王	顺义区李桥镇王家坟村	螭首龟趺碑	螭首龟趺碑
和恪郡王园寝	绵循	郡王	顺义区李桥镇王家坟村	无	无
庆僖亲王园寝	永璘	亲王	昌平区流村镇白羊城村	神桥、墓冢	神桥、墓冢
庆良郡王园寝	绵慜	郡王	昌平区流村镇白羊城村	赑屃(残)、宫门、享殿	赑屃(残)、宫门、享殿
庆亲王园寝	奕劻	亲王	昌平区流村镇白羊城村	碑楼	碑楼
恭忠亲王园寝	奕訢	亲王	昌平区崔村镇麻峪村	石牌坊等	石牌坊等
郑亲王园寝	经纳亨	亲王	昌平区十三陵镇仙人洞村	平桥	平桥
郑亲王园寝	伊丰额	亲王	昌平区十三陵镇仙人洞村	平桥	平桥
郑亲王园寝	西朗阿	亲王	昌平区十三陵镇仙人洞村	平桥	平桥
理亲王园寝（革爵）	弘晳	革爵	昌平区回龙观镇黄土南店村	无	无
履端亲王园寝	永城	亲王	昌平区兴寿镇秦城村	无	无
仪慎亲王园寝	永璇	亲王	昌平区兴寿镇半壁店村	平桥	平桥
成哲亲王园寝	永瑆	亲王	昌平区旧县雪山村	无	无
成恭郡王园寝	载锐	郡王	昌平区南口镇花塔村	无	无
惇恪郡王园寝	绵恺	郡王	昌平区崔村镇棉山村	石狮	石狮
定端亲王园寝	奕绍	亲王	昌平区崔村镇九里山南麓	无	无
定敏亲王园寝	载铨	亲王	昌平区小汤山镇葫芦河村	无	无
钟端郡王园寝	奕詥	郡王	昌平区小汤山镇葫芦河村	无	无
诚隐亲王园寝	允祉	亲王	平谷区东樊各庄乡峪口村	无	无
诚恪亲王园寝	允祕	亲王	平谷区马坊镇打铁庄村	无	无
诚密郡王园寝	弘畅	郡王	平谷区马坊镇打铁庄村	无	无
克勤庄郡王园寝	雅朗阿	郡王	怀柔区桥梓镇峪口村	玄宫遗址	玄宫遗址
定安亲王园寝	永璜	亲王	密云区不老屯镇董各庄村	琉璃瓦构件	琉璃瓦构件
循郡王园寝	永璋	郡王	密云区不老屯镇董各庄村	琉璃瓦构件	琉璃瓦构件
荣纯亲王园寝	永琪	亲王	密云区不老屯镇董各庄村	琉璃瓦构件	琉璃瓦构件

344

园寝名称	墓主	爵位	墓址	所存遗迹	
				2006 年	2016 年
和恭亲王园寝	弘昼	亲王	密云区西田各镇署地村	享殿建筑的柱础、墓冢遗迹	享殿建筑的柱础、墓冢遗迹
定恭亲王园寝	绵恩	亲王	密云区穆家峪镇羊山村	玄宫、石桥	玄宫、石桥
定慎郡王园寝	溥煦	郡王	密云区穆家峪镇羊山村	无	无
荣亲王园寝	未起名	亲王	蓟州区孙各庄村黄花山	琉璃瓦建筑残件	琉璃瓦建筑残件
纯靖亲王园寝	隆禧	亲王	蓟州区孙各庄村黄花山石头营村	螭首龟趺碑、享殿遗址前丹陛石	螭首龟趺碑、享殿遗址前丹陛石
裕宪亲王园寝	福全	亲王	蓟州区孙各庄村黄花山	螭首龟趺碑、玄宫	螭首龟趺碑、玄宫
理密亲王园寝	允礽	亲王	蓟州区孙各庄村黄花山	螭首龟趺碑	螭首龟趺碑
直郡王园寝	允禔	郡王	蓟州区孙各庄村黄花山	夯土层遗迹	夯土层遗迹
恂勤郡王园寝	允禵	郡王	蓟州区孙各庄村黄花山	平桥、螭首龟趺碑	平桥、螭首龟趺碑
哲亲王园寝	永琮	亲王	蓟州区孙各庄村朱华山	玄宫遗址	玄宫遗址
恒温亲王园寝	允祺	亲王	蓟州区逯庄子乡东营房村	玄宫遗址	玄宫遗址
恒恪亲王园寝	弘晊	亲王	蓟州区穿芳峪乡果香峪村	神桥	神桥
恒敬郡王园寝	永皓	郡王	蓟州区穿芳峪乡果香峪村	平桥、神桥	平桥、神桥
裕悼亲王园寝	保寿	亲王	保定市易县裴山镇北白虹乡南福地村	螭首龟趺碑	螭首龟趺碑
裕庄亲王园寝	广禄	亲王	保定市易县裴山镇北白虹乡南福地村	螭首龟趺碑	螭首龟趺碑
淳度亲王园寝	允祐	亲王	保定市易县高村乡神石庄村	须弥座(残)、玄宫	须弥座(残)、玄宫
果毅亲王园寝	允礼	亲王	易县梁格庄镇上岳各庄村	神桥、石狮(一对)、螭首龟趺碑、东朝房、享殿、墓冢	神桥、石狮一对、螭首龟趺碑、东朝房、享殿、墓冢
果恭郡王园寝	弘瞻	郡王	易县梁格庄镇上岳各庄村	螭首龟趺碑、东西朝房、门狮、宫门、享殿、墓冢遗址	螭首龟趺碑、东西朝房、门狮、宫门、享殿、墓冢遗址

园寝名称	墓主	爵位	墓址	所存遗迹	
				2006年	2016年
果简郡王园寝	永琠	郡王	易县梁格庄镇下岳各庄村	墓冢遗址	墓冢遗址
怡贤亲王园寝	允祥	亲王	保定市涞水县石亭镇东营房村	螭首龟趺碑、火焰牌坊、五孔石拱桥、四柱三门牌坊、华表（一对）、平桥、三孔桥、玄宫	螭首龟趺碑、火焰牌坊、五孔石拱桥、四柱三门牌坊、华表（一对）、平桥、三孔桥、玄宫
怡僖亲王园寝	弘晓	亲王	保定市涞水县娄村乡福山营村	玄宫遗址	玄宫遗址
怡亲王园寝	绵标	亲王	保定市涞水县娄村乡福山营村	无	无
怡亲王园寝	载坊	亲王	保定市涞水县娄村乡福山营村	无	无
怡亲王园寝	载垣	亲王	保定市涞水县娄村乡福山营村	无	无
宁良郡王园寝	弘晈	郡王	保定市涞水县娄村乡雁翎村	玄宫遗迹	玄宫遗迹
质庄亲王园寝	永瑢	亲王	保定市涞水县永阳镇北洛平村	园寝石料	园寝石料
质恪郡王园寝	绵庆	郡王	保定市涞水县永阳镇北洛平村	无	无
端亲王园寝	弘晖	亲王	易县张各庄村	平桥、值房、宫门、享殿、墓冢	平桥、值房、宫门、享殿、墓冢
怀亲王园寝	福惠	亲王	易县王各庄村	平桥、宫门、享殿、墓冢	平桥、宫门、享殿、墓冢
顺和郡王园寝	奕纲	郡王	遵化市马兰峪镇许家峪村	宫门、享殿、墓冢	宫门、享殿、墓冢
慧质郡王园寝（追封）	奕继	郡王	遵化市马兰峪镇许家峪村	宫门、享殿、墓冢	宫门、享殿、墓冢
庄亲王园寝	舒尔哈齐	亲王	辽宁省辽阳市东京陵乡东京陵村	园寝门、碑楼（螭首龟趺碑）、墓冢	园寝门、碑楼（螭首龟趺碑）、墓冢

表4-2 多罗贝勒、固山贝子园寝调查数据表(含镇国公、辅国公)(2006年、2016年)

园寝名称	墓主	爵位	支系	墓址	2006年	2016年
多罗贝勒喀尔楚浑园寝	喀尔楚浑	多罗贝勒	克勤郡王岳讬第三子	西城区月坛街道木樨地	无	无
追封多罗贝勒亨存园寝	亨存	多罗贝勒	裕僖郡王亮焕次子	朝阳区双井街道九龙山裕僖郡王园寝内	无	无
多罗贝勒文和园寝	文和	多罗贝勒	追封多罗贝勒亨存长子	朝阳区双井街道九龙山裕僖郡王园寝内	无	无
固山贝子祥端园寝	祥端	固山贝子	多罗贝勒文和长子	朝阳区双井街道九龙山裕僖郡王园寝内	无	无
奉恩镇国公傅勒赫园寝	傅勒赫	镇国公	武英郡王阿济格次子	朝阳区建国门外街道八王坟村武英郡王园寝西部	无	无
奉恩辅国公构辜园寝	构辜	辅国公	奉恩镇国公傅勒赫次子	朝阳区建国门外街道八王坟村武英郡王园寝西部	无	无
奉恩镇国公魁璋园寝	魁璋	镇国公	奉恩镇国公毓长子	朝阳区双井街道九龙山裕僖郡王园寝东部	无	无
多罗贝勒永瑷园寝	永瑷	多罗贝勒	清圣祖康熙皇帝次子理密亲王允礽嫡孙格郡王弘皙长子	朝阳区金盏乡长店村(理格郡王园寝南侧)	无	无
固山贝子绵溥园寝	绵溥	固山贝子	清圣祖康熙皇帝次子理密亲王允礽曾孙格郡王弘皙次孙	朝阳区金盏乡长店村(理格郡王园寝南侧)	无	无
奉恩镇国公奕灏园寝	奕灏	镇国公	清圣祖康熙皇帝次子理密亲王允礽曾孙格郡王弘皙曾孙	朝阳区金盏乡长店村(理格郡王园寝南侧)	无	无
固山襄敏贝子务达海园寝	务达海	固山贝子	清显祖塔克世次子穆尔哈齐第四子	北京朝阳门外十里铺	无	无
多罗贝勒常阿岱园寝	常阿岱	多罗贝勒	巽简亲王满达海长子	海淀区香山街道门头村	无	螭首龟趺碑
追封固山贝子载栢园寝	载栢	固山贝子	多罗贝勒奕绲长子	海淀区万寿路街道沙窝村	无	无
追封多罗贝勒、固山贝子毓崐园寝	毓崐	固山贝子	溥顺长子	海淀区万寿路街道沙窝村	无	无

园寝名称	墓主	爵位	支系	墓址	2006年	2016年
奉恩镇国公毓岐园寝	毓岐	镇国公	溥顺第五子	海淀区万寿路街道沙窝村	无	无
固山温格贝子淮达园寝	淮达	固山贝子	清太祖努尔哈赤长子广略贝勒褚英曾孙	海淀区万寿路甲12号万寿宾馆院内	螭首龟趺碑	螭首龟趺碑
多罗惠厚贝勒杜尔祜园寝	杜尔祜	多罗贝勒	多罗安平贝勒杜度长子	海淀区羊坊店	无	无
奉恩镇国公溥芸园寝	溥芸	镇国公	追封奉恩镇国公载钊第三子	丰台区长辛店镇大灰厂村荣格郡王园寝东南部	无	无
固山恪厚贝勒敦达园寝	敦达	固山贝子	多罗惠厚贝勒杜尔祜第五子	丰台区张郭庄村	无	无
多罗贝勒奕亨园寝	奕亨	多罗贝勒	和硕郡王绵循第三子	顺义区李桥镇王家坟村和硕郡王园寝西部	无	无
奉恩镇国公溥廉园寝	溥廉	镇国公	贝勒衔固山敏格贝勒载容长子	顺义区李桥镇庄子营村	无	无
多罗多罗贝勒福苍园寝	福苍	多罗贝勒	清太宗第五子太极第五子承泽亲王硕塞次子	丰台区王佐镇侯家峪村	无	无
郡王衔多罗贝勒载治园寝	载治	多罗贝勒	四品顶戴奕纪第五子隐志郡王奕纬嗣子	丰台区王佐镇东王佐村隐志郡王园寝东南部	无	无
固山贝子溥伦园寝	溥伦	固山贝子	多罗贝勒载治第四子	丰台区王佐镇东王佐村隐志郡王园寝西南部	无	无
多罗贝勒载治园寝	载治	多罗贝勒	清宣宗道光皇帝长子隐志贝勒奕纬嗣子多罗贝勒载治	丰台区王佐镇王佐村	无	无
固山贝子苏布图园寝	苏布图	固山贝子	清太祖努尔哈赤第七子饶余敏亲王阿巴泰长子	石景山区五里坨街道秀府村饶余敏亲王园寝东南部	无	无
固山贝子强度园寝	强度	固山贝子	清太祖努尔哈赤第七子饶余敏亲王阿巴泰次子	石景山区五里坨街道秀府村饶余敏亲王园寝东南部	无	无
固山温良贝子博利托园寝	博利托	固山贝子	清太祖努尔哈赤第七子饶余敏亲王阿巴泰第二子	石景山区五里坨街道秀府村饶余敏亲王园寝西部	无	无
固山贝子彰泰园寝	彰泰	固山贝子	固山贝子博和托第四子	石景山区五里坨街道衙门口博和托园寝的西部	无	无

园寝名称	墓主	爵位	支系	墓址	2006年	2016年
固山贝子屯珠园寝	屯珠	固山贝子品级	固山贝子彰泰第三子	石景山区五里坨街道秀府村固山贝子博和托园寝的西部	无	无
奉恩辅国公锡贵园寝	锡贵	辅国公	安节郡王华圮嗣子	石景山区五里坨街道秀府村安和郡王园寝内	无	无
追封奉恩辅国公岱英园寝	岱英	奉恩辅国公	追封奉恩辅国公锡贵长子	石景山区五里坨街道秀府村安和郡王园寝内	无	无
奉恩辅国公崇积园寝	崇积	辅国公	奉恩辅国公奇昆第三子	石景山区五里坨街道秀府村安和郡王园寝东南部	无	无
奉恩辅国公布兰泰园寝	布兰泰	辅国公	追封奉恩辅国公岱英次子	石景山区五里坨街道秀府村饶余敏亲王安和郡王园寝之间	无	无
奉恩辅国公意普园寝	意普	辅国公	奉恩辅国公裕格格次子	石景山区五里坨街道秀府村兰泰园寝墙外	无	无
固山惠献贝子福喇塔园寝	福喇塔	固山贝子	清显祖塔克世第四子庄亲王舒尔哈齐之孙多罗贝勒费扬古第三子	门头沟区龙泉镇坡头村	螭首龟趺碑	螭首龟趺碑
固山贝子福存园寝	福存	固山贝子	固山惠献贝子福喇塔第五子	门头沟区龙泉镇坡头村村北	无	无
多罗贝勒载澄园寝	载澄	多罗贝勒	清宣宗道光皇帝第六子恭忠亲王奕訢次子	门头沟区永定镇苟罗坨村西峰寺	玄宫	玄宫
多罗贝勒奕绘园寝	奕绘	多罗贝勒	清高宗乾隆皇帝第五子荣纯亲王永琪第五子荣恪郡王绵忆长子	房山区坨里镇大南峪	杨树关、阳宅	杨树关、阳宅
多罗贝勒永鋆园寝	永鋆	多罗贝勒	淳慎郡王弘暭第八子	房山区琉璃河董家林村弘暭园寝东北部	螭首龟趺碑	螭首龟趺碑
固山贝子绵清园寝	绵清	固山贝子	多罗贝勒永鋆次子	房山区琉璃河董家林村弘暭园寝东北部	无	无
镇国公奕梁园寝	奕梁	镇国公	固山贝子绵清第四子	房山区琉璃河董家林村弘暭园寝东北部	无	无
奉恩镇国公载铁园寝	载铁	镇国公	贝子衔奉恩镇国公奕梁第三子	房山区琉璃河董家林村弘暭园寝东北部	无	无

园寝名称	墓主	爵位	支系	墓址	2006年	2016年
镇国将军绵悌园寝	绵悌	镇国将军	庆僖亲王永璘第五子	昌平区流村镇白羊城村南宫南侧	无	无
奉恩辅国公绵性园寝	绵性	辅国公	庆僖亲王永璘第六子	昌平区流村镇白羊城村庆亲王园寝南北宫之间	无	无
郡王衔多罗贝勒奕纲园寝	奕纲	多罗贝勒	仪顺亲王绵志第四子	昌平区兴寿镇半壁店村仪镇亲王园寝西南部	无	无
多罗果敏贝勒奕纲园寝	载徵	多罗贝勒	清宣宗道光皇帝第六子恭忠亲王奕䜣长子	昌平区崔村镇南庄村	墓碑残件	墓碑残件
奉恩辅国公载漪园寝	载漪	辅国公	清宣宗道光皇帝第六子恭忠亲王奕䜣第三子	昌平区崔村镇麻峪村恭亲王园寝西部	无	无
奉恩辅国公品级弘晋园寝	弘晋	辅国公品级	理密亲王允礽第三子	昌平区回龙观镇黄土南村南部	无	无
多罗贝勒绵慈园寝	绵慈	多罗贝勒	清高宗乾隆皇帝第十一子成哲亲王永瑆长子	昌平区旧县雪山村成哲亲王园寝西南部	无	无
多罗贝勒溥庄园寝	溥庄	多罗贝勒	成恭郡王载锐长子	昌平区南口镇花塔村成恭郡王园寝阳宅东部	无	无
固山贝子毓梀园寝	毓梀	固山贝子	溥蓁之子,多罗贝勒溥庄嗣子	昌平区南口镇花塔村成恭郡王园寝阳宅东部	无	无
固山贝子弘璟园寝	弘璟	固山贝子	诚隐亲王允祉第七子	平谷区东樊各庄口峪口村诚隐亲王园寝西南部	无	无
奉恩镇国公永珊园寝	永珊	镇国公	固山贝子弘璟第三子	平谷区东樊各庄口峪口村诚隐亲王园寝西南部	无	无
奉恩辅国公绵策园寝	绵策	辅国公	奉恩镇国公永珊第三子	平谷区东樊各庄口峪口村诚隐亲王园寝西南部	无	无
不入八分辅国公载龄园寝	载龄	不入八分辅国公	奉恩镇国公永珊长子	平谷区东樊各庄口峪口村固山贝子弘璟园寝东南部	无	无
多罗恭勤贝勒弘明园寝	弘明	多罗贝勒	恂勤郡王允禵次子	蓟州区孙各庄村黄花山	螭首龟趺碑	螭首龟趺碑

园寝名称	墓主	爵位	支系	墓址	2006年	2016年
固山贝子永硕园寝	永硕	固山贝子	恭勤贝勒弘明次子	蓟州区孙各庄村黄花山	无	无
多罗贝勒永琏园寝	永琏	多罗贝勒	清高宗乾隆皇帝弘历第十二子	蓟州区孙各庄村朱华山园寝西侧	无	无
多罗恭恪贝勒品级弘升园寝	弘升	多罗贝勒	恒温亲王允祺的长子	蓟州区穿芳峪乡果香峪村	无	无
固山贝子永泽园寝	永泽	固山贝子	恒温亲王允祺长子弘升第三子	蓟州区穿芳峪乡果香峪村	无	无
奉恩辅国公绵崧园寝	绵崧	辅国公	固山贝子永泽第四子	蓟州区穿芳峪乡果香峪村	无	无
奉恩镇国公绵疆园寝	绵疆	镇国公	固山贝子永泽第三子	蓟州区穿芳峪乡果香峪村	无	无
奉恩辅国公奕礼园寝	奕礼	辅国公	恒格亲王旺曾孙	蓟州区穿芳峪乡果香峪村	无	无
奉恩辅国公载袚园寝	载袚	辅国公	奉恩辅国公奕礼长子	蓟州区穿芳峪乡果香峪村	无	无
不入八分辅国公溥泉园寝	溥泉	不入八分辅国公				
郡王衔多罗诚贝勒园寝	允祁	多罗贝勒	清圣祖康熙皇帝第二十三子	遵化市兴旺寨	陨质、残碑	陨质、残碑
贝子衔镇国公奕湘园寝	奕湘	镇国公	清世宗雍正皇帝第六子果恭郡王弘曕曾孙	易县梁格庄镇下岳各庄村	玄宫遗址	待商榷
奉恩辅国公载卓园寝	载卓	辅国公	清世宗雍正皇帝第六子果恭郡王弘曕玄孙	易县梁格庄镇下岳各庄村	玄宫遗址	待商榷
追封多罗勇壮贝勒园寝	穆尔哈齐	多罗贝勒	清显祖塔克世次子	辽阳市太子河区东京陵乡东京陵村	螭首龟趺碑	螭首龟趺碑
追封辅国公大尔差园寝	大尔差	辅国公	勇壮清巴图鲁詹尔哈齐次子	辽阳市太子河区东京陵乡东京陵村	螭首龟趺碑	螭首龟趺碑
广略贝勒褚英园寝	褚英	广略贝勒	清太祖努尔哈赤长子	辽阳市太子河区东京陵乡东京陵村	塞家	塞家
多罗安平贝勒园寝	杜度	多罗贝勒	广略贝勒褚英长子	本溪市石桥子镇响山村（螭首龟趺碑现存于平顶山碑林内）	螭首龟趺碑	螭首龟趺碑

二、清代王爷园寝碑文

经过笔者2006年与2016年两次全面考察,以及其间多次考察,可确定目前地面上尚存有墓碑的清代亲王园寝19处、郡王园寝8处,共计27处。碑的形制均为螭首龟趺,碑首部分除裕悼亲王保寿为六交龙首外,其余皆为四交龙首。多罗贝勒园寝有6处,固山贝子园寝有2处,辅国公园寝有1处。笔者以历史朝年为序,将这些现存墓碑的碑文校录如下。

(一)顺治朝

庄亲王舒尔哈齐敕建碑

额篆:敕建

首题:庄达尔汉把兔鲁亲王碑

碑文:惟国家褒显宗英,推崇皇族,生颁荣秩,殁予追封,所以笃本支,昭亲爱也。尔达尔汉把兔鲁舒尔哈齐,乃太祖高皇帝胞弟,□①之叔祖,系序既尊,天潢孔切,更生贤胤,克奏肤功,宜用追崇,以彰祗德。兹特加封为庄亲王,刘在藩屏,聿展贻孙之微,光施泉壤,允敷敦族之仁,勒诸贞珉,永垂不朽。顺治十一年三月初十日立

敬谨庄亲王敕建碑

额篆:敕建

首题:和硕敬谨亲王尼堪碑文

碑文:朕惟国家膺图受录,不吝爵赏,以锡有功,昭示来世,用垂不朽,典至巨也。尔和硕敬谨亲王尼堪,系太祖武皇帝之孙,太宗文皇帝之侄,原爵固山贝子,当入山海,灭流贼二十万兵时,尔率兵信地鏖杀,复穷追败贼于庆都,以尔此功,于顺治元年十月十七日升为多罗贝勒。及殄流寇、灭福王、平定河南、江南时,尔在潼关三败流贼,在芜湖江中生擒福王,降其兵卒,用红衣炮攻取江阴,又往征四川。时败贺珍兵,三次平定汉中地方,故封为多罗敬谨郡王。率兵征山西时,败贼兵八次,又围困大同时,使贼势穷迫,遂拔其城,以多罗郡王封为敬谨亲王。后以湖南贼窃发,命尔为定远大将军统兵前往,殒身行间。尔虽鲜善行,功未足称,

---

① 此处疑脱"朕"字,应为"朕之叔祖"。

念系宗支,爰赐祭葬,勒之贞珉,永垂后世。昭朕敦族酬庸之意云。顺治十二年六月十六日立

顺承恭惠郡王敕建碑

额篆:敕建

首题:多罗恭惠郡王碑文

碑文:国家纪功褒德,首重懿亲,苟能宣力王室,著有懋勋,存则宠之殊秩,殁则载之丰碑。所以昭惇睦励屏藩也。多罗恭惠郡王棱德弘,系和硕兄礼亲王孙,和硕颖亲王之子,赋质端和,秉心渊塞。当兹大统初集,克效勤勤,既称懿亲,复懋贤德,朕眷怀前烈,思所以□①昭泉壤,爰命勒石纪文,声施不朽,为后世藩辅劝。顺治十二年十月初八日立

敬谨悼亲王敕建碑

额篆:敕建

首题:和硕敬谨亲王碑文

碑文:自古肇造之君,必众建懿亲,屏藩王室。若其世有大勋,垂于后裔,生荣死哀,恩礼加隆,载在故典,不可渝也。尔尼思哈,系和硕敬谨亲王之子,秉姿淑慧,堪继先绪,方在稚龄,畚袭王爵,冀享长年,永膺荣贵,何期锡封未几②,旋以讣闻。朕为念本支,每笃伤悼,爰考旧章,特赐祭葬,勒之贞珉,用垂不朽。庶历禩之后,昭朕敦睦之谊云尔。顺治十八年五月十二日立

(二)康熙朝

惠顺亲王碑

额篆:敕立惠顺王墓

首题:奉旨追封和硕惠顺亲王碑文

碑文:朕惟国家酬庸之典,首在展亲,人臣励翼之勤,尤崇报本。尔镇国公呼字,于顺治十年五月,追封郡王,兹以尔子杰书,进封为和硕康亲王,疏请推恩,是用复追封尔为和硕惠郡王,旧德丰昭,愈重新恩之勿替,子情克慰,尤思臣节之宜敦。勒兹贞珉,立之墓道,用垂不朽云尔。大清康熙元年季春朔旦立

---

① 据《八旗满洲通志》记载,此处脱字应为"光"。
② 此字漫漶。

礼烈亲王碑

额篆:不详

首题:和硕礼亲王谥烈代善碑文

碑文:自古帝王创业垂统,必懋建本支,以作藩屏,故生隆显爵,殁锡丰碑,亲亲贤贤,典甚重也。尔和硕礼亲王代善,乃太祖高皇帝次子,太宗文皇帝兄也,忠纯天挺,端恪性生,秉志精诚,夙怀英毅。当我太祖高皇帝草昧经纶之时,以本支之亲,膺心膂之任,披坚执锐,不避矢石,捐躯裹创,戮力疆场。如征哈达、平辉发、定耶黑等国。王亲率将士,多所斩获。及攻兀喇国时,王阵斩其兵,主贝勒博克多,大破其军。嘉尔乃绩,因赐名古英巴图鲁。嗣克开原、下铁岭、取辽东,肇基立业之际,王或以智取,或以战胜,多著奇勋。太祖高皇帝初登大宝,分封四和硕四大贝勒,以王为大贝勒。太宗文皇帝平定朝鲜、收服插哈尔①等蒙古诸国,攻明郡县,式廓疆围,王出则效力戎行,入则宣猷廊庙,无不殚厥心力。崇德元年,初封宗室王爵,以王为和硕兄礼亲王。世祖章皇帝入关定鼎,剿除流寇,殄灭福王,统一寰区,王丕襄泰治,翊赞鸿猷,裨益实多。呜呼!若王者,可谓忠冠当时,功昭后世者矣。及以疾薨逝。世祖章皇帝时切哀思,每深痛悼,特赐祭葬②,敕建丰碑。朕追念前徽,加谥曰"烈"。复念勋名,既载于盟府,而风烈宜表于隧阡,祥述懋功,显扬忠义,重勒贞珉,用传不朽,以示敦睦懿亲之意云尔。康熙十一年八月初一日

奠代善墓诗刻

首题:御制过礼烈亲王园寝赐奠因成六韵

碑文:**朝家让帝溯前闻**③,太祖上宾,王于诸皇子中最长,而众望皆属太宗。王之子岳讬、萨哈璘请从,众心推戴,王曰:"此吾素志也。"乃作议书曰:"绍承大统,必得圣君,始能戡乱致治,以成一统,愿奉四贝勒嗣位入朝。"遍示诸贝勒大臣,众皆喜以告。太宗辞让再三,王言益恳切,众议亦坚,太宗乃从之。**路便椒浆赐奠勤**。由潭柘至香山,跸路经王园寝,因临酹酒。**唐较宁王无逼抗,吴逾太伯有功勋。乌喇突阵如风卷**,王尝从太祖征乌喇布占

---

① 插哈尔,即察哈尔,因满语音译为汉语,故地名等字均为译音,与今之汉字音同而字不同,但指的都是一个地方。

② 此处为碑别字。

③ 大字为诗,小字为旁注,下文同。

泰，率兵三万以拒，众皆愿战，太祖尚未欲加兵，王曰："战士饱马，胜利在速战，所虑布占泰不出耳，今彼兵既出，平原旷野，可一鼓擒也。"太祖因命进兵，王随太祖亲突阵，大败之。遂克其城，布占泰遁走，王复统精兵截战，又败之。布占泰仅以身免。**抚顺攻城卜雨欣。** 天命三年四月，太祖伐明，大军两路进，会天雨，太祖欲还军，王曰："天虽阴雨，我军皆有御雨之具，何虑沾湿？且天降此雨，以懈明边将之心，使吾进兵出其不意耳。是雨利于我不利于彼也。"太祖善其言，遂进兵下抚顺、东州、马根单三城及堡塞共五百余处。**宽甸勇而诛上将，** 天命四年二月，明遣经略杨镐大集兵四路来侵。太祖率师亲征，王督兵于界藩山斩敌百人，又败明总兵杜松等于萨尔浒山。又明总兵马林营尚间崖，总兵潘宗颜营斐芬山，互为掎角。太祖命步兵接战，敌兵自西突至，王即怒马迎战，直入其阵，遂同诸贝勒大败敌兵，斩获过半。总兵刘𫄧由宽甸路来犯，太宗督兵登冈卫击，王率左翼兵自西夹攻，敌众披靡，刘𫄧没于阵。**凌河恕以免监军。** 天聪五年八月，我军围大凌河城，明兵来援。距城十五里而军，我右翼兵卫入败之，生擒明监军道张春等。春见太宗不跪，太宗欲诛之。王曰："我前此所获，无不收养，且此人既以死忠为贵，奈何杀之以遂其志乎？"太宗悦，遂赦春。**灭亲大义弃孙子。** 崇德八年八月，太宗升遐，世祖嗣位，郡王阿达礼及贝子硕讬谋立睿亲王多尔衮。王纠其谋，俱伏诛。硕讬为王第二子，阿达礼则其孙也。**陪祀推恩展礼文。** 今年正月降旨，以王及睿、豫、郑、肃、克勤诸王，同配享太庙。**三酹不禁清泪落，祖宗遗泽逮初云。** 乾隆四十三年岁在戊戌季春之月中瀚御笔

显懿亲王敕建碑

额篆：敕建

首题：和硕显亲王谥懿富寿碑文

碑文：古帝王膺受天命，咸赖懿亲，夹辅宗社。生则犬启藩封，报功崇德，没亦勒之金石，永垂不朽。朕丕承先业，抚育万邦，亦惟诸宗亲共襄图治。尔富寿系和硕肃亲王之子，推恩封为和硕显亲王。性资端敏，克绍先猷，方冀遐龄，遽尔奄逝。在朕亲谊笃挚，既萦一本之怀，追尔品行纯良，益切维城之痛。爰稽成宪，赐谥曰"懿"。勒之贞珉，昭示弈世，庶表朕笃族之心，永为藩辅懿典云尔。康熙十四年四月二十一日立

纯靖亲王敕建碑

额篆：敕建

首题：和硕纯亲王谥靖隆禧碑文

碑文：惟稽古懋建懿亲，覃敷雍睦，盖以敦一本，重宗盟也。朕绍嗣丕基，笃

叙伦纪。凡属天潢之派,咸推王室之恩。矧任重藩屏,谊殷手足,眷念既深于存殁,典章岂靳夫哀荣?惟王乃皇考世祖章皇帝之子,朕之弟也。质成聪敏,性秉温恭,孝友克彰,谦仁遹懋。裕含章之雅范,弘乐善之休风。朕夙重天伦,不吝封爵,锡之茅社,永固河山。方谓同气之亲,克树作邦之瀚。何期早婴危疾,遂致长逝幽冥①。瞻昔偕侍慈帏,同欢别殿。虽尔实凛君臣之分,而朕无间昆弟之情。往事如存,流光频易,中心眷恋,何日能忘?是用特命有司,式循彝宪,务极优崇之数,庶抒惋悼之怀。既相土尔赐茔,仍易名以旌行,赐之嘉谥曰"靖"。於戏!宠沛褒纶,聿表亲贤之望,崇开吉兆,尚昭友悌之忱。俾勒穹碑,永垂奕禩。康熙二十一年二月二十一立

康良亲王敕建碑

额篆:敕建

首题:和硕康亲王谥良杰书碑文

碑文:朕丕纂鸿业,谊笃天潢,敦念本支,每优眷礼,其在宗英茂德,茅土早膺,用命疆场,勤劳茂著,生既邀天宠锡,殁宜被以隆施。尔和硕康亲王,乃和硕礼亲王之孙,蒙世祖章皇帝推恩属籍,授以多罗郡王之爵,寻进亲王。缵乃祖服,后参议政之列,得备机务之询。洎命捋戡除三逆,敕为奉命大将军,指授方略。俾帅师由浙取闽。王仰承庙算,剿抚寇贼,岩疆既奠,振旅还朝,圭组雍容,恪勤罔替。朕弥嘉乃劳绩,王益持以小心,方期荷兹宠光,永享多福。而遐龄未究,一旦溘亡,轸忆生平,用深凄惨。爰遵宪典,载锡诔章,赐葬易名,以光泉壤。呜呼!勋留竹帛,尚思宣力之懿亲,泽沛宗藩,懋展饰终之令典,勒垂琬琰,式贲松楸。康熙二十九年九月十七日立

显密亲王敕建碑

额篆:敕建

首题:和硕显亲王谥密丹臻碑文

碑文:朕惟自古众建宗盟,藩屏王室,藏之内府,载在典书。必曰:"国以永宁,爰及苗裔,矧再传之近,克慎乃在服,无坠前人休尤,必推亲贤之谊,以沛始终之恩。"惟王润衍天潢,枝分玉叶。爰自乃祖,勤劳皇家,战功既高,诚节茂著,亲

---

① 此处为碑别字。

藩是宠,继在后人。逮及王身,已历三世,每存寡过之志,弥切乐善之怀。朕笃念天伦,特加深爱,春秋宴会,恩礼便藩,邸第优闲,常垂劳勉。方期遐福,共享升平。疢疾忽闻,慰问勤切,赐之兼金乘马,示宠于生前,特遣宫府大臣办护。其身后牲牢之数,奠享之期,馈室之营,丰碑之树,有司行事,悉举如章,更为王易名,嘉谥曰"密"。呜呼!岂特所以饰尔之终,尚慰乃祖于九原。俾知我国家展亲报功,真有罔替之恩,亦俾尔子孙无忘先烈,世世克承,以享有终誉,永言存没,钦我训辞。康熙四十二年四月十六日立

简修亲王敕建碑

额篆:敕建

首题:和硕简亲王谥修雅布碑文

碑文:朕惟大雅之诗曰:"文王孙子,本支百世。"则凡在宗支,其始有勋劳于国家,亦望其子孙克继克承,率乃祖考之攸行,以保世久远,厥惟休哉。惟王属在懿亲,著有令誉,自乃祖功在社稷,书于盟府,乃考亦惟克食旧德,以及于王。禀谦冲之茂质,凛夙夜之小心,殚力公家,不营邸第之事,束身礼度,别无嗜好之私,加以教诫,拊循风行所部,兴起人才于有用之地,整练武备于无事之时,惟旌旗壁垒之常新,觉星文羽林之增焕,方谓作我屏辅,永赖亲贤,岂期疾疢忽侵,溘先朝露,无不挽丧车而深痛,望故邸以尽哀。朕震悼辍朝,饰终备礼,诸孤抚视,更怆于怀。呜呼!受封将二十年,持身无毫发过,输忠于我王室,追孝于前文人,宗支若斯,可以百世,幽扃既闭,懿德宜昭,用宣宠章,勒诸贞石,俾永有宪于后祀。康熙四十二年三月十九日立

裕宪亲王敕建碑

额篆:御制碑文

首题:御制和硕裕宪亲王碑

碑文:国家景运庞洪,本支百世。用惇秩叙。懋建屏藩。矧兹同气之最亲,加以懿行之茂著,恩无间于终始,礼务尽夫荣哀。纪述生平,倍增忾叹。惟王为皇考世祖章皇帝之长子,朕之亲兄弟也。胄既属尊,齿复居长,而秉性宽和,持身谦牧。虚受之量,虽疎贱不遗。矜慎之衷,虽细微必饬。而其大者,则在因心展孝,曲尽慈宁。色养之诚,视国如家。克敦夙夜,奉公之义。入而预闻大政,出而翊赞戎机。佐至升平,共享清晏。岂期偶恙,遽遘鞠凶。当王之初疾也,尝遣医

审药,躬视再三。王自谓渐瘳,谆辞逊谢。及朕时巡塞上,哀讣忽闻。遂触冒炎蒸,倍道遄返,辍朝临奠,制诔抒怀。历丧礼之告竣,常涕泗之横集。顾瞻华渥,杳隔春晖。岁月不淹,顿成陈迹,能不悲夫!迄今追惟往事,溯自髫龄。或同侍寝门,或偕游禁苑。或考稽图史,或陪扈銮舆。朕日笃家人昆弟之欢,而王则益修臣职。惟谨四十余年,曾无失德。天怀乐善,何日忘之!经曰:"高而不危,所以长守贵也;满而不溢,所以长守富也。"王服习斯训,美备厥躬。按法旌行,予谥曰"宪",洵无忝矣。兹王之寝园,在黄华山麓。川回严抱,既固且完。朕亲加相度,乃襄大事。嗣子保泰,名绍旧封,式偿王绪。於戏!惟王克忠克孝之节,允树为臣为子之型。王之休德,朕襃扬之。王之后嗣,朕佑芘之。爰据实摘文,勒之贞石,用垂令闻于不朽,俾后之览者,知所景仰焉。康熙四十九年[①]

顺承忠郡王敕建碑

额篆:敕建

首题:多罗顺承郡王谥忠诺罗布碑文

碑文:国家惇典庸礼,道莫重于展亲,恤下施仁,谊更先于睦族,是以宠备哀荣,眷深终始。式颁嘉谥,载焕丰碑,恩至渥也。尔多罗顺承郡王诺罗布,分辉玉牒,擢秀金枝,翊卫周庐,早征勤慎,洊阶统领,久著严明,遂晋秩乎统军,更入参乎几务,公忠是励,敬谨有加。爰简两浙之元戎,屏藩攸寄,克戢三军于雍穆,镇抚咸宜,懋乃成劳,缵袭封之茅土,睠兹耆旧,加锡予之便蕃,方期长享修龄,岂意奄归泉壤,缅怀遗躅,感悼良深,命皇子以临丧,遣大臣而致奠。易名有典,特谥曰"忠"。表墓有文,俾镌诸石,呜呼!功留策府。身虽殁而犹存,泽被幽扃,名永垂于不朽,光昭奕禩,不亦休欤。康熙五十七年五月初七日立

(三)雍正朝

裕悼亲王敕建碑

额篆:敕建

首题:追封保寿亲王碑文

碑文:朕惟国家展亲之典,聿重宗支;朝廷锡类之仁,必推源本。厥有克全令闻垂裕后昆者,宜显示以褒崇,用阐扬夫善庆,勒诸金石,允协彝章。尔保寿乃和

硕裕亲王广宁之父,璇源衍派,天汉分辉,品居公爵之尊,桓圭表瑞,德茂安敦之吉,朱邸凝庥,缅遗范之既遥,美承家之有后。朕情殷教孝,特许推恩,追封尔为亲王,锡赐易名,遣官致祭。呜呼!蔚称藩辅之荣,祥由燕翼;诞受丝纶之宠,声被来兹。贞珉屹马鬣而长垂,华衮得龙章而丕焕,千秋雨露,永润泉垆,岂不休哉。雍正三年六月初七日

(四)乾隆朝

果毅亲王碑

额篆:无

首题:果毅亲王碑文

碑文:朕惟谊切展亲,笃宗盟而作辅;礼崇褒德,恤成绩以酬庸。其有莅职精明,抒荩忱于丹陛;居心直亮,著雅荃于银潢。生则任倚屏藩,殁则芳流琬琰,所以敦一本,励群僚也。朕叔果亲王,持躬耿介,律己刚方。昔皇考同气深情,贲恩荣之优渥,维王则实心任事,综内外以宣劳。迨朕躬之缵承,俾职司乎总理,质原羸弱,犹勿懈于精勤。性本严凝,每不辞乎嫌怨,顾念沉疴久抱,时加存问之频仍,岂意夙疢难痊,遂致濒危之屡告,将慰安于私第,适肃事于斋坛,用遣亲藩,往为问疾。初闻小愈,得静摄于林泉,遽构薨殂,持临奠于邸舍,命大臣而经纪家政,备举彝章。简幼弟以嗣袭宗藩,缘承先志,既永安于吉壤,更长峙乎丰碑。於戏!简册垂芬,缅想金柯之范;鼎钟纪烈,弥昭玉牒之辉。贲及松楸,光昭泉隧,不亦休欤?乾隆三年九月二十二日

多罗恂勤郡王敕建碑

额篆:敕建

首题:多罗恂郡王碑文

碑文:朕惟树亲贤,敦本重屏藩之寄,阐扬行业,省躬留琬琰之辉。显荣洊被于生前,懿媺式昭于身后,恩至重,典至隆也。朕叔多罗恂郡王,玉牒崇班,银潢近属。励嘉修于晚节,重光带砺之封;延庆绪于方来,用笃本支之谊。兹闻溘逝,深切轸伤。既展礼以抒情,更易名而旌行,综其梗概,定谥曰"勤"。於戏!腾恋宗盟,感益深于存殁;永绥福祉,恩不间于幽明。荷此新纶,昭兹贞石。乾隆二十年七月初八日

顺承恭郡王铭赐碑

额篆：铭赐

首题：多罗顺承恭郡王泰斐英阿碑文

碑文：朕惟懿亲笃庆，泽洽本支，属籍承恩，辉流奕世，所以播朝家之隆谊，垂天室之芳声。贻厥方来，光于前烈，荣施烂焉。尔多罗顺承郡王泰斐英阿，系出银潢，望崇宝胄，桐圭衍绪，韶龄早磐英材，梓诰宣猷，册府频膺宠锡，掌宗盟于同姓，惇叙式昭，寄军政于前锋，申严匪懈，沦徂遽告，已当请谥之期，赠恤频颁，肇举易名之典，考彝章于在昔，缅行谊而非遥，谥之曰"恭"，象其遗迹。呜呼！德彰睦族，屏藩懋麟趾之麻，礼备饰终，琬琰壮螭跃之色，钦兹嘉命，妥尔幽灵。乾隆二十一年八月初一日

果恭郡王碑

额篆：无

首题：多罗果恭郡王碑文

碑文：朕惟亲惟同气，膺显爵于屏藩；谊本因心，写悲惊于琬琰。故哀荣之备至，倍笃孔怀；乃恩礼之始终，弥昭渥泽。词镌贞碣，光贲重泉。尔多罗果恭郡王弘瞻[①]，庆洽星潢，祥钟天胄。兰芽苗秀，仰承皇考之慈；桐叶疏封，命继贤王之后。洎朕躬之嗣极，龙恩眷之加隆。齿仅垂髫，勤居中之抚视。年当就傅，课授读之诗书。望以亲贤而加之敦勖。鞠从幼弱，以逮于成人。虽邸第之出居，犹宫廷之时接。问安椒闼，子职恒随，赐宴柏梁，懿亲最近。亦尝试之宫府，练其从政之才。屡俾扈以省巡，预在属车之列。凡朕心之肫挚，奠王志之钦承。至偶蹈于愆尤，上违慈训，犹曲全夫恩谊，少降崇封，岂惟示以优容，实用施之策励，乃者嘉惠南国，稽古省方。当玉仗之初移，尚金门之拜送。忽传属疾，远奏邮章，即上请于安舆，特晋有加之秩；幸遥聆夫温绤，庶祈勿药之瘳。荆枝遽折于春风；薤叶易晞于朝露。驿来哀讣，情深介弟之悲；宠畀隆仪，礼重亲王之例。陈雕筵而载荐，考彝典以易名。睟厥新茔，表之贞石。呜呼！三十载抚从兰掖，怅雁序之中分；百千年阏此松阡，焕螭跃而生色。宣兹轸悼，慰汝幽潜。乾隆三十年四月二十七日

---

① 疑误写，此处应为"瞻"字。详见笔者拙文《清代王爷园寝碑文上的错别字》。

和勤亲王敕建碑

额篆：敕建

首题：和硕和勤亲王碑文

碑文：朕惟玉牒分辉，情莫隆为敦本，金枝掩采，礼尤备于饰终，眷茅土之方新，列爵维崇屏瀚，悯芝兰之早谢，贞珉式焕丝纶，爰举彝章，用光兆域。惟王赋姿明敏，禀气冲和，礼法能娴，树声华于绮岁，趋跄有度，供宿卫于直庐。洎乎晋秩亲藩，兼司旗务，恪恭应矩，承家法以无违，醇谨流禔，擅宗英而著美。行年方壮，何笃疾之难瘳，凶问忽传，每怆怀而莫释，雕筵叠荐，已申谕奈之仪，翠碣常昭，载举易名之典，题碑有制，锡谥曰"勤"。於戏！瞻画翣以临风，悲深犹子，表松阡而勒石，休示方来，式慰尔灵，永垂勿替。乾隆三十七年四月

裕庄亲王碑

额篆：无

首题：和硕裕庄亲王碑文

碑文：朕惟金枝衍庆，久推宿□①于宗室，翌翠碣镌铭，聿考彝章于册府，惟亲贤之素著斯礼，恤之宜优，爰播恩纶，丕昭芳誉。惟王宽躬端谨，秉志醇良，绍令绪之绵延，崇封早锡，作仙潢之表，论显爵攸加朕谊，笃同皇恩推近，属擢登议政班，联则特领鹓行，洊任统军，职掌则典司虎旅，玉牒总编摩之局，夙知综辑，维勤琼筵。承礼乐之麻式，喜龙光载荷，祚以八旬，晋褒欣蕃祉之能，膺因之七字裁篇，赐宸章而示眷，嘉其晖吉冠并颁服之荣，勉以颐和永树屏藩之望，方冀更绥夫莃禄，何期莫驻乎遐龄。展祀以时，既申仪于洁俎，易名有制，还表行于贞珉，象厥生平，以庄为谥。於戏！缅芳型于书邸，尚怀棣鄂之分辉，彰休命于丰碑，长见松阡之焕采，克垂令闻，勿替！乾隆五十一年七月

（五）道光朝

顺承简郡王敕建碑

额篆：敕建

首题：多罗顺承郡王谥简伦柱碑文

碑文：朕惟麟振协庆，展亲推锡，类之恩螭，篆扬芬褒，绩重易名之典，倦令仪

---

① 此处字已残。

于桂邸,范著屏藩,胪懿行于松阡,荣生兆域,丰碑载揭,涣号斯颁,尔多罗顺承郡王伦柱,祗慎持躬,渊醇秉德,蜚英绮岁,席燕翼以无忝,列爵觿辰美象,贤而攸赖,膺两朝之渥眷,湆露常沾,总九族以垂型,风规共式,趋班执戟,宿卫寄以森严,善射弯弧,技能嘉其娴习,方谓仙源衍祜,长延瓞系之祥,何期逝水增凄,遽发薤歌之乡,怅马鬣而崇封初卜,赍龙纶而殊宠忧叨,象厥生平,予谥曰"简",於戏!靖共匪懈,尚留盘石之盟,灵爽式凭,载焕贞珉之色。昭兹来禩,克绍麻光。道光四年十一月二十一日立

(六)咸丰朝
瑞敏郡王敕建碑
额篆:敕建

首题:无首题

碑文:朕惟荣封袭庆,介圭分若木之华,懿典饰终,贞石壮长楸之色,溯麟祥于公族,谊笃本支,彰燕誉于宗英,恩流来禩。尔多罗瑞敏郡王奕誌,冲和秉质,恪慎持躬。爰自髫龄,庇蔼时厪于皇考,聿光令绪,分茅遂递乎懿亲,服勤将倚其成劳,至乐莫逾于为善,年当就传,命授读于虎闱,学以成材,喜勤披于蠹简,涉猎文章之囿,楚国娴诗,翱翔翰墨之园,河间好礼。旋邀宠任,直制披以抠趋,分掌宗盟,作近支之表率。朕寅承宝命,正在亮阴,申爱金枝。俾司仪节,方谓五宗渥眷,桂邸常开,何期数月沉疴,桐珪忽殒,览遗章而轸痛,曾奠酹之亲临,营兆方新,易名举典,缅缁帷之蛾术,十载研精,勒翠碣以鸿文,一言纪实,谓之曰"敏",象厥生平。於戏!世德作求,嘉称克副,永怀瓞谱,表屏藩列爵之荣,式焕松阡,示纶綍衔恩之宠,昭兹来许,钦载训词。咸丰元年　月　日

肃慎亲王敕建碑
额篆:敕建

首题:无

碑文:朕惟义崇惇本,先宿齿以推恩,礼重饰终,惜老成之徂谢。眷贻徽于桂邸,铭鼎犹存。爰宠贲于松阡,丰碑特建。尔和硕肃慎亲王敬敏,持身严恪,秉德温恭。念乃祖有大勋劳,铁券赏延于累叶。迨尔躬无时逸豫,金枝秀苗于绮龄。皇考当践祚之初,懿亲袭分封之典,受恩弥渥,谨度弥虔。统劲旅之虎符,偏八旗而敊,历领神军于鹤龥,励七校以精能。宗人资表率之方,银潢就范;府库凛度支

之掌,白水明怀。寿衍古稀,懋赏特颁夫吉羽。勤趋曝直,殊施更畀以安舆。凡兹纶绋之宠,多皆本圭璋之品粹。及朕继承大宝,惟王益矢小心。阅三载而素履无愆,跻八袠而元神弥固。方冀微疴勿药,省事以遂其养生。岂期遗疏旋闻,末疾遽成为大暮。乃颁经被,兼锡精缪。命亲藩而往荐雕筵,饬礼官而载升芳醑,用举易名之礼,式彰茂实之勋,象厥生平,谥之曰"慎"。既恤金以卜兆,特伐石以摛文。於戏! 我国家报功罔替,敦大节者,斯享大名,尔子孙厥德聿备,继先绪者,毋忘先烈,慰尔灵爽,钦哉训辞。咸丰四年九月

(七)同治朝

惠端亲王敕建碑

额篆:敕建

首题:和硕惠端亲王碑文

碑文:朕惟分列尊行,朱邸之贻型共仰,名垂后裔,青珉之纪绩长存,典宜重于展亲情,倍深于追往,载颁芝绰,式焕松阡。惟和硕惠亲王,乃朕之叔祖也。秉性端凝,持躬谨慎,恩推一本,早膺茅土之封。眷渥三朝,永衍葛根之芭,侍禁掖而常凛寅畏,统旗营而益矢辛勤,巡防之责任匪轻,熊罴队整,奉命之声灵有赫,虎豹韬娴,手谕仰承,召封毋庸乎叩拜,肩舆入直,仪文特示以尊崇。荷先帝之荣施,礼有加于长长,追朕躬之嘉赖,念弥笃于亲亲,禀命慈闱,宣勤秘殿,翊冲人而典学,启沃良多,停庶务以节劳,康疆可卜。方冀修龄之克享,何图痼疾之莫瘳,遽告沦徂,实深悲悼。赙金厚赍,帑邀内府之颁,奠斝亲行,封界后昆之晋,易名有典,爰谥曰"端"。於戏! 令德孔彰,百世延银潢之泽,成劳勿替,九原耀石碣之辉,式峙穹碑,用昭遗矩。同治五年正月　日

(八)光绪朝

肃恪亲王碑

额篆:不祥

首题:和硕肃恪亲王碑文

碑文:朕惟谊重金枝,惇叙所以隆锡爵;辉流玉牒,褒扬所以笃酬庸。追思骏烈于曩初,堪垂盟府;合阐鸿勋于既往,永建穹碑。尔和硕肃恪亲王华丰,谨慎持躬,靖共称职,毓秀秉琼瑶之质,怀才昭黼黻之猷。敷心腹以效公忠,班崇亥陛,作股肱而勤翊卫,极拱辰垣。功久著于服劳,乐莫逾乎为善,蔚有天潢之望,允为

王室之藩。方期茅土长膺,遐龄克享,何意桐圭易陨,溘逝俄闻,礼贵饰终,既备彝章而赐奠,文宜称美。爰宣誉命以易名,综厥生平,谥之曰"恪"。於戏!嘉乃丕绩,分璜颁带砺之封;迪惟前光,勒石焕丝纶之色。俾传后裔,式播贤声。光绪五年己卯三月二十日立

醇贤亲王碑

额篆:无

首题:无

碑文:光绪十六年十一月,礼臣奏上:醇贤亲王丧仪,以碑文请,钦奉皇太后懿旨,碑文皇帝亲制,子臣载湉承命维谨。越三年,岁次壬辰,四月筮日,恭举葬礼,于是斋邈流涕,譔次勋德,勒诸贞石,其辞曰:"我本生考醇贤亲王,皇祖宣宗成皇帝第七子也,母庄顺皇贵妃,生而明敏,敦厚孝谨,为皇祖所钟爱。六龄入上书房,读书十龄,能骑射,习火枪。文宗显皇帝御极,封为郡王,眷遇优渥,往往乘舟赋诗,或从猎行围,一如家人礼。穆宗毅皇帝嗣位,两宫皇太后垂帘听政,晋封亲王,授御前大臣,命在弘德殿照料读书。入则辅导圣躬,出则规划戎略,创立神机营,选八旗兵丁之材者,亲加训练,由是京师有炮队劲兵。同治十三年,穆宗升遐,皇太后命予小子入承大统,我本生考醇贤亲王,深怀谦抑,于皇太后前辞免职务,懿旨俯允,而倚畀益隆,命以亲王世袭罔替。凡军国重大之事,无不咨焉。既仍管神机营,又以创设海军,命综其事。岁丙戌,躬阅海口形势,遂由天津历烟台、旅顺,轮舶驭风,海波不兴,各国使臣鳞集羽凑,争睹颜色。于是讲求船械,议辟铁路,恢恢乎有经营六合之规,盖上禀慈训,下集群谋,殚心竭思,未尝一日释也。至于经始大工,百度具举,程材度地,昕夕靡懈,而雄文丽句,浩若江海,举笔立就,得于登临览观时为多。尝辑典谟中法语,大书一通,并述列圣艰难之业,东朝覆育之恩,成诫勉诗二章,揭诸讲殿之壁。俾予小子出入省览,又尝鉴宋明议礼之失,具疏密奏皇太后。谓历代继体之君,推崇本生父母,当以宋孝宗不改子称秀王之封为至当。将来如有援引治平嘉靖之说进者,务加屏斥。俾于千秋万世,勿再更张。迨光绪十五年,大臣中有请议尊崇典礼者,仰蒙皇太后宣示此疏,褒扬我本生考醇贤亲王,以为纯臣心事,古今莫及。呜呼!仪礼为人后者之义,高宗纯皇帝濮议辩昭示于先,本生考醇贤亲王豫杜妄论,疏阐发于后,实足以尽人伦之极则,而立臣子之大防,此所谓一言而为万世法者也。本生考醇贤亲王以

364

道光二十年九月二十一日诞生，光绪十六年十一月二十一日薨逝，春秋五十有一。寝疾之时，皇太后临邸看视，及薨，特谥曰"贤"。自殡及葬，亲赐奠醊者数四，盖旷典也。园寝在京师西山妙高峰，首庚趾甲，规制如亲王礼。

呜呼！以本生考醇贤亲王之宏猷茂绩，允宜夹辅宗社，用保乂我邦家，而天不假年，遗志未竟，则予小子之思慕，其有穷期耶！敬举大节，质言无文，以申慈命以告臣民，以垂诸永，永无极之世。光绪十八年四月二十一日恭述谨书

孚敬郡王敕建碑

额篆：敕建

首题：不详

碑文：奕谯碑文因其碑文漫漶严重，仅抄以后五行文字

　　　　■①日月之有

■朝■内廷总理乐□王秀毓仙

■旗■大宝恭膺惟然班不溢不骄

■逝之■方冀遐年□德之诞敷用

■之曰■庶百世之流□祀以时既肆

■克钦■永焕贞珉□老成慭去难

三、清代多罗贝勒、固山贝子墓碑文

（一）康熙朝

多罗贝勒常阿岱诰封碑

额篆：诰封

首题：多罗贝勒谥怀愍常阿岱碑文②

碑文：古帝王承天扶世，笃念宗亲，故生则锡以荣封，殁则彰其令誉，典最渥也。尔常阿岱，聪敏成性，端方制行，方冀遐龄，忽然奄逝，念尔谊切宗室，复隆表著之恩，爰稽成宪，谥曰"怀愍"，勒之贞珉，用传不朽。庶昭朕敦族之心，永为藩屏之懿典云尔。康熙五年九月初四日竖立

---

① 碑文漫漶严重，无法统计缺字数量，故用"■"代替缺字，下文同。
② 此碑文汉左满右。

追封多罗贝勒穆尔哈齐敕建碑

额篆：敕建

首题：追封多罗勇壮贝勒清巴图鲁穆尔哈齐碑文

碑文：自古帝王承天抚世，笃念宗亲，故生则赐以荣封，殁则彰以令誉，典最渥也。尔清巴图鲁、贝勒穆尔哈齐系宣皇帝之子，秉性安详，居心恺悌，已追封为多罗勇壮贝勒。奄逝既久，丰碑未树，朕念切本支，复隆表著之恩，爰稽成宪，勒之贞珉，用传不朽，庶昭朕敦族之心，永为藩屏之懿典云尔。康熙拾年肆月拾陆日立①

追封辅国公大尔差敕建碑

额篆：敕建

首题：追封辅国公谥刚毅大尔差碑文

碑文：自古帝王创业垂统，以贻万世，凡属宗支，皆膺显号，以重懿亲也。尔大尔差，系谥勇壮清巴图鲁穆尔哈齐之子。性行纯良，才猷敏練，已封为刚毅辅国公，奄逝既久，丰碑未树，朕笃念宗亲，爰稽成宪，勒之贞珉，用垂不朽，庶昭朕敦睦之怀云尔。康熙拾年肆月拾陆日立

（二）雍正朝

多罗安平贝勒杜度碑

额篆：不详

首题②：

碑文：朕惟国家谊笃懿亲，情殷惇穆。显爵之畀，既颁泽于生前；宠锡之加，更垂恩于身后。凡以重一本厚宗盟，典至渥焉。尔多罗安平贝勒杜度，派衍银潢，庆流玉叶，扬威阃外，夙资克敌之功，宣力师中，允协维城之义，且职司夫礼教，因志励乎寅清，追尔勋猷，宜加恩赉，特颁旷典，聿彰眷之情。丕布新纶，爰备终之礼，式循彝宪，建树丰碑。呜呼！鸿文焕赫，贲泉壤以增光；宝命辉煌，暎松楸而生色。永垂奕禩，用志哀荣。雍正元年十二月初三日立

---

① 康熙十年（1671）五月二十日，康熙皇帝赐碑表墓。穆尔哈齐墓园位于舒尔哈齐、褚英陵园以东约百米，面向东南，取"向巽（东南）背干（西北）方位。长方形，后墙为半圆形。两进院落。二子达尔察封辅国公，谥号"刚毅"，陪葬于其父穆尔哈齐墓园之内。由于穆尔哈齐在清初的卓著功勋，顺治十年（1653）五月被追封为多罗贝勒，谥号"勇壮"。康熙四年（1665）奉特旨重修茔园。

② 原葬于东京陵，后迁葬本溪，碑首部分和碑座部分已佚，仅存碑身部分。

固山贝子准达敕建碑

额篆：敕建

首题：原任镇国公追封固山贝子谥温恪准达碑文

碑文：朕惟国家谊重亲贤，道弘敦睦，荷丝纶之褒锡，宜琬琰之垂光，凡以眷懿，亲酬茂绩，典至渥也。尔准达持躬恪慎，矢志靖共，早贾勇以临戎，继宣猷而议政，承恩弗替，世秩列于上公，效力有年，崇班领夫宗正。前劳可念，显爵特加，礼隆饬终，泽隆下逮。既易名而谕祭，复营葬以勒铭。於戏！青松白石，沛恩宠于重泉，螭碣龙章，志光荣于奕世。尔克有知，其敬承兹休命。雍正五年岁丁未六月初八日立

固山贝子福喇塔敕建碑

额篆：敕建

首题：固山贝子谥惠献福喇塔碑文

碑文：惟稽古选建，懿亲作屏，王室罔不在外以著成劳。故鲁公誓于淮徐，召穆师于江汉，咸书典策，足纪功宗。尔福喇塔，乃辅国公偏俄之子，念系宗室，俾仍父封，嗣加特恩，超列贝子，属闽越未靖，师旅徂征，简佐戎行，克扬我武，电扫鲸鲵之众，风行驵骆之余。乃礼未举于劳远，躬遽捐于尽瘁。朕惟生勤王事，殁有宠章，矧予宗室之贤，尤加荣哀之谊。爰旌殊绩以易厥名，特赐谥曰"惠献"。於戏！惟慈爱有际残之美，惟叡哲有制胜之能，往勒贞珉，光于属籍。康熙十七年八月十六日

（三）乾隆朝

多罗贝勒弘明敕建碑

额篆：敕建

首题：多罗贝勒弘明碑文

碑文：朕唯敦叙懋盛朝之化，永以河山，饰终昭彝典之隆，勒诸琬琰。矧在宗盟之列，实惟群从之亲。生宜析高爵于屏藩，殁则表纶言宅兆。聿循茂制，用示眷怀。尔多罗贝勒弘明，派自天潢，饫承渥泽。系懿亲于仁祖，近衍金枝；考属籍于宗人，行兮玉牒。朕在缵承之始，念笃亲亲；汝膺显爵之封，赏延世世。试之以事，克殚尔劳。曾掌旅于八旗，用备员于三院。儋圭纡组，荷卅载之隆恩；华邸朱轮，跻六旬之绵算。苇方敦于湛露，薤遽晞于朝阳。爰赐醊之再颁，俾易名于壹

惠。被以"恭勤"之谥，庶几令誉之宜。呜呼！封马鬣之松楸，新阡始建；赉龙章之日月，贞石长存。期幽壤之有知，沐鸿施于罔替。乾隆三十二年二月二十四日

多罗贝勒允祁碑

额篆：不详（现埋于土中，暂未清理）

首题：郡王衔多罗诚贝勒碑文

碑文：朕惟谊隆敦，叙藩屏彰列爵之崇典，重饰终琬琰■型揭素，行于恩言，聿标雅范，惟王秉衷，悫厚植品■桥山而奉职谨度，惟虔信推属籍之仪，凤著宗维之望■用示展亲懋昭，优礼方冀，遐龄久驻，庶菲禄之孔绥■备彝章而加等，载宣誉命以易名，爰谥曰"诚"，籍扬厥■垂嘉称褒，肫笃之忱，贞珉丕焕，俾传懿躅，式播贤■乾隆五十一年十二月

（四）道光朝

多罗贝勒永鋆敕建碑

额篆：敕建

首题：多罗贝勒永鋆碑文

碑文：支分椒衍，遹韬瑶牒之辉；班亚桐封，宜赉琼筵之典。效赞襄而奉职，绩懋彤廷；念恭恪以颁纶，恩垂朱邸。尔多罗贝勒永鋆，秀毓仙源，荣叨崇秩，综司禁旅，肃武备以宣勤，兼掌宗庠，饬朝章而辅化。方冀年华锡庆，恩眷长承。何期夜壑兴悲，音容忽杳。於戏！忆金枝之禀教，早稽属籍而称尊，顾玉水以怀贤，每惜期颐之未享，用摅轸悼，尔尚来歆。锡类惟仁帝室，隆展亲之谊；推恩自近天家，重褒恤之文。荷册府之崇封，显荣聿备；值雕筵之初锡，恻怆弥深。尔多罗贝勒永鋆，派衍银潢，支分瑶牒，叠奉山陵之使，恪谨无愆，兼禁卫之军，靖共匪懈，教分胄子，趋班凤著其勤劳，职统宗人，率属懋昭其分慎。方谓象贤①久赖，何期驹隙俄迁。念旧增歔，饰终宜厚。於戏！九重赉宠，载昭纶綍之辉。册载宣猷，用报馨香之德。庶几灵爽，歆此苾芬。道光辛巳年壬辰月丁卯日②

---

① 此处原为碑别字"贒"。
② 应为道光十一年（1831）。

第五章　清代王爷园寝分布的地理信息

第一节　清代王爷园寝分布数据分析

北京初称蓟,后又名燕。《尚书·舜典》:"燕曰幽州"。"幽州之地,左环沧海,右拥太行,北枕居庸,南襟河济,诚天府之国"。[1]两汉、魏晋、隋唐时期,北京属于幽州。辽代时升为辽南京,金代属金中都,元代建大都城。永乐元年(1403)始称北京,明成祖迁都后这里便成了明朝帝都。顺治元年(1644)十月,顺治皇帝入主紫禁城后,北京又成了清朝的京师。

清代王爷园寝主要分布在京津冀地区,以北京地区为大宗(见表5-1)。众多的王爷园寝,在修建之前都做了精心的选址与规划,至清朝灭亡时,在北京及其周边地区形成了一定规模的王爷园寝群。

从表5-1、表5-2、图5-1可以看出,清代王爷园寝分布数量最多的区县是北京市海淀区,为31处,占总数178处的17.41%,接近文物数量总数的20%。王爷园寝分布数量从多至少依次为北京市海淀区31处,北京市房山区为29处,北京市朝阳区为26处,北京市昌平区为16处,河北省保定市为15处,北京市石景山区为14处,天津市蓟州区为11处,北京市丰台区为8处,北京市密云区为6处,北京市门头沟区为5处,北京市西城区为4处,北京市通州区为3处,北京市平

---

① (宋)范镇之:《幽州赋》,载王东、王放:《北京魅力:北京文化与北京精神新论》,北京大学出版社,2008。

谷区为3处,北京市顺义区为2处,河北省遵化市为2处,北京市东城区为1处,
北京市怀柔区为1处,辽宁省辽阳市为1处。

表5-1　　　　　　　　　　　　清代王爷园寝分布统计表

地点	数量		总计
	亲王	郡王	
北京市东城区	1	—	1
北京市西城区	—	4	4
北京市朝阳区	22	4	26
北京市海淀区	17	12	29
北京市丰台区	5	3	8
北京市石景山区	13	1	14
北京市门头沟区	1	4	5
北京市房山区	15	14	29
北京市通州区	3	—	3
北京市顺义区	1	1	2
北京市昌平区	13	3	16
北京市平谷区	2	1	3
北京市怀柔区	—	1	1
北京市密云区	4	2	6
天津市蓟州区	7	3	10
河北省保定市	12	3	15
河北省遵化市	—	2	2
辽宁省辽阳市	1	—	1

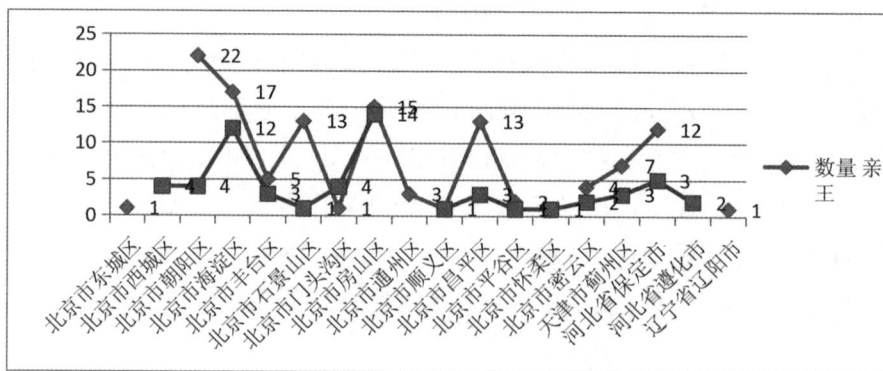

图5-1　清代亲王、郡王园寝分布图

表 5-2

清代王爷园寝区域分布比例表

地区	北京市东城区	北京市西城区	北京市朝阳区	北京市海淀区	北京市丰台区	北京市石景山区	北京市门头沟区	北京市房山区	北京市通州区
数量	1	4	26	29	8	14	5	29	3
百分比	0.57	2.29	14.86	16.57	4.57	8	2.86	16.57	1.71
地区	北京市顺义区	北京市昌平区	北京市平谷区	北京市怀柔区	北京市密云区	天津市蓟州区	河北省保定市	河北省遵化市	辽宁省辽阳市
数量	2	16	3	1	6	10	15	2	1
百分比	1.14	9.14	1.71	0.57	3.42	5.71	8.57	1.17	0.57

　　根据以上两表可以看出,清代王爷园寝主要分布在二市二省,即北京市、天津市、河北省、辽宁省。根据图5-2可以看出,清代王爷园寝的空间分布不均衡,其分布以北京地区较为集中,占清代王爷园寝总数量的83.98%,是其他三个省市数量总和的5倍还多。

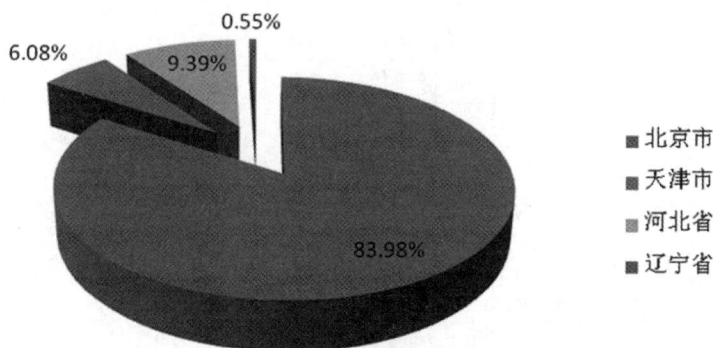

　　0.55%
　6.08%　　9.39%

　　■ 北京市
　　■ 天津市
　　■ 河北省
　　■ 辽宁省

　　83.98%

图5-2 清代王爷园寝区域分布比例图

　　通过诸上数据,笔者认为形成这一分布特点的主要原因有以下3点:第一,清代宗室的王爷们居住生活的地点主要为北京,故而这些清代的亲王、郡王们薨逝后,也葬在生于斯长于斯的故土北京;第二,清朝入关之前,定盛京为都(今沈阳),故而生活在清代前期的亲王们大都葬于沈阳周边;第三,清代帝陵选址为河北省的遵化市和易县,因此清代亲王、郡王们薨逝后选址葬在清代皇陵的周边。

中国古代有"昭穆而葬"的墓葬制度,以东为昭,以西为穆。清代帝陵的选址一东一西,便是这种制度的实例体现。清代王爷园寝的兴建亦是借鉴了清代帝陵的原则,有的是在园寝墙内以"昭穆而葬",有的是家族聚集而葬,还有的是子随父葬。通过实地踏察,笔者将符合上述规律的清代王爷园寝制成下表(表5-3、表5-4)。

表5-3　　　　　　　　　　清代王爷园寝"家族式"分布统计表

	墓主	支系	园寝地点
礼亲王园寝第一处地点	爱新觉罗·代善	清太祖努尔哈赤次子	海淀区香山街道门头村
	爱新觉罗·满达海	礼烈亲王代善第七子	
	爱新觉罗·祜塞	礼烈亲王代善第八子	
	爱新觉罗·杰书	礼烈亲王代善之孙	
	爱新觉罗·椿泰	礼烈亲王代善曾孙	
礼亲王园寝第二处地点	爱新觉罗·冲安	礼烈亲王代善玄孙	石景山区金顶山村
	爱新觉罗·巴尔图	礼烈亲王代善曾孙	石景山区福寿岭村
	爱新觉罗·永恩	礼烈亲王代善四世孙	石景山区金顶街街道西福村
	爱新觉罗·昭梿	礼烈亲王代善五世孙	
	爱新觉罗·永奎	礼烈亲王代善三世孙	石景山区福寿岭村
	爱新觉罗·麟趾	礼烈亲王代善四世孙	
	爱新觉罗·全龄	礼烈亲王代善七世孙	
	爱新觉罗·世铎	礼烈亲王代善八世孙	
睿亲王园寝第一处地点	爱新觉罗·苏尔发	睿忠亲王多尔衮之孙	朝阳区八里庄街道熏皮厂村
	爱新觉罗·塞勒	睿忠亲王多尔衮曾孙	朝阳区东坝乡单店村
	爱新觉罗·功宜布	睿忠亲王多尔衮玄孙	
	爱新觉罗·如松	睿忠亲王多尔衮四世孙	朝阳区双井街道马圈原北京起重机器厂
	爱新觉罗·宝恩	睿忠亲王多尔衮六世孙	朝阳区朝阳门外某村花园
	爱新觉罗·瑞恩	睿忠亲王多尔衮六世孙	朝阳区三间房乡定福庄椰子井村
	爱新觉罗·德长	睿忠亲王多尔衮八世孙	
	爱新觉罗·魁斌	睿忠亲王多尔衮九世孙	
睿亲王园寝第二处地点	爱新觉罗·淳颖	睿忠亲王多尔衮五世孙	石景山区五里坨街道敬德寺村
	爱新觉罗·仁寿	睿忠亲王多尔衮七世孙	

	墓主	支系	园寝地点
郑亲王园寝第一处地点	爱新觉罗·济尔哈朗	清太祖努尔哈赤三弟舒尔哈齐第六子	海淀区北下关街道白石桥
	爱新觉罗·富尔敦	郑献亲王济尔哈朗长子	
	爱新觉罗·济度	郑献亲王济尔哈朗次子	
	爱新觉罗·勒度	郑献亲王济尔哈朗第三子	
	爱新觉罗·德塞	郑献亲王济尔哈朗之孙	海淀区北下关街道白石桥东简纯亲王园寝东侧
郑亲王园寝第二处地点	爱新觉罗·巴尔堪	郑献亲王济尔哈朗第四子	海淀区八里庄街道五路居
	爱新觉罗·巴赛	郑献亲王济尔哈朗之孙	
	爱新觉罗·奇通阿	郑献亲王济尔哈朗之孙	
	爱新觉罗·丰讷亨	郑献亲王济尔哈朗曾孙	
	爱新觉罗·积哈纳	郑献亲王济尔哈朗玄孙	
	爱新觉罗·乌尔恭阿	郑献亲王济尔哈朗四世孙	
	爱新觉罗·端华	郑献亲王济尔哈朗五世孙	
	爱新觉罗·庆至	郑献亲王济尔哈朗五世孙	
	爱新觉罗·凯泰	郑献亲王济尔哈朗六世孙	
郑亲王园寝第三处地点	爱新觉罗·雅布	郑献亲王济尔哈朗之孙	丰台区右安门外郑王坟村
	爱新觉罗·雅尔江阿	郑献亲王济尔哈朗曾孙	丰台区广安门外湾子村
	爱新觉罗·德沛	郑献亲王济尔哈朗之孙	丰台区右安门外郑王坟村
郑亲王园寝第四处地点	爱新觉罗·经纳亨	郑献亲王济尔哈朗玄孙	昌平区十三陵镇仙人洞村
	爱新觉罗·伊丰额	郑献亲王济尔哈朗四世孙	
	爱新觉罗·西朗阿	郑献亲王济尔哈朗五世孙	
肃亲王园寝第一处地点	爱新觉罗·豪格	清太宗皇太极长子	朝阳区潘家园街道架松村
	爱新觉罗·富寿	武肃亲王豪格第四子	豪格园寝西北
	爱新觉罗·善耆	武肃亲王豪格七世孙	朝阳区潘家园街道架松村
	爱新觉罗·衍璜	武肃亲王豪格曾孙	
肃亲王园寝第二处地点	爱新觉罗·拜察礼	武肃亲王豪格之孙	丰台区南苑乡成寿寺村
	爱新觉罗·蕴著	武肃亲王豪格曾孙	
肃亲王园寝第三处地点	爱新觉罗·成信	武肃亲王豪格曾孙	朝阳区十八里店乡十八里店锻造厂
	爱新觉罗·永锡	武肃亲王豪格三世孙	

	墓主	支系	园寝地点
庄亲王园寝第一处地点	爱新觉罗·硕塞	清太宗皇太极第五子	房山区河北镇磁家务村
	爱新觉罗·博果铎	承泽裕亲王硕塞长子	
	爱新觉罗·允禄	清圣祖康熙皇帝第十六子	
	爱新觉罗·弘普	庄恪亲王允禄次子	
	爱新觉罗·永瑺	庄恪亲王允禄之孙	
	爱新觉罗·绵课	庄恪亲王允禄之孙庄慎亲王永瑺嗣子	
	爱新觉罗·奕赉	庄恪亲王允禄玄孙	
	爱新觉罗·绵护	庄恪亲王允禄曾孙	
	爱新觉罗·绵𫍯	庄恪亲王允禄曾孙	
	爱新觉罗·奕仁	庄恪亲王允禄玄孙	
	爱新觉罗·载勋	庄恪亲王允禄四世孙	
	爱新觉罗·载功	庄恪亲王允禄四世孙	
克勤郡王（平郡王）园寝第一处地点	爱新觉罗·罗洛浑	礼烈亲王代善长子克勤郡王岳讬长子	西城区月坛街道木樨地
	爱新觉罗·罗科铎	衍禧介郡王罗洛浑长子	
	爱新觉罗·讷尔图	平比郡王罗科铎第四子	
	爱新觉罗·讷清额	已革平郡王讷尔图长子	
克勤郡王（平郡王）园寝第二处地点	爱新觉罗·讷尔福	克勤郡王岳讬玄孙	海淀区四季青镇南平庄村
	爱新觉罗·讷尔苏	克勤郡王岳讬四世孙	
	爱新觉罗·福彭	克勤郡王岳讬四世孙	
	爱新觉罗·庆明	克勤郡王岳讬六世孙	
	爱新觉罗·庆恒	克勤郡王岳讬六世孙	
克勤郡王园寝第三处地点	爱新觉罗·亨元	克勤郡王岳讬四世孙	门头沟区永定镇冯村邓家坡
	爱新觉罗·尚格	克勤郡王岳讬五世孙	门头沟区永定镇冯村
	爱新觉罗·承硕	克勤郡王岳讬六世孙	
	爱新觉罗·庆惠	克勤郡王岳讬七世孙	
饶余亲王园寝第一处地点	爱新觉罗·阿巴泰	清太祖努尔哈赤第七子	石景山区五里坨街道秀府村
	爱新觉罗·博洛	饶余敏亲王阿巴泰第三子	
	爱新觉罗·岳乐	饶余敏亲王阿巴泰第四子	

374

	墓主	支系	园寝地点
顺承郡王园寝第一处地点	爱新觉罗·勒克德浑	礼烈亲王代善之孙	房山区长沟镇西甘池村
	爱新觉罗·勒尔锦	顺承恭惠郡王勒克德浑第四子	
	爱新觉罗·诺罗布	顺承恭惠郡王勒克德浑第三子	
	爱新觉罗·庆恩	顺承恭惠郡王勒克德浑七世孙	
	爱新觉罗·讷勒赫	顺承恭惠郡王勒克德浑八世孙	
顺承郡王园寝第二处地点	爱新觉罗·锡保	顺承恭惠郡王勒克德浑之孙	房山区韩村河镇二龙岗村
	爱新觉罗·熙良	顺承恭惠郡王勒克德浑曾孙	
	爱新觉罗·泰斐英阿	顺承恭惠郡王勒克德浑玄孙	
	爱新觉罗·恒昌	顺承恭惠郡王勒克德浑四世孙	
	爱新觉罗·伦柱	顺承恭惠郡王勒克德浑五世孙	
	爱新觉罗·春山	顺承恭惠郡王勒克德浑六世孙	
庆亲王园寝第一处地点	爱新觉罗·永璘	清高宗乾隆皇帝第十七子	昌平区流村镇白羊城村
	爱新觉罗·绵慜	清高宗乾隆皇帝第十七子庆僖亲王永璘第三子	昌平区流村镇白羊城村(南宫)
庆亲王园寝第二处地点	爱新觉罗·奕劻	清高宗乾隆皇帝第十七子庆僖亲王永璘之孙	昌平区流村镇白羊城村
怡亲王园寝第一处地点	爱新觉罗·允祥	清圣祖康熙皇帝第十三子	保定市涞水县石亭镇东营房村
	爱新觉罗·弘晓	怡贤亲王允祥第七子	保定市涞水县娄村乡福山营村
	爱新觉罗·绵标	怡贤亲王允祥三世孙	
	爱新觉罗·载坊	怡贤亲王允祥五世孙	
	爱新觉罗·载垣	怡贤亲王允祥五世孙	
怡亲王园寝第二处地点	爱新觉罗·弘晈	怡贤亲王允祥第四子	保定市涞水县娄村乡雁翎村

表5-4

"子随父葬"式清代王爷园寝分布统计表

园寝名称	园寝名称	墓主	支系	园寝地点
豫亲王家族园寝	豫通亲王园寝	爱新觉罗·多铎	清太祖努尔哈赤第十五子	朝阳区建国门外街道光华东里
	信宣和郡王园寝	爱新觉罗·多尼	豫通亲王多铎次子	
敬谨亲王家族园寝	敬谨庄亲王园寝	爱新觉罗·尼堪	清太祖努尔哈赤长子广略贝勒褚英第三子	房山区长沟镇东甘池村
	敬谨悼亲王园寝	爱新觉罗·尼思哈	敬谨庄亲王尼堪之子	
裕亲王家族园寝	裕悼亲王园寝	爱新觉罗·保寿	清世祖顺治皇帝次子裕宪亲王福全第五子	保定市易县裴山镇北白虹乡南福地村
	裕庄亲王园寝	爱新觉罗·广禄	清世祖顺治皇帝次子裕宪亲王福全之孙	
和亲王家族园寝	和勤亲王园寝	爱新觉罗·永璧	清世宗雍正皇帝第五子和恭亲王弘昼次子	顺义区李桥镇王家坟村
	和恪郡王园寝	爱新觉罗·绵循	清世宗雍正皇帝第五子和恭亲王弘昼之孙	
果亲王家族园寝	果毅亲王园寝	爱新觉罗·允礼	清圣祖康熙皇帝第十七子	易县梁各庄镇上岳各庄村、下岳各庄村
	果恭郡王园寝	爱新觉罗·弘瞻	清世宗雍正皇帝第六子	
恒亲王家族园寝	恒恪亲王园寝	爱新觉罗·弘晊	清圣祖康熙皇帝第五子恒温亲王允祺次子	蓟州区芬哈乡果香峪村
	恒敬郡王园寝	爱新觉罗·永皓	清圣祖康熙皇帝第五子恒温亲王允祺之孙	
诚亲王家族园寝	诚恪亲王园寝	爱新觉罗·允秘	清圣祖康熙皇帝第二十四子	平谷区马坊镇打铁庄村
	诚密亲王园寝	爱新觉罗·弘畅	诚隐亲王允祕长子	
质亲王家族园寝	质庄亲王园寝	爱新觉罗·永瑢	清高宗乾隆皇帝第六子	保定市涞水县永阳镇北洛平村
	质恪郡王园寝	爱新觉罗·绵庆	质庄亲王永瑢第五子	
定亲王家族园寝	定端亲王园寝	爱新觉罗·奕绍	清高宗乾隆皇帝之孙定安亲王永璜之孙	昌平区崔村镇九里山山南麓
	定敏郡王园寝	爱新觉罗·载铨	清高宗乾隆皇帝之孙定安亲王永璜曾孙	昌平区小汤山镇定安河村
惠亲王家族园寝	惠端亲王园寝	爱新觉罗·绵愉	清仁宗嘉庆皇帝第五子	房山区青龙湖镇崇各庄村
	惠敬郡王园寝	爱新觉罗·奕详	惠端亲王绵愉第五子	

表5-5

帝系位下清代王爷园寝分布统计表

	园寝名称	墓主	支系	园寝地点
太祖位下	礼烈亲王园寝	爱新觉罗·代善	清太祖努尔哈赤次子	海淀区香山街道门头村
	饶余敏亲王园寝	爱新觉罗·阿巴泰	清太祖努尔哈赤第七子	石景山区五里坨街道衙务府村
	武英郡王园寝	爱新觉罗·阿济格	清太祖努尔哈赤第十二子	朝阳区建国门外街道八王坟村
	睿忠亲王园寝	爱新觉罗·多尔衮	清太祖努尔哈赤第十四子	东城区东直门街道新中街
	豫通亲王园寝	爱新觉罗·多铎	清太祖努尔哈赤第十五子	朝阳区建国门外街道光华东里
太宗位下	武肃亲王园寝	爱新觉罗·豪格	清太宗皇太极长子	朝阳区潘家园街道架松村
	承泽裕亲王园寝	爱新觉罗·硕塞	清太宗皇太极第五子	房山区河北镇磁家务村
世祖位下	荣亲王园寝	未起名	清世祖顺治皇帝第四子	蓟州区孙各庄村黄花山
	纯靖亲王园寝	爱新觉罗·隆禧	清世祖顺治皇帝第七子	蓟州区孙各庄村黄花山石头营村
	恭亲王常颖园寝	爱新觉罗·常颖	清世祖顺治皇帝第五子	朝阳区东大桥北
	理密亲王园寝	爱新觉罗·允礽	清圣祖康熙皇帝次子	蓟州区孙各庄村黄花山
	直郡王园寝	爱新觉罗·允禔	清圣祖康熙皇帝长子	
圣祖位下	恒温亲王园寝	爱新觉罗·允祺	清圣祖康熙皇帝第五子	蓟州区逯庄子乡东营房村
	淳度亲王园寝	爱新觉罗·允祐	清圣祖康熙皇帝第七子	保定市易县高村乡神石庄村
	敦郡王园寝	爱新觉罗·允䄉	清圣祖康熙皇帝第十子	海淀区四季青镇田村
	怡贤亲王园寝	爱新觉罗·允祥	清圣祖康熙皇帝第十三子	保定市涞水县石亭镇东营房村
	恂勤郡王园寝	爱新觉罗·允禵	清圣祖康熙皇帝第十四子	蓟州区孙各庄村黄花山
	果亲王园寝	爱新觉罗·允礼	清圣祖康熙皇帝第十七子	易县梁格庄镇上岳各庄村
世宗位下	端亲王园寝	爱新觉罗·弘晖	清世宗雍正皇帝长子	易县张各庄村
	和恭亲王园寝	爱新觉罗·弘昼	清世宗雍正皇帝第五子	密云区西田各庄镇署地村
	果恭郡王园寝	爱新觉罗·弘曕	清世宗雍正皇帝第六子	易县梁格庄镇下岳各庄村
	怀亲王园寝	爱新觉罗·福惠	清世宗雍正皇帝之子	易县正各庄村

园寝名称	墓主		支系	园寝地点
		爱新觉罗·永璜	清高宗乾隆皇帝长子	密云区不老屯镇董各庄村
定安亲王园寝		爱新觉罗·永琏	清高宗乾隆皇帝次子	蓟州区孙各庄村朱华山
端慧皇太子园寝		爱新觉罗·永璋	清高宗乾隆皇帝第三子	密云区不老屯镇董各庄村
循郡王园寝		爱新觉罗·永琪	清高宗乾隆皇帝第五子	保定市涞水县永阳镇北洛平村
荣纯亲王园寝		爱新觉罗·永瑢	清高宗乾隆皇帝第六子	蓟州区孙各庄村朱华山
质庄亲王园寝		爱新觉罗·永琮	清高宗乾隆皇帝第七子	昌平区旧县雪山村
哲亲王园寝		爱新觉罗·永璇	清高宗乾隆皇帝第十一子	昌平区流村镇白羊城村
成哲亲王园寝		爱新觉罗·永璘	清高宗乾隆皇帝第十七子	昌平区崔村镇棉山村
庆僖亲王园寝		爱新觉罗·绵恺	清仁宗嘉庆皇帝第三子	石景山区金顶街福田寺村
惇恪亲王园寝		爱新觉罗·绵忻	清仁宗嘉庆皇帝第四子	丰台区王佐镇东王佐村
瑞怀亲王园寝		爱新觉罗·奕纬	清宣宗道光皇帝长子	遵化市马兰镇许家峪村
隐志郡王园寝		爱新觉罗·奕纲	清宣宗道光皇帝次子	昌平区小汤山镇葫芦河村
顺和郡王园寝		爱新觉罗·奕继	清宣宗道光皇帝第三子	海淀区苏家坨镇北安河村妙高峰山腰
慧质郡王园寝		爱新觉罗·奕詥	清宣宗道光皇帝第八子	海淀区苏家坨镇北安河村
钟端郡王园寝		爱新觉罗·奕譞	清宣宗道光皇帝第七子	
醇贤亲王园寝		爱新觉罗·奕譓	清宣宗道光皇帝第九子	
孚敬郡王园寝				

高宗位下 / 仁宗位下 / 宣宗位下

表5-3是将两座以上地点相同或相邻的王爷园寝归为"家族式"园寝,并按某一家族的墓葬地点分为第一处地点、第二处地点、第三处地点等来进行表述。属于此种类型的是礼亲王园寝、睿亲王园寝、郑亲王园寝、肃亲王园寝、庄亲王园寝、克勤郡王(平郡王)园寝、饶余亲王园寝、顺承郡王园寝、庆亲王园寝、怡亲王园寝等。诸上园寝的墓址都在同一区域,始建时间较早,历经时间的推移,形成了庞大的家族式园寝。从表5-3可以看出,此类园寝能够形成庞大的规模,其原因之一是部分王爷为世袭罔替的"铁帽子王";其原因之二是清代早期封爵较多的家族,如饶余亲王家族园寝,始祖王饶余亲王阿巴泰第三子博洛被封为亲王,第四子岳乐被封为郡王,子孙繁衍,形成一定的规模。

表5-4是将两座地点相同或相邻的王爷园寝归为"子随父葬"式园寝。可以看出,这类园寝选址地点相同,父亲选定吉壤后,儿子薨逝后葬在其周边。此类园寝又可称为"次家族式"园寝,之所以没有形成很大的规模,是因其爵位是降级而袭,没有"家族式"的庞大。

"子随爷葬"(昭穆而葬)的形式出现在果恭郡王园寝内的五座墓冢,但由于资料所限,此处不讨论该园寝的诸位墓主人,故此处从略。

从按照帝系位下排列的王爷园寝的分布(表5-5)可以看出,早殇的皇子一般随父皇而葬,如顺和郡王园寝和慧质郡王园寝,他们二人都为清宣宗道光皇帝之子,道光皇帝初选的帝陵吉壤在清东陵的宝华峪,后因玄宫渗水严重,而改选在清西陵的龙泉峪。因此道光皇帝早殇的两位皇子的园寝选在了清东陵的许家峪,当时其父皇的陵址还未改址。另一方面,清代早期成年的皇子多葬于北京旧城区或近郊,自世祖以后的成年皇子,大多葬于远郊区或是京畿附近。

综上所述,清代王爷园寝的地理分布有着一定的规律,园寝的分布与其家族园寝选址有一定的联系。换句话说,封爵爵位的始祖王所选之地,其后世子孙之园寝或选址其附近,或选址于其区域之内。可概括为三种形式,第一种形式是家族聚葬,第二种形式是子随父葬,第三种形式是子随爷葬(昭穆而葬)。

第二节　清代王爷园寝的保护与开发

　　清代王爷园寝是清代陵寝制度的重要组成部分,它提供了中国封建社会末代王朝墓葬制度的实物资料,具有极其重要的考古学、历史学研究价值,因此王爷园寝的保护、研究和开发具有重要意义。现存清代王爷园寝大多位于依山傍水、风景优美的远郊区县,具有极高的文物价值和艺术价值,是北京历史的一部分,也是研究清代陵墓制度的重要资料。

　　随着时间的推移,家族的衰败,诸多茔地烟祀早断,渐趋荒凉。随着城市建设的日新月异,许多昔日的王爷园寝已成为地名符号,大多数园寝的地面建筑遗存也越来越少,有的甚至已经很难再找到其遗址。

　　清代王爷园寝还是重要的文化旅游资源。现今大多数清代王爷园寝鲜为人知、无人问津,这不能不说是一种遗憾,资源闲置从某种意义上说就是浪费。面对这份宝贵的文化遗产,如何合理开发与利用,是清代王爷园寝有效保护所面临的一项思考。笔者自2006年初至2016年底,利用10年时间实地踏察,看到了一些王爷园寝已逐渐得到重视,有的还进行了保护利用。其中位于昌平区白羊城的庆僖亲王家

庆亲王奕劻园寝的碑楼(2006年摄)

族园寝所取得的成果最为显著。接下来笔者以庆僖亲王家族园寝为例,简述10年以来所见到的变化。

庆亲王奕劻逝世后,便葬在了位于今昌平区白羊城附近的庆亲王家族园寝。2006年笔者考察时,庆僖亲王园寝门残存,两端各有角门。由于白羊城在历史上为要冲之地,兵家必争,园寝墙的东南角处还存有战争中留下的4个弹孔。园寝内庆僖亲王的玄宫被毁,残存的入口裸露于地面之上,周围长满了杂草。盛夏的雨季,雨水常会灌入玄宫,对墓室的石门等建筑构件造成一定的影响。在庆僖亲王园寝墙西部不远有一处居住户房屋,该房屋基本上都是用园寝的砖而建。很显然,这不符合区级文物保护单位建控范围的要求。2006年7月8日,笔者考察了庆亲王家族园寝,见到了奕劻园寝的碑楼,碑楼四面的石券门被条石堵砌,碑楼的北端石券门前成为篮球场,碑楼顶部所覆的绿色琉璃瓦已经碎裂,长满了杂草。碑楼四周已成为某餐馆的使用范围。

庆僖亲王园寝的园寝墙(2006年摄)

▲庆僖亲王园寝附近的老房（2006年摄）
◀庆僖亲王园寝的玄宫（2006年摄）

　　2016年11月5日，庆亲王奕劻园寝已被修缮一新，成为流村镇白羊城村史博物馆。走入博物馆，重新粉刷上彩后的奕劻园寝的碑楼，在夕阳的映衬下显得金碧辉煌。碑楼四面的石券门已被修补。碑楼北部中轴线的东西两侧，各有班房一处，已成为博物馆的展室，东部展室的展览为白羊城的相关历史，西部展室的展览为庆亲王园寝修缮记录照片。

庆僖亲王园寝墓碑加
装护栏及监控（2006年与
2016年摄）

庆僖亲王园寝的园寝墙已补修完毕,并补建了宫门,施以朱漆。庆僖亲王的玄宫已被封堵,上面补修了砖砌墓冢,对遗址进行了保护。

由上所见,昌平区对庆僖亲王园寝进行了有效的保护,同时进行了合理的开发利用,使之前无人问津的乡村古迹,变成具有地方特色的博物馆,庆僖亲王园寝得以焕发了生机。不得不说,昌平区所采取的一系列措施是卓有成效的,既保护了文物古迹,又改善了环境,也满足了人民群众精神文化生活的需要。

综上所述,合理开发利用清代王爷园寝资源,也是一种积极的文物保护行为。目前北京地区并没有清代王爷园寝博物馆,若在确保文物遗迹和遗址不被破坏、绝对安全的前提下,从中选出一处保存较好的园寝进行建馆,不仅可以丰富旅游业的内涵,如果措施得当,还能为文物保护带来一笔相当可观的经费,是一举两得的好事。

第三节　清代王爷园寝的定级与状况

一、保护定级

文物保护单位管理是文物管理的重要组成部分,是对文物保护单位及其环境的管理,目的是保护文物安全和环境不被破坏,充分发挥文物的作用。《文物保护法》对文物保护单位管理做了一系列明确规定,主要包括:文物保护单位的公布;划定保护范围,竖立标志说明,建立记录档案,设立保管机构;划出建设控制地带,把文物保护单位纳入城乡建设规划;在进行工程选址和设计时,应与文物行政管理部门确定保护措施;因工程特别需要,必须对文物保护单位进行迁移或者拆除时,须按法定程序报经批准;对文物保护单位进行修缮、保养、迁移时,须遵守保持原状的原则;等等。[1]

截至2016年底,中国已经有50处世界文化遗产。根据全国第三次不可移动文物普查公布的结果,北京市文物局于2016年文化遗产日公布了官方数据,北

---

① 李晓东编著:《中国文物学概论》,河北人民出版社,1990,第224页。

京地区共登记不可移动文物3840处，其中全国重点文物保护单位126处，市级文物保护单位216处，区县文物近800处。已公布地下文物埋藏区56片，共有71处、188栋建筑被列入北京地区优秀近现代建筑保护名录。北京市历史文化保护区43处、中国历史文化街区3处、中国历史文化名镇1处、中国历史文化名村5处，并拥有国家级非物质文化遗产名录74项。

北京地区仅有3处古墓葬类的全国重点文物保护单位，分别是十三陵、景泰陵和袁崇焕墓和祠，没有一处清代王爷园寝。由此可见，大多数清代王爷园寝还未得到更多的重视。这种状况也是由于清代王爷园寝的保存状况造成的。20世纪二三十年代，部分王爷园寝墓主的后裔以"起灵"的方式，将陪葬的物品尽数取出，也有一部分园寝在军阀混战的年代被盗掘一空。因此新中国成立前，清代王爷园寝几乎是十墓十空，破坏殆尽。

中华人民共和国成立后，文物保护事业恢复并得到发展。文物管理部门依据各园寝的破坏程度，进行了文物保护单位的公布与不同程度的保护。与此同时，北京市文物局将保存较完整、较有重要意义的清代王爷园寝定级为不同级别的文物保护单位。

文物保护单位分为区（县）级①、省（市）级②和全国重点文物保护单位③，实行分级管理。在北京市市级文物保护单位名单中有两处清代王爷园寝，分别是孚郡王墓、醇亲王墓；在北京市区级文物保护单位名单中，有7处清代王爷园寝，分别是显谨亲王衍璜墓、肃慎亲王敬敏墓、庆僖亲王家族墓地、恭亲王墓、庄亲王石牌坊、顺承郡王家族园寝④（公布名称为"王爷坟"⑤）、和勤亲王墓碑（公布名称为

---

① 区级文物保护单位是由文化行政管理部门和文物保管机构选择的具有历史、艺术、科学价值的文物，提出建议名单，报区县级人民政府核定公布，报省级人民政府备案。

② 省级文物保护单位由该级文化（文物）行政管理部门和文物机构，从县级文物保护单位中选择具有较高价值和全省意义的文物，以及文物普查中新发现的重要文物，一并进行研究、比较、平衡，提出省级文物保护单位初步建议名单，征求各有关方面和专家的意见，进行调整，最后形成正式名单，报省级人民政府核定公布，报国务院备案。

③ 全国重点文物保护单位由国家文化行政管理部门在省（市）级文物保护单位中，选择具有重大历史、艺术、科学价值的文物或直接指定具有重大价值的文物报国务院核定公布。

④ 根据北京市文物局公布的保护信息，笔者分析此处公布为区级文物保护单位的文物包括勒克德浑墓冢和墓碑、诺罗布墓冢和墓碑、庆恩墓冢、勒尔锦墓冢、伦柱墓碑。

⑤ 三合土墓冢三座，每座直径12米、高10米。碑记三通，为"多罗恭惠郡王碑""多罗顺承郡王谥简伦柱碑"等。

"和硕亲王碑")。

天津市蓟州区孙各庄乡下营镇的清代王爷园寝被定为第四批天津市市级文物保护单位,公布名称为"清代皇家园寝"。怡贤亲王墓被公布为第六批国家级重点文物保护单位,这也是被定级最高的现存清代王爷园寝。东京陵被公布为辽宁省省级文物保护单位。

除了文物保护单位外,北京市还公布了4批(划分为56片)地下文物埋藏区,海淀区礼王坟地下文物埋藏区被定为北京市第三批地下文物埋藏区。该文物埋藏区的东界为礼王坟村村东南北向路,南界为河沟及现状路,西界为香山南路,北界为闵庄路。北京市文物局还进行了划定建设控制地带[①]等工作,例如孚郡王墓(九王坟)[②]和醇亲王墓(七王坟)[③]为第三批划定文保单位的保护范围及建控地带。

简而言之,北京市共有清代王爷园寝149处,其中东城区1处,西城区4处,朝阳区26处(包括2处区保),海淀区31处(包括2处市保),丰台区8处,石景山区14处,门头沟区5处,房山区29处(包括2处区保[④]),通州区3处,顺义区2处(包括1处区保),昌平区16处(包括2处区保),平谷区3处,怀柔区1处,密云区6处,共计7处区级文物保护单位、2处市级文物保护单位。天津市共有清代王爷

---

① 建设控制地带是在保护范围之外划出的一定区域,用以控制新的建设项目及新建筑物或构筑物高度和体量等,目的是保持文物保护单位一定范围内的环境风貌。

② 保护范围:东至距石桥东端10米与中轴线的垂直线,南、北至围墙及其向东延长线,西端帽墙周围至最下一层挡土墙。

建设控制地带。Ⅰ类:①保护范围周围:东至距保护范围10米的平行线,南、北至距西端帽墙外南、北两角外最下一层挡土墙10米与中轴线的平行线,西至距帽墙外最下一层挡土墙10米的圆弧线。②公共通道两侧:东至北安河路,南、北至距公共通道两侧外10米的平行线,西至保护范围(距中轴线两侧各7.5米以内为公共通道)。Ⅲ类:东至北安河路,南、北至距Ⅰ类地带东段50米的平行线及其延长线,西沿中轴线至距Ⅰ类地带50米与中轴线的垂直线(除保护范围及Ⅰ类地带以外)。引自北京市文物局网站,http://www.beijing.gov.cn/bjww/362771/362782/dsphdwbdwdbhfwjjkdd/548378/index.html。

③ 保护范围:①阴、阳宅部分:东,南段至距石桥东端10米与阴宅中轴线的垂直线,北段以现状路东侧边线为界。南,东段以阴宅前部南坟墙及其延长线为界,西段以阳宅坟墙为界。西,南段以阴宅坟墙为界,北段以阳宅院墙为界,中段以阳宅西墙最突出点连接阴宅西端坟墙的切线为界。北,东段以阳宅前部院墙及其延长线为界,西段以阳宅院墙为界。②花椒湖部分:以现泉水池为中心,东、西两侧各距15米以内。南至坡坎上所有山石及石刻。北至距泉水坡坎30米与东、西界的垂直线。注:保护内容:包括保护范围内所有古建筑及庭园建筑、围墙、坟丘、山石、石刻以及建筑遗迹(如廊、亭、踏步、基址等等)。

建设控制地带。Ⅰ类:娃娃坟坟墙以内,娃娃坟坟墙为保护建筑。引自北京市文物局网站,http://www.beijing.gov.cn/bjww/362771/362782/dsphdwbdwdbhfwjjkdd/548375/index.html。

④ 房山区的区保为顺承郡王家族园寝,实为5处遗址点。

园寝10处（包括1处市保），河北省共有清代王爷园寝17处（包括1处国保），辽宁省共有清代王爷园寝1处（即1处省保）。

孚郡王墓文物保护标志（2016年摄）

醇亲王墓文物保护标志（2016年摄）

显谨亲王衍璜墓文物保护标志（2005年摄）

387

肃慎亲王敬敏墓文物保护标志（2016年摄）

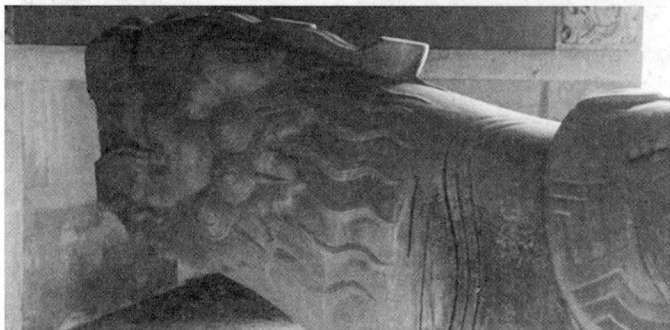

庆僖亲王家族墓地文物保护标志（2016年摄）

388

恭亲王墓文物保护标志（2016年摄）

恒恪亲王园寝的清代皇家园寝文物保护标志（2016年摄）

恒敬郡王园寝的清代皇家园寝文物保护标志（2016年摄）

裕宪亲王园寝的清代皇家园寝文物保护标志（2016年摄）

怡贤亲王墓文物保护标志（2016年摄）

东京陵文物保护标志（2012年摄）

391

表 5-6 已定级保护的清代王爷园寝统计

序号	公布名称	级别	所在省市	所在区县	批次或公布时间
1	孚郡王墓	市级	北京市	海淀区	北京市第三批文物保护单位
2	醇亲王墓	市级	北京市	海淀区	北京市第三批文物保护单位
3	和硕亲王碑	区级	北京市	顺义区	1984年12月
4	显谨亲王衍璜墓	区级	北京市	朝阳区	1986年
5	肃慎亲王敬敏墓	区级	北京市	朝阳区	1986年
6	庄亲王石牌坊	区级	北京市	房山区	1986年9月8日
7	王爷坟	区级	北京市	房山区	1986年9月8日
8	恭亲王墓	区级	北京市	昌平区	2003年7月
9	庆僖亲王家族墓地	区级	北京市	昌平区	2003年7月
10	清代皇家园寝	市级	天津市	蓟州区	2013年1月
11	怡贤亲王墓	国家级	河北省	涞水县	第六批重点文物保护单位
12	东京陵	省级	辽宁省	辽阳市	1988年12月

表 5-7 已定级保护的清代王爷园寝各地分布一览表

地区	北京市朝阳区	北京市海淀区	北京市房山区	北京市顺义区	北京市昌平区	天津市蓟州区	河北省涞水县	辽宁省辽阳市
数量	2	2	2	1	2	1	1	1
级别	区级	市级	区级	区级	区级	市级	国家级	省级
百分比 I（%）	7.41	6.45	6.9	50	12.5	63.64	5.88	100
百分比 II（%）	28.57	50	28.57	14.29	28.57	25	100	25
百分比 III（%）	4.97					0.55	0.55	0.55

注：百分比 I 是指每个区县的每种类型的文物保护单位占该区县该类文物保护单位总数的百分比，百分比 II 是指每个区县的每种类型的文物保护单位占该省市已定级保护的百分比，百分比 III 是指每个省市的文物保护单位占该省市王爷园寝总数的百分比。

综上所述，文物保护管理部门和文物部门做了许多工作。因文物状况的局限性，清代王爷园寝本体保护级别并不高，但是对于目前保存尚可、有一定研究价值的清代王爷园寝来说，定级仍是当务之急。

二、保护状况

2006年至2016年的10年间,北京市及其周边地区的清代王爷园寝保存状况有了一定程度的变化。目前已知的清代王爷园寝共有178座,有71座①有遗迹可寻,其中包括玄宫土圹及园寝墙等残迹。现存的清代王爷园寝,就地面建筑遗存类别来看,以园寝墓碑为大宗,即螭首龟趺碑,分别有庄亲王舒尔哈齐敕建碑、敬谨庄亲王敕建碑、顺承恭惠郡王敕建碑、敬谨悼亲王敕建碑、惠顺亲王碑、礼烈亲王碑、显懿亲王敕建碑、纯靖亲王敕建碑、康良亲王敕建碑、显密亲王敕建碑、简修亲王敕建碑、裕宪亲王敕建碑、顺承忠郡王敕建碑、裕悼亲王敕建碑、果毅亲王碑、多罗恂勤郡王敕建碑、顺承恭郡王韶赐碑、果恭郡王碑、和勤亲王敕建碑、裕庄亲王敕建碑、顺承简郡王敕建碑、瑞敏郡王敕建碑、肃慎亲王敕建碑、惠端亲王敕建碑、肃恪亲王碑、醇贤亲王碑、孚敬郡王敕建碑等。

10年间,文物管理部门做了很多工作,对清代王爷园寝采取了维修保护、粉刷建筑、整治周边环境、建设博物馆、文物定级保护、考古发掘保护、文物搬迁保护等保护行为。

就实地考察的情况来看,修葺一新、重新保护或修缮的王爷园寝有显谨亲王衍璜园寝(显谨亲王园寝享殿的重新粉刷与保护)、肃慎亲王敬敏园寝(肃慎亲王园寝的道口针织厂被搬迁,道口村环境整治,规划园寝周边的建设控制地带)、荣恪郡王绵亿园寝(荣恪郡王园寝玄宫遗迹加装护栏)、瑞怀亲王绵忻园寝(瑞怀亲王园寝的碑楼重新粉刷与保护)、和勤亲王永璧园寝(和勤亲王园寝的螭首龟趺碑加装护栏及监控设施)、庆僖亲王永璘园寝(庆僖亲王园寝玄宫遗迹的保护)、庆良郡王绵愍园寝、庆亲王奕劻园寝(庆亲王园寝碑楼的维修保护)。还有诸如醇贤亲王园寝周边环境的整治、简修亲王墓碑的文物搬迁保护等等。另外有一些遗迹"作古",如肃恪亲王华丰园寝的半截螭首龟趺碑、理恪郡王弘旳园寝的桥栏残件等。

---

① 此处不计端慧皇太子园寝遗迹,因其园寝与哲亲王永琮园寝在一处,故第二章第十五节中保留了端慧皇太子园寝的内容。

显谨亲王园寝享殿重新粉刷与保护
（上图为2006年摄，下图为2016年摄）

肃慎亲王敬敏园寝的享殿保护
（上图为2006年摄，下图为2016年摄）

和勤亲王园寝墓碑加装护栏及监控设施（左图为2006年摄，右图为2016年摄）

荣恪郡王园寝玄宫遗迹加装护栏（上图为2006年摄，下图为2016年摄）

庆亲王奕劻园寝的维修保护（左图为2006年摄，右图为2016年摄）

表 5-8   清代王爷园寝保护措施一览表

园寝名称	墓主	保护措施								地点
		维持原状	维修保护	粉刷建筑	环境整治	建立博物馆	定级保护	考古保护	文物搬迁	
显懿亲王园寝	爱新觉罗·富寿	√								北京市朝阳区
显谨亲王园寝	爱新觉罗·衍璜		√	√	√					北京市朝阳区
肃慎亲王园寝	爱新觉罗·敬敏		√	√	√					北京市朝阳区
礼烈亲王园寝	爱新觉罗·代善				√					北京市海淀区
康良亲王园寝	爱新觉罗·杰书				√					北京市海淀区
瑞敏郡王园寝	爱新觉罗·奕誌				√					北京市海淀区
醇贤亲王园寝	爱新觉罗·奕譞				√					北京市海淀区
孚敬郡王园寝	爱新觉罗·奕譓				√					北京市海淀区
简修亲王园寝	爱新觉罗·雅布								√	北京市丰台区
荣恪郡王园寝	爱新觉罗·绵亿				√					北京市丰台区
饶余敏亲王园寝	爱新觉罗·阿巴泰	√								北京市石景山区
端重定亲王园寝	爱新觉罗·博洛	√								北京市石景山区
安和郡王园寝	爱新觉罗·岳乐	√								北京市石景山区
睿恭亲王园寝	爱新觉罗·淳颖				√					北京市石景山区
瑞怀亲王园寝	爱新觉罗·绵忻			√	√					北京市石景山区
显密亲王园寝	爱新觉罗·丹臻	√								北京市门头沟区
克勤郡王园寝	爱新觉罗·亨元	√								北京市门头沟区
庄靖亲王园寝	爱新觉罗·博果铎	√								北京市房山区
顺承恭惠郡王园寝	爱新觉罗·勒克德浑				√					北京市房山区
顺承郡王园寝（革爵）	爱新觉罗·勒尔锦				√					北京市房山区
顺承忠郡王园寝	爱新觉罗·诺罗布				√					北京市房山区
顺承恭郡王园寝	爱新觉罗·泰斐英阿				√					北京市房山区
顺承简郡王园寝	爱新觉罗·伦柱				√					北京市房山区
顺承敏郡王园寝	爱新觉罗·庆恩				√					北京市房山区

园寝名称	墓主	保护措施								地点
		维持原状	维修保护	粉刷建筑	环境整治	建立博物馆	定级保护	考古保护	文物搬迁	
敬谨庄亲王园寝	爱新觉罗·尼堪	√								北京市房山区
敬谨悼亲王园寝	爱新觉罗·尼思哈	√								北京市房山区
淳慎郡王园寝	爱新觉罗·弘暻	√								北京市房山区
和勤亲王园寝	爱新觉罗·永璧		√							北京市顺义区
庆僖亲王园寝	爱新觉罗·永璘		√	√	√					北京市昌平区
庆良郡王园寝	爱新觉罗·绵慜		√	√	√					北京市昌平区
庆亲王园寝	爱新觉罗·奕劻		√	√	√	√				北京市昌平区
恭忠亲王园寝	爱新觉罗·奕䜣				√					北京市昌平区
郑亲王园寝	爱新觉罗·经纳亨		√		√					北京市昌平区
郑亲王园寝	爱新觉罗·伊丰额		√		√					北京市昌平区
郑亲王园寝	爱新觉罗·西朗阿		√		√					北京市昌平区
惇恪郡王园寝	爱新觉罗·绵恺	√								北京市昌平区
克勤庄郡王园寝	爱新觉罗·雅朗阿							√		北京市怀柔区
定安亲王园寝	爱新觉罗·永璜				√					北京市密云区
循郡王园寝	爱新觉罗·永璋				√					北京市密云区
和恭亲王园寝	爱新觉罗·弘昼				√					北京市密云区
定恭亲王园寝	爱新觉罗·绵恩		√		√					北京市密云区
荣亲王园寝	未起名						√			天津市蓟州区
纯靖亲王园寝	爱新觉罗·隆禧						√			天津市蓟州区
裕宪亲王园寝	爱新觉罗·福全						√			天津市蓟州区
理密亲王园寝	爱新觉罗·允礽						√			天津市蓟州区
直郡王园寝	爱新觉罗·允禔	√								天津市蓟州区
恂勤郡王园寝	爱新觉罗·允禵						√			天津市蓟州区
哲亲王园寝	爱新觉罗·永琮				√					天津市蓟州区

园寝名称	墓主	保护措施								地点
		维持原状	维修保护	粉刷建筑	环境整治	建立博物馆	定级保护	考古保护	文物搬迁	
恒温亲王园寝	爱新觉罗·允祺				√		√			天津市蓟州区
恒恪亲王园寝	爱新觉罗·弘晊				√		√			天津市蓟州区
恒敬郡王园寝	爱新觉罗·永皓				√		√			天津市蓟州区
裕悼亲王园寝	爱新觉罗·保寿	√								河北省易县
裕庄亲王园寝	爱新觉罗·广禄	√								河北省易县
淳度亲王园寝	爱新觉罗·允祐	√								河北省易县
果毅亲王园寝	爱新觉罗·允礼	√								河北省易县
果恭郡王园寝	爱新觉罗·弘曕	√								河北省易县
果简郡王园寝	爱新觉罗·永瑹	√								河北省易县
端亲王园寝	爱新觉罗·弘晖	√								河北省易县
怀亲王园寝	爱新觉罗·福惠	√								河北省易县
怡贤亲王园寝	爱新觉罗·允祥						√			河北省涞水县
怡僖亲王园寝	爱新觉罗·弘晓	√								河北省涞水县
宁良郡王园寝	爱新觉罗·弘晈	√								河北省涞水县
质庄亲王园寝	爱新觉罗·永瑢	√								河北省涞水县
顺和郡王园寝	爱新觉罗·奕纲	√								河北省遵化市
慧质郡王园寝	爱新觉罗·奕继	√								河北省遵化市
庄亲王园寝	爱新觉罗·舒尔哈齐	√								辽宁省辽阳市

通过此表可以看出这10年来,文物部门做了相当多的工作。一些地区对清代王爷园寝采取了多种保护措施,延续了文物古建筑的寿命。

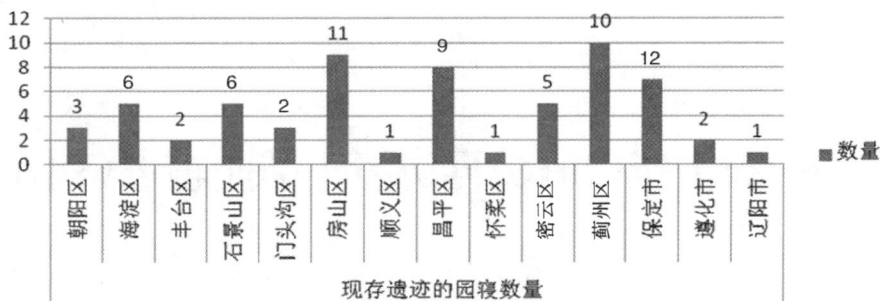

图5-3　各地现存遗迹的园寝数量

笔者根据园寝的保存状况,按其可踏察的遗迹,列出10座保护尚好,最具考察性的清代王爷园寝。它们分别是河北省涞水县的怡贤亲王园寝,河北省易县的果毅亲王园寝和果恭郡王园寝,天津市蓟州区黄花山王爷园寝,天津市蓟州区果香峪的恒恪亲王园寝和恒敬郡王园寝,北京市海淀区的醇贤亲王奕谭园寝和孚敬郡王奕谱园寝,北京市房山区的顺承郡王家族园寝,北京市昌平区的恭忠亲王园寝,北京市房山区的庄靖亲王园寝,北京市密云区的定恭亲王园寝,北京市门头沟区的追封克勤郡王亨元园寝。

综上所述,清代王爷园寝是历史的见证,现存的每一处遗迹都是宝贵的文化遗产。希望文物遗产保护意识能深入每一位公民的心中,通过采取开办文保讲座、举办文化遗产日主题宣传活动等行之有效的方式,让更多的公民了解自己身边的文化遗产。

虎兕出于柙,龟玉毁于椟中,是孰之过与? 任何一种文明,都是人类社会的宝贵财富,失去的,永不再有,现存的,应该珍视,对于散落在乡间田野的文化遗产来说,更应如是。

附:承乾①十年(2016)再访清王爷园寝考察事记

2016年8月27日,考察北京市顺义区和勤亲王园寝。

2016年9月10日,考察北京市朝阳区显谨亲王园寝。

2016年9月24日,考察北京市密云区定恭亲王园寝。

2016年9月24日,考察北京市密云区乾隆皇子园寝。

2016年10月1日,考察河北省易县淳度亲王园寝。

2016年10月1日,考察河北省易县裕悼亲王园寝。

2016年10月1日,考察河北省易县裕庄亲王园寝。

2016年10月2日,考察河北省易县果恭郡王园寝。

2016年10月2日,考察河北省易县果毅亲王园寝。

2016年10月2日,考察河北省易县阿哥园寝。

2016年10月2日,考察河北省易县端亲王园寝。

2016年10月2日,考察河北省易县怀亲王园寝。

2016年10月3日,考察河北省易县质庄亲王园寝。

2016年10月3日,考察河北省易县质恪郡王园寝。

2016年10月5日,考察天津市蓟州区恒敬郡王园寝。

2016年10月5日,考察天津市蓟州区恒恪亲王园寝。

2016年10月5日,考察天津市蓟州区恒温亲王园寝。

---

① 承乾考察队成立于2006年,是一支由笔者(时为北京师范大学2006级文物鉴定班班长)创议并组织成立的文物古迹考察队,于建队日(2006年3月9日)组织了第一次考察(九王坟、七王坟)活动。自建队始,笔者及考察队成员利用业余时间考察北京及其周边地区的古迹遗址,坚持至今。2012年6月,承乾考察队获得中国文化遗产保护基金会第五届"薪火相传——中国文化遗产保护杰出团队"荣誉称号。

2016年10月5日,考察天津市蓟州区裕宪亲王园寝。

2016年10月6日,考察北京市朝阳区显懿亲王园寝。

2016年10月14日,考察北京市海淀区常阿岱园寝墓碑。

2016年10月14日,考察北京市海淀区瑞敏郡王园寝。

2016年10月14日,考察北京市海淀区礼亲王家族园寝。

2016年10月14日,考察北京市海淀区康良亲王园寝。

2016年10月22日,考察北京市朝阳区肃慎亲王园寝。

2016年10月29日,考察北京市房山区顺承郡王家族园寝。

2016年11月5日,考察北京市昌平区蓝旗王园寝。

2016年11月5日,考察北京市昌平区庆亲王家族园寝。

2016年11月12日,考察北京市昌平区惇恪亲王园寝。

2016年11月12日,考察北京市昌平区恭忠亲王园寝。

2016年11月19日,考察天津市蓟州区黄花山清代王爷园寝。

2016年11月22日,考察北京市石景山区瑞怀亲王园寝。

2016年11月22日,考察北京市石景山区康简亲王园寝。

2016年11月26日,考察北京市门头沟区显密亲王园寝。

2016年11月26日,考察北京市门头沟区克勤郡王亨元园寝。

2016年11月26日,考察北京市门头沟区多罗贝勒载滢地宫。

2016年11月26日,考察北京市丰台区荣恪郡王园寝。

2016年12月3日,考察北京市海淀区孚敬郡王园寝。

2016年12月3日,考察北京市海淀区醇贤亲王园寝。

2016年12月10日,考察北京市怀柔区克勤庄郡王园寝。

2016年12月10日,考察北京市朝阳区理恪郡王园寝。

2016年12月11日,考察北京市房山区敬谨悼亲王园寝。

2016年12月11日,考察北京市房山区敬谨庄亲王园寝。

2016年12月11日,考察河北省保定市怡僖亲王园寝。

2016年12月11日,考察河北省保定市怡贤亲王园寝。

2016年12月11日,考察北京市房山区庄靖亲王园寝。

2016年12月17日,考察北京市石景山区睿恭亲王园寝。

2016年12月17日,考察北京市石景山区饶余敏亲王家族园寝。

2016年12月24日,考察北京市平谷区诚隐亲王园寝。

2016年12月24日,考察北京市平谷区诚恪亲王园寝。

2016年12月24日,考察北京市密云区和恭亲王园寝。

后记一

从 2006 年 3 月 9 日首次考察清代王爷园寝,光阴荏苒,已经过去 10 余年了。10 余年前的春天,我们开启了一项考察——清代王爷园寝的考察。当年,作为班长的笔者和同学们手中拿着冯其利先生的《清代王爷坟》按图索骥;10 余年后,虽然冯先生已逝,令人扼腕,但他们那代人的考察精神永存。作为后学,我们有义务和责任再去看看清代王爷园寝的保护现状,并将其完整地记录下来。而今,利用暇余,我们再次对清代王爷园寝进行了实地踏察,撰成此书。

因为热爱,所以执着;因为热爱,所以无悔。执着,源于内心对中国历史和文化遗产的热爱。身为老北京人,北京还有很多我们不知道的地方,在考察的劳碌与奔波中,一个陌生的北京让笔者在茫然中感知博大,在浅薄中体会厚重。宗室觉罗与八旗世家,一个个熟悉的名字,令笔者仿佛穿越回清代岁月,看尽200 余年的繁华兴衰,或许这就是历史研究的魅力所在。笔者希望通过本次踏察记录,能让更多的朋友对清代王爷园寝研究感兴趣,对历史研究感兴趣,有更多的读者愿意对其历史做更加深入的了解,进而成为一名历史文博工作者。或许下一个 10 年,现存的清代王爷园寝又有了新的面貌,笔者希望这些见证历史的遗迹能存之久远。

10 余年的陵墓考察,笔者得到了前辈学者、师友同人们的鼓励,有很多师友及文博同人给予了笔者帮助,也给予了笔者及承乾考察队很多荣誉,例如北京市文物局首届文物保护十大先进个人,国家文物局、中国文物保护基金会第五届薪火相传——中国文化遗产保护年度杰出团队。在此,向这些曾经关心和帮助过笔者的师友们表示感谢。

笔者要感谢文物保护学界的泰斗谢辰生先生。谢老是文博界的前辈学者，其治学严谨，虽然年逾九旬，仍常年为文物保护事业而奔波，他的足迹遍及中国文物保护的现场，为中国的文物保护事业贡献着自己的力量。作为后辈，笔者也深深地为谢老的这种精神所感动，中国文物保护事业需要这种执着奉献的精神。对于文物保护，笔者感觉自己身上的这份责任与担子愈加沉重。当笔者向谢老汇报了此次实地踏察的成果后，步入鲐背之年的谢老不顾眼疾，百忙之中欣然为晚辈作序，令笔者甚为感动。笔者在此向谢老表示深深的敬意和感谢！

感谢南开大学历史学院刘毅教授。刘教授是中国古代陵墓研究的知名学者，从刘师的诸多研究专著中，笔者学习到了很多研究方法。当笔者向刘师提及作序一事时，不幸刘师尚在服中，但他还是答应了此事，令后学十分感激。在此向刘师表示深深的谢意。

感谢笔者的导师后晓荣先生。攻读硕士学位期间，后师给予了学生许多中肯的建议。每当笔者在学校取得一点成绩的时候，后师给予的批评总是多于赞扬，并时常指出不足，告诉笔者努力的方向。因此在攻读硕士学位阶段，笔者不敢有丝毫的懈怠，能有这样的严师是学生之幸。后师治学严谨、勤奋且孜孜不倦，著述颇丰。他以身作则，以他的人格魅力，教诲我们做学术要严谨、做人要低调。

感谢海淀区文物保护中心李志主任、房山区文物管理所金超所长、密云区文物管理所杨光老师、朝阳区文物管理所任友主任、怀柔区文物管理所、平谷区文物管理所、丰台区文物管理所及北京市文物研究所的李永强先生、张利芳女士。感谢清东陵管理处的李寅老师提供的黄花山园寝的老照片，清西陵管理处的邢宏伟老师为考察提供了便利，礼烈亲王代善十二世孙爱新觉罗·寿鲲先生为本书扉页题字。还要感谢陪笔者一起考察的承乾考察队成员王海琨女士、中华书局的潘鸣先生给予的巨大帮助，以及天津人民出版社的杨轶编辑，是他的多方努力与争取，使得此书得以出版。

我更应该感谢的是单位领导，感谢北京故宫博物院图书馆张荣馆长对后学的谆谆教诲和殷切期望。感谢北京故宫博物院资料信息中心提供的扫描照片。

吾亦是何其有幸,能把生命中最好的研究年华献给故宫,献给图书馆。典守文物,弘扬文物所蕴含之精深文化,乃吾等后辈之重要责任!吾赍志于此。为此,唯有用一生来诠释这份使命与责任,才是笔者生命的全部意义。

农历丙申年腊月
于寿安宫西鉴山房

后记 二

时光如白驹过隙，转眼间距离本书终稿已近五年了。此书因表格、图片众多，给编校、排版工作带来了很大的工作量，加之琐事影响，导致终稿后，校核工作一直延缓，因此问世时间拖至今日，对期待的读者和前辈老师们很是抱歉。但幸运的是，天津人民出版社编辑、校对、排版工作人员，始终孜孜不倦，耐心地审核校对了全稿，为本书的出版付出了辛勤的努力，提高了本书的质量，在此向出版社表示感谢！同时，出于对 GPS 数据的保护，本书在审稿时对相关数据进行了删除，特此说明。

在这五年的时间中，很多王爷园寝又有了一些新变化，值得高兴的是，位于北京市海淀区的醇贤亲王园寝升为第八批全国重点文物保护单位。房山区的庄亲王园寝也因区域改造，进行了考古发掘，取得了显著的研究成果和资料。笔者有幸在 2017 年 7 月 30 日，到庄亲王园寝的考古现场考察学习，在此向此考古工地的领队、北京市文物研究所的魏然老师表示感谢！

由于本书是笔者于 2006 年后的 10 年中，对于清代王爷园寝考察的记录，故而 2017 年 12 月底以后的资料和新变化不收入本书。笔者期待下一个 10 年，有更多的同行、研究者参与本专题的考察与研究。

15 年前，笔者也是考古人，曾经有幸地参与了 4 次考古发掘工作。昔年，行走在河南、湖北、陕西、山西，参与发掘的遗迹时代从东周、明清、西汉，到新石器，在祖国的乡间田野，追寻人类起源的历史，从而充分地认识到"文物就是历史，文物就是文献"的道理。在此，要感谢给予笔者首次参与考古发掘机会的河南省文物考古研究院的研究员马俊才老师。

对于半路出家的笔者来说，可以说是幸运的。通过将近 10 年的专业学习，在硕士毕业后,有幸从事了自己热爱的文博工作。虽然不是在一线的考古工地从事发掘工作,但也是与文物相关的库房保管工作。作为一名文博工作者,典守文物,亦是吾辈之责。在自己求学的道路上,遇到过很多老师,得到了很多前辈学者、老师们的帮助。感恩考古前辈张忠培先生曾经对后学的鼓励,先生已逝,唯有继续努力前行,不忘初心,以此来告慰先生的在天之灵。

2021年,是中国考古学诞生100周年。对于田野的文物踏察与文物保护工作,属于公众考古关注研究的领域,值此考古学的百年盛事,相信对于公众考古领域方面,也会有越来越多的人参与。百年考古,风华正茂,作为考古行业的盛世之年,祝愿中国的考古事业办出中国特色,中国的文化遗产保护世代薪火相传。

在过去的五年中,还要特别感谢母校首都师范大学历史学院考古与博物馆学系,给予笔者利用业余时间参与教学的机会,使得笔者有幸与文化遗产专业"专升本"的同学们,共同学习和分享文化遗产考察的经历。同时还给予了笔者参与"文化遗产专业教学实践环节"的现场考察教学的机会。现场考察文化遗产的课程,笔者选定的基本上都是清代王爷园寝的地面遗迹。在文化遗产专业实地考察教学方面,母校首都师范大学提供了强有力的后勤保障与支持。再次感谢母校,感谢历史学院院领导及老师们对笔者的信任。

在所授课程上,笔者尽可能地激发同学们对文化遗产保护的积极性,分享文物考察中的故事与经验,使更多志同道合的同学加入考察文物古迹、保护文化遗产的行列,希望文物保护精神薪火相传。也要感谢2017级、2018级、2019级、2020级、2021级的同学们耐心听笔者唠叨清代王爷园寝专题,并感谢同学们对笔者课程的认可。由于笔者学识所限,不当之处在所难免,请诸君多多批评指正。在此期间,有的同学在业余时间参与文物保护行动,他们是2019级的王兵同学、李赛同学,以及2019级的荣志勇同学、曹伟同学、韩鑫同学,感谢他们。

保护文化遗产,人人有责。最后,以笔者在本年度"文化遗产概论"课程最后一节课上的一段话,作为本记的结尾:

虎兕出于柙,龟玉毁于椟中,是孰之过与?

•任何一种文明,都是人类社会的宝贵财富;

•失去的,永不再有;

•现存的,应该珍视;

•对于散落在乡间田野的文化遗产来说,更应如是。

农历辛丑年冬月廿五日